中共山东省委党校（山东行政学院）精品文库

清代中缅关系

QINGDAIZHONGMIANGUANXI

■王巨新　著

山东大学出版社
SHANDONG UNIVERSITY PRESS
·济南·

图书在版编目(CIP)数据

清代中缅关系 / 王巨新著. — 济南:山东大学出版社，2023.8
(中共山东省委党校(山东行政学院)精品文库)
ISBN 978-7-5607-7900-3

Ⅰ. ①清… Ⅱ. ①王… Ⅲ. ①中外关系－国际关系史－研究－缅甸－清代 Ⅳ. ①D829.337

中国国家版本馆 CIP 数据核字(2023)第 161119 号

策划编辑 刘 彤
责任编辑 刘 彤
封面设计 杨 波

清代中缅关系
QINGDAI ZHONGMIAN GUANXI

出版发行 山东大学出版社
社　　址 山东省济南市山大南路 20 号
邮政编码 250100
发行热线 (0531)88363008
经　　销 新华书店
印　　刷 东港股份有限公司
规　　格 720 毫米×1000 毫米 1/16
　　　　 24 印张 436 千字
版　　次 2023 年 8 月第 1 版
印　　次 2023 年 8 月第 1 次印刷
定　　价 150.00 元

“中共山东省委党校(山东行政学院)精品文库”出版说明

党的十八大以来,以习近平同志为核心的党中央高度重视智库建设和哲学社会科学工作,就建设中国特色新型智库、加快构建中国特色哲学社会科学作出了顶层设计和战略部署。对于党校(行政学院)如何发挥哲学社会科学研究机构和新型智库功能,习近平总书记在2015年全国党校工作会议上提出明确要求和殷切期望,希望党校根据时代变化和实践发展加强理论总结和理论创新,为发展21世纪马克思主义、当代中国马克思主义作出努力。2019年颁布的《中国共产党党校(行政学院)工作条例》在总则第二条中明确指出,党校(行政学院)是党的思想理论建设的重要阵地,是党和国家的哲学社会科学研究机构和重要智库。习近平总书记系列重要论述和国家战略规划为党校(行政学院)加快构建新时代中国特色哲学社会科学,在学习研究宣传贯彻党的创新理论中走在前列提供了根本遵循,指明了前进方向;为充分发挥科研工作基础支撑作用,促进科研智库工作高质量发展带来了崭新历史机遇。

多年来,在中共山东省委的坚强领导下,在中央党校(国家行政学院)的关心指导下,中共山东省委党校(山东行政学院)始终将学习研究宣传习近平新时代中国特色社会主义思想、推进党的思想理论建设作为自身重要职责,着力构建高水平哲学社会科学研究机构和新型智库。全体教研人员秉持“实事求是”的党校校训和党性原则,坚定马克思主义信仰和“党校姓党、对党忠诚”的政治思想境界,勇担新时代理论研究创新的学术使命,以“立时代潮头、发思想先声”的学术担当、“严谨踏实、诚实笃信”的学术风范和“初心如磐、勤耕不辍”的学术情怀,深入研究哲学社会科学领域的理论和实践问题,持续深化对马克思主义基本理论和中国特色社会主义理论体系的研究阐释，科研能力水平不断加强，科研成果数量质量持续提升，为推动党的理论创新和哲学社会科学繁荣发展发挥了重要作用，为推动山东经济社会发展作出了重要贡献。

为充分展示中共山东省委党校（山东行政学院）在哲学社会科学研究和思想智库建设方面取得的重要成果，根据中共山东省委党校（山东行政学院）与山东大学战略合作协议，由山东大学出版社出版"中共山东省委党校（山东行政学院）精品文库"（以下简称"文库"）。"文库"主要收录中共山东省委党校（山东行政学院）获省部级一等奖以上专著和获省部级奖励论文。首批出版的"文库"收录了迟树功、衣芳、钟丽娟、贾英健、王巨新等知名专家的研究专著5部，获奖论文集1部。"文库"成果涉及哲学、历史学、政治学、经济学、法学等领域，皆为作者在长期、扎实的理论研究基础上打造的精品力作，充分展现了中共山东省委党校（山东行政学院）科研工作者深邃的历史思考、执着的学术追求、敏锐的创新意识和严谨的治学态度，这也正是不断推动新时代党校（行政学院）事业高质量发展，深入推进中共山东省委党校（山东行政学院）哲学社会科学研究和思想智库建设的不竭动力源泉。

"文库"作为中共山东省委党校（山东行政学院）重大项目攻关创新的重要组成部分，是一个动态的、开放的系统。在首批出版成果的基础上，中共山东省委党校（山东行政学院）将根据后续成果情况，适时分批推出。"文库"的出版在编委会的领导下组织开展，得到了作者、相关部室研究人员、山东大学出版社的大力配合和支持帮助，在此一并表达最诚挚的谢意。

"文库"出版的组织、联络等事宜，由中共山东省委党校（山东行政学院）科研和智库工作处负责。因水平所限，出版工作难免会有不足之处，恳请读者及有关专家学者批评指正。

面向新时代，阔步新征程。中共山东省委党校（山东行政学院）将坚持以习近平新时代中国特色社会主义思想为指导，坚定不移贯彻落实习近平总书记关于党校办学治校系列重要指示精神和对山东工作的重要指示要求，锚定"走在前、开新局"，以终身为党立言、为人民做学问、为民族复兴增添思想动力为己任，围绕中心、服务大局，发挥干部培训、思想引领、理论建设、决策咨询作用，着力构建出思想、出成果、出人才的重要阵地，努力打造全国一流省级党校（行政学院），为奋力开创新时代社会主义现代化强省建设新局面作出更大贡献。

"中共山东省委党校（山东行政学院）精品文库"编委会

2022年10月31日

序

作为中国历史上最后一个封建王朝,清朝一方面继承了前代对外关系的传统,采用行之已久的“朝贡制度”模式来处理她与周边邻国之间的政治关系;另一方面,对于自新航路开辟后来华贸易的欧美诸国商人,清朝又采取了“广州通商制度”与其通商。然而,清朝经过两次鸦片战争的失败不仅不得不接受西方的“条约制度”模式来与其通交,而且在甲午战争失败后又不得不采用“条约制度”与原来的属国(朝鲜)开展政治交往。因此,清朝的对外关系正好介于传统与现代之间,具有丰富的历史内涵,极具学术价值与现实意义。

缅甸在清朝与周邻国家封贡关系(按:“封贡关系”是册封与朝贡关系的简称。学术界多将在朝贡体制下形成的中外之间政治关系称为“宗藩关系”,我以为这样的概念容易与近代资本主义国家和殖民地之间的宗藩关系相混淆,所以用“封贡关系”来概称在朝贡体制下所形成的中外政治关系)的整个体系中,至少在构建双边政治关系的时间上要远远落后于其他国家,直到乾隆五十三年(1788)才真正开始向清廷朝贡。中国东北方向的朝鲜则早在崇德二年(1637)就已被迫向清廷称臣进贡,比缅甸早了整整150年。同处中南半岛的安南黎朝,也在顺治十七年(1660)向清朝奉表纳贡;而不与中国接壤的暹罗,出于其商业目的早在顺治九年(1652)就向清朝遣使请贡;缅甸近邻南掌国(今老挝),也在雍正七年(1729)向清朝遣使称臣。然而,根据本书作者的考察,清朝与缅甸之间封贡关系的建立,却是云南顺宁府知府全保、耿马土司罕朝瑗等人主动派遣使团到缅甸招徕的结果;而缅甸国王随即组成使团回访清朝,并得到乾隆帝诏旨在热河避暑山庄晋见。如此,清朝和缅甸之间封贡关系的建立，既不同于清朝与朝鲜、清朝与安南之间封贡关系建立源动力出自清朝朝廷，也不同于清朝与暹罗之间封贡关系建立源动力出自暹罗，而是来源于中缅边境地方政府。显然，这对于我们认识清朝朝贡制度与对外关系的丰富内涵，又提供了一个新的观察途径。

当然，巨新《清代中缅关系》的写作主旨不限于此，其更重要的是对清朝与缅甸关系进行全面系统的梳理。书中所述，包括清初与缅甸东吁王朝的政治关系，乾隆中期与缅甸雍籍牙王朝的战争，乾隆后期与雍籍牙王朝的紧张对峙，乾隆末年及其以后与雍籍牙王朝之间封贡关系的建立和发展过程，清缅贸易往来的状况与文化交流的状态，华侨华人在缅甸的发展历程，这些为我们了解、研究清代中缅关系提供了比较翔实的基础性资料。而且，在我国政府开始把周边外交作为外交重点的形势下，本书有着十分重要的现实意义。

19 世纪英国对缅甸发动三次战争，相继占领下缅甸（大体指缅甸南部靠近孟加拉湾和安达曼海的沿海地区）和上缅甸（一般指缅甸距沿海较远的北部广大内地）。尤其是 1885 年英国发动的第三次侵缅战争，直接灭亡了缅甸的雍籍牙王朝，从而终结了清朝与缅甸雍籍牙王朝之间的封贡关系。这部书对于清朝围绕上缅甸被英国占领所开展的外交交涉有专门叙述，并详细探讨了英国占领缅甸对中缅边界问题所产生的直接影响。因此，本书对于我们了解和研究西南疆域史具有较高的学术价值。

巨新对于清朝与缅甸关系史的研究，发端于我主持承担的《清史·邦交志(上卷)》纂修工作。当时，我商请巨新撰写该志中的“缅甸篇”。巨新在此前虽未对这方面有太多的关注，但他在领受这项任务后即认真进行资料准备，并到云南中缅边境地区做实地考察。他在完成“缅甸篇”的任务后，又对清代中缅关系进行系统深入研究，并以此为题申请到国家社会科学基金的资助，前后三年，终成书稿。今书稿刊印在即，他征序于我，故勉缀数语以申祝贺之意。

我还感到，巨新这部书对于清代中缅关系的研究，还未达到尽善尽美。将来，随着更多资料被发现和整理，一些问题必将得到更深入的阐发。我也特别期待更多像巨新这样的年轻学者，投入中国与周邻国家关系史的研究队伍中，从学术研究角度来增进我国外交研究的广度和深度。

陈尚胜

2015 年 1 月

目 录

表目录

绪 论

缅甸是和中国山水相连的邻邦。自汉代以降，中缅两国始终存在着密切的政治、经济、文化交流和人员往来。清朝时期，缅甸境内曾存在东吁王朝(1531～1752)、后白古王朝(1740～1757)、阿拉干王朝 (1433～1785)、雍籍牙王朝(1752～1885)、英属缅甸(1886～1948)等政权，其中东吁王朝、雍籍牙王朝、英属缅甸与清朝关系密切。可以说，清朝与东吁王朝、雍籍牙王朝及英属缅甸的密切交往，奠定了今天中缅两国边界、贸易、文化、民族等关系的基础。

第一节 选题缘起

1941 年，美国学者费正清和美籍华裔学者邓嗣禹在《哈佛亚洲研究学报》上发表《论清代朝贡制度》一文[①]，提出了关于中国传统对外关系的“朝贡关系”说。此后数十年间，学界围绕古代中国与其他国家之间特别是清朝与亚洲周边国家之间的关系进行了热烈讨论，讨论中学者提出不同的学说。概括言之，除费正清的朝贡关系说(后来亦总结为中国世界秩序说)外，还有日本学者西岛定生的册封体制(册封关系体系)说、崛敏一的东亚世界体系说、谷川道雄的古代东亚世界说、安部健夫的四方天下说、栗原朋信的内臣外臣礼法说、藤间生大的东亚世界说、信夫清三郎的华夷秩序说、滨下武志的中华帝国朝贡贸易体系说，韩国学者全海宗的朝贡制度说以及中国学者

---

① J.K. Fairbank and S.Y. Teng,“On the Ch’ing Tributary System”, *Harvard Journal of Asiatic Studies*,1941 (6) , pp.135-246.

何芳川的华夷秩序说、黄枝连的天朝礼治体系说、张启雄的中国世界帝国体系说等[①]。总的来看，这些学说都以清朝对外关系为主要研究对象，对清朝对外关系的理念与制度进行历史诠释。然而，这些学说的讨论重心多集中在清朝与东亚国家关系，对于清朝与东南亚、南亚、中亚国家的关系剖析并不深入。实际上，由于周边国家文化传统、地缘位置及与中国的历史关系有很大差异，清朝对外交往的思想与政策有很强的国别和地区差异性。以缅甸为例，缅甸属于南传佛教兴盛的国家，疆域与中国相接，其与清朝的关系既不同于汉字文化圈的朝鲜、琉球、越南等国，也不同于与中国疆域不相连的暹罗、苏禄等国。清朝与缅甸的关系是否符合清朝对外关系的一般体制，或者说又有哪些特殊之处？研究清代中缅关系历史流变，可以为进一步讨论清朝对外关系体制提供国别的实证参考。

上述学说还有一个不足，那就是侧重于制度本身的研究，对制度实际运行的讨论并不深入。实际上，清代朝贡制度从时间维度看是一个不断发展变化的过程。有清一代，曾于康熙二十九年(1690)、雍正十年(1732)、乾隆二十九年(1764)、嘉庆二十三年(1818)、光绪二十五年(1899)五次纂修《大清会典》。在五朝《大清会典》中，除朝鲜、琉球、安南(嘉庆八年后改称越南)、暹罗四国均列为朝贡国外，康熙《大清会典》还有“土鲁番”(指新疆各部)、荷兰(指巴达维亚)、西洋(指葡萄牙)为朝贡国，雍正《大清会典》还有“土鲁番”、荷兰、西洋诸国(包括葡萄牙和“教皇”)、苏禄为朝贡国，乾隆《大清会典》还有西洋、苏禄、缅甸、南掌为朝贡国，嘉庆《大清会典》还有荷兰、西洋(包括葡萄牙、“教皇”和英吉利)、苏禄、缅甸、南掌为朝贡国，光绪《大清会典》还有苏禄、缅甸、南掌为朝贡国。这本身就说明清代朝贡制度发展的历史变化性与复杂性。就缅甸而言，由于乾隆十六年(1751)缅甸东吁王朝曾遣使访华，所以乾隆二十九年(1764)纂修的《大清会典》将缅甸列入朝贡国，但次年清朝与缅甸即爆发了历时4年的战争，战争结束后又经历了近20年的“冷战”，直到乾隆五十三年(1788)缅甸雍籍牙王朝遣使访华，清缅关系才真正实现正常化。到光绪二十五年(1899)纂修《大清会典》时，缅甸仍列为朝贡国，而实际上缅甸自光绪元年(1875)后即已绝贡，光绪十一年(1885)缅甸又被英国占领，成为英属印度的一个省。这说明，清代朝贡制度的实际运

① 参见宋成有:《东北亚传统国际体系的变迁——传统中国与周边国家及民族的互动关系论述》，台北“中研院”东北亚区域研究演讲之六，2002年。

行更为复杂，需要我们从制度和制度实际运行双重层面进行详细考察。

另外，清代中缅关系还是现代中缅关系的昨天。清朝与缅甸雍籍牙王朝近百年的友好交往，奠定了今天两国间睦邻友好的基础。清末中英两国勘划滇缅边界，使中缅两国2000多公里边界大部分得以划定。清代中缅两国间长期存在的陆路和海路"两路"贸易，促进了两国沿边、沿海地区的边疆开发与经济社会发展。清代中缅两国间密切的文化交流，特别是中华文化的种子在缅甸广泛播撒，丰富了两国人民的文化和社会生活。清代大量华人入缅，成为今天缅甸华侨社会的奠基者。可以说，清朝与缅甸东吁王朝、雍籍牙王朝、英属缅甸政权的历史关系，正是今天中缅两国政治、经济、文化、民族等关系及两国人民"胞波"情谊的最近渊源。对缅甸这样一个东南亚的重要国家和我国的邻邦，我们必须对其与中国的历史关系有更全面更深入的了解。

第二节　学术史回顾

清代中缅关系研究可以追溯至清朝人对清缅关系大事的记述。如关于清军入缅追剿南明永历朝廷事，明末清初的刘茝撰有《狩缅纪事》，客溪樵隐编有《求野录》，刘湘客撰有《行在阳秋》，自非逸史编有《也是录》，刘健述有《庭闻录》[①]。其中曾随永历帝入缅的刘茝所撰《狩缅纪事》，详述永历朝廷入缅、在缅、出缅和覆灭的情况，在同类著述中记叙尤详。关于乾隆朝中缅战争，许多清朝人都有对战争经过的记述。如曾随将军明瑞出征缅甸的周裕"于乾隆三十四年追忆往事而作"《从征缅甸日记》[②]。佚名编《绥缅纪事》[③]，记事截至乾隆三十五年(1770)春清军撤退，然多有文字错漏。腾越知州吴楷撰《征缅纪略》，记清缅战争事"颇详赡，亦有繁冗失实者"，曾为经略大学士傅恒幕吏并随军出征缅甸的王昶"次第删正之，续以输诚效贡"，成新《征

① (明)刘茝等:《狩缅纪事(外三种)》，丁红校点，杭州:浙江古籍出版社1986年版;(明)客溪樵隐编《求野录》，见于浩辑《明清史料丛书八种》第1册，北京:北京图书馆出版社2005年版;(明)刘湘客:《行在阳秋》，见于浩辑《明清史料丛书八种》第1册;(明)自非逸史编《也是录》，见于浩辑《明清史料丛书八种》第1册;(清)刘健:《庭闻录》，近代中国史料丛刊三编第26辑第251册，台北:文海出版社1987年影印本。

② (清)周裕:《从征缅甸日记》，借月山房汇钞第七集，嘉庆戊辰(1808)张海鹏校梓本。

③ (清)佚名:《绥缅纪事》，见国家图书馆编《清代边疆史料抄稿本汇编》第36册，北京:线装书局2003年版，第157～260页。

缅纪略》[①]。王昶还撰有《征缅纪闻》[②]，详记傅恒率军出征缅甸每日事。同样曾为傅恒幕吏并随军出征的赵翼"征缅时曾即军中粗有记述"，至乾隆五十七年(1792)整理成《平定缅甸述略》[③]。嘉庆朝以后的著述，记述清缅关系大事的时间下限不断后移。如昭梿撰《缅甸归诚本末》[④]，述乾隆五十五年(1790)前清缅关系事，对乾隆朝中缅战争叙述尤详。后来魏源著《圣武记》[⑤]、王文韶等修《续云南通志稿》[⑥]、赵尔巽等撰《清史稿》[⑦]均从中取材不少。彭崧毓《缅述》所附《缅国纪略》[⑧]记述道光二十三年(1823)前清缅关系，虽行文简略但要事俱备。光绪朝以后，中缅界务问题成为新的关注焦点，出现了一批有关滇缅划界问题的著述。如直隶候补知府姚文栋奉命查探印缅商情及滇缅界务，"凡有关形势之处，无不博访周咨，绘图记载"，后编成《云南勘界筹边记》二卷[⑨]。光绪二十六年(1900)，供职于云南善后、洋务两局的黄诚沅辑成《滇南界务陈牍》三卷[⑩]，首南界(广南、开化、临安三府)，次普界(普洱府)，殿西界(顺宁、永昌二府)。光绪二十八年(1902)，曾主持中英滇缅划界谈判的薛福成辑成《滇缅划界图说》[⑪]。另外，薛福成还有《出使公牍》《出使奏疏》《出使英法义比四国日记》《出使日记续刻》《庸盦文编》《庸盦文续编》《庸盦文外编》《庸盦海外文编》《庸盦文别集》等著述，其中亦有不少关于滇缅界务问题的档案资料。总的来说，清朝人对中缅关系的记述多

① (清)王昶:《征缅纪略》,国学扶轮社校辑,古今说部丛书五集,上海:中国图书公司和记1915年版。

② (清)王昶:《征缅纪闻》,国学扶轮社校辑,古今说部丛书四集,上海:中国图书公司和记1915年版。

③ (清)赵翼:《皇朝武功纪盛》卷三《平定缅甸述略》,近代中国史料丛刊第14辑第133册,第97～120页。

④ (清)昭梿:《啸亭杂录》卷五《缅甸归诚本末》,何英芳点校,北京:中华书局1980年版,第113～147页。

⑤ (清)魏源:《圣武记》卷六《外藩·乾隆征缅甸记》,韩锡铎、孙文良点校,北京:中华书局1984年版,第262～274页。

⑥ (清)王文韶等修,唐炯等纂《续云南通志稿》卷八〇《武备志·征缅甸略》,光绪二十四年(1898)四川岳池县刻本,台北:文海出版社1966年影印本,第4179～4197页。

⑦ 赵尔巽等:《清史稿》卷五二八《属国传三·缅甸》,北京:中华书局1977年点校本,第48册,第14661～14689页。

⑧ (清)彭崧毓:《缅述》,丛书集成初编本,上海:商务印书馆1937年版。

⑨ (清)姚文栋编《云南勘界筹边记》,光绪间刊本,中国方志丛书第148号,台北:成文出版社1967年影印本。

⑩ (清)黄诚沅辑《滇南界务陈牍》,见方国瑜主编《云南史料丛刊》第10卷,昆明:云南大学出版社2001年版,第2～151页。

⑪ (清)薛福成辑《滇缅划界图说》,光绪壬寅(1902)无锡传经楼刊本,中国方志丛书第249号,台北:成文出版社1974年影印本。

为史料笔记、考察报告或奏疏汇编，并非真正的历史研究。

真正的清代中缅关系研究始于民国时期。这一时期的研究可概括为三个方面。一是中缅关系史的总体研究。1928 年刊印的《清史稿》卷五二八《属国传三·缅甸》是关于清代中缅关系史的首次全面高度概括。1937 年张诚孙出版的《中英滇缅疆界问题》[①]，重在论述滇缅界务问题，但亦述及历代中缅关系、滇缅边境土司、乾隆征缅之役及缅甸遣使朝贡等事，实为一部中缅关系通史类著作。1941 年王婆楞出版的《中缅关系史》（再版时曾改称《中缅关系史纲要》）[②]，采用编年通纪体例，记清末以前中缅两国关系之大端。1948 年夏光南出版的《中印缅道交通史》[③]，综述秦汉至二战间经由中印缅道的外交、贸易和文化交流，对于清代中缅关系多有述及。这一方面比较重要的论文和资料汇编有曾问吾的《中缅历代关系史略》、李伟的《中缅之历史关系》、黄征夫的《中缅关系史考》、吉城的《缅甸史与中缅关系史》以及李醒民辑的《中缅关系史料》等[④]。二是中缅界务问题。20 世纪 20 年代后，随着边疆危机进一步加深，许多中华学子心系边疆，关注国运，积极投身到边疆民族史的研究中，迅速形成边疆史地研究的第二次高潮[⑤]，其中中缅界务是研究重点之一。如华企云编著的《云南问题》[⑥]，为《边疆问题丛书》之一种，上篇述英法帝国主义与云南，下篇论西南边疆问题与云南。云南人尹明德于 1930 年冬受命往滇缅北段未定界进行调查，其与调查组人员行踪所至，随有记载，后加整理，成《滇缅北段界务调查报告》《云南北界勘察记》《中

---

① 张诚孙：《中英滇缅疆界问题》，北京：哈佛燕京学社 1937 年版。

② 王婆楞：《中缅关系史》，长沙：商务印书馆 1941 年版。

③ 夏光南编著《中印缅道交通史》，上海：中华书局 1948 年版。

④ 曾问吾：《中缅历代关系史略》，《边事研究》1935 年第 2 卷第 1 期；李伟：《中缅之历史关系》，《南洋研究》1939 年第 8 卷第 3 期；黄征夫：《中缅关系史考》，《新东方》1943 年第 8 卷第 6 期；吉城：《缅甸史与中缅关系史》，《东方文化》1943 年第 2 卷第 5 期；李醒民辑《中缅关系史料》，《时代精神》1941 年第 4 卷第 6 期。

⑤ 按：中国边疆史地研究第一次高潮出现在 19 世纪中后期，以祁韵士的《皇朝藩部要略》《西陲要略》《西域释地》《西域行程记》、徐松的《西域水道记》、张穆的《蒙古游牧记》和《俄罗斯事补辑》、魏源的《海国图志》、何秋涛的《朔方备乘》、龚自珍的《蒙古图志》和《西域置行省议》，姚莹的《康辅纪行》，沈垚的《新疆私议》等为代表。

⑥ 华企云编著《云南问题》，上海：大东书局 1931 年版。

英滇缅界务交涉史》[①]。1935年,国民政府外交部特派周光倬为云南边地调查专员,前往云南实地测量滇缅南段未定界之各基点,周光倬归后编成《滇缅南段未定界调查报告》[②]。云南人张凤岐曾在燕京大学以"云南外交问题"为题做硕士学位论文,后于1936年秋做滇缅南段界务考察之行,归后整理补充成《云南外交问题》[③],所述包括滇缅外交问题和滇越外交问题。广东人刘伯奎在战时重庆曾获外交部档案室之特许,翻阅历年中缅交涉文件,于1946年出版《中缅界务问题》[④],专述清季中缅界务交涉经过、片马与江心坡问题等。1949年,云南省修成《新纂云南通志》[⑤],将清代英法两国侵略云南史事分为中英交涉和中法交涉,中英交涉又分为马嘉理案、中英缅甸之交涉、滇缅界务、英人在滇缅边界之经营、滇缅边案会审章程和英、法在滇省七府矿产合同之订立及收回等七个细目。另外,这一时期一些通论性著作也论及中缅界务和西南边疆问题,如华企云的《中国边疆》[⑥]、束世澂的《中英外交史》[⑦]、葛绥成的《中国近代边疆沿革考》[⑧]、思慕的《中国边疆问题讲话》[⑨]以及顾颉刚、史念海的《中国疆域沿革史》[⑩]等。而在《东方杂志》《新亚细亚》《地学杂志》《边事研究》《地理学报》《申报》等报刊上,也发表了大量关于清代中缅界务问题的论文[⑪]。三是缅甸华侨华人研究。在李长傅的《南洋

---

① 尹明德:《滇缅北段界务调查报告》,1931年腾冲版,见李根源辑《永昌府文征》纪载卷三十,昆明:云南美术出版社2002年版,第3883～3924页;《云南北界勘察记》,1933年刊本,近代中国史料丛刊第51辑第510册;《中英滇缅界务交涉史》,见云南省立昆华民众教育馆编《云南边地问题研究》上卷,昆明:云南省立昆华民众教育馆,1933年,第389～467页。

② 周光倬编《滇缅南段未定界调查报告》,1935年铅印,中国方志丛书第149号,台北:成文出版社1967年影印本。

③ 张凤岐:《云南外交问题》,上海:商务印书馆1937年版。

④ 刘伯奎编著《中缅界务问题》,南京:正中书局1946年版。后来,刘氏根据《中缅边界条约》等最新资料,对原书重订增修,于1982年由新加坡南洋学会出版。

⑤ 龙云、卢汉修,周钟岳纂《新纂云南通志》,牛鸿斌等点校,昆明:云南人民出版社2007年版。

⑥ 华企云:《中国边疆》,南京:新亚细亚学会1932年版。

⑦ 束世澂:《中英外交史》,上海:商务印书馆1933年版。

⑧ 葛绥成:《中国近代边疆沿革考》,上海:中华书局1934年版。

⑨ 思慕:《中国边疆问题讲话》,上海:生活书店1937年版。

⑩ 顾颉刚、史念海:《中国疆域沿革史》,长沙:商务印书馆1938年版。

⑪ 参见朱昭华:《中缅边界问题研究》,哈尔滨:黑龙江教育出版社2007年版,绪论,第4～5页;齐鹏飞、冯越:《中缅边界问题研究述略》,《当代中国史研究》2008年第2期。

华侨史》[1]、温雄飞的《南洋华侨通史》[2]、王云五和李圣五主编的《南洋华侨》[3]、姚枬的《中南半岛华侨史纲要》[4]等著作中，都有专章论述缅甸华侨华人问题。另外，云南人李根源等于1941年辑成《永昌府文征》[5]，收录汇辑了自先秦两汉至民国时期与永昌及周边区域有关的1203位作者撰写的诗词、文论、史料、人物传记等，是研究滇西地区以至云南全省地方史以及中缅关系史的大型文史参考典籍。

20世纪50～70年代，受国内国际政治形势影响，学界对中国与周邻国家关系的研究是以友好交往为主题的。在中缅关系方面，主要有云南省历史研究所编的《中国和缅甸友好关系史资料汇编》[6]、季羡林的《中缅两国人民的传统友谊》[7]、陈炎的《中缅两国人民友好往来的历史》[8]、方国瑜的《古代中国与缅甸的友好关系》[9]等。这一时期较有影响的是中国近代经济史资料丛刊编辑委员会编的《帝国主义与中国海关》第五编《中国海关与缅藏问题》，该书分两章，其中第一章为1885～1886年中英关于缅甸问题的交涉，主要收录赫德与金登干关于缅甸问题的往来函电110件以及几篇相关档案文件[10]。另外台湾学者庄吉发撰有论文《清高宗时代的中缅关系》，利用台北故宫博物院所藏有关档案详细讨论了乾隆朝中缅战争及战后交涉过程[11]。

20世纪80年代以后，随着学术走向繁荣，有关清代中缅关系的研究成果大量出现，可以归结为以下几个方面。

第一，关于中缅关系史的总体研究。余定邦等著的《近代中国与东南亚

---

① 李长傅：《南洋华侨史》，上海：商务印书馆1929年版。

② 温雄飞：《南洋华侨通史》，上海：东方印书馆1929年版。

③ 王云五、李圣五主编《南洋华侨》，上海：商务印书馆1933年版。

④ 姚枬：《中南半岛华侨史纲要》，重庆：商务印书馆1945年版。

⑤ 李根源辑：《永昌府文征》，昆明：云南美术出版社2002年版。

⑥ 云南省历史研究所编：《中国和缅甸友好关系史资料汇编》，昆明：云南省历史研究所，1954～1955年。

⑦ 季羡林：《中缅两国人民的传统友谊》，《光明日报》1955年12月7日。

⑧ 陈炎：《中缅两国人民友好往来的历史》，《光明日报》1955年12月8日。

⑨ 方国瑜：《古代中国与缅甸的友好关系》，《云南省历史研究所集刊》1964年第1期。

⑩ 中国近代经济史资料丛刊编辑委员会编：《帝国主义与中国海关》第五编《中国海关与缅藏问题》，北京：科学出版社1958年版。

⑪ 庄吉发：《清高宗时代的中缅关系》，《大陆杂志》1972年45卷2期，又收入《清高宗十全武功研究》，台湾故宫丛刊甲种之廿六，台北故宫博物院，1982年，北京：中华书局1987年影印本；又收入《清史论集》（十二），台北：文史哲出版社1997年版。

关系史》[1]全面论述了近代中国与东南亚国家的关系，中缅关系为讨论重点之一。余定邦著的《中缅关系史》[2]，叙述中缅两国两千年友好交往之发展历程，对于清代中缅政治交往论述较详，但对中英滇缅交涉、中缅贸易往来与文化交流等问题未深入讨论。贺圣达著的《缅甸史》[3]在讨论缅甸历史的同时，对中缅关系多有论述。这一时期比较重要的著作还有王介南与王全珍著《中缅友好两千年》[4]、林锡星著《中缅友好关系研究》[5]等。资料方面，云南省历史研究所编的《〈清实录〉越南缅甸泰国老挝史料摘抄》[6]，从《清实录》中摘抄出有关越南、缅甸、泰国、老挝的史料，分国按时间顺序编排。方国瑜主编的《云南史料丛刊》13 卷[7]，上起汉代，下迄清代，凡云南古代历史、地理、政治、经济、军事、交通、民族、风土、物产等重要中文文献资料，力求囊括其中，多有涉及清代中缅关系。余定邦和黄重言编的《中国古籍中有关缅甸资料汇编》[8]，将汉代至清代有关缅甸的资料汇编成册，所选古籍 137 种。这些都很大程度上方便了学者的研究。

第二，关于乾隆朝中缅战争。宁超《桂家、敏家及其与乾隆年间的中缅之战》[9]讨论了桂家集团、敏家集团与乾隆朝中缅战争的关系。黄祖文《清代乾隆年间中缅边境之役》和《中缅边境之役，1766～1769》[10]详细论述了乾隆朝中缅战争爆发的原因、经过和结果，并在研究中使用了较多的缅文资料。朱亚飞《从中缅之战看清政府对东南亚的外交政策》[11]分析了清缅战争的起因、性质及其对两国关系和东南亚地区局势的重要影响。杨煜达以硕士学位论文为基础发表的一系列论文分别讨论了清缅战争前清朝对缅政策、清缅战争爆发的历史背景、清缅战争结束时中缅双方谈判的过程和《老官屯协

---

① 余定邦等：《近代中国与东南亚关系史》，广州：中山大学出版社 1999 年版。

② 余定邦：《中缅关系史》，北京：光明日报出版社 2000 年版。

③ 贺圣达：《缅甸史》，北京：人民出版社 1992 年版。

④ 王介南、王全珍：《中缅友好两千年》，芒市：德宏民族出版社 1996 年版。

⑤ 林锡星：《中缅友好关系研究》，广州：暨南大学出版社 2001 年版。

⑥ 云南省历史研究所编：《〈清实录〉越南缅甸泰国老挝史料摘抄》，昆明：云南人民出版社 1986 年版。

⑦ 方国瑜主编：《云南史料丛刊》（共 13 卷），昆明：云南大学出版社 1998～2001 年版。

⑧ 余定邦、黄重言编：《中国古籍中有关缅甸资料汇编》，北京：中华书局 2002 年版。

⑨ 宁超：《桂家、敏家及其与乾隆年间的中缅之战》，《东南亚资料》1982 年第 1 期。

⑩ 黄祖文：《清代乾隆年间中缅边境之役》，《四川大学学报》（哲学社会科学版）1988 年第 2 期；《中缅边境之役，1766～1769》，新加坡南洋学会 2000 年版。

⑪ 朱亚飞：《从中缅之战看清政府对东南亚的外交政策》，《东岳论丛》1993 年第 1 期。

议》的内容等[1]。任燕翔的硕士学位论文《乾隆时期清朝对缅政策述论》[2]系统分析了清缅战争前、战争中和战争后的清朝对缅政策。邹建达《乾隆年间"云南边外土司"建置研究》[3]论述了清缅战争期间清朝在云南边外设置土司的经过、变化与影响。另外,台湾学者赖福顺的《乾隆重要战争之军需研究》[4]讨论了乾隆朝中缅战争的各项军行事宜。杨凡逸的《乾隆朝中缅关系之初探》[5]分别就乾隆朝中缅战争善后的交涉经过、越界边民问题以及清廷对中南半岛其他国家的外交进行了考察。冯明珠主编的《故宫博物院典藏专案档暨方略丛编:缅档》[6],则辑录了台北故宫博物院所藏乾隆三十二年(1767)正月至三十五年(1770)正月有关中缅战争的原始档案。

第三,关于中缅封贡关系问题。张波的博士学位论文《清代中缅宗藩关系研究》[7]和何瑜、张波的《清代中缅宗藩关系述论》[8],论述了存续近百年的中缅宗藩关系的建立、发展和中断。赵玉敏的《清代中前期的中缅宗藩关系述论》[9]也从宗藩关系的角度讨论了清缅战争前的中缅政治关系。李云泉的《朝贡制度史论——中国古代对外关系体制研究》[10]和何新华的《最后的天朝:清代朝贡制度研究》[11]均从制度史的角度分析清代朝贡制度,涉及中缅封贡关系。何新华的文章《关于"十年一贡"的争论——19 世纪末晚清政府在缅甸问题上与英国的交涉》[12]认为,缅甸"十年一贡"协定从确立到废止,反映了中、英双方世界秩序理论的差异。何新华的另一篇文章《试析清代缅甸的藩属国地位问题》对清代文献和现代研究清代中缅关系的学者"把缅甸看作

---

① 杨煜达:《乾隆朝的中缅冲突与边疆民族社会》,云南大学 2002 年硕士学位论文;《清朝前期(1662～1765)的对缅政策与西南边疆》,《中国历史地理论丛》2004 年第 1 辑;《花马礼:16～19 世纪中缅边界的主权之争》(与杨慧芳合作),《中国边疆史地研究》2004 年第 2 期;《藩属体系下的礼仪之争——老官屯和约考略》,《云南师范大学学报》(哲学社会科学版)2010 年第 5 期。

② 任燕翔:《乾隆时期清朝对缅政策述论》,山东大学 2007 年硕士学位论文。

③ 邹建达:《乾隆年间"云南边外土司"建置研究》,《中国边疆史地研究》2011 年第 2 期。

④ 赖福顺:《乾隆重要战争之军需研究》,台北故宫博物院 1984 年版。

⑤ 杨凡逸:《乾隆朝中缅关系之初探》,《史耘》2004 年第 10 期。

⑥ 冯明珠主编《故宫博物院典藏专案档暨方略丛编:缅档》,台北:沉香亭企业社 2007 年版。

⑦ 张波:《清代中缅宗藩关系研究》,中国人民大学 2009 年博士学位论文。

⑧ 何瑜、张波:《清代中缅宗藩关系述论》,《江海学刊》2007 年第 2 期。

⑨ 赵玉敏:《清代中前期的中缅宗藩关系述论》,《大连大学学报》2012 年第 1 期。

⑩ 李云泉:《朝贡制度史论——中国古代对外关系体制研究》,北京:新华出版社 2004 年版。

⑪ 何新华:《最后的天朝:清代朝贡制度研究》,北京:人民出版社 2012 年版。

⑫ 何新华:《关于"十年一贡" 的争论——19 世纪末晚清政府在缅甸问题上与英国的交涉》,《南洋问题研究》2005 年第 4 期。

与朝鲜、越南和琉球一样地位的藩属国"的定论提出质疑，认为："实际上，有清一代，缅甸并不把中国作为它的天朝上国，也从未自己主动承认过是中国的藩属国。与之相反，缅甸几乎一直以一个平等国家的身份与清朝来往。"[①]

第四，关于中缅界务问题。这是近年来中缅关系研究的重点问题。著作方面，方国瑜的《中国西南历史地理考释》[②]详细考证了历史上各个时期西南地区的疆界划分和行政设置。尤中的《中国西南边疆变迁史》[③]和《云南地方沿革史》[④]系统论述了秦汉至清代各个历史时期西南边疆的地理疆域变迁。吕昭义的《英属印度与中国西南边疆：1774～1911 年》[⑤]把中缅边界问题与中印边界问题联系在一起考察，深入研究了英国在中国西南边疆地区的活动。高鸿志的《英国与中国边疆危机 1637～1912》[⑥]主要分析了英国对近代中国东南、西南边疆的侵略，其中第五章"云南边疆危机"论及中英两国在中缅边界问题上的交涉等问题。吕一燃主编的《中国近代边界史》[⑦]在第十三章"中国与缅甸的边界"中详细讨论了近代中缅边界变迁的历史。论文方面，主要成果有金英宗《麦克马洪线与中缅北段边界问题》[⑧]、张植荣《论中缅边界问题》[⑨]、余绳武《近代中缅北段未定界问题的由来》[⑩]、罗之基《阿佤山区中缅边界问题的产生与解决》[⑪]、吕一燃《薛福成与中英滇缅界务交涉》[⑫]、秦和平《述论 1885～1886 年间清政府关于英灭缅甸及中缅界务的交涉》和《艰难的历程：清末滇缅界务交涉之回顾》[⑬]、张振鹍《近代史上中英滇缅边界

① 何新华：《试析清代缅甸的藩属国地位问题》，《历史档案》2006 年第 1 期。

② 方国瑜：《中国西南历史地理考释》，北京：中华书局 1987 年版。

③ 尤中：《中国西南边疆变迁史》，昆明：云南教育出版社 1987 年版。

④ 尤中：《云南地方沿革史》，昆明：云南人民出版社 1990 年版。

⑤ 吕昭义：《英属印度与中国西南边疆：1774～1911 年》，北京：中国社会科学出版社 1996 年版。

⑥ 高鸿志：《英国与中国边疆危机 1637～1912》，哈尔滨：黑龙江教育出版社 1998 年版。

⑦ 吕一燃主编《中国近代边界史》，成都：四川人民出版社 2007 年版。

⑧ 金英宗：《麦克马洪线与中缅北段边界问题》，《中国边疆史地研究报告》第 3 辑，中国社会科学院中国边疆史地研究中心，1988 年。

⑨ 张植荣：《论中缅边界问题》，《中国边疆史地研究报告》1991 年第 3、4 合期。

⑩ 余绳武：《近代中缅北段未定界问题的由来》，《中国边疆史地研究报告》1992 年第 3、4 合期。

⑪ 罗之基：《阿佤山区中缅边界问题的产生与解决》，见邢玉林主编《中国边疆研究通报》，乌鲁木齐：新疆人民出版社 1995 年版。

⑫ 吕一燃：《薛福成与中英滇缅界务交涉》，《中国边疆史地研究》1995 年第 2 期。

⑬ 秦和平：《述论 1885～1886 年间清政府关于英灭缅甸及中缅界务的交涉》，《中国边疆史地研究》1993 年第 3 期；《艰难的历程：清末滇缅界务交涉之回顾》，《中国边疆史地研究》1995 年第 3 期。

"南段未定界"问题》[①]、谢本书《从片马事件到班洪事件——中缅边界历史沿革问题》[②]、杨宝康《论中缅南段边界问题与班洪事件》[③]、刘金洁《中缅边界中的"麦克马洪线"问题及其解决》[④]、张子建《薛福成在中英〈续议滇缅界·商务条款〉中对北段界的划分》[⑤]、马俊林《民族国家话语体系中构建的中国"边界"——以早期中缅界务问题为核心的考察》[⑥]等。近年来朱昭华的著作《中缅边界问题研究——以近代中英边界谈判为中心》[⑦]和一系列相关论文[⑧],从外交史的角度,完整论述了近代中缅边界纠纷的来龙去脉,详细探讨了中英谈判、中缅谈判的前因后果。

第五,关于中缅贸易往来问题。对缅贸易是云南对外贸易的主要组成部分,学者讨论云南对外贸易时一般都涉及对缅贸易问题。陆韧在《云南对外交通史》[⑨]第四章中讨论了云南开埠通商前后云南对外贸易与对外交通的变化情况。吴兴南在《云南对外贸易史》[⑩]第五、六章中分别论述了清代前期云南传统对外贸易的发展和近代初期云南对外贸易的变化态势。孙来臣的文章《明清时期中缅贸易关系及其特点》[⑪]利用中、英、缅三国文字材料论述明清时期中缅贸易关系,并通过与东南亚其他国家的比较,阐明中缅贸易关

① 张振鹍:《近代史上中英滇缅边界"南段未定界"问题》,见李国强、方铁编《中国边疆研究通报》(二集,云南专号),乌鲁木齐:新疆人民出版社1998年版。

② 谢本书:《从片马事件到班洪事件——中缅边界历史沿革问题》,《云南社会科学》2000年第4期。

③ 杨宝康:《论中缅南段边界问题与班洪事件》,《云南师范大学学报》(哲学社会科学版)2003年第2期。

④ 刘金洁:《中缅边界中的"麦克马洪线"问题及其解决》,《当代中国史研究》2006年第1期。

⑤ 张子建:《薛福成在中英〈续议滇缅界·商务条款〉中对北段界的划分》,《云南民族大学学报》(哲学社会科学版)2007年第1期。

⑥ 马俊林:《民族国家话语体系中构建的中国"边界"——以早期中缅界务问题为核心的考察》,《思想战线》2008年第2期。

⑦ 朱昭华:《中缅边界问题研究——以近代中英边界谈判为中心》,哈尔滨:黑龙江教育出版社2007年版。

⑧ 朱昭华:《薛福成与滇缅边界谈判再研究》,《中国边疆史地研究》2004年第1期;《清末片马事件的发生及其影响》,《史学月刊》2005年第12期;《中缅北段未定界问题再探——以清末中英边界交涉为中心》,《苏州科技学院学报》2006年第1期;《从班洪事件到中缅"1941年线"的划定》,《中国边疆史地研究》2006年第2期;《不同历史时期的中缅铁路议案》,《东南亚研究》2007年第2期;《北京政府时期的中缅边界问题交涉》,《云南社会科学》2008年第6期;《"麦克马洪线"问题的争论及其解决》,《苏州科技学院学报》2010年第6期。

⑨ 陆韧:《云南对外交通史》,昆明:云南民族出版社1997年版。

⑩ 吴兴南:《云南对外贸易史》,昆明:云南大学出版社2002年版。

⑪ 孙来臣:《明清时期中缅贸易关系及其特点》,《东南亚研究》1989年第4期。

系的特点。孙来臣的另一文章《试析腾越海关与近代滇缅贸易》[①]分析了腾越海关设立的背景原因、机构沿革和近代滇缅贸易的兴衰。王福明的《近代云南区域市场初探(1875～1911)》[②]考察了光绪朝云南及周边地区的商品流通、资本积累和商品结构变化。郭亚非有关近代云南对外贸易的一系列论文论述了近代云南海关的形成演变、贸易地位和特点等[③]。牛鸿斌的《近代云南商号与中印陆海交通线的开辟》[④]讨论了以永昌祥、洪盛祥、茂恒、恒盛公和福春恒等为代表的云南商号在云南对外贸易中的重要历史地位。冯立军的《论明至清中叶滇缅贸易与管理》[⑤]分析了明至清中叶滇缅贸易概况和明清政府对滇缅贸易的管理情况。邹怀强的《历史上腾冲与缅甸的翡翠开发和贸易关系》[⑥]讨论了腾冲在缅甸翡翠开采、运输、加工、贸易等环节的独特地位和重要作用。方慧的《清代前期西南地区边境贸易中的有关法规》[⑦]从法学角度讨论了清政府对西南地区边境贸易的立法及实施情况。苏月秋的《近代云南与东南亚的丝棉贸易》[⑧]讨论了云南与东南亚之间丝棉贸易的发展变化与影响。另外,张永帅的博士学位论文《近代云南的开埠与口岸贸易研究(1889～1937)》[⑨]系统论述了近代云南口岸贸易的变动趋势、商品结构和贸易地位等问题。

第六,关于清代缅甸华侨华人问题。杨万秀的《清代缅甸华侨》[⑩]从增进"胞波"情谊、促进矿业和农业、发展缅甸商业三个方面讨论清代缅甸华侨对缅甸的贡献。肖泉的《和平的使者　友谊的桥梁——试论缅甸华侨的历史

---

① 孙来臣:《试析腾越海关与近代滇缅贸易》,《云南地理环境研究》1990年第2期。

② 王福明:《近代云南区域市场初探(1875～1911)》,《中国经济史研究》1990年第2期。

③ 郭亚非、张敏:《试论云南近代海关》,《云南师范大学学报》(哲学社会科学版)1995年第2期;郭亚非:《近代云南三关贸易地位分析》,《云南师范大学学报》(哲学社会科学版)1996年第5期;《云南近代转口贸易分析》,《云南师范大学学报》(哲学社会科学版)1998年第6期;《近代云南与周边国家区域性贸易圈》,《云南师范大学学报》(哲学社会科学版)2001年第2期。

④ 牛鸿斌:《近代云南商号与中印陆海交通线的开辟》,《云南社会科学》2002年第1期。

⑤ 冯立军:《论明至清中叶滇缅贸易与管理》,《南洋问题研究》2005年第3期。

⑥ 邹怀强:《历史上腾冲与缅甸的翡翠开发和贸易关系》,《学术探索》2005年第6期。

⑦ 方慧:《清代前期西南地区边境贸易中的有关法规》,《贵州民族学院学报》(哲学社会科学版)2007年第3期。

⑧ 苏月秋:《近代云南与东南亚的丝棉贸易》,《东南亚南亚研究》2010年第3期。

⑨ 张永帅:《近代云南的开埠与口岸贸易研究(1889～1937)》,复旦大学2011年博士学位论文。

⑩ 杨万秀:《清代缅甸华侨》,《广西师范大学学报》(哲学社会科学版)1982年第1期。

功绩》[①]则从拓展两国关系、维系两国友谊、促进民族融合三个方面探讨华侨在中缅关系中的历史地位和作用。杨煜达的《清代前期在缅甸的华人(1662～1795)》[②]认为清代前期寓居缅甸的华人较前大为增多,但桂家并不是华人集团。杨煜达的另一论文《桂家事迹新考》[③]也提出,桂家是"夷人",而非华人移民集团。杨煜达还在《清代中期滇边银矿的矿民集团与边疆秩序——以茂隆银厂吴尚贤为中心》[④]一文中对边疆地区移民集团中最有代表性的茂隆银厂吴尚贤的事迹进行了研究。陈俊的《试论清前期缅甸华侨的骤增》[⑤]认为边境战乱、改土归流导致落籍缅甸的中国军民增多,清初的移民垦殖政策、中缅边贸经济的长足发展和缅王朝奉行的政策促进了中国商民大量移居缅甸。冯立军的《20世纪初以前华侨移民缅甸述略——兼论缅甸华侨社会的形成》[⑥]认为清代是华侨大规模移居缅甸时期,随着华侨大量移居缅甸,华侨社会在缅甸较多地区形成。肖彩雅的硕士学位论文《19世纪初至20世纪初缅甸华侨社会的变迁》[⑦]将缅甸华侨社会变迁置于缅甸社会历史发展进程中进行考察,着重论述了三次英缅战争时期及至20世纪初缅甸华侨社会的发展和变化。

在国外学者研究方面,缅甸学者的本国史研究不同程度地涉及清代中缅关系。如缅甸大编年史《琉璃宫史》[⑧]、吴貌貌丁《贡榜王朝史》[⑨]、波巴信《缅甸史》[⑩]、貌丁昂《缅甸史》[⑪]都有关于清代中缅关系的记述。佚名《华人莅

① 肖泉:《和平的使者　友谊的桥梁——试论缅甸华侨的历史功绩》,《暨南学报》(人文科学与社会科学版)1984年第4期。

② 杨煜达:《清代前期在缅甸的华人(1662～1795)》,《华侨华人历史研究》2003年第4期。

③ 杨煜达:《桂家事迹新考》,《云南社会科学》2003年第4期。

④ 杨煜达:《清代中期滇边银矿的矿民集团与边疆秩序——以茂隆银厂吴尚贤为中心》,《中国边疆史地研究》2008年第4期。

⑤ 陈俊:《试论清前期缅甸华侨的骤增》,《云南师范大学学报》(哲学社会科学版)2006年第5期。

⑥ 冯立军:《20世纪初以前华侨移民缅甸述略——兼论缅甸华侨社会的形成》,《南洋问题研究》2008年第4期。

⑦ 肖彩雅:《19世纪初至20世纪初缅甸华侨社会的变迁》,厦门大学2009年硕士学位论文。

⑧ 《琉璃宫史》,李谋等译注,北京:商务印书馆2007年版。按:缅文本《琉璃宫史》共分两大部分,此中译本是第一部分。

⑨ 〔缅〕吴貌貌丁:《贡榜王朝史》(缅文本),曼德勒:曼德勒新闻社1905年版。

⑩ 〔缅〕波巴信:《缅甸史》,陈炎译,北京:商务印书馆1965年版。

⑪ 〔缅〕貌丁昂:《缅甸史》,贺圣达译,昆明:云南省东南亚研究所1983年版。

缅各地记》[①]、戚基耶基纽《四个时期的中缅关系》[②]、陈孺性《缅甸华侨史略》[③]则属于专门讨论中缅关系史的著作。在上述著作中，最有影响的当数《琉璃宫史》和《贡榜王朝史》。《琉璃宫史》全名《琉璃宫大王统史》，是缅甸贡榜王朝（按：即雍籍牙王朝）巴基道王（按：即孟既）在位时，由蒙悦逝多林寺大法师等13位僧俗学者奉旨在琉璃宫内参照缅甸国内各种史书、典籍、碑铭、档案文献、佛学经典和诗文分工编写而成的一部大编年史。该书编写始于1829年，历时近四年编成，分两大部分，第一部分从上古写到1754年东吁王朝末代国王及其子女被溺毙，第二部分从1752年雍籍牙王朝创建写到1821年。它较详尽地叙述了缅甸境内先民以及以缅族为主体的各个王朝历代君王治国安邦、各个方面变迁发展的重要史实，也用一定篇幅讲述了缅甸与周边各国——中国（宋、元、明、清）、泰国（阿瑜陀耶、清迈）、老挝（万象）、斯里兰卡（锡兰）、印度（曼尼普尔、阿萨姆）等之间所发生的战争与交往。当然，作为国王钦定的“正史”，又由御用高僧和大臣们编纂，《琉璃宫史》在有些地方难免有为封建统治者歌功颂德之嫌，需要我们在引用时注意甄别考证。1867年，曼同王下令召集一批文人学者和高僧，将《琉璃宫史》第二部分校订续写，写至曼同王即位，是为《琉璃宫史续编》。后来，曾为王朝宫廷大臣助理的吴貌貌丁在《琉璃宫史续编》之后再次续写，写至锡袍王被俘为止，并把《琉璃宫史续编》中的内容与其续写的曼同王和锡袍王时期的内容合并在一起，单独刊印为《贡榜王朝史》（也称《贡榜王朝大史》）。该书全面记述了贡榜王朝即雍籍牙王朝从1752年创建到1885年灭亡的历史，成为后来缅甸与英国学者研究缅甸史的重要参考资料。书中对乾隆朝中缅战争及后来的中缅交往大事多有记载，由于尚未翻译为中文出版，使用起来较为困难。

由于缅甸曾为英国殖民地，英国学者在缅甸史和缅中关系史研究方面成果较多。早在1837年，英国驻缅公使伯尼（Henry Burney，又译“白奈”

---

① 〔缅〕佚名：《华人莅缅各地记》，李谋译，《南洋资料译丛》2008年第3期。

② 〔缅〕戚基耶基纽：《四个时期的中缅关系》，李谋等译（该书记作李秉年、南珍合译，实为李谋、姚秉彦、汪大年、王介南、王玉珍五人合译），芒市：德宏民族出版社1995年版。该书第一章“蒲甘王朝至贡榜王朝时期的中缅关系”又发表在《东南亚研究资料》1982年第3期。

③ 〔缅〕陈孺性：《缅甸华侨史略》，《南洋文摘》1965年5卷2期，节录本见德宏州志编委会办公室编《德宏史志资料》第3集，1985年。

“贝奈”)就发表了缅甸文献关于缅中战争及阿瓦王三次遣使北京记录[①],他根据缅甸文献译述了乾隆朝中缅战争以及1787、1823、1833年缅王三次遣使中国的详细过程。之后,首任英国驻白古行政长官藩尔(Arthur Purves Phayre,又译“潘尔”“费尔”)著《缅甸史》[②],继任英国驻白古行政长官费奇(Albert Fytche)著《缅甸的过去与现在》[③],学者帕克(Edward Harper Parker)著《缅甸及缅中关系》[④],戈·埃·哈威(G. E. Harvey)著《缅甸史:从远古时代到1824年3月10日英国人开始征服》、《英国在缅甸的统治:1824～1942》和《缅甸史纲》[⑤],霍尔(D. G. E. Hall)著《英国与缅甸的早期交往:1587～1743》《欧洲与缅甸》和《东南亚史》[⑥],均不同程度涉及清代中缅关系。其中哈威于1925年出版的《缅甸史》,集此前缅甸史研究之大成,数十年来一直受到东南亚史学者的推崇。尽管书中对缅甸历史的很多看法已陈旧过时,但在资料上仍有可参考之处,特别是书中大量使用了缅甸碑铭等第一手资料。另外,季南(E. V. G. Kiernan)的《英国对华外交(1880～

---

① Henry Burney,“Some Account of the Wars between Burmah and China, Together with the Journals and Routes of Three Different Embassies Sent to Pekin by the King of Ava; taken from Burmese Documents”, in *The Journal of the Asiatic Society of Bengal*, 1837, vol.62, pp.121-149; vol.66, pp. 405-451; vol.67, pp.542-559.

② Arthur Purves Phayre, *History of Burma, Including Burma Proper, Pegu, Taungu, Tenasserim, and Arakan, from the Earliest Times to the End of the First War with British India*, London: Trübner & Co.,1883.

③ Albert Fytche, *Burma Past and Present: With Personal Reminiscences of the Country*, London: C.K.Paul & Company, 1893.

④ Edward Harper Parker, *Burma: With Special Reference to Her Relations with China*, Rangoon: Rangoon Gazette Press, 1893.

⑤ G.E. Harvey, *History of Burna: From the Earliest Times to* 10 *March* 1824 *the Beginning of the English Conquest*, London: Longmans, Green and Co.,1925(《缅甸史》,姚梓良译,北京:商务印书馆1973年版); *British Rule in Burma, 1824-1942*, London: Faber and Faber, 1946; *Ouline of Burmese History*, Bombay: Longmans, Green and Co.,1947.

⑥ D.G.E. Hall, *Early English Intercourse with Burma 1587-1743*, London: Longmans, Green and Co.,1928; *Europe and Burma: A Study of European Relations with Burma to the Annexation of Thibaw's Kingdom, 1886*, London: Oxford University Press, 1945; *A History of South-East Asia*, London: MacMillan&Co. Ltd., 1961(《东南亚史》,中山大学东南亚历史研究所译,北京:商务印书馆1982年版).

1885年)》[①],伯尔考维茨(Nathan A. Pelcovits)的《中国通与英国外交部》[②],杨国伦(Lenoard Kenneth Young)的《英国对华政策(1895～1902)》[③],则不同程度地涉及近代中英滇缅界务交涉问题。

日本学者对清代中缅关系的研究主要集中在乾隆朝中缅关系、中缅贸易和中英缅甸问题谈判方面,主要成果有铃木中正、荻原弘明的《贵家宫里雁和清缅战争》[④],铃木中正的《乾隆远征缅甸善后始末》《清缅邦交正常化:1772～1790》和《清缅关系——战争与和平:1766～1790年》[⑤],箱田惠子的《〈中英缅甸条款〉(1886年)考析——兼论晚清外交之特性》[⑥]等,这些成果所依据的资料主要是中文史料和早期英国人关于缅甸史的著述。

总的来看,学界对清代中缅关系已有一定研究,但也存在以下几个不足:第一,尚无对清代中缅关系全面论述的专著,相对于清代中国与朝鲜、日本、琉球、越南、俄国、葡萄牙、美国、英国等国关系研究成果斐然、著述众多而言,关于清代中缅关系的研究还停留在对个别问题研究的层次上,缺乏全面系统的研究著作。第二,国内学者局限于外文文献资料缺乏及使用困难,国外学者则局限于中文档案文献的使用不足。实际上,关于清代中缅关系,有大量的原始档案文献,对于这些档案文献的使用,无论是国外学者还是中国学者都很不够。第三,由于使用资料来源的限制,中国学者研究中缅关系一定程度上存在着"中缅友好模式"和"中国中心主义"倾向,国外学者则一

---

① E.V.G. Kieman, *British Diplomacy in China, 1880 to 1885*, Cambridge: Cambridge University Press, 1939(《英国对华外交(1880～1885年)》,许步曾译,北京:商务印书馆1984年版).

② Nathan A. Pelcovits, *Old China Hands and the Foreign Office*, New York: The King's Crown Press, 1948(《中国通与英国外交部》,江载华、陈衍译,北京:商务印书馆1959年版).

③ Lenoard Kenneth Young, *British Policy in China, 1895-1902*, Oxford: Clarendon, 1970[《英国对华政策(1895～1902)》,刘存宽、张俊义译,北京:中国社会科学出版社1991年版].

④ 〔日〕铃木中正、荻原弘明:《贵家宫里雁和清缅战争》,鹿儿岛大学《史录》1977年10号,第1～40页。其第一部分《贵家宫里雁与缅甸华侨》中译文见中外关系史学会编《中外关系史译丛》第3辑,上海:上海译文出版社1986年版,第13～34页。

⑤ 〔日〕铃木中正:《乾隆ビルマ远征の后始末》,见《江上波夫教授古稀记念论集·历史篇》,东京:山川出版社1977年版,第453～471頁;《清·ビルマ国交の正常化1772～1790》,见《山本达郎博士古稀记念:东南アジア·インドの社会と文化》(下),东京:山川出版社1980年版,第47～75頁;《清·ビルマ关系战争と和平:1766～1790年》,《东南アジア:歴史と文化》1981年10号,第3～16頁[中译文《清缅关系(1766～1790年)》见中外关系史学会编《中外关系史译丛》第1辑,上海:上海译文出版社1984年版]。

⑥ 〔日〕箱田惠子:《〈中英缅甸条款〉(1886年)考析——兼论晚清外交之特性》,《当代日本中国研究》2014年第1期。

定程度上存在“缅甸中心主义”或“英国中心主义”倾向。

第三节　研究价值与思路方法

关于清代中缅关系，除有上述研究不足外，还有许多历史疑问：乾隆朝中缅之役为什么会爆发？作为中缅之役结束标志的《老官屯协议》是怎样签订的？协议具体内容是什么？战争结束后中缅两国为何会陷入长时间的“冷战”？乾隆末年以后中缅政治关系到底是何性质？中缅双方有多少次派遣使节或代表团互访？清末中英关于缅甸界务、商务等问题是如何谈判的？中英两国又是如何勘划滇缅边界的？清代中缅两国的经贸往来、文化交流以及缅甸华侨华人情况如何？清代中缅关系对中国西南边疆历史、疆域、民族等有哪些影响？对于缅甸以至东南亚、南亚地缘政治与经济又有哪些影响？这些都是中缅关系史中值得深入探讨的重大问题。在本书中，笔者希望能对以上研究不足及历史疑问做出补充和解答。

而且，以史为鉴，可以知兴替。研究历史，是为研究现实问题的人提供历史资料，通过对历史问题的阐述加深对现实问题的理解。清代中缅关系，是今天中缅两国政治、经济、文化、民族等方面关系的基础。在中国与东南亚、南亚国家在政治、经济、文化、安全领域广泛开展合作的今天，研究总结清代中缅关系的历史与经验，对解决中缅关系诸多现实问题，发展中国与东南亚、南亚国家间的友好合作关系，建设21世纪海上丝绸之路具有重要意义。

鉴于此，本书在系统全面地论述清代中缅关系历史发展变化，深入考察两国政治交往的同时，也讨论两国政治交往影响下的经贸关系、文化交流与人员往来；在论述两国中央层面交往的同时，也注意分析两国地方层面的往来及边境事务交涉；在研究缅甸贡期、贡道、贡物及清朝赐予、敕封等朝贡制度本身的同时，也注意对制度实际运行的探讨，以期廓清清代中缅关系的发展流变和性质特征，并对清代中缅关系研究中的历史疑问做出分析解答。

在研究方法方面，本书将在以下几个方面做出努力。一是考据。本书尽量使用原始档案文献，在中文资料方面，包括已经出版的历朝上谕档、四朝宫中档、《缅档》和《明清史料》（庚编）等，也包括尚未出版的内阁题本、宫中朱批奏折、军机处录副奏折、内务府奏案、电报档、寄信档、内阁大库档案、总理各国事务衙门档案、外务部档案和英国外交部档案等，还包括私人文集如薛福成《庸盦全集》、岑毓英《岑襄勤公遗集》及《李鸿章全集》《张允随奏稿》等中的档案。在英文资料方面,则尽量使用 19 世纪末以前英国人关于缅甸历史和缅中关系史的记述。二是文献互证。在清朝对外关系记载中,中文档案文献之间、中外文档案资料间的分歧随处可见,这些分歧有的是记载与不记载之别,有的是记载详略之差,有的是记述事实的差异。对此,本书以中文档案为基础,综合运用中、缅、英文资料对多处历史疑问和记载分歧进行了对比互证。三是图表分析。本书共制作复制了 13 个表格,以便对缅甸使团进京路线、清末中缅边界问题等做出进一步说明。四是计量统计。在考察中缅贸易往来和缅甸华侨华人时,采用了计量统计方法。

第一章　清代以前中缅关系概述

缅甸是一个历史悠久的文明古国。早在公元前后，缅甸地区已出现了早期国家。1044 年，缅甸形成统一的封建国家后，先后经历了蒲甘王朝（1044～1287）、掸族统治时代（1287～1531）、东吁王朝（1531～1752）和雍籍牙王朝（1752～1885）多个历史时期。自 1885 年第三次英缅战争结束至 1942 年日军占领缅甸，英国统治缅甸全境近 60 年。1945 年缅甸光复后，英国重新控制缅甸。1948 年 1 月 4 日，缅甸脱离英联邦宣布独立，进入现代历史时期。中缅两国有着悠久的交往历史。在中国古代历史文献中，西汉时期即已出现中缅交通之记载，其后使节往还，贸易互通，文化交流，未尝间断。而在缅甸古籍文献中，也经常出现与中国历史交往之记录。

第一节　汉代至宋代的中缅关系

早在西汉时期，中国史籍中即有关于中缅印陆海交通线的记载。据《史记・西南夷列传》载，汉武帝元狩元年（前 122），张骞出使大夏归来，称："居大夏时见蜀布、邛竹杖，使问所从来，曰'从东南身毒国，可数千里，得蜀贾人市'。"[①]因当时西域丝绸之路被匈奴隔断，四川出产的蜀布、邛竹杖能远销印度（身毒）和中亚古国大夏，说明当时存在从四川经云南、缅甸到达印度的西南丝绸之路。另外，《汉书・地理志》载有中国东南沿海至印度半岛的海上丝绸之路："自日南障塞、徐闻、合浦船行可五月，有都元国；又船行可四月，有邑卢没国；又船行可二十余日，有谌离国；步行可十余日，有夫甘都卢国。

① （汉）司马迁：《史记》卷一一六《西南夷列传》，北京：中华书局 1959 年标点本，第 9 册，第2995 页。

自夫甘都卢国船行可二月余，有黄支国……自黄支船行可八月，到皮宗；船行可〔二〕月，到日南、象林界云。黄支之南，有已程不国，汉之译使自此还矣。"[①]在造船和航海技术尚不发达的汉代，船只能够到达印度东南海岸的黄支国（今印度康契普拉姆）和已程不国（今斯里兰卡），需要尽量靠近海岸航行，必然经停沿海的越南、泰国、缅甸等地。有学者认为，邑卢没国、谌离国、夫甘都卢国故地都在今缅甸境内[②]。

东汉时期，出现了中缅两国官方交往的记载。《后汉书·南蛮西南夷列传》载，和帝永元六年（94），永昌郡"徼外敦忍乙王莫延慕义，遣使译献犀牛、大象"；九年，"徼外蛮及掸国王雍由调遣重译奉国珍宝，和帝赐金印紫绶，小君长皆加印绶、钱帛"；安帝永宁元年（120），掸国王雍由调再次"遣使者诣阙朝贺，献乐及幻人，能变化吐火，自支解，易牛马头。又善跳丸，数乃至千。自言我海西人。海西即大秦也，掸国西南通大秦。明年元会，安帝作乐于庭，封雍由调为汉大都尉，赐印绶、金银、彩缯各有差"[③]。顺帝永建六年（131）十二月，掸国再次"遣使贡献"[④]。敦忍乙在永昌郡（今保山）徼外，很可能位于今缅甸境内。而关于掸国，学者普遍认为其为缅甸古国。如顾炎武《天下郡国利病书》云："缅人古朱波也，汉通西南夷后谓之掸，唐谓之骠，宋元谓之缅。"[⑤]姚枏也提出，掸国无疑就是缅甸北部的 Shan States[⑥]。缅甸多次遣使中国，说明这一时期中缅往来已经比较频繁。

魏晋南北朝时期，随着佛教的广泛传播，中国人对缅甸的认识大大加深。首先，许多古籍中出现了关于举国信佛之林阳（又作林杨）国的记载。如三国吴人康泰《扶南传》记："扶南之西南有林阳国，去扶南七千里，土地奉

---

① （汉）班固：《汉书》卷二八下《地理志》，北京：中华书局 1962 年标点本，第 6 册，第 1671 页。

② 如日本学者藤田丰八考证邑卢没国位于缅甸白古附近，谌离国位于缅甸伊洛瓦底江上游，夫甘都卢国即缅甸蒲甘。参见〔日〕藤田丰八《中国南海古代交通丛考》，何健民译，上海：商务印书馆 1936 年版，第 100～106 页。

③ （南朝宋）范晔：《后汉书》卷八六《南蛮西南夷列传》，北京：中华书局 1965 年标点本，第 10 册，第 2851 页。

④ 《后汉书》卷六《顺帝纪》，第 2 册，第 258 页。

⑤ 参见（清）徐继畬《瀛环志略》卷一《亚细亚南洋滨海各国》，道光戊申年（1848）刊本，续修四库全书第 743 册，第 32 页。

⑥ 姚枏：《中南半岛华侨史纲要》，上海：商务印书馆 1946 年版，第 20 页。

佛，有数千沙门，持戒六斋日，鱼肉不得入国。”[①]竺枝《扶南记》云：“林杨国去金陈国步道二千里，车马行，无水道。举国事佛。”[②]吴震《南州异物志》称：“林阳在扶南西七千余里，地皆平博，民十余万家，男女行仁善，皆侍佛。”[③]有学者认为，林阳国故地在今缅甸卑谬或莫塔马湾一带[④]。其次，中国古籍中还提到了商业发达的缅甸南部沿海国家顿逊（又作典逊）国。如《梁书》云，扶南“南界三千余里有顿逊国，在海崎上，地方千里，城去海十里。有五王，并羁属扶南。顿逊之东界通交州，其西界接天竺、安息徼外诸国，往还交市。所以然者，顿逊回入海中千余里，涨海无崖岸，船舶未曾得径过也。其市，东西交会，日有万余人。珍物宝货，无所不有”[⑤]。康泰《扶南传》、竺枝《扶南记》还记述了顿逊国的宗教信仰和风俗习惯等[⑥]。有学者认为，顿逊国在今缅甸丹那沙林南部地区。[⑦] 到魏晋南北朝后期，又开始出现缅甸骠国（又作剽国、僄国，在今缅甸卑谬一带）的记载。如《西南异方志》《南中八郡志》等书提到，“传闻永昌西南三千里有骠国，君臣父子，长幼有序”[⑧]。《南中八郡志》还说：“宋〔永〕昌郡西南三千里有剽国，以金为刀戟。”[⑨]另据常璩《华阳国志》载，在永昌有“僄越”之民，[⑩]说明有骠国人到云南居住经商。

隋唐时期，中缅交往更为密切。据《隋书·真腊列传》载，真腊“西有朱江国”，真腊“与参半、朱江二国和亲，数与临邑、陀桓二国战争”。[⑪] 有学者提出，朱江国即魏晋南北朝后期中国典籍中的骠国，陀桓国则位于今缅甸南部

---

① （宋）李昉等：《太平御览》卷七八七《四夷部八》，北京：中华书局1960年影印本，第3485页。按：扶南，又作夫南、跋南，中南半岛古国，故地约相当于今柬埔寨以及老挝南部、越南南部和泰国东南部一带。

② （北魏）郦道元：《水经注》卷一，陈桥驿注释，杭州：浙江古籍出版社2001年版，第5页。按：金陈，又作金邻、金遴，中南半岛古国，故地约在今泰国西南部。

③ 《太平御览》卷七八七《四夷部八》，第3485页。

④ 参见余定邦、黄重言编《中国古籍中有关缅甸资料汇编》，北京：中华书局2002年版，第6页。

⑤ （唐）姚思廉：《梁书》卷五四《诸夷列传》，北京：中华书局1973年标点本，第3册，第787页。

⑥ 《太平御览》卷三七五《人事部十六》，第1729页，卷七八八《四夷部九》，第3489页，卷九八一《香部一》，第4344页。

⑦ 参见余定邦《中缅关系史》，北京：光明日报出版社2000年版，第8页。

⑧ （宋）王溥：《唐会要》卷一百，北京：中华书局1955年影印本，第1794页。

⑨ 《太平御览》卷三五三《兵部八十四》，第1622页。

⑩ （晋）常璩：《华阳国志》卷四《南中志》，刘琳校注，成都：巴蜀书社1984年版，第430页。

⑪ （唐）魏征、令狐德棻：《隋书》卷八二《真腊列传》，北京：中华书局1973年标点本，第6册，第1835～1836页。

土瓦一带或泰国南部。[①] 到唐代时，缅甸骠国日渐强盛，其与唐朝及南诏政权的关系非常密切。《旧唐书》和《新唐书》因此专列《骠国列传》，开正史为缅甸古国专立列传之风。特别是《新唐书·骠国列传》详细记载了骠国的政治、经济、地理、历史及与唐朝的往来。据记载，德宗贞元年间，骠国王雍羌听闻南诏归附唐朝，亦思内附，南诏王异牟寻听说后，遣使拜见剑南西川节度使韦皋，"请献夷中歌曲，且令骠国进乐人"[②]。不久，雍羌遣其弟舒难陀率团访问中国。贞元十八年(802)正月，骠国使团到达长安，受到德宗接见。这次使团规模庞大，随带乐工35人，乐器22种，奏曲12种。德宗授舒难陀为太仆卿，遣之归国。[③] 之后，宪宗元和元年(806)，骠国再次遣使来华。[④] 文宗太和六年(832)，南诏军队劫掠骠国民三千，迁往柘东。[⑤] 宣宗大中十二年(858)，骠国遭狮子国入侵，求救于南诏，南诏王劝丰祐派段宗牓率军往援。次年击退狮子国来犯军队后，骠国王以金佛酬谢，段宗牓率南诏军队返回腾越。[⑥] 懿宗咸通三年(862)，骠国又一次遣使唐朝。[⑦] 除骠国外，唐代史书中还记载有"弥臣国"。德宗贞元二十年(804)，弥臣国遣使朝贡，[⑧]次年四月，唐德宗封其嗣王道勿礼为弥臣国王。[⑨] 文宗太和九年(835)，南诏军队攻破弥臣国，"劫金银，掳其族三二千人，配丽水淘金"[⑩]。随着中缅交往的增多，这一时期中缅印陆路交通出现了两条路线。一路为自羊苴咩城(大理)经永昌、诸葛亮城(龙陵)、乐城(遮放)，入骠国境至天竺(印度)，另一路为自诸葛

---

① 参见《中国古籍中有关缅甸资料汇编》，第9页。

② (宋)欧阳修、宋祁：《新唐书》卷二二二下《骠国列传》，北京：中华书局1975年标点本，第20册，第6308页。

③ 《新唐书》卷二二二下《骠国列传》，第20册，第6312、6314页。按：缅籍华人学者陈孺性(缅名吴耶生)撰有《公元802年骠国使团访华考》(原载仰光《缅甸历史研究论丛》1979年第3期，部分中译文载《中外关系史译丛》第1辑，第43～71页)，可供参考。

④ (宋)王钦若等编《册府元龟》卷九七二《外臣部》，北京：中华书局1989年影印本，第3856页。

⑤ 《新唐书》卷二二二下《骠国列传》，第20册，第6314页。

⑥ (明)杨慎：《南诏野史》上卷《大蒙国·丰祐》，乾隆四十年(1775)石印本，中国方志丛书第150号，台北：成文出版社1968年影印本，第23～25页。

⑦ 《唐会要》卷一百，第1795页。

⑧ 《册府元龟》卷九七二《外臣部》，第3856页。有学者认为，弥臣国故地位于今缅甸南部勃生一带，参见《中国古籍中有关缅甸资料汇编》，第10页。

⑨ (后晋)刘昫等：《旧唐书》卷一四《顺宗本纪》，北京：中华书局1975年标点本，第2册，第407页。《唐会要》卷一百(第1795页)记国王为乐道勿礼。

⑩ (唐)樊绰：《蛮书》卷十《南蛮疆界接连诸蕃夷国名》，向达校注，北京：中华书局1962年版，第232页。

亮城经腾冲、弥城(属大理)、丽水、安西,至大秦婆罗门国,又至东天竺和中天竺,最后与骠国往婆罗门路合。[①] 另外,樊绰的《蛮书》也记载了从骠国和弥臣国都城到云南永昌的道里路程以及两国的政治、经济、地理、风俗习惯等。[②]

宋仁宗庆历四年(1044),缅甸历史上出现了第一个统一的封建王朝——蒲甘王朝(1044~1287)。据中国史籍记载,蒲甘王朝曾两次遣使访华。第一次是北宋徽宗崇宁五年(1106),蒲甘国遣使入贡,宋徽宗拟用接待注辇国的礼仪接待蒲甘国使臣,尚书省官员奏称,注辇国为三佛齐附属之小国,“蒲甘乃大国王,不可下视附庸小国。欲如大食、交阯诸国礼”。[③] 宋徽宗从之。第二次是南宋高宗绍兴六年(1136),蒲甘国“表贡方物”,宋高宗下令“优与回赐”[④]。而据缅甸史籍记载,蒲甘王朝曾两次到宋朝求取佛牙。第一次是王朝奠基者阿奴律陀在位(1044~1077)时,亲率水陆大军前往南诏求取佛牙,南诏王紧闭国都大理城门。后来南诏王出城与阿奴律陀相见,阿奴律陀获赠碧玉佛像,而佛牙则不可得焉[⑤]。第二次是阿朗悉都在位(1112~1167)时,再次亲往中国迎取佛牙,然“佛牙仍处空中不肯降下”,阿朗悉都只能空手而归[⑥]。随着双方交往的增多,中国人对蒲甘王朝的认识进一步加深。除《宋史》专设《蒲甘列传》外,周去非的《岭外代答》和赵汝适的《诸蕃志》也有关于蒲甘国的专条记述[⑦]。

第二节 元代中缅关系

元代中缅关系有很大变化。首先是元朝初年,曾两次遣使招抚缅甸。世祖至元八年(1271),大理、鄯阐等路宣慰司都元帅府遣乞解脱因等出使缅

① 《新唐书》卷四三下《地理志》,第4册,第1152页。

② 《蛮书》卷十《南蛮疆界接连诸蕃夷国名》,第231~238页。

③ (元)脱脱等:《宋史》卷四八九《蒲甘列传》,北京:中华书局1977年标点本,第40册,第14087页。按:注辇国,中南半岛古国,故地在今印度南部泰米尔纳德邦。三佛齐,苏门答腊岛古国,又称室利佛逝、佛逝、旧港,鼎盛时期势力范围包括马来半岛和巽他群岛的大部分地区。

④ (清)徐松辑《宋会要辑稿》第199册《蕃夷七》,北京:中华书局1957年影印本,第7862页。

⑤ 《琉璃宫史》,李谋等译注,北京:商务印书馆2007年版,第208~211页。

⑥ 《琉璃宫史》,第249页。

⑦ (宋)周去非:《岭外代答》卷二《外国门上·蒲甘国》,杨武泉校注,北京:中华书局1999年版,第84~86页;(宋)赵汝适:《诸蕃志》卷上《志国·蒲甘国》,杨博文校释,北京:中华书局1996年版,第31~34页。

甸，希望招谕缅王内附，但乞解脱因等未见到缅王，只见到缅王臣下。四月，乞解脱因等带领缅使价博回访元朝。至元十年（1273）二月，元世祖又遣勘马剌失里、乞解脱因等出使缅甸。勘马剌失里一行入缅后，久无回信。至元十二年（1275）四月，云南省官员以缅王无降心，去使不返，请发兵征讨缅甸。六月，枢密院奏闻，世祖下令暂缓。至十一月，云南省奏报，据金齿千额总管阿禾探得，"国使达缅俱安"。[①] 关于勘马剌失里一行出使缅甸之结局，中文史籍再无记载。而据缅甸史籍记载，1281 年曾有中国使团来到缅甸，因使节在缅王面前傲慢无礼，缅王下令将使团成员全部处斩，元朝皇帝因此发动征缅战争[②]。

两次遣使招抚均未成功，元朝与缅甸进行了三次战争。第一次是至元十四年（1277）。是年三月，缅王以阿禾内附元朝，"怨之，攻其地，欲立寨腾越、永昌之间"。阿禾向云南元军求救。云南大理路蒙古千户忽都等接到阿禾告急，率军往援，与缅军在一河边遭遇。缅军四五万，象 800 头，马万匹，元军仅 700 人。虽众寡悬殊，但元军最终击溃缅军。十月，云南诸路宣慰使都元帅纳速剌丁率军 3840 余名征缅，一直攻至江头城，招降各寨土民 35200 户，最后"以天热还师"[③]。

第二次是至元二十年至二十四年（1283～1287）。至元二十年（1283），世祖令宗王相吾答儿、右丞太卜、参知政事也罕的斤率军征缅。元军长驱直入，直至攻破江头城。至元二十二年（1285）十一月，缅王遣其盐井大官阿必立相至太公城，"欲来纳款"，但阿必立相"为孟乃甸白衣头目解塞阻道，不得行"，仅派人送信请求罢兵。元廷闻讯，派镇西平缅宣抚司达鲁花赤兼招讨使怯烈出使缅甸。[④] 时阿必立相亦建议缅王遣使元朝，缅王派高僧信第达巴茂克出使中国，信第达巴茂克于二十三年年底到达大都，受到元世祖接见。[⑤] 而就在信第达巴茂克到达大都之前，元世祖已命秃满带为都元帅，率兵 6000 人征缅。至元二十四年（1287）正月，怯烈行至忙乃甸，因缅甸国内政局混乱，

---

① （明）宋濂：《元史》卷二一〇《外夷列传》，北京：中华书局 1976 年标点本，第 15 册，第 4655～4656 页。按：金齿，古代云南西南部少数民族，因有染齿、包齿之习俗而得名，主要系傣族先民。千额，又作"干额"，后来称"干崖"，在今云南省盈江县。

② 《琉璃宫史》，第 294～297 页。

③ 《元史》卷二一〇《外夷列传》，第 15 册，第 4656～4657 页。

④ 《元史》卷二一〇《外夷列传》，第 15 册，第 4658 页。

⑤ 《中外关系史译丛》第 1 辑（第 72～75 页）录《信第达巴茂克碑文》（李谋译），具载信第达巴茂克出使元大都事。

怯烈自忙乃甸登舟回国。不久"云南王与诸王进征,至蒲甘,丧师七千余,缅始平,乃定岁贡方物"[①]。至此,第二次元缅战争结束。[②]

第二次元缅战争结束后的十余年间,元朝与缅甸有多次派使互访。如至元二十六年(1289)闰十月,缅甸遣"委马剌菩提班的等来贡方物"[③]。至元二十九年(1292)二月,元朝派"乞台不花等使缅国"[④]。至元三十一年(1294)十月,缅甸遣使贡驯象十只。成宗元贞元年(1295)二月,缅甸遣使献舍利、宝玩,八月,又进驯象三只。[⑤] 元贞二年(1296)十一月,缅王的立普哇拿阿迪提牙(又译德里巴瓦那底达拉,指觉苏瓦王,1286~1298 年在位)遣其子信合八的至大都贡方物。大德元年(1297)二月,因信合八的同意"岁输银二千五百两、帛千匹、驯象二十、粮万石",元成宗封的立普哇拿阿迪提牙为缅甸国王,赐银印,又封信合八的为缅甸世子,赐虎符,遣之归国[⑥]。大德三年(1299)三月,信合八的奉表入谢,并称"部民为金齿杀掠,率皆贫乏,以致上供金币不能如期输纳"。元成宗悯之,只命间岁贡象,仍赐衣遣还[⑦]。

第三次战争是在大德四年至五年(1300~1301)。1287 年以后,缅甸蒲甘王朝实际已经分裂,国王徒有虚名。1298 年,掸族三兄弟废黜缅王觉苏瓦,在敏塞自立为王。大德三年(1299)八月,觉苏瓦王之子窟麻剌哥撒八(又译古马剌加矢八)来云南,请元朝出师征伐掸族三兄弟。[⑧] 四年四月,缅甸遣使进白象[⑨]。五月,元成宗派忙完秃鲁迷失率军征缅,旋又派薛超兀而率兵 12000 名往援,第三次征缅战争爆发。六月,成宗诏立窟麻剌哥撒八为王,赐银印。十二月,元军抵掸族三兄弟据守之木连城。攻城二月有余,城中粮草俱尽。掸族军队出重金贿赂元军将领,云南参知政事高庆、宣抚使察

---

① 《元史》卷二一〇《外夷列传》,第 15 册,第 4658~4659 页。

② 《琉璃宫史》(第 294~299 页)将第一、二次元缅战争记为一次,与中国史籍记载差异较大;1281~1284 年,中缅之间发生战争,中国军队先后占领鄂仓千(又译牙嵩延或牙嵩羌)、蒲甘城,一直进至德右茂,因路途遥远,队伍庞大,粮秣短缺,收兵返回。缅王那拉底哈勃德在战争期间败逃,后被卑谬侯底哈都逼迫服毒自尽。

③ 《元史》卷一五《世祖本纪十二》,第 2 册,第 327 页。

④ 《元史》卷一七《世祖本纪十四》,第 2 册,第 360 页。

⑤ 《元史》卷一八《成宗本纪一》,第 2 册,第 388、391、396 页。

⑥ 《元史》卷一九《成宗本纪二》,第 2 册,第 407、409 页,卷二一〇《外夷列传》,第 15 册,第4659 页。

⑦ 《元史》卷二一〇《外夷列传》,第 15 册,第 4659 页。

⑧ (元)佚名:《皇元征缅录》,丛书集成初编本,上海:商务印书馆 1936 年版,第 4 页。

⑨ 《元史》卷二一〇《外夷列传》,第 15 册,第 4659 页。

罕不花等受其贿赂，以炎暑瘴疫为托词，引兵北还。[1] 至此，第三次元缅战争结束。[2]

第三次征缅战争后，元朝与缅甸关系再次恢复正常，两国之间特别是缅甸频繁遣使。如大德五年(1301)六月，缅王遣使献驯象九只；十月，遣使入贡。[3] 七年八月，遣使献驯象四只。[4] 武宗至大元年(1308)正月，进驯象六只；五月，进驯象六只。[5] 七月，元武宗以管祝思监为礼部侍郎、朵儿只为兵部侍郎出使缅甸[6]。仁宗皇庆元年(1312)十一月，缅王遣其婿及云南不农蛮酋长岑福来朝[7]。延祐二年(1315)六月，又遣其子脱剌合等来贡方物[8]。六年七月，缅甸赵钦撒以方物来觐[9]。英宗至治元年(1321)三月，缅王遣使朝贡[10]。泰定元年(1324)十月，因缅甸王子吾者那等争立，未来入贡，泰定帝命云南行省谕之[11]。三年正月，缅甸内乱，其主答里也伯遣使献驯象、方物，请元朝出兵帮助。三月，泰定帝下诏安抚缅国，赐其主金币。[12] 文宗至顺三年(1332)三月，缅甸遣使者阿落等十人，奉方物来朝贡。[13] 顺帝至元四年(1338)十二月，又有缅人来贡。[14] 可见，元朝后期一直保持着与缅甸的友好交往。

---

① 《元史》卷二一〇《外夷列传》，第15册，第4659～4660页。

② 关于这次元缅战争，《琉璃宫史》(第305～308页)记载有所差异：觉苏瓦王之子苏涅(又译邹聂)向中国请求出兵，中国皇帝于1300年派丹盛登辛、约达登辛、毛达登辛、毛亚贝登辛四将率军90万进军缅甸。掸族三兄弟将觉苏瓦王的首级给中国军队看，称“王族已绝”，并准备了很多礼物送给中国将士，中国人接受了礼物就回国了。

③ 《元史》卷二〇《成宗本纪三》，第2册，第435、437页。按：是年可能只有一次入贡，六月为云南省奏报缅使入境时间，十月为缅使入京时间。

④ 《元史》卷二一《成宗本纪四》，第2册，第454页。

⑤ 《元史》卷二二《武宗本纪一》，第2册，第494、498页。按：是年可能只有一次入贡，正月为云南省奏报缅使贡象入境时间，五月为缅使贡象入京时间。

⑥ 《元史》卷二二《武宗本纪一》，第2册，第501页。

⑦ 《元史》卷二四《仁宗本纪一》，第2册，第554页。

⑧ 《元史》卷二五《仁宗本纪二》，第2册，第570页。

⑨ 《元史》卷二六《仁宗本纪三》，第2册，第590页。

⑩ 《元史》卷二七《英宗本纪一》，第3册，第611页。

⑪ 《元史》卷二九《泰定帝本纪一》，第3册，第651页。

⑫ 《元史》卷三〇《泰定帝本纪二》，第3册，第667、669页。

⑬ 《元史》卷三六《文宗本纪五》，第3册，第802页。

⑭ 《元史》卷三九《顺帝本纪二》，第3册，第846页。

第三节　明代中缅关系

明朝建立时，缅甸处于三国鼎立状态。上缅甸[1]有掸族建立的以阿瓦(今曼德勒附近)为中心的阿瓦王国，下缅甸有孟族(又称得楞族)建立的以白古(今勃固)为中心的白古王国，此外还有西部的阿拉干王国。1386～1425年，阿瓦王国与白古王国进行了历时40年的战争。由于战争的破坏，阿瓦王国和白古王国走向衰弱，而避免了战争灾害的缅族东吁势力日渐强盛。1531年，德彬瑞梯(又译莽瑞体，1531～1550在位)在东吁登位，东吁王朝开始勃兴。[2] 1535年瑞梯王大军开始进攻白古王国，1539年占白古，1541年破马都八，1542年陷卑谬。1550年，瑞梯王在一次宫廷政变中被卫士所杀。次年其妻弟勃印囊(又译莽应龙，1551～1581在位)登位。他先复白古失地，又于1555年攻破阿瓦，1556～1559年征服掸邦各地与曼尼坡，统一缅甸大部[3]。1581年，勃印囊卒，其子南达勃因(又译莽应里，1581～1598年在位)继位。南达勃因在位时期，仍连年进行战争，民众苦不堪言，勃印囊时期曾经册封的东吁、卑谬、良渊、清迈等藩属国王，纷纷宣告独立。1598年，南达勃因被迫逊位于其弟良渊王(1598～1605在位)[4]。良渊王先征服上缅甸，又征服掸邦地区。1605年，良渊王病卒，阿瑙白龙(又译阿那毕隆，1605～1628在位)嗣位后继续征战，1608年取卑谬，1612年占东吁、沙廉，后马都八自愿来降，又征服清迈，统一了除丹那沙林和阿拉干以外的缅甸。1628年，阿瑙白龙被其子明耶岱巴(又译弥利提波，1628～1629在位)所弑，明耶岱巴旋又被阿瑙白龙之弟达龙(又译他隆，1629～1648在位)所杀。1635年，达龙迁都阿瓦。总的来看，明朝时期的缅甸经历了分裂到大部统一然后又分裂再大部统一的混乱局面。

明朝与缅甸的政治关系可分为三个阶段。第一阶段为洪武四年(1371)至宣德年间(1426～1435)，是为两国密切交往时期。据记载，洪武四年

---

① 按：上缅甸一般指缅甸距沿海较远的北部广大内地，包括马圭、曼德勒、实皆等省和钦、掸、克耶、克钦等邦，下缅甸一般指缅甸靠近孟加拉湾、安达曼海的南部沿海地区，包括仰光、勃固、伊洛瓦底、德林达依等省和克伦、孟、若开等邦。

② 《琉璃宫史》，第567页。

③ 〔英〕戈·埃·哈威：《缅甸史》，姚梓良译，北京：商务印书馆1973年版，第302～303页。

④ 按：良渊王之后的东吁王朝又称良渊王朝。

(1371),明太祖派田俨等出使缅甸,田俨等在安南滞留二年,终因道阻不能到达而返回[①]。洪武二十四年(1391),八百媳妇国(今泰国清迈)遣使入贡,称缅甸为其邻国,明太祖乃令西平侯沐春遣使至八百媳妇国招谕缅人。至洪武二十六年(1393)三月,缅甸阿瓦王国遣使板南速剌来华。[②] 次年,缅使入贡,太祖下令置缅中宣慰使司,以卜剌浪(即阿瓦王明基苏瓦绍盖,1368～1400年在位)为宣慰使。[③] 洪武二十八年(1395),卜剌浪遣使贡方物,并诉麓川平缅宣慰使思伦发数次出兵掠其境土,洪武二十九年(1396),又来告诉。明太祖派李思聪、钱古训前往劝谕,思伦发闻谕,愿谢罪罢兵。[④] 永乐元年(1403),卜剌浪长子那罗塔(即阿瓦王明康,1401～1421在位)遣使入贡,明成祖诏设缅甸宣慰使司,以那罗塔为宣慰使,并遣使往赐冠服、印章。[⑤] 永乐二年(1404)十月,又制信符及金字红牌颁给木邦、八百大甸、麓川平缅、缅甸、车里、老挝六宣慰使司。[⑥] 永乐三年(1405)四月,缅甸遣使入贡;永乐四年(1406)七月,又来朝贡。时那罗塔攻袭孟养,杀宣慰使刀木旦及其长子,占据其地。成祖闻悉此事,派张洪等前往谕责。[⑦] 永乐五年(1407)四月,那罗塔遣使入贡谢罪,归还孟养境土。成祖命给以信符,令三年一贡。[⑧] 九月,那罗塔之弟马者速派人入贡,诉那罗塔尽收其土地人民,成祖敕谕那罗塔兄

① 《明太祖实录》卷八六,洪武六年闰十一月乙酉,台北"中研院"史语所1962年校勘影印本,第1534页。

② 《明太祖实录》卷二二六,洪武二十六年三月戊申,第3303页。

③ 《明太祖实录》卷二三三,洪武二十七年六月甲申,第3404页。

④ 《明太祖实录》卷二四四,洪武二十九年二月己丑,第3540～3543页。

⑤ 《明太宗实录》卷二四,永乐元年十月丙辰,第439页。

⑥ 《明太宗实录》卷三五,永乐二年十月庚午,第607页。按:明朝前期,曾在云南边地和缅甸设两个宣抚司和十个宣慰使司,分别为:南甸宣抚司(洪武十五年三月为府,永乐十二年正月置州,正统九年六月升宣抚司),干崖宣抚司(洪武十五年三月为府,永乐元年正月析置干崖长官司,正统九年六月升宣抚司),车里军民宣慰使司(洪武十五年闰二月为军民府,十九年十一月改军民宣慰使司),缅甸军民宣慰使司(本缅中宣慰司,洪武二十七年六月置,寻废,永乐元年十月复置,更名),木邦军民宣慰使司(洪武十五年三月为府,后废,三十五年十二月复置,永乐二年六月改军民宣慰使司),八百大甸军民宣慰使司(洪武二十四年六月改置),孟养军民宣慰使司(洪武十五年三月为云远府,十七年改为孟养府,后废,三十五年十二月复置,永乐二年六月改军民宣慰使司),老挝军民宣慰使司(永乐二年四月置),麓川平缅军民宣慰使司(本平缅宣慰使司,洪武十五年闰三月置,十七年八月升为平缅军民宣慰使司,寻改麓川平缅军民宣慰使司),大古剌军民宣慰使司(永乐四年六月置),底马撒军民宣慰使司(永乐四年六月置),底兀剌宣慰使司(永乐二十二年三月置)。后来,大古剌、底马撒、底兀剌三宣慰司因路途遥远,脱离明朝控制。正统九年,麓川平缅军民宣慰使司改置为陇川宣抚司,因有"三宣(宣抚司)六慰(宣慰司)"之说。参见《明史》卷四六《地理志七》,第4册,第1191～1196页。

⑦ 《明太宗实录》卷五七,永乐四年闰七月己巳,第838～839页。

⑧ 《明太宗实录》卷六六,永乐五年四月丙戌,第925页。

弟和好如初。[①] 永乐六年(1408)五月,那罗塔遣使入贡谢罪,并谢赏赐金牌、信符。[②] 永乐七年(1409)、永乐八年(1410)、永乐九年(1411)、永乐十一年(1413),那罗塔皆遣使入贡。时木邦宣慰使罕宾发以那罗塔侵扰孟养,自请率兵讨伐,攻破阿瓦城寨 20 余所。永乐十二年(1414),那罗塔遣使来诉被木邦侵掠事,成祖以那罗塔素来强横,派人谕之,令修好邻封,各守疆界。[③] 洪熙元年(1425),明仁宗派段忠、徐亮赍即位诏往谕缅甸、麓川、木邦等处宣慰使。[④] 宣德元年(1426),明宣宗遣使往抚木邦、缅甸、麓川、车里、八百大甸、老挝宣慰使司。[⑤] 宣德二年(1427),缅王莽得剌(即阿瓦王孟养他切,1426～1438 在位)遣使朝贡,宣宗诏令莽得剌为宣慰使。[⑥] 宣德五年(1430),莽得剌遣使朝贡,并诉木邦宣慰使罕门法侵其土地,掠其人畜,宣宗令云南总兵官沐晟及云南三司派员前往劝谕,“如所言皆实,悉令退还,继今各安分保境,无相侵犯。如其不服,奏来处治”[⑦]。宣德八年(1433),莽得剌又奏“罕门法称兵入境侵犯”,宣宗再命沐晟及云南三司、巡按御史“公其是非,明与剖决”,并派云仙前往抚绥。[⑧] 总的来看,这一时期明朝与缅甸阿瓦等国互相遣使频繁。据余定邦先生统计,从洪武四年(1371) 到宣德八年(1433) 的 63 年间,明朝先后 15 次遣使访问阿瓦、白古等地;从洪武二十六年(1393)到宣德八年(1433)的 41 年间,阿瓦、白古等地先后 27 次遣使入访明朝。[⑨] 明朝皇帝还数次下谕或派人调解平息阿瓦与云南麓川、孟养、木邦之间以及阿瓦王室内部的纷争。此外,郑和七下西洋过程中,多次到达缅甸南部港口。在《郑和航海图》中,明确标明有下缅甸的答那思里(丹那沙林)、打歪(土瓦)、八都马(马都八,亦称马达班、毛淡棉)等港口[⑩],说明中国与缅甸的海路交往也大大增加了。

第二阶段为正统年间(1436～1449)至嘉靖十年(1531),是为中缅关系

---

① 《明太宗实录》卷七一,永乐五年九月庚申,第 995 页。

② 《明太宗实录》卷七九,永乐六年五月辛亥,第 1061 页。

③ 《明太宗实录》卷一四八,永乐十二年二月壬子,第 1733 页。

④ 《明仁宗实录》卷七下,洪熙元年二月辛酉,第 240 页。

⑤ 《明宣宗实录》卷一三,宣德元年正月己酉,第 350 页。

⑥ 《明宣宗实录》卷三一,宣德二年九月丁酉,第 803～804 页。

⑦ 《明宣宗实录》卷六七,宣德五年六月丁酉,第 1588～1589 页。

⑧ 《明宣宗实录》卷一〇六,宣德八年十月癸丑,第 2372 页。

⑨ 余定邦:《中缅关系史》,第 46 页。

⑩ 《郑和航海图》,向达整理,北京:中华书局 1961 年版,第 7 页。

发生波折和摩擦时期。正统初年，麓川思任发叛乱，数败明军。正统六年(1441)，明英宗决定讨伐思任发，乃给缅王信符、金牌，令其调兵以待。正统七年(1442)，思任发兵败，逃入孟广。英宗下谕："能擒献贼首者，予以麓川地。"[①]正统八年(1443)，总督尚书王骥奏，缅酋马哈省（即阿瓦王明耶觉苏瓦，1439～1441 在位）、以速剌（即阿瓦王那腊勃底，1442～1468 在位）已擒获思任发，但要求给予麓川地后方能解献。英宗闻奏，下令并征缅甸。正当明军集结腾冲时，缅人致书，称将于冬季送思任发至贡掌（又作贡章）交付。王骥派指挥李仪率精骑前往贡掌受献，而缅人送思任发者未至。正统九年(1444)，明军驻师江上，缅人亦严阵以待。王骥令总兵官蒋贵等潜焚缅舟数百，缅人溃败，明军亦班师。[②] 正统十年(1445)，马哈省、以速剌遣头目哈答速入访明朝，又派人送来木叶文书，约定当年十月将思任发送至贡掌，并要求管辖木邦眇䫜地方。[③] 十二月，马哈省、以速剌将思任发及其妻孥部属32 人交给前往接取的云南千户王政，"时思任发不食已数日，政虑其即死，遂戮于市"[④]。正统十一年(1446)八月，马哈省、以速剌与木邦宣慰使罕盖法派人与王政一起解送思任发首级至京师，并贡方物。英宗命马哈省、以速剌袭为宣慰使，赏赐冠带、印信。[⑤] 随之，马哈省、以速剌奏求孟养、戛里地方，并请明军速灭思任发之子思机发与思卜发兄弟，而己将出兵相助。英宗谕示马哈省、以速剌，可不战而擒思机发[⑥]。至景泰二年(1451)，缅甸擒获思机发兄弟，但未献于明朝，又放思卜发归孟养，明代宗知其要挟境土，赐金牌、信符以缓之。五年，马哈省、以速剌派人"来索旧地"，左参将胡志派人"谕以银戛等处地方与之"，缅人乃献送思机发及其妻孥 6 人。代宗赏以锦币，谕以

---

① （清）张廷玉等：《明史》卷三一五《云南土司列传三》，北京：中华书局 1974 年标点本，第 27 册，第 8131 页。

② 《明史》卷三一五《云南土司列传三》，第 27 册，第 8131 页。

③ 《明英宗实录》卷一三一，正统十年七月戊子、庚寅，第 2608、2610 页。

④ 《明英宗实录》卷一三六，正统十年十二月丙辰，第 2704～2705 页。

⑤ 《明英宗实录》卷一四四，正统十一年八月癸卯，第 2839 页。关于缅人交出思任发一事，《琉璃宫史》（第 481～485 页）记载差异较大：中国军队追击多岸发（即思任发）至缅甸，要求缅人交出多岸发。1444 年，中国四员将领率 300 万大军攻来，缅王那腊勃底亲率水陆大军迎战。两军会战于老官屯，华军将领因赛侯沐总兵被杀，大批士卒丧生，且因兵多粮少，只得撤退。1445 年，中国军队再次来攻，缅王要求中国军队帮助平定叛乱的明艾觉廷，再交出多岸发，中国军队表示同意。迨平定明艾觉廷叛乱后，中国军队回到阿瓦，而多岸发已服毒自杀，那腊勃底王将多岸发尸体送至中国军营。

⑥ 《明英宗实录》卷一四五，正统十一年九月庚辰，第 2857 页。

褒奖[①]。成化七年(1471),缅甸称贡掌、孟养为其所辖旧土,欲复得之。明宪宗派人往勘,贡掌系木邦、陇川分治,孟养系思卜发之子思洪发掌管,“非缅甸地,难从所请”,乃令云南守臣行文戒饬[②]。成化十五年(1479),缅人又称孟养、贡掌地为前朝许给,且贡掌是缅甸朝贡驻泊之所,请求划给。宪宗命兵部敕谕缅人:孟养、贡掌是缅甸朝贡往来之所,明朝已饬令边臣往谕思洪发,不得阻滞缅使往来,至于境土,缅人勿再索求。[③] 弘治元年(1488),缅甸来贡,并诉安南侵其边境。弘治二年(1489),明孝宗派编修刘戬往谕安南罢兵。嘉靖初年,孟养宣慰使思伦纠结木邦、孟密,击破阿瓦,杀莽纪岁(即阿瓦王瑞南乔信,1501～1526 在位)及其妻子,分据其地。缅人诉于明朝,世宗于嘉靖六年(1527)派永昌知府严时泰、卫指挥王训前往查办。思伦于夜间纵兵鼓噪,焚烧驿舍,严时泰仓皇逃遁,另立土舍莽卜信守之而去。[④] 总的来看,正统年间至嘉靖初年,中缅之间的使者往来次数明显减少。据余定邦先生统计,自正统八年(1443)到弘治十七年(1504) 的 62 年间,阿瓦王朝遣使入访明朝只有 12 次,白古王朝遣使明朝的次数就更少了。[⑤] 反之,由于麓川土司思任发叛乱,明英宗下谕能擒献思任发者“予以麓川地”,结果明朝与阿瓦王朝在“交人”与“给地”两个问题上发生了较多的摩擦与冲突。

第三阶段为嘉靖十年(1531)至明末,是为缅人不断侵扰滇边,导致两国发生战争时期。嘉靖十年(1531)后,东吁王朝在缅甸中部兴起,很快攻灭白古和阿瓦,统一缅甸大部,又开始侵扰中国边境。嘉靖三十九年(1560),缅王勃印囊招诱陇川、干崖、南甸各土官,欲入寇云南。因探知明朝有备,又担心他族袭其后,乃撤回。隆庆二年(1568),木邦土官罕拔向明朝请求承袭宣慰使,未得允许,怒而投缅,并请勃印囊进取干崖。勃印囊子南达勃因建议先取孟养。勃印囊乃借木邦兵一万取干崖,自率兵攻孟养。既至,屡为孟养土司思个所败,相持久之。隆庆六年(1572),陇川宣抚司书记岳凤叛国投缅,蛮莫土官思哲亦投附勃印囊。万历元年(1573),缅兵至陇川,岳凤尽杀宣抚使多士宁妻子族属,据陇川为宣抚使。万历三年(1575),罕拔与缅军会攻干崖,土官刀怕文溃奔永昌,缅人将干崖印信交罕拔之妹掌管。万历四年

① 《明英宗实录》卷二三九《景泰附录五十七》,景泰五年三月庚辰,第 5223～5224 页。

② 《明宪宗实录》卷九四,成化七年八月癸亥,第 1810 页。

③ 《明宪宗实录》卷一九五,成化十五年十月乙酉,第 3436 页。

④ 《明史》卷三一五《云南土司列传三》,第 27 册,第 8132 页。

⑤ 余定邦:《中缅关系史》,第 61 页。

(1576),缅军进攻孟养,思个向明朝告急,云南地方官答应派军往援。是年冬,思个大败缅军于戛撒,而明援军未至,勃印囊由间道逃脱。万历七年(1579),缅军再攻孟养,思个因无援兵败,勃印囊杀之,尽收孟养地。万历八年(1580),云南巡抚饶仁侃遣人招抚缅甸,缅人不应。南达勃因继任缅甸王位后,继续向北扩张。万历十年(1582),岳凤引导缅兵袭破干崖,夺罕氏印;又说服南达勃因杀罕拔,尽俘其众。至此,缅人已侵占木邦、蛮莫、陇川、干崖、孟养。岳凤又劝说南达勃因举大兵数十万分道内侵,万历十一年(1583),缅军在岳凤引导下先后占领施甸、顺宁、盏达,且窥伺腾冲、永昌、大理、蒙化、景东、镇沅诸郡。消息传来,明廷震动,云南巡抚刘世曾奏请以南京坐营中军刘綎为腾越游击,移武靖参将邓子龙为永昌参将,各带兵5000名往剿,并调派各土军应援。刘綎与邓子龙大破缅军于攀枝花地,并沿陇川、孟密一线追击,缅将之守陇川、孟养、蛮莫者皆遁去,岳凤及其子皆伏诛,明军收复陇川,乃归。万历十九年(1591),南达勃因又率兵围攻蛮莫,蛮莫土司思化向明朝告急。因天气酷热,明军行动缓慢,裨将万国春于夜间驰至,多设火炬以为疑兵,缅人畏惧而退。万历二十二年(1594),云南巡抚陈用宾在腾越边境建万仞、巨石、神护、铜壁、铁壁、虎踞、天马、汉龙八关,派兵戍守。万历二十三年(1595),缅属孟琏、孟艮二土司请求朝贡,边境官员奏闻。明朝派官黎景桂赍银币赐之,至境,不受。万历三十一年(1603),良渊王遣使入贡。[①] 万历三十四年(1606),缅军30万进攻木邦,木邦向明朝求援,明军救兵不至,木邦失陷。[②] 随之缅军南下,进行再次统一缅甸的战争,历时半个世纪的中缅冲突渐渐平寂。总的来看,这一阶段中缅两国已经很难保持原来的贡赐关系和使者往来。相反,由于东吁王朝实行军事扩张政策,频繁骚扰滇缅边境,两国间的军事冲突不断增加。

总结清代以前的中缅关系,可以说,自汉代以降,中缅两国始终存在着密切的政治、经济、文化交流和人员往来。两国虽有过冲突和战争,但更多的是和平相处与友好往来。

① 《明史》卷三一五《云南土司列传三》,第27册,第8133~8136页。

② 《明史》卷三一五《云南土司列传三》,第27册,第8149页。

第二章　清初与缅甸东吁王朝的政治关系

清朝定鼎北京时，缅甸正值东吁王朝(1531～1752)时期。清朝初年，为追剿逃入缅甸的南明永历朝廷，清军曾深入缅甸。嗣后清朝与东吁王朝政治关系一度中断，至雍正年间始行恢复。乾隆十六年(1751)，东吁王朝遣使访华。次年，东吁王朝覆灭，雍籍牙王朝(1752～1885)兴起，清朝与缅甸政治关系进入新的时期。

第一节　清军入缅追剿永历朝廷

明清鼎革之际，东吁王朝已逾百年。1635年，达龙迁都阿瓦后，阿瓦成为缅甸政治中心。1648年，达龙去世，其子彬德莱(又译平达格力，1648～1661在位)继位。1661年，彬德莱王被其弟卑明(又译莽白，1661～1672在位)溺毙。彬德莱王和卑明王在位期间，清朝与缅甸开始发生政治关系。

清朝与缅甸之政治关系始于清军追讨南明永历朝廷。顺治三年(1646)十一月十八日，明神宗之孙、桂王朱由榔在广东肇庆宣布即皇帝位，改明年为永历元年，是为南明永历王朝。十二月，清军在佟养甲、李成栋率领下进入广州，永历帝从肇庆逃往梧州，随又辗转桂林、全州、武冈、柳州、南宁、安龙等地。在清军节节进逼下，顺治十三年(南明永历十年，1656)三月，永历帝移驻昆明，并封李定国为晋王、刘文秀为蜀王、白文选为巩国公，以黔国公沐天波执掌禁军。顺治十四年(南明永历十一年，1657)十二月，清廷下令分兵三路进军西南：以平西王吴三桂为平西大将军，同固山额真侯墨尔根、侍卫李国翰等，由四川进兵；以固山额真赵布泰为征南将军，由广西进兵；以固山额真宗室罗托为宁南靖寇大将军，同固山额真济席哈等，由湖南进兵，先克贵州，再取云南。[①] 顺治十五年（南明永历十二年，1658）十一月，三路清军进入云南，南明军队节节败退。十二月十五日，永历帝率文武百官撤离昆明。顺治十六年（南明永历十三年，1659）正月，清军占领昆明。二月十五日，李定国派总兵靳统武率兵4000名，护送永历君臣自永昌继续西撤。十八日，抵腾越。二十八日，至铜壁关，在此靳统武率兵返回李定国处。缅人得知永历帝到关，要求随行人员交出兵器方许入境，于是永历君臣进抵蛮莫。[②] 二月，缅人派船四艘来接永历帝，从官自寻船只，随行者640余人，陆行者900余人，期会于缅都阿瓦。五月，永历君臣抵居阿瓦城郊，得以短时偏安。永历帝入缅后，其将李定国、白文选等四次率军入缅，希望迎还永历帝，但缅人终不肯送出朱由榔。顺治十八年（南明永历十五年，1661）五月，缅王之弟卑明发动宫廷政变，自立为王。七月，卑明派人通知永历廷臣过江议事，称“此行无他故，我王恐尔等立心不臧，欲尔等去吃咒水盟誓，尔等亦便于贸易。不然断绝往来，并日用亦艰矣”[③]。十九日，沐天波等文武官员渡河前往盟誓，不料有缅兵3000人将沐天波等围困，尽皆杀之，是为“咒水之祸”[④]。经此劫难，永历朝廷留存者不过300余人矣。

永历朝廷入缅后，清廷就开始讨论是否入缅追剿。顺治十六年（南明永历十三年，1659）六月初二日，顺治帝命平西王吴三桂会同固山额真卓罗商议进剿问题，“若缅地难行，或另有阻滞，该藩即相度地方，驻歇兵马，具本奏闻”。七月二十六日，经略洪承畴提出暂缓入缅追剿，理由有三：一是“云南寇乱多年，蹂躏至极，兵火残黎，朝不保夕。粮米腾贵，买备无出，军民饥毙载道，惨难见闻”。二是永历入缅之后，李定国等逃匿猛猛、孟艮等处，屡报情形不一，山川皆极险远，且缅境瘴疠盛行，九月霜降以后始行消落，次年二月瘴又复起，“计自出兵、驻兵、回兵仅四阅月，恐亦未能穷追远剿”。三是恐怕李定国及勾连土司残兵“一闻大兵西追，势必共思狂逞，避实突虚，以复窜

---

① 《清世祖实录》卷一一三，顺治十四年十二月癸未，北京：中华书局1985～1987年影印本，第3册，第886～887页。按：本书所引《清实录》均为中华书局1985～1987年影印本，不另注。

② （清）杨陆荣：《三藩纪事本末》卷四《永明入缅》，吴翊如点校，北京：中华书局1985年版，第70页。（明）客溪樵隐编《求野录》记载永历君臣是出铁壁关入缅，见于浩辑《明清史料丛书八种》第1册，第416页。

③ （明）刘茝等：《狩缅纪事（外三种）》，第14页。

④ （明）客溪樵隐编《求野录》，见于浩辑《明清史料丛书八种》第1册，第421～422页；（清）杨陆荣：《三藩纪事本末》卷四《永明入缅》，第72～73页。另《琉璃宫史》（第1002页）对“咒水之祸”亦有记载，但与我国史书记载差异较大。

内地”。因此，今年应暂停进发，迨明年八九月间，“云南军民渐定，兵饷、刍粮凑备，土司苗蛮渐服，残兵降卒已安，并调拨将兵次第齐集，然后责成防御，分行进剿”。① 由此，清军并未立即入缅追剿永历朝廷。

清军虽未乘胜入缅追剿，但是年九月，洪承畴奉“皇帝特谕”致书缅甸军民宣慰使司（即东吁王朝国王）和云南蛮莫宣抚司，令交出永历帝、沐天波、李定国等人。致缅甸军民宣慰使司札付曰：

> 献贼（按：指张献忠）遗孽李定国，自知罪恶滔天，神人共愤，鼠窜云南，假借永历伪号，蛊惑愚民。不知定国既已破坏明朝全盛之天下，安肯复扶明朝疏远之宗支，不过挟制以自专实图乘衅而自立，横肆暴虐，荼毒生灵，汉土民人，肝脑涂地，实难堪命……有能擒缚解献，则奇功伟绩，立奏上闻，优加爵赏，传之子孙。倘或不审时势，有昧事机，匿留中国罪人，不惟自贻虎狼吞噬之患，我兵除恶务尽，势必寻踪追剿，直捣区薮，彼时玉石难分，后悔无及。至闻永历随沐天波避入缅境，想永历为故明宗枝，群逆破坏明室，义不共天，乃为其挟制簸弄，势非得已。今我皇上除李自成、张献忠、李定国，为明复不世之仇，永历若知感德，及时皈命，必荷皇恩，彷古三恪，受福无穷。若永历与天波执迷不悟，该宣慰司历事中朝，明达权变，审顺逆之机，早为送出，当照擒逆之功，不靳封赏。不然留匿一人，累及合属疆土，智者必不为也。

致蛮莫宣抚司的书信大致相同，唯没有追索永历帝及沐天波之言。② 十月，洪承畴以目疾乞休，顺治帝准其解任回京，并令吴三桂总管云南事务。③

顺治十七年（南明永历十四年，1660）四月，吴三桂奏请派军入缅追剿永历朝廷。吴三桂指出，由于永历在缅，导致云南有“三患、二难”：

> 永历在缅，李定国、白文选等分住三宣、六慰、孟艮一带，藉永历以鼓惑众心。倘不乘胜大举入缅，以净根株，万一此辈复整败众，窥我边防，兵撤到则彼退藏，兵撤则彼复扰，此其患在门户；土司反复无定，惟

---

① 《洪承畴备陈清军宜暂停进追永历事》（顺治十六年八月十八日洪承畴揭帖），见中国人民大学历史系、中国第一历史档案馆合编《清代农民战争史资料选编》第一册（上），北京：中国人民大学出版社1984年版，第364～369页。

② 《清军镇压李定国及招降永历与沐天波事》（顺治十六年九月洪承畴给缅甸军民宣慰使司札付稿）、《谕云南蛮莫宣抚司通缉李定国事》（顺治十六年九月上谕），见《清代农民战争史资料选编》第一册（上），第374～375、373～374页。

③ 《清世祖实录》卷一二九，顺治十六年十月己酉、庚戌，第3册，第1000～1001页。

利是趋，如我兵不动，逆党假永历以号召内外诸蛮，万一如前日元江之事，一被煽惑，遍地蜂起，此其患在肘腋；投诚官兵虽已安插，然革面尚未革心，永历在缅，于中岂无系念？万一边关有警，若辈生心，此其患在腠理。今滇中兵马云集，粮草取之民间，匆论各省饷运愆期，即到滇召买，民室方如悬磬，市中米价日增，公私交困，措粮之难如此；召买粮草，民间必须搬运交纳，年年召买，岁岁输将，民力尽于官粮，耕作荒于南亩，人无生趣，势必逃亡，皮之不存，毛将安附，培养之艰又如此。

要解决这些问题，“惟有及时进兵，早收全局，诚使外孽一净，则边境无伺隙之虑，土司无簧惑之端，降人无观望之志，地方稍得苏息，民力略可宽纾，一举而数利存焉。窃谓救时之方，计在于此”①。顺治帝闻奏，命议政王、大臣以及户部、兵部二部速议。很快议政王大臣等议奏，应准吴三桂相应进剿。顺治帝遂派学士麻勒吉、侍郎石图前往云南，与吴三桂面商机宜。② 八月，又遣爱星阿为定西将军，统兵与吴三桂相机进讨。③

又经过一年的准备，顺治十八年(南明永历十五年，1661)八月，吴三桂、爱星阿率军由昆明分两路西征。十一月初八日，两路大军会师木邦。李定国被迫撤往景线，白文选退据锡箔，凭江为险。清军自木邦昼夜行军 300 余里至锡箔江边，准备造筏渡江，白文选又逃往茶山。吴三桂、爱星阿派总兵官马宁率部分军队追击白文选，自领主力大军直趋阿瓦。先派人传谕缅王卑明，令送出朱由榔等，“否则兵临城下，后悔无及”④。十二月初一日，清军兵临阿瓦城下，卑明召开御前会议，决定送出永历帝，一同送出者有太后马氏、皇后王氏、太子朱慈烜、公主以及宫女 14 人，太监 7 人，华亭侯王惟恭之妻妾子女 10 人，文武官妻女 100 余人。⑤ 时马宁率军追及白文选于猛养，白文选率官员 499 名、兵丁 3800 余名、家口 7000 余名，全部归降。⑥ 十二月初十日，清军班师回国。

① 《清世祖实录》卷一三四，顺治十七年四月丙午，第 3 册，第 1039～1040 页。

② 《清世祖实录》卷一三四，顺治十七年四月甲寅，第 3 册，第 1040～1041 页。

③ 《清世祖实录》卷一三九，顺治十七年八月辛丑，第 3 册，第 1076 页。

④ 《清圣祖实录》卷六，康熙元年二月庚午，第 4 册，第 106 页。

⑤ (清)刘健：《庭闻录》卷三，近代中国史料丛刊三编第 26 辑第 251 册，第 19 页。

⑥ 《清圣祖实录》卷六，康熙元年二月庚午，第 4 册，第 106～107 页。按：“猛”为傣语音译，用于地名时意为地方，今多作“勐”，本书在使用相关资料时尽量尊重原文。

康熙元年(1662)三月十二日,朱由榔等被押回昆明。同日康熙帝以永历帝就擒,颁诏天下,诏书曰:

> 自古帝王,乂安海宇,衽席生民,必使逆孽无有稽诛,庶几治化遐宣,兵民休息,此历代之隆规也。我世祖章皇帝,宅中定鼎,混一四方,惟伪永历率逆贼奔窜遐荒,尚逋天讨。数年以来,大兵征剿,转运粮饷,地方困苦,生民弗宁。特命平西大将军平西王吴三桂同定西将军爱星阿等统领大兵出边进讨,直抵缅甸,于顺治十八年十二月初一日擒伪永历及其眷属,伪巩昌王白文选及伪官全军投降。此诚天地祖宗之鸿庥,薄海内外之大庆也。捷书奏闻,朕心嘉悦,已命所司虔行祭告典礼。念永历既获,大勋克集,士卒免征戍之苦,兆姓省挽输之劳,疆围从此奠安,闾阎获宁干止,是用诏告天下,以慰群情。於戏!武烈维扬,式惬观成之意;纶音载焕,聿昭求莫之心。布告万方,咸使知悉。[①]

四月二十五日,朱由榔及其子朱慈烜被绞死于昆明。六月,李定国病死于景线。[②] 九月,李定国子李嗣兴拜书归降。十二月十九日,李嗣兴率官兵家口1200余人入边到洱海投诚,清廷授予李嗣兴都统职衔[③]。至此永历王朝残余势力全部覆灭。

关于永历入缅及清军入缅追剿永历朝廷,缅甸史书亦有记载。在缅甸国家图书馆保存的贝叶书中,有一部1670年左右写成的《华人莅缅各地记》,篇幅虽然不长,却是迄今发现的最早的一部缅文版缅中关系简史。据

---

① "中研院"史语所编《明清史料》丙编第十本,上海:商务印书馆1936年版,第994页;《清圣祖实录》卷六,康熙元年三月乙酉,第4册,第109页。

② 关于李定国病死的时间和地点,诸书记载不一。《清史稿》卷二二四《李定国传》(第30册,第9173页)记:"(康熙元年)六月壬子(十一日),其生日也,病作……乙丑(二十四日),定国卒。"据顾城《南明史》(北京:中国青年出版社1997年版,第1024页)研究,《劫灰录》、冯甦《见闻随笔》、刘健《庭闻录》、金钟《皇明末造录》、叶梦珠《续编绥寇纪略》、杨陆荣《三藩纪事本末》、郑达《野史无文》均作六月二十七日卒于勐腊。沈佳《存信编》卷五记六月二十九日卒于车里猛喇(当即勐腊)。《行在阳秋》记七月二十九日卒于景线。《腾越州志》记"葬于景线"。郭影秋《李定国纪年》认为六月十七日卒于勐腊较可信。但《清圣祖实录》卷七载,康熙元年十月十九日"云南巡抚袁懋功疏报,据车里宣慰使刀木祷报称:伪晋王李定国逃奔景线地方染病身死"。勐腊为车里宣慰司属地,刀木祷报定国卒于景线,必有根据。康熙四十一年《永昌府志》卷二十六《杂记》李定国条云:"李定国闻永历被执,遂死于景线。所葬之地至今寸草不生,彝人过者必稽颡跪拜而后去,有入其地者曾目击其事云。"同书卷三《沿革》记:康熙元年"八月,李定国死于景线"。康熙三十年《云南通志》卷三《沿革大事考》也说,康熙元年"八月,李定国死于景线"。时间上稍有出入,卒地似以景线较可靠。

③ "中研院"史语所编《明清史料》庚编第十本,北京:中华书局1987年影印本,第998页;《清圣祖实录》卷九,康熙二年六月乙卯,第4册,第150页。

该书记载：在德叶军（按："德叶"为中国之意，此当指清军）进攻下，永历率部逃至勐塞驻扎，并在缅甸境内的景永、勐色、盖马等地征税。缅王闻讯，于缅历1012年[①]派其弟王储、彬西王、敏耶底哈都等率15路大军，分别向蛮暮、景永进发。蛮暮一路缅军未遇华人，进至勐密后撤回。景永一路，主将未遇，先头部队遭遇发生战事，失利退回。永历帝原驻勐塞，因德叶军追击，不敢再留，遂向缅王表示，希望得到允许进驻蛮暮，每年将献上100缅斤黄金。景永一路西博德亚侯奈谬耶觉在进攻勐林时失利，撤退途中死去。永历也不敢再留，想移至八莫居住，向日出王（按：即缅王）称臣。移师之时大将安底温死，兑温等人率大军驻留当地，永历帝奔八莫来。八莫土司即向缅王奏报，缅王命将永历帝从八莫带来缅京，将其人马分散，交出武器。永历到达实皆，命其居于辛米亚信佛塔，有随从700余人、马600余匹。驻留的手下四员大将分两路进入缅境：兑温等人从勐密；安底等人从登尼经勐乃、良瑞进军。其手下不知其主已到阿瓦称臣，大军直奔阿瓦。阿瓦迎击前来迎接永历之师。缅王质问永历：汝已向我称臣，汝之奴仆为何来攻我的属下？永历回答：他们不知我已臣服于陛下，我写信给他们，他们就不会来攻了。缅王说：难道我怕这些恶奴们不成？遂命手下迎击，结果兵败而归，华军（按：此当指永历部将）将阿瓦团团围住。因为长期不能战胜中国军队，各地税收征集不得，四处饥馑成灾。缅历1023年，中国派四员大将率大军20余万前来，并称此来并非想打仗，只为永历而来，只要缅人交出永历，华军（按：此当指清军）将全部撤回。缅王因国内饥馑，遂依祖辈惯例，将永历找来交予中国将军。中国将军得到永历后，收兵返回，永历部将不愿返回自刎身亡者沿途皆是。[②] 不难看出，《华人莅缅各地记》记述了永历帝入缅、永历部将入缅迎驾、清军入缅追剿永历朝廷及缅人送出永历君臣的主要史实，但与中国史籍记载差异较大，特别是未将永历部将与清军区分开来，造成记述混乱。

《琉璃宫史》对这段历史亦有记载：1649年，缅王听闻中国永历帝在缅甸境内征税，遂兴师前往问罪。1650年，缅军展开进攻，中国军队（按：此当指永历部将）被迫后撤，缅军收复失地后班师回京。不久，永历帝遭华军（按：此当指清军）进攻，难以抵抗，派使至八莫交涉，"说愿在金殿之主阶下称臣"。缅王接八莫土司禀报，下旨"如不带武器来投，可用舟船将永历帝等安

---

① 按：缅历与公元纪年相差638年，缅历1012年即公元1650年。

② 〔缅〕佚名：《华人莅缅各地记》，李谋译，《南洋资料译丛》2008年第3期。

全护送前来”。永历帝安排两位统帅安迪文、丁堆文殿后，自带大臣 60 余名、随从人员近 700 名，未带军器进入八莫。到达后，缅人用华丽的船舫护送永历帝等至实皆信妙辛地区居住。永历帝入缅后，其部下安迪文、恭新文数次率军入缅，缅王也多次派军阻击入境华军（按：此当指永历部将），但多遭失败，于是缅王被其弟卑明“废黜投入江中害死”。1661 年，缅王命永历帝臣下孟塞侯（按：当指沐天波）等 700 余人前往图巴永佛塔“宣誓效忠”。到达后，缅人将孟塞侯与其他人分开，孟塞侯以为缅军要杀他，遂夺刀砍杀缅军，其他中国人也夺刀砍杀。于是缅军封闭四门，从佛寺围墙上用火枪射击，中国人多被杀死。12 月 10 日，领兵万人的华军（按：此当指清军）统帅安迪文派 20 余人前来索要永历帝，大军在昂宾垒驻扎，来使说：“把永历帝交出来，不然就进攻。”卑明召集御前会议，文武大臣一致同意送出永历君臣。1662 年 1 月 11 日，缅人将永历帝及其一子一孙送出。1 月 18 日，安迪文领军撤回，“中国人由于饥饿，连武器也拿不动，都弃之不顾了。缅军得悉将武器尽数接收”[①]。总的来说，《琉璃宫史》相关记载与《华人莅缅各地记》大致相同，但多了将沐天波等人杀死的“咒水之祸”。

清军入缅追剿永历朝廷后，据乾隆《大清会典则例》记载，康熙元年（1662），礼部议准，缅甸贡道由云南。[②] 但是在康熙二十九年（1690）纂修的康熙《大清会典》和雍正十年（1732）纂修的雍正《大清会典》中，都未找到此记载。而且这一时期也未规定缅甸贡期、贡物、使团规模等，缅甸在很长一段时间内也未遣使清朝，“自是不通中国者六七十年”[③]。所以说这一时期清朝与缅甸并未形成正常的政治交往关系。

第二节　雍正至乾隆初期的中缅关系

清军入缅追剿永历朝廷后，清缅政治关系一度中断，到雍正年间始行恢复。雍正七年（1729）冬，缅甸所属清迈（又作整迈、景迈）土司派人到云南致送礼物，请求内附，结果被云贵广西总督鄂尔泰“严批不准，以十可疑驳去”。

① 《琉璃宫史》，第 985～986、990～1003 页。

② （乾隆）《大清会典则例》卷九三《礼部・主客清吏司・朝贡上》，文渊阁四库全书第 622 册，第 902 页。

③ （清）屠述濂纂修（乾隆）《腾越州志》卷十《边防・缅考》，光绪二十三年（1897）重刊本，中国方志丛书第 41 号，台北：成文出版社 1967 年影印本，第 49 页。

雍正九年(1731)十月,缅甸东吁王朝官员莽古叮至云南车里庆贺刀绍文承袭宣慰司,并探听清迈归附消息,适逢南掌贡使叭猛花等赴京朝贡回国,相遇于九龙江,清军守备燕鸣春送贡使过江,亦与莽古叮等相会。莽古叮获悉清迈土司请求内附被清朝拒绝,遂告知燕鸣春要回国"告知国王,明年进贡"。鄂尔泰将此事具折上奏,雍正帝下谕:"宜听其自然,不必有意设法诱致。"①而实际上次年缅甸并未遣使清朝。

这一时期,清朝在西南边疆施行安边守疆、不干涉别国内政的政策。乾隆七年(1742)五月,云南巡抚张允随奏:"普洱所属猛遮界外之孟艮酋长召贺罕横行残虐,经掌管地方之叭三猛等逐之,逃入缅境,现饬土千总防范各隘。"乾隆帝下旨:"惟在清理我疆,严谨关隘也。"②乾隆十年(1745)八月,张允随又奏,滇属猛缅休致土司奉廷征与承袭之次子奉钦诏等,在其管辖境内肆意苛虐,并勾通缅人潜蓄异图,现在猛缅五十村寨土民呈请改土归流。乾隆帝命大学士等议奏。九月,大学士等议覆:"奉廷征父子虐民藐法,自不可仍令保有土宇",但"恐改流之后,或有管辖不便之处,势必又议更张,转非慎重边防之意",因此应令张允随"就彼地情形悉心体访,查明该土司族内有无为众信服之人,可以承袭土官;抑或必应改设,始足抚辑远民,务须逐一酌量具奏,俟到日再行定议"。乾隆帝从之。③ 乾隆十一年(1746)四月,张允随又奏,奉廷征父子已获罪革审,其族内并无可以承袭之人,且猛缅五十村寨土民均请设立流官管理。大学士会同兵部议请将猛缅地方改土归流,乾隆帝下旨准行,并令张允随"将应设之流官,务拣平日贤声素著、可以安抚新疆者,题请补授"④。清政府在猛缅设立流官,实际上是雍正时期在西南边疆改土归流政策的延续。乾隆十三年(1748),已任云贵总督的张允随与云南巡

---

① 《世宗宪皇帝朱批谕旨》卷一二五之十七《朱批鄂尔泰奏折》,文渊阁四库全书第420册,第786页;(清)昭梿:《啸亭杂录》,第113页;(清)佚名:《绥缅纪事》,见国家图书馆编《清代边疆史料抄稿本汇编》第36册,第159页。按:关于叭猛花入贡事,是为雍正七年五月,南掌琅勃拉邦王国国王岛孙(又称苏吗喇萨提拉岛孙,即英塔松王,1723~1749年在位)遣使叭猛花等入贡。八年二月,叭猛花等到达北京,七月,回至云南,十月,经普洱回国。

② 《清高宗实录》卷一六七,乾隆七年五月是月,第11册,第126页。

③ 《清高宗实录》卷二四八,乾隆十年九月癸酉,第12册,第198~199页;《明清史料》庚编第七本,第601页;《张允随奏稿》乾隆十年六月二十八日奏折,见方国瑜主编《云南史料丛刊》第8卷,昆明:云南大学出版社2001年版,第673~674页。

④ 《清高宗实录》卷二六五,乾隆十一年四月丙戌、癸巳,第12册,第437、440页。

抚图尔炳阿、提督潘绍周会奏,滇省云龙、腾越二州境外,“野夷”[①]种类繁多,明代特设三宣六慰土司进行管理,现在土司懦弱不振,以致有“傈僳野夷肆行不法”,又有“凶夷早可,系阿猖种类”,竟敢围攻渔洞、片马等寨,杀掳多人,因此,云南省调遣官兵574名以及附近土目土练共1339名,由署腾越协副将谢光宗率领,将两处“野夷”擒剿压降。[②] 同年,普洱边外之猛勇土司侵扰整欠(又作整谦)土司地方,致使整欠土民逃居普洱府属之猛笼,猛勇土司声称要进攻猛笼。张允随闻报,令车里宣慰司刀绍文督率猛笼土弁严加防范,但不得出境多事。为解决这一问题,缅人致信刀绍文,请其赴猛勇进行调解。刀绍文向张允随请示,张允随以车里系内地土司,未便前往缅甸,令刀绍文派土弁代往。缅人亦派员前往猛勇调解,但猛勇土司恃强不依。张允随上奏提出,猛勇、整欠俱系景线所属,景线向服缅甸,因此该二处土司构衅,应由缅甸自行处理。乾隆帝闻奏下谕:“知道了。边夷固当将就了事,以夷治夷,但不可令其骚扰内地可也。”[③]

这一时期缅甸已届东吁王朝末年,国内政局动荡。1740年,南方孟族起义建立白古政权(史称后白古王朝,1740～1757),很快占领下缅甸各地,又进攻东吁和卑谬。面对孟族军队的进攻,东吁王朝末代国王摩诃达马亚扎迪勃底(又译摩诃陀摩耶沙底波帝,1733～1752在位,清代档案文献称莽达喇、莽达拉或蟒达喇)于乾隆十三年(1748)向清朝请求援助,“镇康土司刀闷鼎报缅甸愿通职贡,不许”[④]。到乾隆十五年(1750),清廷准许东吁王朝使节入贡。乾隆十六年(1751),缅甸使团到达北京,是为东吁王朝唯一一次遣使清朝。由于这次遣使与滇缅边境的茂隆银厂关系密切,故在下节一并详述。

缅甸使团虽然成功访问清朝,但尚未回至阿瓦,阿瓦已被孟族军队攻破,国王摩诃达马亚扎迪勃底及宫廷王族被俘往白古,东吁王朝灭亡。孟族军队占领阿瓦后,缅族木梳(又作木疏)村落首领雍籍牙(又作瓮藉牙,缅名阿朗帕耶)不降,率部多次击败孟族军队进攻,从此威名大振,各地首领纷纷

---

① 按:清代档案文献中,一直是“夷”“彝”混用,后逐渐多用“夷”字。直到1858年订立的中英《天津条约》第51款才明确规定:嗣后各式公文,无论京外,内叙大英国官民,自不得提书夷字。这是中国在签署外交文件时,首次明确规定不得使用“夷”字等歧视性字词。本书在使用相关文献时一仍其旧,仅为表述上方便,并不代表笔者的认识,特此说明。

② 《清高宗实录》卷三三〇,乾隆十三年三月庚寅,第13册,第77～78页。

③ 《清高宗实录》卷三三一,乾隆十三年十二月是月,第13册,第533～534页。

④ (清)佚名:《绥缅纪事》,见《清代边疆史料抄稿本汇编》第36册,第161页。

来归，雍籍牙被拥戴为王(1752～1760在位)，都城贡榜(今瑞波，又作瑞帽)[①]，是为雍籍牙王朝(又称贡榜王朝、阿朗帕耶王朝、瑞波王朝、瑞帽王朝，1752～1885)。

对于缅甸国内政权更迭，清朝政府仍然延续雍正以来形成的安边守疆、不干涉别国内政的政策。乾隆十九年(1754)四月，云贵总督硕色入京觐见时即面奏"缅甸国王蟒达喇被伊属下人得冷子(按：又称得楞族，即孟族)逐去无踪之事"。十月，硕色再次将探访到的情况向乾隆帝奏报："因缅国大和尚撒喇惰同大头目捧夺藐、捧夺纪、波林四人办事不公，以致所辖之得冷子怨恨，于上年三月内率众将缅国大城攻破，随将大和尚撒喇惰杀死，其大头目三人逃走，不知去向。惟有缅国所辖之鬼家不服，仇杀数次，互相胜负，尚未定局。该国王蟒达喇现在避迹海边，其蟒达喇二子同在该国所属之猛乃地方守护御赐物件，均未回国。"对于硕色奏报的东吁王朝被孟族军队攻灭以及桂家集团与雍籍牙军队争战情事，乾隆帝仅仅朱批："览。"[②]二十年十月，一直被雍籍牙王朝军队追杀的东吁王朝王子色亢瑞冻携妻子、亲属、头目等80余人及缅僧2人，渡江进入猛卯。云贵总督爱必达、云南巡抚郭一裕檄令猛卯土司衎玥，将色亢瑞冻等遣出边境[③]。次年二月，木邦土司罕蟒底将色亢瑞冻等安置于蛮弄寨，邻近内地之耿马、镇康。镇康土知州刀闷鼎将此事报知爱必达，爱必达一面下令沿边土司加强防范，一面向乾隆帝奏报："缅王长子因鬼家仇杀，穷蹙无归，随带头目人等，由二镫坡在木邦所属之蛮弄寨暂住……查缅属木邦地方与滇省镇康、孟定、耿马等土司接壤，现移行文武，并饬各土司，于沿边隘口严加防范。"[④]乾隆二十二年(1757)十二月，云南巡抚刘藻奏："滇省二十三府属，或邻外域，或接夷疆……年来外夷内讧，多有自相攻击之事。然距内地甚远，不足致问。惟在严饬文武员弁，于沿边要隘加谨防范。"对此乾隆帝下旨："此见果认得真，行得力，何愁不

① 雍籍牙王朝后来曾多次迁都，参见附录一 缅甸王朝世系表。

② 《云贵总督硕色奏报缅甸国内乱国王避迹海边折》(乾隆十九年十月初七日)，见台北故宫博物院编《宫中档乾隆朝奏折》第9辑，台北故宫博物院1982～1987年版，第728页；《清高宗实录》卷四七五，乾隆十九年十月是月，第14册，第1146页。按：鬼家，指桂家宫里雁集团。关于桂家宫里雁集团与雍籍牙王朝军队的战争，参见第三章第一节相关论述。

③ (清)昭梿：《啸亭杂录》，第117页。

④ 《清高宗实录》卷五一一，乾隆二十一年四月是月，第15册，第465～466页；(清)昭梿：《啸亭杂录》，第117页。

治?”又批:“所见已得梗概,勉力为之以实可也。”[①]乾隆二十三年(1758)四月,云贵总督爱必达就缅甸国内形势向乾隆帝做了详细汇报:“查得缅甸国王蟒达喇治理不善,向与得冷、锡箔等处野夷仇杀相寻,嗣被得冷攻破缅城,将蟒达喇杀死,缅子四处奔逃。有所辖木疏铺头目瓮藉牙(按:即雍籍牙)率领兵练,声言为国报仇,缅地头目附从者多,声势渐盛,后杀退得冷,缅国无主,瓮藉牙遂僭窃称王,即在木疏铺建筑新城,挟制诸夷,胁以威力,人心未能安定。缅甸木邦地方,向有波竜银厂,历系鬼家开采,厂旺人众,从前原有馈送缅王银两、马匹、缎布之例,瓮藉牙篡位后,屡次差目往索不遂,于本年正月二十九日领兵围厂劫杀,将厂人尽行冲散。近闻结些国人发兵攻击瓮藉牙,直捣木疏铺巢穴,波竜厂鬼家复行聚集,前后截杀。”爱必达认为,缅甸政权更迭,雍籍牙军队与国内反对势力进行战争,虽然都发生在缅境,但内地土司与缅地相邻,耿马、孟定、镇康距缅甸木邦尤近,木邦地方不靖,沿边关隘防范不容疏懈,“除会饬该管文武督率沿边一带各土司,于各关隘渡口多拨兵练巡查堵御,毋许外夷一人窜入内地,并饬查探确情另报”。对此乾隆帝朱批:“知道了。”[②]八月,爱必达又奏:“查永昌府西南边界与缅甸相联,而缅属木邦土司与内地各土司犬牙交错,多有世联婚姻者。现缅甸国王莽达喇被得楞野夷所害,所辖木梳铺头目瓮藉牙僭窃,边界防范宜严,业饬沿边土司慎密巡防,毋得与木邦土司往来。”[③]

总的来看,雍正至乾隆初期,清朝在西南边疆采取了安边守疆、不干涉别国内政的政策。对于云南境内的不稳定因素,清政府采取改土归流、军事镇压等多种方式保持边疆稳定。但对于缅甸,虽然其国内发生政变和战争,先是东吁王朝被孟族军队攻灭,后是雍籍牙王朝军队与反抗势力争战,但清政府并未进行干预,而是多次强调严守边隘,防止缅人入境。

第三节 茂隆银厂与清缅关系

清代滇缅边境,有诸多银铜矿山。在这些矿山中,因规模较大而录于檀萃《厂记》者,有宁台铜厂、芦塘铜厂、水泄洞铜厂、涌金银厂、悉宜银厂、茂隆

---

① 《清高宗实录》卷五五三,乾隆二十二年十二月是月,第15册,第1084页。

② 宫中朱批奏折:《云贵总督爱必达奏为查明缅甸情形及现饬沿边加谨守御事》(乾隆二十三年四月二十七日),档号:04-01-01-0227-017,中国第一历史档案馆藏,未刊。

③ 《清高宗实录》卷五六九,乾隆二十三年八月是月,第16册,第226~227页。

银厂、募乃银厂等。[①] 其中对中缅关系影响最大者当数茂隆银厂。

茂隆银厂位于今云南省沧源佤族自治县班老乡上班老村西四公里处，自明代时就已开采。清朝初期，茂隆银厂地处葫芦酋长管辖之卡瓦界内。卡瓦“北接直隶耿马宣抚司界，西接外域木邦界，南接生卡瓦界，东接孟定土府界，距永昌一十八程，地方二千余里”，其酋长名蚌筑（又作蜂筑），“自号葫芦国王，不知其所自始，有世传铁印，缅文曰‘法笼湫诸木隆’，犹华言大山箐之长也”[②]。乾隆初年之前，葫芦酋长尚未内附，亦不附属缅甸。其时蚌筑曾多次央请耿马土舍罕世屏带其头人赴云南归顺，但一直未能成行。恰其界内有茂隆银厂，自明代开采以来，一直衰旺不一，乾隆八年（1743）六月，有云南石屏州民吴尚贤因欲谋生，来至葫芦酋长地，与蚌筑签订协议，共同开采茂隆银厂，并刻写木契为凭，各执一份，[③]至乾隆十年六月间，开获堂矿，厂地大旺。吴尚贤等议给蚌筑山水租银，蚌筑则愿照内地厂例，抽课报解，以做贡献，遂将十年七月至十月所抽银3709.098两编制细册，央请罕世屏率同吴尚贤及通事杨公亮一同押解，于乾隆十一年正月十八日到达云南省城[④]。

葫芦酋长派员报解厂课，云南总督张允随立即上奏。张允随提出，葫芦酋长僻处外域，历代未通声教，今倾心内向，纳课输诚，应准其内附，但其所解银3709两零系四个月所收，若以年计，每岁应纳税银11000余两，为数过多，恐厂地盈缩靡常，难为定额，因此请照雍正八年孟连土司输纳募乃厂课减半收取之例，[⑤]准将“此项厂课饬令减半抽收……再将所取课银以一半解纳，以一半赏给该酋长”；至嗣后应纳课银，可“令该酋长客课人等就近解交永昌府，转解司库兑收充饷”[⑥]。三月十五日，乾隆帝接到张允随奏报，命议政王大臣等议奏。二十六日，和硕裕亲王广禄等议奏，葫芦酋长献矿投诚，

① （清）檀萃：《厂记》，见（清）师范纂《滇系》第20册《艺文四》，光绪十三年（1887）重刊本，中国方志丛书第139号，台北：成文出版社1968年影印本，第78～87页。

② 《明清史料》庚编第七本，第602-603页；《张允随奏稿》乾隆十一年二月二十日奏折，见《云南史料丛刊》第8卷，第679～680页。

③ 方国瑜：《云南史料目录概说》第三册，《吴尚贤开办茂隆银厂木契》，北京：中华书局1984年版，第1273～1274页。

④ 《明清史料》庚编第七本，第602～603页。

⑤ 按：雍正八年（1730）九月，云贵广西总督鄂尔泰奏报，永昌府边外孟连土司刀派鼎每年愿纳募乃厂课600两，鹤庆府边外“怒子野夷”每年愿贡土产，雍正帝下旨：“孟连土司厂课每年六百两，为数太多，着减半收纳，以昭柔怀至意。怒子每年贡纳土产时，着给盐三百斤，以为犒赏。”参见《清世宗实录》卷九八，雍正八年九月壬辰，第8册，第311页。

⑥ 《明清史料》庚编第七本，第602～603页。

自应准其归附,但吴尚贤等内地民人潜越界外开矿,有违例禁,应令查明具奏。[①] 乾隆帝因此下令张允随详查具奏。

四月十四日,张允随接到兵部发来咨文,随即展开调查,并于五月初九日覆奏:云南边外虽多矿硐,但当地人不谙煎炼,多系华人前往开采。查定例只禁内地民人潜越开矿,商贾贸易并不禁止,厂民出境时,皆带有货物,与商贾无异,经过塘汛查无违禁之物,即便放行。今在彼打矿、开槽及走厂贸易之人,约有二三万人,"若欲禁止开矿,势必并商贾一概禁绝而后可。然亿万人民生计攸关,未便惩噎废食"。而且边境各厂百余年来从无不靖,"以外夷之余补内地之不足,所益良多"。所以,应准葫芦酋长"照孟连之例,赏定课额,令其按年报纳,并令捍卫边隅……设有内地逃犯等类潜入厂地,亦可饬令查拿"[②]。六月初七日,乾隆帝接到张允随奏报,令原议之王大臣等议奏。三十日,议政王大臣等议奏,应照张允随所请,将茂隆厂课"准其减半报纳,仍将所收以一半解纳,一半赏给该酋长",但"民人往来番地,巡防宜密,或有逃犯奸徒私入外番厂地滋事,仍令该督严饬汛口官弁实力稽查"。乾隆帝下旨准议[③]。

可见,茂隆银厂和卡瓦地方归附内地,托名者为葫芦酋长蚌筑,引介者为耿马土舍罕世屏,主导者则为茂隆厂民吴尚贤。茂隆银厂归附后,张允随任命吴尚贤为银厂课长,负责管理银厂事务。得到清政府委任的吴尚贤,又进行了谋说缅王遣使入贡的活动。当时缅甸南方孟族建立白古政权,很快征服下缅甸各地,又进攻上缅甸。面对孟族军队的进攻,乾隆十三年(1748),东吁王朝末代国王摩诃达马亚扎迪勃底遣喇札达等出使清朝寻求帮助。接到镇康土司刀闷鼎关于缅使请贡的禀报后,云南迤西道朱凤英以缅王"任用乳母之夫波凌,致与庶兄蟒礼觉红失好"而拒绝之。乾隆十四年(1749),缅王再次遣使来边,"称波凌已放废,觉红感悟和好",请求准予入贡。就在这时,朱凤英听闻刀闷鼎与矿民邹启周、张亮采等"邀结黑山门野傈傈扰害木邦"[④],便派贾兴儒前往查办。十二月十八日,吴尚贤带练兵800余人随贾兴儒自茂隆厂出发捉拿邹启周、张亮采等,二十九日至干猛。乾隆十五年(1750)正月初一日,厂练已擒获邹、张二人至干猛,遂押解回茂隆银厂,吴

---

① 《清高宗实录》卷二六一,乾隆十一年三月壬辰,第12册,第386页。

② 《张允随奏稿》乾隆十一年五月初九日奏折,见《云南史料丛刊》第8卷,第682～685页。

③ 《清高宗实录》卷二六九,乾隆十一年六月甲午,第12册,第505～506页。

④ 《明清史料》庚编第七本,第604页。

尚贤则带练兵前赴缅甸。当时上年缅甸所遣请求入贡者五人尚在镇康，吴尚贤请其为前导。吴尚贤经过木邦、锡箔、宋赛等地时，皆赠送当地官员礼物，又致信于桂家。[①] 桂家头目宫里雁，正与雍籍牙王朝军队争战，因率兵阻之。吴尚贤至麻里脚洪，派人致书讲和，桂家羁其来使，吴尚贤遂联合缅兵3000余人与桂家战。三月初七日，吴尚贤为桂家所败，无奈自麻里脚洪回茂隆银厂。吴尚贤虽然未能到达缅都阿瓦，但"谋说缅酋莽达拉遣使入贡。莽亦荒淫无道，众叛亲离，遂从其言，具表来降"[②]。由此，吴尚贤成为谋说缅王遣使入贡的关键人物。

关于吴尚贤谋说缅王遣使入贡一事，缅方史料记载有所不同。据《琉璃宫史》载：1751年，"中国皇帝派遣埃都耶、冬达耶等偕随从5000余人带着九尊阿巴达亚梵天佛像，为了结盟通好而来。缅王安排他们驻于玛瑙仰曼花园接见。中国人也表示愿对桂家、孟人的野蛮行径进行镇压。缅王表示不打算劳请友邦出师，只愿友好。埃都耶、冬达耶等表示虽然不需让我们去攻打，但贵邦国主之敌，即我主之敌也。让我等5000人去攻桂家、孟军。结果未能取胜，缅王派出使节随埃都耶、冬达耶等返回中国"。[③] 显然，缅方史籍所载为清朝皇帝先派人拜见缅王，缅王随之遣使访华，而遣使时间也晚于中国史籍记载。

乾隆十五年(1750)四月，缅使希里觉填一行到达茂隆银厂，吴尚贤随即向云南督抚禀报，禀词曰："缅甸国王莽达拉情愿称臣纳贡，永作外藩。命工匠制造金银二纰，篆刻表文；又造贴金宝塔，装载黄亭；毡缎缅布土物各色，驯象八只入贡。又贡皇太后驯象二只、毡缎缅布等物。差彼国大臣一员，头

---

① 桂家，又称贵家、鬼家，关于其族属争论颇多，以往多认为是明朝入缅华人的后裔，如(清)佚名《绥缅纪事》(第162～163页)云："贵家者，前明随由榔入缅之官族，其子孙沦于缅，自相署目，据波竜厂采银。"(清)师范纂《滇系》第12册《典故四》(第43页)记："桂家者，江宁人，故永明入缅所遗种也……百余年生聚日盛，称桂家，兵力强，群蛮畏之。"(清)昭梿《啸亭杂录》(第114页)载："贵家者，随明主入缅之官族，其子孙沦于缅，自署曰贵家，据波竜厂采银。"(清)赵翼《皇朝武功纪盛》卷三《平定缅甸述略》(第98页)言："贵家者，随永明入缅之官族也，其子孙沦于缅，自相署曰贵家，据波竜厂采银，向有岁币输缅。"民国时期汪懋祖《从历史上探讨云南土族的统系》(《东方杂志》1947年第43卷第5号)称："桂王入缅，随从官兵亦有数千人，流落于木邦等处，称为'桂家'(亦作贵家)。"日本学者铃木中正、荻原弘明认为："宫里雁是明末流寇张献忠的干将李定国的部下、奉永历帝之命入缅之人的后代"(参见《贵家宫里雁与缅甸华侨》，见《中外关系史译丛》第3辑，第30页)。今人杨煜达《桂家事迹新探》(《云南社会科学》2003年第4期)认为桂家与中国人没有族属关系。孙来臣《论"缅中关系史"的研究——以中国对早期缅甸的"影响"为中心》(《亚太研究》2006年第3期)则认为桂家属孟高棉族系。

② (清)昭梿：《啸亭杂录》，第114～115页。

③ 《琉璃宫史》，第1107页。

目四人，象奴夷众数十人出境过江，于四月已抵边界，请代奏。”[①]七月，云南省接到吴尚贤禀报，令布政使、按察使、粮道、盐道、迤东道、迤西道会议。布政使宫尔劝等认为其不可信及不可行者各四：

以前镇康土州刀闷鼎禀报缅酋请通贡，已不许，今禀内绝不言及；且明置缅甸宣慰司，表内未称宣慰旧衔；又有蚁穴自封，夜郎天外之言，更不叙明使臣衔名；吴尚贤前禀与今禀又复互异。至木邦乃缅甸所辖，中外攸分，准木邦投诚，木邦即缅甸之叛逆，必至大起衅端，亦有妨于国体。吴尚贤初到厂地，恃强凌弱，今率缅甸来归，实有邀功之意，且外国归诚，亦断无借一厂民为媒进。将来缅甸设有寇警，必另求援兵，不应则失统御之体，应之则苦师旅之烦，恐鞭长莫及，反难善处。况前明频通赋贡，受侵扰者数十年，我朝久置包荒，获宁谧者百余载，边境之敉宁，原不关乎远人之宾服。

然云南巡抚图尔炳阿仍据禀词及表文入告，表文曰：

缅甸国王莽达拉谨奏：盛朝统御中外，九服承流，如日月经躔，阳春煦物，无有远近，群乐甄陶。至我皇上，德隆三极，道总百王，洋溢声名，万邦率服。缅甸近在边徼，河清海晏，物阜民和，知中国之有圣人，臣等愿充外藩。备物致贡，祈准起程，由滇赴京，仰觐天颜，钦聆谕旨。[②]

很快礼部议复图尔炳阿所奏，以缅甸初次奉表称臣纳贡，应准其来京。乾隆帝从之。[③]

乾隆十六年(1751)二月，云贵总督硕色派顺宁府知事孟士锦护送缅甸贡使赴京。时吴尚贤禀请伴同贡使往还，并称伙伴唐启虞等可助其义子吴世荣管理厂务，硕色允其所请[④]。六月，缅使希里觉填一行在孟士锦、吴尚贤等护送下到达北京，向乾隆帝献上毡缎4匹、缅布12匹、驯象8只，又向皇后献上驯象2只。[⑤] 乾隆帝下谕：“向来苏禄、南掌等国入贡，筵宴赏赉俱照各

① (清)昭梿：《啸亭杂录》，第115页；(清)佚名：《绥缅纪事》，见国家图书馆编《清代边疆史料抄稿本汇编》第36册，第163～164页。

② (清)昭梿：《啸亭杂录》，第115～116页；(清)佚名：《绥缅纪事》，见国家图书馆编《清代边疆史料抄稿本汇编》第36册，第164～166页。

③ 《清高宗实录》卷三六九，乾隆十五年七月乙丑，第13册，第1078页。

④ 《清高宗实录》卷三五三，乾隆十六年六月丁巳，第14册，第159～160页。

⑤ (乾隆)《大清会典则例》卷九三《礼部·主客清吏司·朝贡上》，第911页。

国王贡使之礼。所有缅甸贡使到京，一应接待事宜，亦应照各国王贡使之例。”[①]随赐缅王、王妃、贡使、缅目、象奴、缅役等有差。[②] 又议准，缅甸国进贡，员役不得过百人，赴京只许 20 人[③]。七月初五日，礼部奏准，派额外主事郗通额伴送贡使回返云南。[④] 二十一日，缅使一行离京南返。十月初六日，希里觉填在贵州安顺毛口驿病逝。十九日，缅使随员打慢觉填等回至昆明，十一月到达耿马，十二月，耿马土司罕国楷派人护送打慢觉填等出境。然而使团尚未回至阿瓦，东吁王朝已经灭亡矣。

可见，吴尚贤不仅是谋说缅王遣使入贡的关键人物，而且在缅使入境后一直陪同左右，并伴送缅使一行往返北京。然而，正是与缅使一行的密切接触，给吴尚贤带来了杀身之祸。

自吴尚贤说服葫芦酋长内附起，其活动就日渐引起清政府关注。乾隆十一年(1746)三月，张允随第一次奏报葫芦酋长内附时，乾隆帝就命令其查明吴尚贤等违禁开矿之事。虽然经张允随奏准，清廷准许民人赴边开矿，并委任吴尚贤为课长，但也强调对往来边地民人严密稽查。乾隆十五年(1750)正月，张允随卸任云贵总督时奏言，吴尚贤“获利已丰，兼之沿边各项贸易为所垄断，资财日富，慕膻而集者，较前倍众，仇怨亦多，若令久居外域，恐其渐滋事端……应令自举可以管厂之人更替厂务，准令回籍”。因同时巡抚图尔炳阿调任安徽，所以张允随奏请乾隆帝密令接任云贵督抚稳妥处理此案。[⑤] 到十月，接任云贵总督硕色上奏指出，上年邹启周等滋事，吴尚贤带领厂练前往捉拿，殊属孟浪胆大，已令其自举可以管厂之人协办，俟其人胜任，即令接管，倘不得其人，吴尚贤从此谨慎，或仍听暂管，或再令选报。对此奏军机大臣等认为，吴尚贤等久居外域，终恐生事，应令该督酌量妥办，不得因循迁就。[⑥] 乾隆十六年(1751)四月，乾隆帝听闻吴尚贤自愿伴送缅使赴京，下令硕色和巡抚爱必达将吴尚贤及茂隆银厂情况详查速奏，包括吴尚贤近来办理厂务是否小心安静，吴尚贤来京后课长事务交何人办理，吴尚贤外

---

① 中国第一历史档案馆编《乾隆朝上谕档》第 2 册，北京：档案出版社 1991 年版，第 2217 条，第 552 页；《明清史料》庚编第七本，第 603 页。

② 清朝赏赐缅甸使团物品详见表 5-4。

③ (乾隆)《大清会典则例》卷九三《礼部・主客清吏司・朝贡上》，第 912 页。

④ 《明清史料》庚编第七本，第 604 页。

⑤ 《张允随奏稿》乾隆十五年正月二十四日奏折，见《云南史料丛刊》第 8 卷，第 766～767 页。

⑥ 《清高宗实录》卷三七五，乾隆十五年十月壬辰，第 13 册，第 1141 页。

有无熟于厂务可以更代接管之人,抑或仍令吴尚贤管理厂务不必更换,等等。[①] 很快,硕色等查明上奏,吴尚贤为众所服,但非安分之人,不应任其久居徼外,可令厂民唐启虞等助其义子吴世荣管理厂务,如能服众,即令接管,如难胜任,即于唐启虞数人内选一人接管;另外茂隆厂所聚工丁二三万人,应酌筹渐次解散之法,可密令该处文武官员,加谨口隘稽查,许入不许出,将来可以渐少。对于硕色等的奏报,乾隆帝命军机大臣速议具奏。六月,大学士傅恒等议奏认为,吴尚贤交通外国,断不可令为课长;若其子接办,是厂务竟成世业;唐启虞等素受吴尚贤指使,若令接管,仍不免通同遥制。"查各省矿厂皆董于官,应令该督于府佐贰内,拣谙练之员前往总理,并酌期更换,课长之名竟裁,或仍令唐启虞等帮助,或另行委派,临时斟酌。"另外,将来缅使回滇之后,应另行委员护送出境,吴尚贤则令居住省城。至于"所称茂隆厂出入隘口,密饬严查,许入不许出,以为渐次解散之法,应如所请办理"。对于傅恒等的议奏,乾隆帝朱批:"依议速行。"[②]据此,清廷计划不再任命课长管理茂隆银厂,而是由云贵总督派流官前往管理,至于吴尚贤,则将其软禁在昆明。

然而仅隔数日,曾任云贵总督的尹继善奏称:"设官则法在必行,法行或不尽便于夷境",茂隆银厂地处边外,不如仍选课长,但不能再用吴尚贤之党羽。乾隆帝认为尹继善所奏亦有道理,遂命硕色、爱必达再行详察具奏。[③]九月初四日,硕色、爱必达覆奏:茂隆厂远在边外,虽然葫芦酋长已称臣纳贡,但银厂厂众从未受制于官,而且银厂距离内地较远,未设官兵塘汛,只派一二文员,恐难总理弹压,不如仍选课长董理为便。前任总督张允随所委课长,虽只吴尚贤一人,实则另有唐启虞、杨公亮、王朝臣三人均为课长。现在可于此三人中,公举诚实干练一人董理,并令永昌知府秘密查察,倘有营私滋弊,立即撤回查办。[④] 十月初三日,乾隆帝下谕,此次即于杨公亮等三人内拣选一人管理厂务,以三年为期,期满撤回内地,其余依次承充;每逢更换之

---

① 《清高宗实录》卷三七八,乾隆十六年四月丁亥,第14册,第83~84页。

② 《清高宗实录》卷三五三,乾隆十六年六月丁巳,第14册,第159~160页;宫中朱批奏折:《大学士傅恒等奏为遵议茂隆课长吴尚贤为矿情形请旨将吴拘禁渐次解散矿厂等事》(乾隆十六年),档号:04-01-12-0083-037。

③ 《清高宗实录》卷三九四,乾隆十六年七月辛未,第14册,第174~175页。

④ 《云贵总督硕色奏为推荐茂隆厂课长人选折》(乾隆十六年九月初四日),见《宫中档乾隆朝奏折》第1辑,第563~566页。

时，于内地另选诚实干练之人，到厂协同办课，令其渐次熟练，按期接管。[①]时因王朝臣已病废，遂令杨公亮为课长，唐启虞为协办。至此，清廷的意见最终确定为定期委任课长、协办管理茂隆银厂。对于吴尚贤，则仍将其留在省城，而实际上，其被严厉查办的命运已经确定。

十月，吴尚贤伴送缅使回至云南，即被拿审。据同行的孟士锦禀报，吴尚贤"由滇一路赴都，望恩幸泽，意气洋洋。及回滇之时，因圣恩优待使臣，锡予隆厚。伊望泽未遂，时怀怅怏，见于辞色"。迨缅使起程回国之时，硕色令吴尚贤留住省城。吴尚贤立即唆使缅目投递呈词，请令尚贤与缅使同行，但被硕色拒绝。十一月十一日，硕色、爱必达向乾隆帝奏报吴尚贤种种不法情节，除上述伴送缅使过程中"居功要挟、煽惑夷使"两项罪名外，还有在茂隆银厂时不法行为四端：一是历年赏给葫芦酋长之课银，每年仅给酋长蚌筑、蚌坎银各 200 两，其余私吞入己，约共 29000 余两；二是自恃捐纳通判职衔，"出入胆敢鼓吹放炮，乘坐四轿，摆列坐枪、旗锣、黄伞，并设有厂练、护卫，制造枪炮、长刀军器等项"；三是乾隆十四年(1759)捉拿邹启周一案，系因邹启周欲在木邦境内开挖新矿，吴尚贤害怕此旺彼衰，乃捏报邹启周抢劫外域，追拿获后又致死邹启周、王受全二人；四是图财害死厂民彭锡爵。以上"种种僭越妄为，凶暴不法"，应查封家产，严加治罪。[②] 十二月十五日，乾隆帝命硕色、爱必达派员将吴尚贤家产彻底查抄。[③] 十七年(1752)二月十二日，吴尚贤病死狱中。其家产经过清理，合计银 125389 两零，金器首饰金子合计 424.88 两，陆续缴入内务府。[④]

清廷在处理吴尚贤案的过程中对茂隆银厂管理制度进行改革，后来云贵总督富纲曾总结这一制度："向例于该厂课客中佥充课长一人、协办一人，公同办理厂务。三年期满，奏请将课长撤回归农，即以协办之人顶补课长，

① 《清高宗实录》卷四〇〇，乾隆十六年十月丙申，第 14 册，第 261～262 页。

② 《云贵总督硕色奏报查明茂隆厂课长吴尚贤不法情节折》(乾隆十六年十一月十一日)，见《宫中档乾隆朝奏折》第 1 辑，第 870～873 页。

③ 寄信档：《寄谕云贵总督硕色等著派贤能之员清查茂隆厂监督吴尚贤财产》(乾隆十六年十二月十六日)，档号：03-128-1-014，中国第一历史档案馆藏，未刊。

④ 《云贵总督硕色、云南巡抚爱必达奏报搜查吴尚贤产业银数折》(乾隆十九年九月二十一日)、《云贵总督硕色、云南巡抚爱必达奏报变卖吴尚贤家产银两数目折》(乾隆十九年九月二十一日)，见《宫中档乾隆朝奏折》第 9 辑，第 607～610 页。

另选一人验充协办。”①吴尚贤死后，茂隆银厂继续存在，并定例每三年更换课长、协办。自乾隆十七年(1752)至五十年(1785)，先后充任课长者有杨公亮、骆文锦、海中正、熊既成、陶虞臣、刘世衍、顾久等人，先后充任协办者有唐启虞、胡正川、熊既成、邱腾鹤、刘世衍、李渊然、段飞雄、张允良、可占魁等人，详见表 2-1。

表 2-1　茂隆银厂课长与协办

时间	课长(籍贯)	协办(籍贯)	备注
乾隆十一年(1746)至十六年(1751)	吴尚贤(云南石屏州)	无	
乾隆十七年(1752)至十九年(1754)底	杨公亮(云南顺宁府)	唐启虞(湖南衡州府)	乾隆十九年底，唐启虞因病辞退，不愿顶充课长[1]
乾隆二十年(1755)至二十二年(1757)底	骆文锦(云南楚雄府楚雄县)	胡正川(云南府昆明县)	乾隆二十二年底，以胡正川才具平庸，难当重任，亦令撤回[2]
乾隆二十三年(1758)至二十五年(1760)底	海中正(云南府富民县)	熊既成(湖南衡州府衡山县)[3]	
乾隆二十六年(1761)至二十八年(1763)底	熊既成(湖南衡州府衡山县)	邱腾鹤(云南曲靖府南宁县)	乾隆二十八年底，以邱腾鹤才具平庸，难充课长，并令撤回[4]
乾隆二十九年(1764)至三十八年(1773)九月	陶虞臣(云南府昆明县)	刘世衍(云南府富民县)	乾隆三十一年底，以陶虞臣熟谙厂务，又能率练防堵，颇著勤劳，准留办三年。三十四年底，以陶虞臣稽查防范及调剂厂务俱有成效，准再留办三年[5]

① 《云贵总督富纲、云南巡抚刘秉恬奏请留课长暂资办理以裨厂务折》(乾隆四十六年十二月二十四日)，见《宫中档乾隆朝奏折》第 50 辑，第 369～370 页。

续表

时间	课长(籍贯)	协办(籍贯)	备注
乾隆三十八年(1773)九月至四十六年(1781)底	刘世衍(云南府富民县)	李渊然(云南大理府云南县);段飞雄(云南石屏州)	乾隆四十年,协办李渊然病故,以段飞雄顶充。四十一年十二月,课长刘世衍三年期满,因段飞雄试办未久,难充课长,准刘世衍留办三年。四十五年,段飞雄病故,因未能同时选出课长、协办,刘世衍继续留办[6]
乾隆四十六年(1781)底至五十年(1785)九月	刘世衍(云南府富民县);顾久(云南府富民县)	张允良(云南永昌府保山县);可占魁(云南永昌府保山县)	乾隆四十六年底,因新充课长顾久、协办张允良均系生手,准刘世衍留办一年。嗣因顾久未能熟练,仍令刘世衍继续留办。四十九年正月,协办张允良病故,以可占魁顶充。四月,顾久病故,仍准刘世衍留办。五十年九月,因可占魁充任协办未久,诸事生疏,仍令刘世衍留办[7]

注:

[1]《云贵总督硕色、云南巡抚爱必达奏为推荐茂隆厂课长人选折》(乾隆十六年九月初四日),见《宫中档乾隆朝奏折》第1辑,第563～566页;《云贵总督硕色、云南巡抚爱必达奏报矿厂课长三年期满应行更换折》(乾隆二十年正月初十日),见《宫中档乾隆朝奏折》第10辑,第489～491页;军机处录副奏折:《云贵总督硕色、云南巡抚爱必达奏报茂隆矿厂更换课长事》(乾隆二十年正月初十日),档号:03-9982-015,中国第一历史档案馆藏,未刊。

[2]宫中朱批奏折:《云贵总督爱必达、云南巡抚刘藻奏为茂隆银厂课长期满循例更换请以海中正顶充课长熊既成随同协办事》(乾隆二十三年二月二十七日),档号:04-01-12-0089-041。

[3]宫中朱批奏折:《云贵总督爱必达、云南巡抚刘藻奏为茂隆银厂课长期满循例更换请以海中正顶充课长熊既成随同协办事》(乾隆二十三年二月二十七日),档号:04-01-12-

0089-041。

[4]宫中朱批奏折:《云贵总督爱必达、云南巡抚刘藻奏为滇省课长海中正等期满撤回拣选熊既成顶充课长等员缺事》(乾隆二十六年三月十八日),档号:04-01-13-0029-015;《云贵总督吴达善奏为课长三年期满请更换折》(乾隆二十九年三月二十六日),见《宫中档乾隆朝奏折》第21辑,第28~29页;军机处录副奏折:《云贵总督吴达善、云南巡抚刘藻奏为循例更换课长事》(乾隆二十九年三月二十六日),档号:03-0112-001。

[5]宫中朱批奏折:《署理云贵总督彰宝、署理云南巡抚明德奏为滇省茂隆银厂课长陶虞臣、刘世衍期满请留办事》(乾隆三十五年六月初十日),档号:04-01-36-0089-029。

[6]宫中朱批奏折:《署理云贵总督彰宝奏为茂隆厂课长陶虞臣期满循例更换令协办刘世衍顶充课长拣选李渊然接顶协办事》(乾隆三十八年九月二十日),档号:04-01-12-0160-053;军机处录副奏折:《署理云贵总督图思德奏为请留课长以裨厂务事》(乾隆四十一年十二月十二日),档号:03-0161-045;《云贵总督富纲奏请留课长暂资办理以裨厂务折》(乾隆四十六年十二月二十四日),见《宫中档乾隆朝奏折》第50辑,第369~370页。

[7]宫中朱批奏折:《云贵总督富纲奏为暂留茂隆银厂课长刘世衍办理厂务事》(乾隆五十年九月初二日),档号:04-01-36-0093-022。

从表2-1中可以看出,起初课长、协办每三年更换较为正常,后来由于种种原因,课长、协办开始连续任职。如乾隆二十九年(1764)至三十八年(1773)九月,陶虞臣因熟悉厂务及稽查防范有功连续担任课长九年多,刘世衍也因而担任协办九年多。乾隆三十八年(1773)九月刘世衍以协办出任课长,至乾隆四十一年(1776)底本应由协办顶补课长,但新充协办段飞雄试办未久,难以骤充课长,刘世衍留任课长三年。乾隆四十五年(1780),段飞雄病故,一时未能同时选出新任课长、协办,刘世衍继续留办。乾隆四十六年(1781)底,因新充课长顾久、协办张允良均系生手,又准刘世衍留办一年。嗣因顾久未能熟练,仍令刘世衍继续留办。乾隆四十九年(1784)四月,顾久在厂染瘴身故,刘世衍继续留办。乾隆五十年(1785)九月,因可占魁充任协办未久,诸事生疏,仍令刘世衍留办,至此刘世衍已连续担任课长十二年之久。乾隆五十年(1785)九月之后,档案文献中再未找到关于茂隆课长、协办选任顶补的记载。究其原因,乃为茂隆厂已凋敝败落,无税可抽,加之厂众星散,无可管理,已无新选课长、协办之必要。

吴尚贤之后的茂隆银厂,仍然对中缅关系和西南边疆有重要影响。其一,茂隆银厂促进了西南边疆的开发和地方经济社会发展。檀萃在《厂记》中指出:"银币之济中国者,首则滇之各厂,次则粤海花银。滇昔盛时,外有募隆，内有乐马，岁出银不赀。”[①]募隆即茂隆银厂，其每年缴纳税银数千两，又有大量内地民人前往开采，对边疆地区经济社会发展有重要作用。其二，茂隆银厂担负着重要的边防任务。缅甸雍籍牙王朝建立后，频繁骚扰云南边境。乾隆十七年(1752)十一月，雍籍牙军队千余人入扰耿马，并分兵前往茂隆厂。往耿马的一路在回程时被耿马土司罕国楷率土练厂练杀败，进犯茂隆厂的缅兵则被葫芦酋长率厂众杀败。[②] 乾隆二十九年(1764)十二月，雍籍牙军队攻打木邦，为防缅人由木邦渡滚弄江入耿马内地，云贵总督刘藻奏准于滚弄江边七处要地设卡防守，其中茂隆厂邻近之南外下渡，派拨茂隆厂丁50名，所需口粮由银厂自行筹办[③]。不久茂隆厂在南外下渡建炮台一座、卡房十间，摆以木城，每年秋季拨厂丁驻防。因沿江有瘴，俱于秋末赴防，夏初撤回。清缅战争(1765～1769)爆发后，乾隆三十二年(1767)秋，因将军明瑞即将率军进剿缅甸，派拨茂隆厂练120名并葫芦酋长所属之卡瓦练80名防守渡口，比往年数目为多[④]。乾隆三十四年(1769)四月，经略傅恒具奏进剿缅甸事宜，提出访闻茂隆厂一带有善造大炮之人，请将来进兵时，兵弁各带铜铁一斤，遇攻栅时，可随地铸造大炮，用过后，仍熔化携带，乾隆帝准之。[⑤] 可见，在清缅战争爆发前，茂隆厂众曾抗击入侵缅兵。战争爆发后，茂隆银厂一直担负着重要的边防任务，部分茂隆厂工匠还随军发挥过一定作用。

清缅战争结束后，乾隆帝命军机大臣等筹议云南撤兵善后事宜。乾隆三十五年(1770)二月，军机大臣等议奏，猛密大山境内波竜老厂、新厂等处，恐有潜往开挖滋事者，应永行禁止，犯者从重治罪。“至茂隆厂，自葫芦酋长献厂纳贡，相安已久，且距缅远，无庸防禁。惟沙丁丛集，应责厂员造册，按季由府申院，核查收除人数，仍令沿边各土司，禁内地厂民越江偷渡”[⑥]是为准许茂隆银厂继续开采，但强调对厂众严格造册管理，并禁厂民偷渡出境。

---

① (清)檀萃:《厂记》，见(清)师范纂《滇系》第20册《艺文四》，第84页。

② 《明清史料》庚编第七本，第605页。

③ 《清高宗实录》卷七二五，乾隆二十九年十二月是月，第17册，第1091～1092页。

④ 军机处录副奏折:《云南巡抚鄂宁覆奏茂隆厂每年拨派砂丁情形并绘图恭呈事》(乾隆三十三年正月二十一日)，档号:03-0464-045。按:关于清缅战争，详见下一章讨论。

⑤ 《清高宗实录》卷八三二，乾隆三十四年四月己未，第19册，第94～95页。

⑥ 《清高宗实录》卷八五一，乾隆三十五年正月丁未，第19册，第402页;《乾隆朝上谕档》第6册，第33页。

此后茂隆银厂对中缅关系的影响逐渐衰微[①]。

虽然清廷准许茂隆银厂继续存在，但茂隆银厂还是同其他很多滇边矿厂一样，在经历一段时期繁荣后逐渐走向衰弱，“初采之时出矿丰旺，年解课银六千数百两至八千余两不等”。[②] 乾隆十二年（1747）正月，葫芦酋长蚌筑曾派员感谢张允随发还应赏酋长课银 1679 两零，及应发还厂民减半课银 3359 两零[③]，说明乾隆十一年课银为 6700 余两。茂隆厂课银初期“俱由永昌府转解司库，报部充饷”[④]，乾隆四十二年（1777），经云贵总督李侍尧奏请，银厂税务改归保山县管办，但此时茂隆厂已经“获矿渐微，抽课递减”。乾隆四十九年（1784），茂隆厂仅报解课银 705.452 两。自乾隆五十年（1785）至五十四年（1789），“课银并无分厘报解”，为此保山县以“开采年久，硐老山空，矿砂无出”为由，禀请封闭茂隆银厂。但云贵总督富纲不准，下令设法调剂丁夫开采，希望银厂转衰为旺，又令保山县将课银照乾隆四十九年（1784）报解数目按年赔缴。然而，茂隆银厂终无起色，“夫散丁逃”。至嘉庆五年（1800），云贵总督书麟以“矿砂衰竭，无课抽收”，奏请将茂隆银厂“准其封闭”，并将嘉庆四年（1799）课银 705.452 两“免其着赔”，嘉庆帝准之。[⑤] 至此茂隆银厂永久关闭。

---

① 杨煜达撰文认为，乾隆四十二年（1777）曾有莽冷厂众将来犯之缅军打得大败的事件，莽冷厂即茂隆厂（见杨煜达《清代中期滇边银矿的矿民集团与边疆秩序——以茂隆银厂吴尚贤为中心》，《中国边疆史地研究》2008 年第 4 期）。但此说为一家之言。方国瑜先生开始认为莽冷即为茂隆，后来又认为莽冷应为孟伦，和茂隆无涉（见方国瑜《云南史料目录概说》，第 535 页）。尤中先生亦认为莽冷即孟伦，并认为此地在乾隆中叶后即脱离了中国的管辖（见尤中《中国西南边疆变迁史》，昆明：云南教育出版社 1987 年版，第 266 页）。此事留待进一步考证。

② 宫中朱批奏折：《云贵总督书麟奏为滇省茂隆银厂矿砂衰竭无课抽收封闭事》（嘉庆五年五月二十四日），档号：04-01-36-0095-008。

③ 《张允随奏稿》乾隆十二年三月初十日奏折，见《云南史料丛刊》第 8 卷，第 703～704 页。

④ 《张允随奏稿》乾隆十五年正月二十四日奏折，见《云南史料丛刊》第 8 卷，第 766 页。

⑤ 宫中朱批奏折：《云贵总督书麟奏为滇省茂隆银厂矿砂衰竭无课抽收封闭事》（嘉庆五年五月二十四日），档号：04-01-36-0095-008。

第三章　乾隆中期与缅甸雍籍牙王朝的战争

由于缅甸雍籍牙王朝对外实行军事扩张政策，频繁滋扰云南边境，乾隆三十年(1765)十一月开始，清朝与雍籍牙王朝进行了历时四年的战争。战争期间，清军先是反击入侵缅军，后又三次入缅作战。乾隆三十四年(1769)十一月，清缅双方在缅甸老官屯签订停战协议，战争宣告结束。乾隆朝中缅战争是清朝与缅甸进行的唯一一场大规模战争，战争对清朝消弭边患、稳定西南边疆具有重要作用。

第一节　雍籍牙王朝扩张与清缅战争爆发

1752年雍籍牙王朝建立后，实行军事扩张政策，连年对外征战。1753年至1757年，雍籍牙王朝军队先后占领阿瓦、卑谬、大光(改名仰光)、沙廉、白古，除阿拉干外，基本完成缅甸统一。1755年和1758年，雍籍牙两次派军远征曼尼坡。1759年，又对暹罗发动战争。此时的暹罗正值阿瑜陀耶王朝(1350～1767)时期，暹军据守都城阿瑜陀耶，雍籍牙军队久攻不下，被迫撤退。1760年5月，雍籍牙病卒，长子莽纪觉嗣位(1760～1763在位)。逾三载，莽纪觉殁，其弟孟驳继位(又译懵驳、猛驳，1763～1776在位，亦称辛骠信)。孟驳继位第二年，又发动征暹战争。1766年2月，缅军兵临阿瑜陀耶城下。1767年4月，阿瑜陀耶城破，阿瑜陀耶王朝遂亡。就在孟驳征暹战争同时，清朝与缅甸之间爆发了历时四年的战争。

关于清缅战争爆发的起因，中外学者观点不一。缅甸学者波巴信认为："战争是在中国受势力强大的清朝皇帝统治期间发生的。满洲人在亚洲中部取得了胜利以后，就很自然地又想向亚洲南部再度取得胜利。当他们力量强大正在野心勃勃企图扩张势力的时候,缅甸北部掸邦境内的有些土司在和中国人合作后,就产生了要求摆脱缅甸人统治的心理。这时,在景栋的中国商人,由于向缅甸人索取债款事发生案件,有一中国人被杀。此外,据说有一位中国商人欲在八莫附近太平江上建筑浮桥,由于被人怀疑押送至阿瓦,追获释归来,他的商品都已丢失,因此又和缅甸人发生口角。由于这些原因,中国军队就于公元 1765 年向缅甸进攻。”[①]另一位缅甸历史学者貌丁昂提出:“中国人一直在寻找借口进攻缅甸。一次,居住在景栋的中国人和缅人酒后发生争吵,一个中国人被杀。土司和缅甸当局向被害的中国人的家属作了赔偿,逮捕并且惩罚了凶手。但是云南总督要求把凶手引渡给他,实际上当然是要承认中国对景栋的宗主权。缅甸当局和土司自然拒绝了。于是,云南总督就在 1765 年率领大军侵入景栋。辛骠信(按:即缅王孟驳)早就安排了一支预备军队应付掸人国家出现的不测之变,这时他就调这支军队前去迎击中国入侵。”[②]可见,缅甸学者的观点是,清朝向东南亚扩张是战争爆发的根本原因,中缅边境一系列冲突事件则是战争爆发的直接原因。

缅甸曾长期为英国所占据,英国学者的缅甸史研究较为深入。早在 1837 年,英国驻缅公使伯尼(Burney)就根据缅甸宫廷史料提出,清缅战争爆发是边境地区一系列冲突事件未及时解决的结果:首先是有华商“老李”(LÔLI')运载大批货物来到缅甸八莫,他向八莫官员请求在太平江上架桥以过江,八莫官员认为此事须向阿瓦请示。该华商辱骂八莫官员,结果被逮捕押送阿瓦。后来该华商被释回八莫,却发现被扣押的货物有丢失和损毁,遂要求赔偿。八莫官员答复,货物系由商人随从自行看管,地方官概不负责。该华商回至云南后,向中国官员抱怨此事。与此同时,在缅甸景栋有缅人购买中国商队货物后拒付货款造成冲突,一名中国人被杀,商队首领要求将杀人嫌犯依照中国法律审判,缅方官员则认为应按缅甸习惯罚款抵罪。商队回至云南后,也向中国官员报告此事。另外,云贵总督还不满于曾在中国避难的蛮暮、木邦、景栋三土司重回缅甸,遂将上述事件上奏皇帝,请求发兵。于是,中国皇帝派军进攻景栋,缅王闻讯,也向景栋派出军队,战争由此爆

① 〔缅〕波巴信:《缅甸史》,第 126～127 页。

② 〔缅〕貌丁昂:《缅甸史》,第 153 页。

发。[①] 另一位曾在缅甸任职居留20多年的英国学者哈威也受到缅甸史料的影响，但他的观点比伯尼有所发展，认为除了边境地区一系列冲突事件外，雍籍牙王朝向云南边境土司索取贡物也是战争爆发的原因之一："云南边境土司，今已绝贡，缅廷发兵征之。土司中有亡走云南者，而景东（按：应为景栋）土司受流浪无依之桂家唆使，骚扰其境。中国方面且不满于缅吏之虐待华商，有华商马队欲在八莫筑浮桥，迟未获准，乃詈缅吏，吏搏之，寻获释而马已无存。景东境内，则有华人因索款被杀，缅吏允予恤金，且扬言将杀凶手，惟不予引渡，华方则坚持成见，不愿让步。"[②]另外，曾在缅甸长期从事东南亚史教学研究工作的英国学者霍尔则认为，清缅战争是雍籍牙王朝军队对北方地区采取军事行动和索取贡物造成的："缅甸人对清迈和万象的入侵引起了如此不稳定的局面，以致缅甸人在1765年派出一位将军向一些较小的萨尔温邦征收贡献时，这些邦便向中国投诉……战争从1767年（按：应为1765）由云南总督指挥的对景栋发动惩罚性征伐开始。"[③]显然，英国学者的观点较多受到缅甸史料的影响。

日本学者铃木中正的观点受到英国学者的影响。他提出，清缅战争的爆发主要是因为新兴的雍籍牙王朝向滇缅边境各土司要求恢复东吁王朝时期的贡物，边境土司向清朝求助而造成的："作为缅甸王朝更迭的余波，从缅甸北部逃往云南的流亡集团为数甚多，故云南官府视缅甸王朝为制造麻烦的根源而加以警惕，并加强了边界的防务。但这并未构成清缅战争的主要原因。战争的直接原因是由于新兴的缅甸王朝要求云南西南部各掸族小邦领主（土司）重新向新王朝交纳在王朝更迭混乱期间中止的贡物。云南官府一面承认这一惯例。如单方面拒绝，这是不合理的。但作为当事人的小邦领主仍期待清廷官府的支持，拒绝缅甸的要求。缅甸则企图让传达这一要求的使者凭借武力来达到目的。当事人视此为威胁性的强夺行为，进一步要求清廷以武力支援，清廷视缅甸人为骚扰边境的不逞之徒，认为非进攻缅甸的政权中心，则不足以惩戒，这就导致了清缅战争的爆发。"[④]从铃木先生

---

① Henry Burney, "Some Account of the Wars between Burmah and China, Together with the Journals and Routes of Three Different Embassies Sent to Pekin by the King of Ava; Taken from Burmese Documents", in *The Journal of the Asiatic Society of Bengal*, 1837, vol.62, pp.128-130.

② 〔英〕戈·埃·哈威：《缅甸史》，第448～449页。

③ 〔英〕D.G.E.霍尔：《东南亚史》，中山大学东南亚历史研究所译，北京：商务印书馆1982年版，第493页。

④ 〔日〕铃木中正：《清缅关系（1766～1790年）》，见《中外关系史译丛》第1辑，第78页。

文章的论据资料看，其受英国人伯尼相关译述影响较大。

中国学者的观点也不统一。如庄吉发针对缅甸学者的观点提出："清高宗当不至于因一商贾细民而兴问罪之师，其主要原因是由于缅甸频年滋扰云南边境所致。"[①]黄祖文的《中缅边境之役，1766～1769》一书在评述中外学者不同观点的基础上提出，雍籍牙父子的对外军事扩张政策"不仅已经导致中缅边境不断发生武装冲突，而且必将进一步扩大成为战争，这才是中缅边境之役的真正起因"[②]。余定邦在《中缅关系史》一书中也评述了中外学者关于清缅战争爆发原因的不同观点，认为是雍籍牙王朝的对外扩张政策导致了战争的爆发："从 1762 年开始，它的扩张触角伸到了云南边境，导致在乾隆年间爆发一场规模较大、延续时间较长的中缅战争。"[③]另外，杨煜达和杨慧芳认为，清缅战争的爆发主要是缅甸向中缅边境土司索取贡物"花马礼"引起的："雍籍牙王朝兴起后，经过多年的战争，荡平了南部孟族和北部掸邦诸土司的反抗。其为恢复东吁王朝时期的花马礼，开始骚扰中国边境土司……在这种情况下，为维护边疆的稳定和领土的完整，清王朝面临的只有一个选择——直接派兵反击，从而引发了乾隆朝中缅之间持续四年的大规模军事冲突。"[④]遗憾的是，虽然中国学者多认为清缅战争是缅甸雍籍牙王朝势力频繁滋扰云南边境引起的，但对于滋扰具体情况的分析并不充分。

那么，引起清缅战争的真正原因是什么？从乾隆初期对缅甸政权更迭及内战的态度看，清朝采取的是安边守疆、不干涉缅国内政的政策，不会因为个别商贾纠纷而发动一场战争。在清代中文档案文献中也找不到滇缅边境发生商贸纠纷及清政府因此出兵的记载。事实上，清缅战争是雍籍牙王朝向北方扩张导致的缅甸势力频繁滋扰云南边境引起的。乾隆二十三年(1758)，雍籍牙军队攻占木邦，从此缅甸势力开始不断骚扰云南边境，这是清朝派兵反击并进剿缅甸的主要原因。对此，在清军将领的言论中可以找到明证。清缅战争进行中，缅人曾就战争起因问题讯问扣押的清军信使苏尔相等，苏尔相等回答，因各处土司说"缅甸兴兵争战，报知云南总督，奏闻

① 庄吉发：《清高宗十全武功研究》，第 284 页。

② 黄祖文：《中缅边境之役，1766～1769》，新加坡南洋学会 2000 年版，第 17 页。

③ 余定邦：《中缅关系史》，第 114 页。

④ 杨煜达、杨慧芳：《花马礼：16～19 世纪中缅边界的主权之争》，《中国边疆史地研究》2004 年第 6 期。

大皇帝,才调兵来打仗”[1]。清缅战争结束时,中缅双方将领进行议和谈判,缅方代表问清军代表哈国兴:“不知我们阿瓦如何得罪天朝,以致天朝年年打发兵来杀我们,实不解是何缘故?”哈国兴回答说:“(乾隆)三十年你们的白鼎扎滋扰我们的盏达、陇川等处,这是你们不知好歹,无故到我们地方滋扰我们,天朝大皇帝因此年年打发兵来问罪。”[2]可见,在清朝方面看来,缅甸势力骚扰云南边境是清缅战争爆发的主要原因。需要指出的是,缅甸势力骚扰云南边境的情况比较复杂,可以分为三种类型。

第一种,反雍籍牙王朝势力逃入云南,典型的是桂家宫里雁案。桂家集团曾久据滇缅边境的波竜银厂采银,乾隆二十三年(1758),雍籍牙王朝军队攻陷木邦,随之寇劫波竜银厂。桂家集团首领宫里雁率部与雍籍牙军队作战,后战败开始流亡。乾隆二十七年(1762)正月,宫里雁等被缅军追杀,逃至耿马。五月,又至孟连。[3] 孟连土司刀派春派人招降,宫里雁犹豫不决,先令其妻攮占及头目撒拉剁率众归投,自带妾婢仆从暂驻石牛。刀派春将宫里雁随带之猛密各户 300 余人安插于猛朗等处,其余亲随各户 1300 余人带入孟连安插。由于刀派春恣意勒取桂家所有之牲畜和珍宝器物,并令挑送幼童、少女各 20 名,引起怨恨。闰五月十四日,撒拉剁纠众焚杀刀派春全家,然后与攮占逃逸。[4] 刀派春一家 26 人被杀,仅应袭刀派先及刀派春妾二人侥幸逃脱。攮占、撒拉剁等逃至猛养等处,刀派春族兄刀派英率土练追剿,攮 占、撒拉剁大败,逃窜无踪。对于刀派春全家被杀之事,宫里雁其实并不知情。[5] 七月,耿马、猛猛两土司在石牛拿获宫里雁及其妾婢九人。[6] 十月,军机大臣等就宫里雁案提出三点处理意见:其一,宫里雁虽不知焚杀情事,但其当食尽势穷之时,先令妻属诡计归附,以致撒拉剁起意纠众焚杀刀派春全家,宫里雁应照苗人聚众至百人以上烧村劫杀为首例,拟斩立决,传

---

① 军机处满文录副奏折:《副将军阿里衮奏将缅甸乞降文书译为满汉文恭呈御览折》(乾隆三十三年四月十三日),档号:03-0183-2298-036。

② 《乾隆朝上谕档》第 6 册,第 546 条,第 245~246 页。

③ (清)昭梿:《啸亭杂录》,第 117~118 页;(清)佚名:《绥缅纪事》,见国家图书馆编《清代边疆史料抄稿本汇编》第 36 册,第 174 页。

④ 军机处录副奏折:《云贵总督吴达善奏报审拟归降缅人纠众焚毁抢掳财物一案事》(乾隆二十七年九月),档号:03-1295-029。

⑤ (清)昭梿:《啸亭杂录》,第 118~119 页;(清)佚名:《绥缅纪事》,见国家图书馆编《清代边疆史料抄稿本汇编》第 36 册,第 175~176 页。

⑥ 《清高宗实录》卷六六七,乾隆二十七年七月是月,第 17 册,第 463 页。

首沿边示众；其二，在逃之撒拉剁、攮占等，实为此案罪魁祸首，应严饬缅甸缉获另办；其三，刀派春之子刀派先尚未成年，应照内地土司之例，择本族土舍照管，成年后饬令掌管地方。乾隆帝皆从之。① 这样，由于宫里雁案得到及时处置，没有引起中缅双方大的军事冲突。

第二种，雍籍牙王朝军队向边境土司索取贡物而进入云南，典型发生在耿马和车里。王昶《征缅纪略》载："自永昌迤逦而东为顺宁，又东为普洱，其边袤亘盖二千余里。永昌之盏达、陇川、猛卯、芒市、遮放，顺宁之孟定、孟连、耿马，普洱之车里数土司外，又有波竜、养子、野人、根都、佧佤、濮夷错杂而居，非缅类，然多役于缅。土司亦稍致馈遗，谓之'花马礼'，由来久矣。暨缅人内讧，礼遂废。瓮藉牙父子欲复其旧，诸土司弗应，乃遣兵扰其地。"②也就是说，东吁王朝时期，滇缅边境土司多向缅甸王室缴纳贡物——花马礼。后来东吁王朝覆灭，花马礼也不再缴送。雍籍牙王朝兴起后，为恢复东吁王朝时期的贡物，开始派兵骚扰边境土司。乾隆二十七年(1762)十一月，缅人"到耿马催取屡年贡项"，并分兵前往茂隆厂。往耿马的一路至耿马时，适逢土司罕国楷在募乃办理刀派春全家被宫里雁党从焚杀事宜，缅军寻人不着，遂将土司衙署和民房烧毁。罕国楷闻讯，立即调集土练，并发石牛子厂之厂练，在缅军归路截杀，大败缅军，杀缅军将领普拉布。同时，进犯茂隆厂的缅

---

① 《乾隆朝上谕档》第4册，第61条，第23～25页；《清高宗实录》卷六七二，乾隆二十七年十月癸巳，第17册，第509页。关于桂家宫里雁案，(清)师范纂《滇系》第12册《典故四》(第44页)记载略有差异："(乾隆)二十七年，宫里雁为所追，率其下谋内附，驻孟连。孟连土司刀派春苛索之，宫里雁不受土司约束。会石牛厂周彦青相招，宫里雁念妻妾不相能，乃置其妻囊占及男妇千余人于孟连，而挈其妾并奴婢六人赴厂。宫里雁既去，刀派春乃分散其人于各寨，而置囊占及二女于城中。囊占知入牢笼，潜语其人，但望城中火来接应耳。已而，派春索其畜产，即与之。索其次女，即与之。索其长女，即与之。乃索囊占，囊占怒，乘夜进其家，手刃三十余口。遂纵火，其徒见火光尽集，偕撒拉朵等奔孟养，遂归缅甸。而宫里雁实不之知也。而永昌守杨重谷闻变，欲以宫里雁为功，乃诇周某好诓之。周某始以好意请为护厂，后迫于本府，因卖友。宫里雁将行，妾卜之不吉，劝毋往，不听，因泣而从之。至永昌，至省，不敢轻动也。狱已具，杀之于省城。以其妾婢六人及阿占、阿九付功臣家，妾亦死之。而缅祸自此起矣。"宫里雁死后，乾隆三十八年(1773)，有桂家族属47户463人，由头人叭立斋率领，请求内附。云贵总督彰宝将其安插于楚雄府城，将城内裁汰楚姚协营员衙署五所，共房113间，拨给居住；其应支口粮，有景东厅置买土司庄田123顷21亩，每年租息银1592两；又赏给衣履银，大口2两，小口减半。参见《清高宗实录》卷九三五，乾隆三十八年五月己卯，卷九四〇，乾隆三十八年八月庚子，第20册，第585～586、708页；宫中朱批奏折：《署理云贵总督彰宝奏为筹拨桂家夷民房屋及发给口粮等项事》(乾隆三十八年八月二十五日)，档号：04-01-30-0129-001。

② (清)王昶：《征缅纪略》，第2页。按：花马礼，即花银和马匹，是每年给缅甸王室缴送一定数量的以银和马匹为代表的礼物。

兵亦被葫芦酋长率厂练杀败。[①] 是年冬，缅甸又派人向车里土司索贡，未遂[②]。乾隆二十八年(1763)十一月，缅人又称普洱之十三版纳原属缅甸，遣头目播定鲊寄信于车里宣慰司，索取贡物，并派兵至打乐隘口。猛遮拨练防御，缅兵遂犯猛笼。猛笼不能御，土弁刀乃占等被害。普洱镇总兵刘德成领兵至思茅，遣兵前赴九龙江。次年春，缅兵始退。[③] 乾隆二十九年(1764)九月，因整卖土人未赴缅输纳钱粮，缅人派练兵 800 名前往剿服，后又调此 800 名侵伐南掌，时只有 500 名前往，其余 300 名未行。播定鲊率领该300 练兵，将缅属之整控、整谦等八处村寨压降。时有整控土人阿温、波半胁从归附，放为小头目，各管练兵 10 名，随同播定鲊于乾隆三十年(1765)四五月间进入车里土司境内，抢索银米，掳掠土民，并将土司所遣探信之扎乃占、拉鲊准父子二人掳去，令其引路。扎乃占父子听从，引入磨竜，索银 330 两。六月，缅兵退出车里。七月，播定鲊复领 300 缅兵侵入猛腊。普洱镇府暨镇沅府选调土目土练前往剿逐，播定鲊等闻信撤退[④]。八月，缅人又"令木邦官与耿马索要旧规，若不与，就要过江来袭"[⑤]。可见，自乾隆二十七年(1762)后，雍籍牙王朝军队为向边境土司索取贡物，频繁滋扰云南边境，引发多次小规模军事冲突。

第三种，边境土司因内部权力斗争而勾结缅兵进入云南，典型的是召散案。乾隆三十年(1765)十月，缅属孟艮土司召孟容(又作猛孟容)之堂侄召散，与召孟容父子不和，召散将姐妹嫁与缅人召猛烈，联合缅兵将召孟容拿去，占据孟艮，并追杀召孟容之子召丙。召丙先走南掌，后逃入清朝边内十三版纳之猛遮。为追逐召丙，召猛烈勾结整欠头领素领散撰等，侵入九龙

---

① 《明清史料》庚编第七本，第 605 页；《云贵总督吴达善奏报耿马土司追剿抢掳不法之贼夷折》(乾隆二十八年正月初九日)，见《宫中档乾隆朝奏折》第 16 辑，第 546～547 页。

② 《云贵总督吴达善奏报贼夷窥扰边界拨练防堵敉宁折》(乾隆二十九年二月十九日)，见《宫中档乾隆朝奏折》第 20 辑，第 594～596 页。

③ (清)昭梿：《啸亭杂录》，第 120 页；《云贵总督吴达善奏报贼夷窥扰边界拨练防堵敉宁折》(乾隆二十九年二月十九日)，见《宫中档乾隆朝奏折》第 20 辑，第 594～596 页。按：据《清高宗实录》卷八一一，乾隆三十三年五月甲辰(第 18 册，第 958 页)，普洱所属有普藤、六困、整董、猛旺、乌得、猛乌、猛腊、猛阿、猛遮、倚邦、易武、猛笼，是为十二土司，加上车里宣慰司，为十三版纳。

④ 《明清史料》庚编第七本，第 606～607 页；《云贵总督刘藻奏为剿获莽匪审拟具奏折》(乾隆三十年九月十六日)，见《宫中档乾隆朝奏折》第 26 辑，第 100～105 页。

⑤ 《云贵总督刘藻奏为木匪窥伺土境防守无虞折》(乾隆三十年十二月初九日)，见《宫中档乾隆朝奏折》第 26 辑，第 838 页。

江、橄榄坝一带，车里土司遁去，缅人据其城[①]。在清朝人看来，召散案是清缅战争的直接起因。乾隆帝曾指出："孟艮土司猛孟容之堂侄召散，与猛孟容父子不协，召散遂勾引莽子，将猛孟容拿去，并欲追杀召丙，是莽匪滋衅之由，召散实为祸首。"[②]云贵总督杨应琚也提出："莽子一种，素出为匪，潜入土司境内……皆因孟艮应袭土司召丙之堂兄召散谋夺其地，勾结莽子打破孟艮，召丙逃至南掌国，后又至内地土司猛遮藏匿。"[③]

面对缅甸势力入扰，云南地方政府起初仍然延续雍正时期以来的安边守疆政策，强调"持重不生边衅"，"仅批拨兵防御，不令与贼对垒"。乾隆二十八年(1763)底缅人入扰车里时，总兵刘德成曾会商普洱知府，请云贵总督吴达善添派官兵前往剿逐，吴达善未予准许[④]。乾隆二十九年(1764)十二月，为防雍籍牙王朝军队由木邦渡滚弄江入耿马内地，云贵总督刘藻奏请加强滚弄江防守："查滚弄江边，有镇康所属之喳里上渡、耿马相近之滚弄中渡、茂隆邻近之南外下渡、孟定所属之南捧河口，及芒市所属之三台山、遮放所属之蛮坎箐、猛卯所属之底麻河等七处，最为紧要，应设卡常川防守。所需土练，即在分隶各土司地方，就近派拨。"乾隆帝允准此奏。于是，在喳里上渡拨镇康练兵 50 名，滚弄中渡拨耿马练兵 150 名，南外下渡拨茂隆厂壮丁 50 名，南捧河口拨孟定练兵 30 名，三台山拨芒市练兵 50 名，蛮坎箐拨遮放练兵 60 名，底麻河拨猛卯练兵 60 名，"每处令各该土司另选明白干练一人立为头目，督率巡防。每年分委猛猛土巡检、南甸安抚土司就近查察，并于各隘建造炮台及哨楼卡房……每年九月十五日秋末拨防起，至次年三月十五日瘴盛止"[⑤]。可见，对于初期的缅人入扰云南，清朝政府只是强调加强防御，并未采取大的军事行动。

然而，缅甸势力入扰云南日益频繁。乾隆三十年十一月初十日(1765 年 12 月 21 日)，云贵总督刘藻接到普洱镇总兵刘德成、署普洱府知府达成阿关

---

① (清)昭梿:《啸亭杂录》，第 121 页。另(清)王昶《征缅纪略》(第 2 页)载:"孟艮本缅属，距普洱千余里。土司召孟容与弟召孟必不相能，召孟必之子召散谮召孟容于缅，缅人执之。其子召丙走南掌，寻入居于十三版纳之猛遮。召散因令素领散听、素领散撰、素领散党、阿乌弄等犯打乐，分侵九龙江、橄榄坝，车里土司遁去，贼人据其城。"

② 《清高宗实录》卷七五五，乾隆三十一年二月壬戌，第 18 册，第 315 页。

③ 《清高宗实录》卷七五七，乾隆三十一年三月己丑，第 18 册，第 336 页。

④ 《清高宗实录》卷七五八，乾隆三十一年四月甲寅，第 18 册，第 353 页。

⑤ 《清高宗实录》卷七二五，乾隆二十九年十二月是月，第 17 册，第 1091～1092 页；军机处录副奏折:《云贵总督刘藻奏报拨练防江事宜事》(乾隆二十九年十二月十六日)，档号:03-0464-001。

于缅军入侵车里的急报:“据车里土司刀绍文禀报,莽匪率众数千于十月二十五日窜入猛捧,焚掠猛腊,且分路而进,势甚猖獗。”刘藻当即飞饬刘德成、达成阿调集土练全力攻剿,并令迤东道甘广、镇沅府知府龚士模前往相机筹办,又派督标游击明浩前往会商攻剿之方。[①] 刘藻调兵剿逐入境缅军,标志着清缅战争的正式爆发。

综上所述,雍籍牙王朝向北方扩张导致的缅甸势力频繁入扰云南是清缅战争爆发的根本原因,缅甸势力入扰云南又包括反雍籍牙势力逃入云南、雍籍牙王朝军队向边境土司索取贡物而进入云南、边境土司因内部权力斗争而勾结缅兵进入云南三种情况,其中第三种情况中的召散案为战争爆发的直接起因。

第二节　刘藻统兵时期

清缅战争历时四年,以清朝统兵者不同,可分为四个阶段,首先为刘藻统兵阶段。刘藻(1701～1766),字素存,山东菏泽人,初名玉麟,乾隆元年(1736)荐举博学鸿词,试一等,授翰林院检讨,更名刘藻。乾隆二十二年(1757),以湖北布政使擢云南巡抚,加太子少保,兼领贵州巡抚。乾隆二十九年(1764)六月,云贵总督吴达善调补湖广总督,刘藻补授云贵总督。[②]

乾隆三十年(1765)十一月初十日,刘藻调兵剿逐入境缅军,清缅战争正式爆发。当时云南提督达启正巡阅至普洱,刘藻飞札令其暂驻普洱,达启派土弁带练兵1000名前往剿逐。二十五、二十六日,达启与各镇府先后禀报刘藻,“莽匪”已由猛腊闯入小猛卷、补角、补竜等处,肆意焚掠,前次派遣土练已不能抵御。刘藻闻报,立即加调普洱附近元江、临安二府所属土练各1000名往援。随又据报,“莽匪”窜入易武土司地方,逼近思茅,达启以思茅境内防守兵力不足,就近调拨元江营兵300名前往协防。二十七日,刘藻又接提镇道府等各札禀,“莽匪”渐逼内地,各处土练望风逃散,若非加以兵威,骤难捕灭。因普洱镇兵只有千余,除分防各处要隘外,存城无几,刘藻令参将何琼诏带领督抚两标及城守营兵共600名前赴普洱,又调临元、曲寻、楚

① 《云贵总督刘藻、云南巡抚常钧奏报办理剿攻普洱府境内莽匪折》(乾隆三十年十一月二十九日),见《宫中档乾隆朝奏折》第26辑,第740～742页;军机处录副奏折:《云贵总督刘藻、云南巡抚常钧奏报进剿莽匪情形事》(乾隆三十年十一月二十九日),档号:03-1398-022。

② 参见《清史稿》卷三二七《刘藻传》,第36册,第10883～10884页。

姚等镇协营兵2000余名陆续进发。二十八日，刘藻起程前往普洱，会同达启督率官兵分路进剿。[①]

十二月十九日，乾隆帝接到刘藻关于调兵剿逐入境缅军的奏报，立即下谕："此等丑类，野性难驯，敢于扰害边境，非大加惩创，无以警凶顽而申国法。刘藻等既经调兵进剿，必当穷力追擒，捣其巢穴，务使根株尽绝，边徼肃清。恐刘藻拘于书生之见，意存姑息，仅以驱逐出境，畏威逃窜，遂尔苟且了事。不知匪徒冥顽不灵，乘衅生事，视以为常。前此阿温、波半、扎乃占一案，未尝不重治其罪，甫经半载，仍敢怙恶不悛，即其屡扰边界，已属罪无可逭。此次若复稍存宽纵，难保其不再干犯。养痈贻患之说，尤不可不深以为戒。着将此传谕刘藻知之。"[②]乾隆帝谕令刘藻彻底剿逐入境缅军，标志着战争的升级。为解决军费和军粮问题，刘藻与巡抚常钧奏请"加炉鼓铸，于三十一年正月起，省局添炉五座，加铸十卯"，除去各项杂费、工本银外，可"获余息银八千三百余两，以备防边之用"；至于军粮，因普洱厅县仓米不敷支放，请拨元江、新平等府县仓米接济。对于刘藻和常钧的建议，乾隆帝表示同意。[③]

这次缅兵滋扰内地，系分三路而来，一路由猛笼滋扰九龙江，一路由猛捧、猛腊窜伏橄榄坝，另整控江一带亦有缅兵出现。清军由普洱镇总兵刘德成率领，于十二月十九、二十日由小猛养分两路前进，一路往九龙江，一路往橄榄坝。对于整控江之缅兵，则令何琼诏、明浩由思茅一路领兵驻扎整控江内，俟剿毕九龙江一带缅兵，抄杀猛遮等处，再令过江夹攻[④]。时九龙江、橄榄坝两路清军连战获胜，乘胜夺回车里宣慰土城，然缅兵未肯即退。另何琼诏、明浩一路，因闻猛阿被攻，遂与守备杨坤率兵渡江，并将兵器捆载行装，将弁等徒手散行，甫行数里，缅兵冲出，清军溃败，明浩受伤，何琼诏等不知下落。前方战败，刘藻以何琼诏等不遵军令，妄图邀功，轻进致败，何琼诏阵亡上奏。乾隆三十一年(1766)正月十六日，乾隆帝得刘藻奏报，立即批示："此事似不可中止、小小惩创了事，莫若大举以靖其源，或俟兵威齐集，再行进发亦可。"考虑到刘藻系文官，乾隆帝令其"居中调度，审机宜而彰赏罚"，

---

① 《云贵总督刘藻、云南巡抚常钧奏报办理剿攻普洱府境内莽匪折》(乾隆三十年十一月二十九日)，见《宫中档乾隆朝奏折》第26辑，第740～742页；军机处录副奏折：《云贵总督刘藻、云南巡抚常钧奏报进剿莽匪情形事》(乾隆三十年十一月二十九日)，档号：03-1398-022。

② 《乾隆朝上谕档》第4册，第2224条，第783页；《清高宗实录》卷七五一，乾隆三十年十二月庚申，第18册，第263～264页。

③ 《清高宗实录》卷七五一，乾隆三十年十二月是月，第18册，第270～271页。

④ 《明清史料》庚编第七本，第614～615页。

至攻战之事，则“督催达启奋勇为之”[①]。同日，乾隆帝又秘密下旨，以熟悉军务之陕甘总督杨应琚调补云贵总督，湖广总督吴达善调补陕甘总督，刘藻调补湖广总督，并令此旨不必颁发，俟杨应琚到云南后，再行一一交代。[②]

刘藻奏报何琼诏等阵亡，但何琼诏等陆续回营，刘藻复行参奏将何琼诏、明浩等审拟治罪。二月初二日，乾隆帝接到刘藻奏报，以刘藻审理何琼诏一案“情节甚属含糊纰缪”，且“所讯供词，于紧要情节全未问及”，下谕将刘藻降补湖北巡抚，与达启一并交部议处，因杨应琚未到云南，刘藻、达启仍须实力整顿，毋稍姑息。[③] 至何琼诏、明浩、杨坤三人，俱令处斩，以正典刑[④]。此时，刘藻正加调官兵分路攻防：整控江派兵 1200 名，习本江派兵 200 名，小黑江派兵 100 名，小猛养、普藤派兵 100 名，思茅派兵 200 名驻防；其余兵丁、沙练 4100 名，一并派交刘德成，令其于九龙江各处分拨，俟兵练到齐之后，彼此知会，两路夹攻；另整控江一路，则飞调楚姚镇总兵华封驰赴筹划，会合进攻。至此，各地总计调来官兵 7670 名、土练 1000 名。[⑤] 二月初七日，常钧参奏刘藻调兵不合定例、靡费军饷：“刘藻调取各镇协营官兵，有调至中途停止撤回者，或初调赴此处，中途改赴彼处，更有已改赴彼处，复有仍令赴此处，并再撤回者。”乾隆帝闻奏下谕，此项枉费银粮，即令刘藻赔补。[⑥]

二月十一日、十八日和二十二日，乾隆帝三次接到刘藻关于剿逐缅兵的奏报，以刘藻种种办理不善，三次降旨叱责[⑦]。在十八日颁发的谕旨中，乾隆帝命传谕刘藻，现在对于进剿军务，必须实心经理，不可稍怀畏惧，贻误事机，否则即是自取罪戾。[⑧] 在二十二日收到的奏折中，刘藻有“轸念瘴乡，整兵稍待，再图大举”等语，乾隆帝怒斥其“大谬”，令其在杨应琚未到之前，“仍

---

① 《清高宗实录》卷七五三，乾隆三十一年正月丙戌，第 18 册，第 281～283 页。

② 《乾隆朝上谕档》第 4 册，第 2258 条，第 801～802 页；《清高宗实录》卷七五三，乾隆三十一年正月丙戌，第 18 册，第 283～284 页。

③ 《乾隆朝上谕档》第 4 册，第 2299 条，第 814～815 页；《清高宗实录》卷七五四，乾隆三十一年二月壬寅，第 18 册，第 294～295 页。

④ 《明清史料》庚编第七本，第 610 页。

⑤ 《明清史料》庚编第七本，第 608 页。

⑥ 《乾隆朝上谕档》第 4 册，第 2319 条，第 820～821 页；《清高宗实录》卷七五四，乾隆三十一年二月丁未，第 18 册，第 301 页。

⑦ 《乾隆朝上谕档》第 4 册，第 2323、2339、2350 条，第 822、829、833～834 页；《清高宗实录》卷七五四，乾隆三十一年二月辛亥、戊午，卷七五五，乾隆三十一年二月壬戌，第 18 册，第 305～306、311～312、315～316 页。

⑧ 《乾隆朝上谕档》第 4 册，第 2339 条，第 829 页；《清高宗实录》卷七五四，乾隆三十一年二月戊午，第 18 册，第 311 页。

当督促调集之兵奋勇征剿，断不可惑于瘴疠之说，轻议撤回，再干罪戾”[①]。二十三日，吏部议将刘藻、达启革职，乾隆帝下令，刘藻即照部议革职，留滇效力，所有调兵不合定例、靡费军饷之处，将来报销时俱令赔补；达启唯听刘藻指使，数月以来毫无调度，且无专具一折奏报，亦照部议革职，留滇效力。[②]达启既经革职，令以湖广提督李勋调补云南提督。[③]

二十六日，刘藻接到乾隆帝二月初二日叱责谕旨，“恐惧战栗，惶悚无地”，解释称因“正月初间忽患中满之症，二十余日饮食减少，精神恍惚”，以致办理案件多有错漏，现在经过调养，已经“精神略复，查看原详口供，实多纰缪”，目前正严催各路官兵并力进剿。[④] 三月初三日，刘藻又接到乾隆帝正月十六日、二月十八日朱批奏折四件及廷寄谕旨一件，[⑤]惶恐之际竟于是夜自刎，因伤重不能饮食言语，延至初十日气绝身亡。[⑥]

自乾隆三十年(1765)十一月初十日调兵剿逐入境缅兵至三十一年(1766)三月初三日自刎，刘藻统兵近四个月。这一时期战事主要在云南境内进行，清军兵力主要是云南地方绿营兵7000余名和土练1000余名。由于刘藻指挥不力，乾隆帝屡加叱责，以致刘藻惶恐自杀。

关于刘藻统兵时期的清缅战争，英国人伯尼根据缅甸史料记述：云贵总督向中国皇帝奏请出兵不久，一支由5万步兵和1万骑兵组成的中国军队就在将军“尹大老爷”(YI′N-TA′-Lô-YE′)率领下进攻景栋，景栋土司随之内附。1765年12月28日，缅王辛骠信(按：指孟驳)获悉中国军队进攻景栋，即派将军奈谬泽都率领由2万步兵、200战象、2000骑兵组成的11路大军前往救援。华军骑兵遭缅军象兵冲击，被迫撤退。缅军一直攻至澜沧江，华军损失惨重，统帅“尹大老爷”被杀。缅军既获胜利，于1766年4月8日凯

---

① 《乾隆朝上谕档》第4册，第2350条，第833～834页；《清高宗实录》卷七五五，乾隆三十一年二月壬戌，第18册，第315～316页。

② 《乾隆朝上谕档》第4册，第2353条，第834～835页；《清高宗实录》卷七五五，乾隆三十一年二月癸亥，第18册，第316～317页。

③ 《乾隆朝上谕档》第4册，第2367条，第838页；《清高宗实录》卷七五五，乾隆三十一年二月乙丑，第18册，第318～319页。

④ 《明清史料》庚编第七本，第611～612页。

⑤ 《明清史料》庚编第七本，第612～615页。

⑥ 宫中朱批奏折：《云贵总督杨应琚、云南巡抚常钧奏报前任云贵总督刘藻身故日期事》(乾隆三十一年三月十六日)，档号：04-01-16-0045-039。

旋回至阿瓦。[①] 不难看出，对于这一时期的战事，缅方史料记述与中国史籍记载有很大差异。

第三节　杨应琚统兵时期

杨应琚(1696～1767)，字佩之，汉军正白旗人，广东巡抚杨文乾之子。乾隆十六年(1751)八月，杨应琚以甘肃布政使授甘肃巡抚。乾隆十七年(1752)十月，署山东巡抚。乾隆十九年(1754)四月，署两广总督。乾隆二十二年(1757)七月，调补闽浙总督。乾隆二十四年(1759)四月，补授陕甘总督。乾隆三十一年(1766)正月十六日，乾隆帝命杨应琚为云贵总督。[②]

三月初六日，杨应琚抵云南，十七日至普洱。时普洱镇总兵刘德成以叭先捧为向导，于初五日攻克整欠，整欠土司召教投降；楚姚镇总兵华封以召丙为向导，于初十日攻克孟艮，召散逃遁。杨应琚闻报上奏，请将整欠令叭先捧管辖，照甘省土司例给指挥职衔；将孟艮令召丙管辖，召丙准为内地土司，与叭先捧一体给以指挥使职衔。乾隆帝准之。[③] 至此普洱界内悉平，清军已进入缅甸境内。杨应琚遂下令，孟艮、整欠各留兵800名，猛撒江口留兵200名驻守，其余官兵土练悉数撤回。[④] 四月初一日，华封听闻召猛烈在猛补界外深山藏匿，即派游击豆福魁带兵前往捉拿，于初三日拿获召猛烈及其家属11人并随从男妇200余人。[⑤] 五月初四日，杨应琚自普洱回至昆明。其时先后有猛勇头目召斋与其弟召汉喃、猛竜沙人头目叭护猛率众前来归附，杨应琚奏请将召斋、召汉喃赏给土千总职衔，归普洱镇府管辖，叭护猛赏

① Henry Burney, "Some Account of the Wars between Burnah and China, Together with the Journals and Routes of Three Different Embassies Sent to Pekin by the King of Ava; Taken from Burmese Documents", in *The Journal of the Asiatic Society of Bengal*, 1837, vol.62, p.130.

② 参见《清史稿》卷三二七《杨应琚传》，第36册，第10885页。

③ 《清高宗实录》卷七五七，乾隆三十一年三月是月，第18册，第345～346页；《乾隆朝上谕档》第4册，第2433条，第863～865页。(清)王昶《征缅纪略》(第2～3页)载："(乾隆三十一年正月)乙亥，应琚至云南，楚姚镇总兵华封已平打乐、猛腊，参将哈国兴已平大猛养，合剿孟艮，召散遁，官军得其城。而刘德成与达启及副将孙尔桂攻整欠，亦克之。普洱边外悉平。叭先捧者，车里土司之所属，盖微者也。顾与其妻咸以从军自效，斩素领散撰于小猛苍，素领散听亦为其妻杀死。应琚乃请以召丙居孟艮，叭先捧居整欠，均授以指挥使守其地……时李勋方至云南，应琚令往孟艮、整欠，正经界，集流亡，厘户口，定赋税，附入版图，以为久远计。然召丙为人也懦，不安能辑其人；叭先捧好饮酒，性粗略，不敢至整欠，退栖于猛龡。"

④ 《清高宗实录》卷七五八，乾隆三十一年四月甲寅，第18册，第353～354页。

⑤ 《清高宗实录》卷七五九，乾隆三十一年四月丙寅，第18册，第360～361页。

给指挥同知职衔，归临元镇元江府管辖，仍照土司之例，缺出准其承袭。乾隆帝皆准之。[①]

查清缅冲突，召散可谓构衅渠首，华封攻克孟艮时，召散逃遁，杨应琚令华封、刘德成等分路搜捕。六月，乾隆帝命杨应琚将搜捕情况据实复奏。不久杨应琚奏报："召散逃往阿瓦，询知缅甸系真阿瓦，其城即谓之阿瓦城。现饬土司缮写缅文，前往索取。"乾隆帝下旨："万里以外之事，不可遥度。卿当相机勉力为之。"[②]然而，在永昌知府檄缅甸文稿中，并无一字提及索取召散，反有"调集精兵五十万，大炮千尊"之言。[③] 七月，杨应琚又奏："木邦土司呈称，因遭缅酋残刻，情愿归附，请俟天兵到彼，即将缅匪遣来监视之人擒献。并现今召散逃往缅甸，已行文前往索取，如其不献，应发兵办理。"乾隆帝下谕："缅夷虽僻处南荒，其在明季尚入隶版图，亦非不可臣服之境。但其地究属辽远，事须斟酌而行。如将来办理，或可相机调发，克期奏功，不至大需兵力，自不妨乘时集事；倘必须劳师筹饷，或致举动张皇，转非慎重边徼之道。该督务须详审熟筹，期于妥善，以定进止。"[④]显然，乾隆帝将是否进剿缅甸的决策权交给了杨应琚。其时，又有补哈大头目噶第牙翁派次子麻哈喃率领小头目等前来归附，猛撒头目喇鲊细利亦解献缅兵十人前来归附。经杨应琚奏准，赏给噶第牙翁土千总职衔，归临元镇元江府管辖，赏给喇鲊细利土千总职衔，照例在外给发委牌。[⑤]

九月，因木邦土司呈请内附，蛮暮亦愿来归，杨应琚奏请前赴永昌办理，并言倘木邦等收抚之后，缅甸亦有向化之机，将召散擒献，当请旨办理。乾隆帝下谕嘉奖，并提出处理缅甸问题的三种策略，让杨应琚自行斟酌办理，如能顺势招抚缅甸，则当格外嘉奖：

> 如缅酋此时因所部蛮众相率内属，亦知慑我先声，愿效臣服，该督能不动声色，一并招抚归降，固为妥善。若其畏避潜匿，即将召散擒献，

---

① 《明清史料》庚编第七本，第 620 页；《清高宗实录》卷七六二，乾隆三十一年六月丙午，第 18 册，第 378～379 页。

② 《清高宗实录》卷七六三，乾隆三十一年六月辛酉，第 18 册，第 385～386 页。

③ 《云贵总督明瑞、云南巡抚鄂宁奏覆查明永昌府知府陈大吕檄缅甸文稿案折》（乾隆三十二年八月初六日），见《宫中档乾隆朝奏折》第 27 辑，第 726 页；《明清史料》庚编第七本，第 646 页。

④ 《乾隆朝上谕档》第 4 册，第 2622 条，第 923 页；《清高宗实录》卷七六五，乾隆三十一年七月庚寅，第 18 册，第 403 页。

⑤ 《清高宗实录》卷七六五，乾隆三十一年七月丁酉，第 18 册，第 408 页；《明清史料》庚编第七本，第 624～625、627 页。

> 则罪人既得，莽匪全局已竣。天朝本无事求多于外夷，亦可收功藏事。倘或怙恶不悛，果有可乘之会，不致重烦兵力深入，而成勘定之功，以永靖南服，尤为一劳永逸。该督老成历练，遇事素有斟酌，一切事宜悉听其随时审量妥协经理可耳。兹因留心筹画缅酋，招徕木匪，不惮勤劳远涉，特赏荷包二对，以示优眷。如能顺势集事，招致缅甸，迅奏肤功，另当格外加恩，用昭酬奖。[①]

十月，又有整卖头目召斋约提、景线头目呐赛、景海头目召罕彪派小头目闷细体，各率土民前来孟艮归附。召斋约提还称，六本头目召猛斋随后前来。经杨应琚奏准，赏给召斋约提、呐赛四品宣抚司职衔，赏给召罕彪、召猛斋土守备职衔。至此，“前有猛竜、猛勇、补吟（哈）、猛散（撒），及今有整卖等处，先后投诚”[②]。

清军剿逐入境缅兵，边境土司头目纷纷内附，立即引起缅甸王廷之重视。时缅甸正与暹罗进行战争，缅王孟驳从暹罗调回部分军队，又从阿瓦调来部分军队，于九月出落卓进攻木邦。木邦土司线瓮团不能守，入居遮放。缅军溯江而上，进攻新街（缅人称为八莫）。时杨应琚已调各镇营兵 3300 名进驻永昌，并派副将赵宏榜带兵出铁壁关屯驻新街，以为蛮暮捍蔽。因新街兵少，各路警报时至，杨应琚又派永顺都司刘天佑、腾越都司马拱垣领兵 400 余自翁冷出关，于九月初三日抵达新街。二十日，赵宏榜方祭纛飨士卒，缅军乘船猝至，帆樯衔接，倏忽蜂拥蚁屯者数千人，登岸攻栅。翌日，缅军攻势更盛，刘天佑战死。清军力战两日一夜，终于被困不能御，赵宏榜收病伤各兵同军械，于草房内焚烧，乃与马拱垣等溃围，退驻铁壁关。蛮暮土司瑞团亦至铁壁关，赵宏榜将其安置于陇川。时杨应琚方行至蒙化所属之汉澳地方，接赵宏榜告急报文，知新街已失，即痰疾发作，仍加调各镇营兵 8000 余名，广南、元江两府土练 1500 名前往援剿，并调总兵朱卷赴永昌督办[③]。时常钧已调湖南，汤聘为云南巡抚，而李勋已病卒，李时升为云南提

---

① 《乾隆朝上谕档》第 4 册，第 2722 条，第 955～956 页；《清高宗实录》卷七六九，乾隆三十一年九月乙未，第 18 册，第 447 页。

② 《明清史料》庚编第七本，第 627 页。

③ 《明清史料》庚编第七本，第 634～635 页。

督，汤聘、李时升先后奏闻杨应琚患病事。[①] 十一月，乾隆帝闻杨应琚患病，谕令两广总督杨廷璋借巡边为名，前往广西边界候信，如杨应琚已经痊愈，杨廷璋可仍回广东，否则即迅赴永昌接办云南军务；又派侍卫傅灵安带御医李彭年前往云南为杨应琚诊治，并密令傅灵安就近赴军营访查军情。[②] 其时，又有大山头目垒管遣弟垒荣等，猛育头目坤线遣子坤岩等，猛答头目衎歌遣子衎轰等，猛音头目衎界遣子衎宋等，先后至驻扎遮放之总兵乌勒登额军营投诚，并献土物。[③]

十一月，所调兵 14000 名将集，杨应琚下令两路进军缅甸：一路令永顺镇总兵乌尔登额驻宛顶（今畹町），进剿木邦；另一路令永北镇总兵朱卷由铁壁关进驻新街；又令李时升在杉木笼山居中调度。[④] 据杨应琚奏报：朱苍于十六日率军出铁壁关，十七日至楞木，次日与缅军接阵，会战四昼三夜，“杀死贼匪约共四千有余”，缅军撤退；朱卷又率军乘势追剿，“二次共杀贼六千余人”；缅军头目莽聂眇遮来营“恳请罢兵归顺，并呈献金镯、红呢、花布等物”[⑤]。然议和未定，缅军主力已由万仞关小路入掠盏达，二十八日占领铜壁关。李时升闻讯，遣游击马成龙等带兵 900 名由户撒前攻，檄催临沅镇总兵刘德成率军从后夹击。时刘德成驻扎干崖，迁延不进。马成龙等渡江时遭缅军袭击，马成龙阵亡。十二月初一日，缅军进入户撒。李时升又调楞木等处兵增援户撒，并檄令朱岑弃新街退守铁壁关。朱闻缅兵欲从库弄河绕至铁壁关后，复引兵却，退驻陇川。时刘德成仍驻干崖，李时升连檄数次，刘德成拥兵不进。杨应琚闻之，遣缅宁通判富森持令督战，不从则以军法从事。刘德成不得已，于初九日领兵进抵盏达。缅军见清军渐集户撒，又惧刘德成从后攻击，乘夜潜退。十九日，清军收复铜壁关。二十五日，缅军头目莽聂眇遮又来请求罢兵，杨应琚以“计前后剿杀，已几及万人”上奏，并称“缅甸原系边南大国，密箐崇山，阻江为险，水土恶劣，瘴疠时行，若欲直捣巢穴，恐旷

① 军机处录副奏折：《云南巡抚汤聘奏明杨应琚患病情形事》（乾隆三十一年十月十六日），档号：03-0119-025；军机处录副奏折：《云南提督李时升奏明督臣杨应琚患疾事》（乾隆三十一年十月二十五日），档号：03-0397-072。

② 《清高宗实录》卷七七二，乾隆三十一年十一月甲戌、乙亥、庚辰，第 18 册，第 479～480、482～483、489 页；《乾隆朝上谕档》第 5 册，第 250 条，第 79 页。

③ 《清高宗实录》卷七七二，乾隆三十一年十一月乙亥，第 18 册，第 481 页。

④ （清）王昶：《征缅纪闻》，第 4 页。

⑤ 《清高宗实录》卷七七三，乾隆三十一年十一月是月，卷七七六，乾隆三十二年正月乙亥，第 18 册，第 493、522 页。

日持久，得不偿失”[①]。正在此时，缅兵忽于三十二年正月初一日进犯猛卯，“猛卯与木邦亲，木邦之降，猛卯实左右焉。贼人怨，故欲蹂躏之”[②]。初三日，李时升派副将哈国兴领兵1200名，副将孙尔桂领兵1000名、土练300名俱赴猛卯。缅军围攻猛卯数日，李时升续调刘德成领兵1400名至陇川，乌尔登额领兵2000名由宛顶渡速养江截杀敌后。时杨廷璋已到永昌，见缅事难以速结，遂奏言杨应琚痰疾已愈，即离滇返粤。十六日至十八日，孙尔桂、哈国兴各督官兵分路抄杀，缅军溃退，而乌尔登额未于江岸截杀，缅兵得由底麻渡江，占据木邦。杨应琚、李时升以“约共杀贼四千有余”上奏[③]。此时关内已无缅兵，杨应琚命朱卷、乌尔登额进剿木邦，李时升、哈国兴进取新街。二月二十七日，朱卷攻占木邦，但被缅军阻断粮道。三月初十日，哈国兴进抵新街，缅兵上船退走，清军占领新街。[④]

对于杨应琚历次上奏，乾隆帝渐生怀疑，其视杨应琚所进地图，其间舛谬不符之处，不一而足，遂命杨应琚子杨重英驰往永昌，省视伊父并襄助军务，又令将李时升、朱卷革职交刑部治罪，以杨宁为提督，并将杨应琚所进地图，照绘一份，粘签发去，令杨应琚将该处情形查明据实复奏。[⑤] 然杨应据仍以前奏属实上奏："节次所报杀贼几及万人，均经臣差人察核，又经李时升就近查明，实系确情。"[⑥]三月初一日，乾隆帝诏令杨应琚回京，以伊犁将军明瑞为云贵总督，命往云南经理军务[⑦]。时傅灵安奉旨访察军情，具言赵宏榜弃守新街、朱卷退守陇川及李时升未经临敌情事，与乾隆帝质疑悉数吻合，[⑧]而汤聘又参奏赵宏榜在新街失事，杨应琚参奏刘德成迁延不进、乌尔登额观望不前。十七日，乾隆帝下谕，将刘德成、乌尔登额革职拿问，解交刑部治罪，

① 《清高宗实录》卷七七六，乾隆三十二年正月乙亥，第18册，第522页。

② （清）王昶：《征缅纪略》，第4页。

③ 《明清史料》庚编第七本，第628页；《清高宗实录》卷七八一，乾隆三十二年三月癸未，第18册，第596～597页。

④ 《清高宗实录》卷七八二，乾隆三十二年四月乙未，第18册，第611页。

⑤ 《清高宗实录》卷七七九，乾隆三十二年二月辛亥，第18册，第563页。

⑥ 《清高宗实录》卷七七八，乾隆三十二年二月乙未、丁未，卷七七九，乾隆三十二年二月庚戌，第18册，第545～546、557～559、562～563页；《寄谕云南提督杨宁著赍旨传谕杨应琚剿办缅匪事宜》（乾隆三十二年正月二十九日），见中国第一历史档案馆编《乾隆朝满文寄信档译编》第7册，长沙：岳麓书社2011年版，第681～682页。

⑦ 冯明珠主编《故宫博物院典藏专案档暨方略丛编：缅档》，台北：沉香亭企业社2007年版，第72页。

⑧ 《明清史料》庚编第七本，第630页。

杨应琚亦革去大学士，交部严加议处。[①] 二十五日，令将赵宏榜解交刑部治罪。[②] 二十九日，令将杨应琚革职拿问，解交刑部治罪，其次子湖南宝庆府知府杨重谷亦革职，杨应琚及杨重谷任所资财，令详细查明，以补靡费之项。[③] 时提督杨宁至木邦军营，与缅军数次接战，但缅军出没无定，阻劫清军粮道，清军粮尽，渐不能支，杨宁下令撤兵，清军溃退，缅军遂占孟连、猛猛、整卖、景线、孟艮。[④] 四月，汤聘参奏，总兵华封、宁珠坐镇普洱，并不加意防御，迨缅兵滋扰孟艮等处，又不亲往统兵截杀，以致缅军乘虚而入；游击权恕、司邦直，都司甘其卓，守备潘鸿臣，当缅兵进入打乐、猛混时，一味迁延观望，及闻敌至，遽行退避，转以接阵杀敌捏报，并请革职治罪。初八日，乾隆帝下谕，华封、宁珠、权恕、司邦直、甘其卓、潘鸿臣俱革职拿问，解送刑部治罪。[⑤] 旋汤聘亦因驻扎永昌日久，目击杨应琚种种乖谬却未据实参奏，交部严加议处。[⑥] 五月初六日，又令将汤聘革职，拿交刑部治罪。[⑦] 是月，李时升、朱岺被押解至京，并戮于市。刘德成、权恕、司邦直、甘其卓亦坐斩。汤聘、华封、乌尔登额、宁珠、赵宏榜法司论死，乾隆帝特缓之。八月，杨应琚被解至热河避暑山庄赐令自尽，其次子杨重谷以笞杀人抵罪，而傅灵安亦受瘴卒于永昌。三十三年五月，乾隆帝释华封、乌尔登额、宁珠、赵宏榜，令往云南军中效力，赵宏榜途中病死，而汤聘于三十四年卒于刑部狱。[⑧]

杨应琚自乾隆三十一年（1766）三月初六日行抵云南，至三十二年（1768）三月二十九日被革职拿问，统兵整整一年，初始较为顺利，不仅将入境缅兵尽数逐出，而且还进占整欠、孟艮，促使沿边土司头目纷纷内附。然而，至九月缅军大举进攻，清军很快溃退。虽然杨应琚调集14000人的军队两路进攻缅甸，但战事混乱，损失惨重，以致乾隆帝下令将上自督抚，下至总兵、游击、都司、守备等一众军职官员革职拿问。乾隆三十二年（1767）五月，

---

① 《故宫博物院典藏专案档暨方略丛编：缅档》，第104～105页。

② 《乾隆朝上谕档》第5册，第251条，第79～80页。

③ 寄信档：《寄谕云南巡抚鄂宁著查杨应琚现任之所财产以备补偿进剿靡费之项》（乾隆三十二年三月二十九日），档号：03-132-1-037；《清高宗实录》卷七八一，乾隆三十二年三月癸巳，第18册，第605～606页。

④ （清）昭梿：《啸亭杂录》，第131页。

⑤ 《故宫博物院典藏专案档暨方略丛编：缅档》，第155页。

⑥ 《明清史料》庚编第七本，第633页。

⑦ 《故宫博物院典藏专案档暨方略丛编：缅档》，第206页。

⑧ （清）王昶：《征缅纪略》，第6页；《故宫博物院典藏专案档暨方略丛编：缅档》，第775页。

乾隆帝下令云南省将历次战斗阵亡、伤亡、迷失、受瘴身故官兵情况详细查明。[①] 至八月云南省奏报，自用兵缅甸至乾隆三十二年(1767)五月二十三日，除锡箔等处阵亡、伤亡等项官兵已经查明具奏，及革职游击素克金泰已在阿瓦身故，守备程辙、卢怀亮和候补守备马子健三人仍在阿瓦外，其余阵亡官44名，马步兵1691名，军前自尽官2名；伤亡官1名，马步兵145名；受瘴身故官30名，马步兵1820名。[②] 这些伤亡多是在杨应琚统兵时期，且为不完全统计。

关于杨应琚统兵时期之战事，英国人伯尼根据缅甸史籍记述：1767年1月，缅王获悉一支由25万步兵和2.5万骑兵组成的中国军队已进入缅甸境内，并在杉木笼山附近分兵两路：一路由15万步兵和1.5万骑兵组成，进攻八莫；另一路由10万步兵和1万骑兵组成，进攻猛拱(Mô-gaung)。缅王一方面令官屯(Kaung-toǔn)守军加强防备，另一方面从阿瓦派两路大军前往迎击，一路由2万步兵、2000骑兵和200战象组成，于1768年1月30日走陆路前往伊洛瓦底江西岸；另一路由1.5万士兵和300战舰组成，于2月4日由伊洛瓦底江上溯八莫。中国军队占领八莫后，留3万步兵和3000骑兵驻防，以7万步兵和7000骑兵进攻官屯。在官屯，中国军队使用各种武器展开进攻，却始终不能攻破之。不久缅王所派水路大军到达官屯，官屯缅军将领建议来援之水路大军先攻八莫，再回师夹击官屯中国军队。缅甸水路大军遂攻八莫并占领之。中国军队派2000骑兵增援八莫，但被缅军阻回。缅军既占八莫，回师夹击官屯中国军队。中国军队虽然人数占优，但激战三个昼夜，工事全被摧毁，10名将领及1万余名士兵被杀，其余士兵被迫撤退，遗弃军器马匹无数。同时，陆路缅军到达猛拱后继续前进，很快寻获中国军队主力。缅军四面进攻，中国军队且战且退。不久缅甸水路大军赶来会合，切断中国军队给养。中国军队向掸族村镇求援，但村镇首领称他们是阿瓦王的臣民，拒绝援助。中国军队被迫撤退，缅军一直追至云南，缴获俘虏、马匹、军器无数。1767年5月21日，缅军胜利回到阿瓦。[③] 显然，缅甸

① 《故宫博物院典藏专案档暨方略丛编：缅档》，第266页。

② 《阿里衮、明德奏报查明历次阵亡伤亡官兵折》，见故宫博物院文献馆编《史料旬刊》第24期，北京：故宫博物院文献馆1930～1931年，第881～882页。

③ Henry Burney, "Some Account of the Wars between Burmah and China, Together with the Journals and Routes of Three Different Embassies Sent to Pekin by the King of Ava; Taken from Burmese Documents", in *The Journal of the Asiatic Society of Bengal*, 1837, vol.62, pp.130-134.

史料记载的这一时期的清缅战争在参战人数、战斗地点、战争进程、最后结果等方面都与中国史籍记载有较大差异。

第四节　明瑞统兵时期

明瑞(? ～1768),字筠亭,满洲镶黄旗人,承恩公富文之子,自官学生袭爵。乾隆二十一年(1756),清军征讨阿睦尔撒纳,明瑞以副都统衔授领队大臣,立下战功,擢户部侍郎,授参赞大臣,于公爵后加“毅勇”字,号承恩毅勇公。乾隆二十四年(1759),清军征讨霍集占,明瑞又立战功,加云骑尉世职,擢正白旗汉军都统。二十七年,明瑞任伊犁将军,进加骑都尉世职。[①] 乾隆三十二年(1767)三月初一日,乾隆帝以云南战事久无成效,诏令杨应琚回京,以明瑞为云贵总督。时鄂宁为云南巡抚,明瑞未到之前,总督印务暂由鄂宁署理。

应当说,在清缅战争初期,清军对入侵缅军的认识非常模糊,甚至把最初入扰边境的“莽匪”和后来大举进攻木邦、新街的“木匪”视为两种不同的军队。乾隆三十二年(1767)五月二十四日,明瑞抵永昌[②],很快与鄂宁查明会奏莽、缅实为一种:“查缅甸附近部落,土人概呼以老缅,或呼莽子,盖缅以地称,莽子则指该国前酋之姓。至木匪,乃官兵以今酋种(猛)毒原系木梳部落,遂以名之,夷人不知之也……是缅、莽非二,实有确据。乃杨应琚于莽子退去之后,辄以莽已绝灭引为己功,复误以木匪、缅子另为一事,遂欲侈张功绩。”[③]乾隆帝为进剿缅甸,由京派出八旗满兵3000名,另檄调四川兵8000名,贵州兵1万名,其中除派往普洱1000名外,尚余9000名,加上云南本省兵5000名,共绿营兵2.2万名。[④] 六月十七日,乾隆帝命两广总督李侍尧行文暹罗王廷,谕以大军进击缅甸,原不需暹罗发兵援助,“但恐倒穴倾巢以后,缅酋航海远扬,或即潜投暹罗境内,该国务宜悉心侦探,尽力追擒”[⑤]。二十九日,又命侍郎额尔景额前往云南,在参赞大臣上行走[⑥]。七月二十五日,以

① 参见《清史稿》卷三二七《明瑞传》,第36册,第10888页。

② 《明清史料》庚编第七本,第640页。

③ 《明清史料》庚编第七本,第641页。

④ 《清高宗实录》卷七九四,乾隆三十二年九月甲辰,第18册,第734页。

⑤ 《故宫博物院典藏专案档暨方略丛编:缅档》,第307页。

⑥ 《故宫博物院典藏专案档暨方略丛编:缅档》,第321页。

提督杨宁办理军务多舛革职，调贵州提督谭五格补之[1]。二十八日，又以永昌知府陈大吕纵容家人胥吏短价勒买军粮，革职拿问[2]。

九月，诸路兵皆至永昌，马牛粮草亦集，乃定议分两路进剿缅甸：一路由明瑞领兵万余人出宛顶，由木邦、锡箔、宋赛直取阿瓦；另一路由参赞大臣额尔景额率兵万人由老官屯进猛密，然后与明瑞会师；又令参赞大臣珠鲁讷俟得木邦后率兵数千人驻守，以为声援。[3] 二十四日，明瑞大军自永昌出师。起程日，大雨滂沱，山陡路滑。数日渡潞江，又过龙陵、芒市、遮放。十月初十日至宛顶，此已至木邦土司境，因连年战火，残破尤甚。二十六日，进抵木邦栅城，缅兵已遁，仅存空栅，获遗粮数百石。明瑞令线瓮团召集民人，管辖旧地，并留珠鲁讷率兵 5000 名驻守。明瑞军既定木邦，又至臼小。臼小为入缅要路，山径狭窄，缅兵于隘口树栅固守。明瑞遣前哨攻之，杀敌数十，缅兵溃去。清军旋至锡箔江，江阔流急，船尽溺失，兵不能渡。明瑞令官兵伐竹编巨篓，置土石其中为桥址，选会水兵丁入水架桥，三日乃渡。南岸为锡箔土司驻地，土司已与居民先遁，清军遂占锡箔。[4] 二十九日，师至蛮结，察看四山环绕，树林深密，凡有要隘处皆有缅兵竖栅防守。三十日，明瑞带兵居中，领队大臣扎拉丰阿、李全占住东边山梁，观音保、长青占住西边山梁，排列驻守。黄昏时，缅兵忽由树林内突出，冲犯观音保之队。观音保、长青带兵截杀，明瑞亦分兵前往接应。至晚，缅兵退回。十二月初二日，清军三路进攻，明瑞亲冒矢石督战，官兵奋勇攻击，连破缅军木栅，缅军撤退。是役明瑞目受枪伤，数日后方痊愈。又至天生桥渡口，系有名险隘，悬崖绝壁，架木为梁，缅兵闻清军至，尽撤其木。清军询问通事民人马必兴，得知往北 30 余里有小路可以绕过，遂令达兴阿带兵 2000 名仍在大路前进，佯作夺取渡口之势，大军则由小路绕进。至河水发源处，虽有新立木栅，却无缅兵看守。清军既得渡河，天生桥缅兵惊惶散去。[5] 明瑞军虽连战获胜，但孤军深入，缅人坚壁清野，清军粮草渐断。十六日，师至邦海，十七日，又至象孔（又作相孔），距阿瓦仅 70 里，但道路险隘，马匹难行，粮草不济，兵丁多染疾病。明瑞因思不能前进，又闻猛笼地方土司存粮甚多，且地近猛密，冀可得猛密

---

① 《故宫博物院典藏专案档暨方略丛编：缅档》，第 357～359 页。

② 《故宫博物院典藏专案档暨方略丛编：缅档》，第 361 页。

③ （清）周裕：《从征缅甸日记》，第 1 页。

④ （清）周裕：《从征缅甸日记》，第 2 页。

⑤ 《明清史料》庚编第七本，第 651～653 页。

一路清军消息，遂于十九日旋师，由邦海前往猛笼。缅兵于后纠缠来追，自是无日不战，明瑞与哈国兴、观音保等轮番殿后。二十七日，师至猛笼，果然多粮，大军得以补充给养。此时正值除夕，两军连日接战，枪炮不绝。清军稍作修整，即由猛笼起行。师至蛮化，扎营山上，缅军于山坡列栅。明瑞于十三日晚下令，军中明晨仍旧吹笳，如往日拔营前进状，出其不意回师以击之，并令官兵俱出阵，遂获大胜，军声复振。师至大山，大山土司遣人来献土物米粮。二月初六日至猛域（又作猛育），扎营山上，缅军大集，将清军团团围困。时清军师行五月，转战千里，兵力已疲，粮马尽缺。明瑞计难与决战，乃于初十日夜下令突围。十一日，明瑞突围中受伤身殒，都统扎拉丰阿、护军统领观音保、总兵李全亦先后阵亡，所剩清军散乱逃回宛顶。①

至猛密一路清军，由额尔景额、谭五格率领，自虎踞关出，十一月十一日抵老官屯。时有缅军拒守江边，木栅异常坚固。清军连日攻打，均未成功。旋额尔景额病故，以额勒登额代之，伊柱授领队大臣。不久伊柱又患伤寒身故，总兵王玉廷亦因伤身亡。而缅军渐增至数千人。十二月初九日，额勒登额探知新街、猛密等处有缅兵窥伺，欲袭清军后路旱塔、户域等处，遂率兵后退40余里驻扎旱塔。初十日，缅军亦至旱塔，与清军隔河相对扎营。十二日，有缅兵骑象出栅，清军用炮轰击，缅兵退回，坚守不出。时明瑞军正由蛮结统兵深入，鄂宁檄令额勒登额由旱塔觅路速与明瑞会师，追缅军进攻木邦，鄂宁又令额勒登额分兵数千赴援木邦，并觅路前往接应明瑞大军。但额勒登额均置若罔闻，唯在旱塔滞留迁延一月有余，始于三十三年(1768)正月十七日到虎踞关。及至遮坎，又闻猛卯一带有缅军屯聚，遂不敢前进，转将铁壁、虎踞两关及杉木笼官兵俱撤回蛮笼。又由陇川等处绕道行走，迂回千里，到处延挨，停宿20余日，始至宛顶。四月二十七日，愤怒之中的乾隆帝下令将额勒登额凌迟处死，谭五格亦令处斩②。

再珠鲁讷驻扎木邦，领兵4000有余，乾隆帝以木邦至阿瓦城一路军报往来最关紧要，令珠鲁讷派千余士兵，接续明瑞大军，或一百五六十里，或二百余里，选择稳妥处所，以二三百兵为一台站，递送军营信息。③ 乾隆三十三年(1768)正月初四日，珠鲁讷以天生桥、锡箔桥最为紧要，派索柱带兵900名前往驻扎防守。索柱等途中遭遇缅军，退守锡箔桥，寻战败退回木邦。普洱

① （清）王昶：《征缅纪略》，第7～8页。

② 《明清史料》庚编第七本，第665～666页。

③ 《故宫博物院典藏专案档暨方略丛编：缅档》，第429页。

镇总兵胡大猷于失桥时，始带兵前往，及遇撤回之兵，辄率众退回。十二日，缅军兵临木邦城下。因缅人阻断粮道，清军粮草渐不能支。珠鲁讷无奈，派杨重英与守备王呈瑞前往缅营谈判，缅人扣留之。鄂宁闻木邦告急，先后14次檄调额勒登额前往增援。然额勒登额因在旱塔为缅军所困，已率兵撤驻蛮笼。鄂宁又调开化镇总兵乔冲杓带附近提标兵前往攻剿，并令游击袁梦麟领兵300余名、守备陈言志带兵400名往援，然遇缅兵即被冲散。十八日，缅军攻破木邦，珠鲁讷自刎，胡大猷战殁。[①]

对于前方战事，乾隆帝一直关注。乾隆三十三年(1768)正月，乾隆帝闻额勒登额奏称，大军围攻老官屯不克，已移兵旱塔，乃下令额勒登额弃老官屯、猛密一路，率兵另辟路线前往接应明瑞大军[②]。又令珠鲁讷于木邦现有兵丁内酌情挑选，迅速派往接应明瑞[③]。明瑞大军自蛮结悬军深入后，乾隆帝久不得报，乃命协办大学士阿里衮以参赞大臣赴滇协办军务[④]。及闻木邦被围，又令明瑞暂时撤兵："明瑞深入剿贼，如大功指日可成，甚善；若一时不能剿办，与其徒伤精锐，不如暂时撤兵。令明瑞驰驿来京，熟筹该处情形，再图秋冬大举。"[⑤]又命阿里衮暂署云贵总督，急速前往云南，带领额勒登额之兵接应明瑞大军，并将额勒登额拿解查办。[⑥] 又添派满洲兵6000名、索伦兵1000名、吉林兵1000名、福建水师兵3000名前往云南。[⑦] 然而，明瑞此时已于缅境阵亡矣。二月二十八日，乾隆帝闻悉明瑞等战死，授大学士忠勇公傅恒为经略，阿里衮、阿桂为副将军，舒赫德为参赞大臣，令阿桂先行进京再赴滇省，舒赫德即行驰驿前往云南，傅恒俟进兵时再行前往，以鄂宁补授云贵总督，明德调补云南巡抚，明德未到之前，总督印务由阿里衮暂行管理，鄂宁仍办理巡抚印务。[⑧]

---

① 《清高宗实录》卷八〇五，乾隆三十三年二月戊子，第18册，第888页；《明清史料》庚编第七本，第662页。

② 《寄谕云贵总督明瑞等著额勒登额速行取道前往接应明瑞》(乾隆三十三年正月初三日)、《寄谕参赞大臣额勒登额着弃老官屯另辟路线接应明瑞》(乾隆三十三年正月初四日)，见《乾隆朝满文寄信档译编》第8册，第595～598页。

③ 《寄谕参赞大臣珠鲁讷着即拨派木邦官兵前往接应明瑞》(乾隆三十三年正月十二日)，见《乾隆朝满文寄信档译编》第8册，第604～605页。

④ 《故宫博物院典藏专案档暨方略丛编：缅档》，第473页。

⑤ 《清高宗实录》卷八〇四，乾隆三十三年二月甲子，第18册，第851页。

⑥ 《清高宗实录》卷八〇四，乾隆三十三年二月丙寅，第18册，第857～858页。

⑦ 《清高宗实录》卷八〇四，乾隆三十三年二月辛未，第18册，第865页。

⑧ 《故宫博物院典藏专案档暨方略丛编：缅档》，第635页。

明瑞自乾隆三十二年(1767)五月二十四日抵永昌,至乾隆三十三年(1768)二月十一日阵亡,统兵近10个月。根据战后统计,明瑞率师征缅,共带兵30108名,其中满洲兵3212名,川黔滇省绿营兵及土练26896名;满洲兵领带骑驮马骡8080匹,出关以后全部倒毙;绿营兵及土练领带骑驮马骡13753匹,撤兵后仅交回101匹,倒毙13652匹。另外额勒登额由陇川小道赴木邦救援,采买马929匹,交回591匹,倒毙338匹;派赴龙陵、普洱、小猛养等处防堵滇黔官兵土练8606名,领带骑驮马骡1934匹,交回625匹,倒毙1309匹。[①] 清军以三万之师两路进剿,无奈一路阻于老官屯,另一路孤军深入,后援不济,终至失败。明瑞出师未捷,战死异国,将星陨落,可胜痛哉!

关于明瑞统兵征缅甸事,英国人伯尼根据缅甸史料记述:1767年11月,一支由6万骑兵和60万步兵组成的中国军队在皇帝女婿明瑞率领下由木邦进入缅境;同时,一支10万人的中国军队前往八莫。明瑞军占领木邦后,留1万骑兵和10万步兵驻守,3万骑兵和30万步兵沿锡箔江前进,2万骑兵和20万步兵则于沿线构筑台站,传递信息,接济前军。缅王获悉华军入境,派出三路大军:一路由300战象、3000骑兵和3万步兵组成,于12月24日出发,迎击由木邦前来的中国军队;一路由200战象、2000骑兵和2万步兵组成,于26日出发直插中国军队背后,切断中国军队的后续给养;一路由200战象、2000骑兵和1万步兵组成,沿猛密路前进,迎击沿该路前来的中国军队。明瑞军队一路前进,击退前来阻击的缅军,一度攻至距阿瓦城两三日路程处。消息传来,缅廷震动,文武大臣建议缅王加固城池,准备迎击中国军队。缅王言称,如果中国军队到来,他将和四位王子以及兄弟们一起迎战并摧毁中国军队。就在此时,缅军切断了中国军队自木邦来援的台站路线,中国军队陷入恐慌。明瑞发现军队已经无法控制,自刎身亡。华军被缅军追击,被俘及死伤者不计其数。缅军大获全胜,于1768年3月17日返回阿瓦。至于攻击八莫的中国军队,虽然他们反复攻打,但缅军在首领布拉莽倘率领下,一次次击败中国军队进攻。中国军队死伤无数,粮草不济,又闻明瑞军队失利,遂撤围逃回中国。在其后一年多的时间里,因缅方释放8名

---

① 内阁题本:《署理户部尚书永贵、户部尚书王际华题为查核滇省造报各路进征缅匪官兵领过骑驮马骡分别免赔著追各数事》(乾隆三十八年九月初三日),档号:02-01-04-16497-007,中国第一历史档案馆藏,未刊。

被俘中国士兵，中缅两国暂时休战。[①] 相对而言，缅方史料对于这一时期战事的记载在双方统帅、战争进程方面与中国史籍所记大体相符。

第五节 傅恒统兵时期

傅恒（约 1720～1770），字春和，满洲镶黄旗人，高宗孝贤纯皇后之弟。乾隆七年（1742）六月，傅恒以侍卫擢内务府总管。乾隆八年（1743）十月，授户部侍郎。乾隆十年（1745）六月，命在军机处行走。乾隆十二年（1747）三月，擢户部尚书。乾隆十三年（1748）九月，命暂管川陕总督印务，经略军务，寻授保和殿大学士。乾隆三十三年（1768）二月二十八日，乾隆帝闻明瑞战死，授傅恒为经略，命出征云南。时阿里衮以副将军主军事，乾隆帝并授阿桂为副将军、舒赫德为参赞大臣，命舒赫德先赴云南，与阿里衮筹划进军。[②]

三月，舒赫德抵永昌，四月即与鄂宁会奏征缅之艰难，言滇省山多路远，一切筹办不易：以满汉兵 4 万名计算，共需马 10 万匹；兵 4 万名，日需米400 石，以 10 个月计算，需米 12 万石；马 10 万匹，日需米 1000 石；粮既不敷，加以每三夫运米一石，用夫百余万人，且远者二三十站，往返转运，沿途须三四十万人；加之入缅境一二千里之遥，粮不能继，"征缅实无胜算"。对舒赫德、鄂宁所奏，乾隆帝大怒，斥之为"无耻之见"。[③] 这时，缅人遣被俘清兵 8 人致送缅文书信请求议和，其中 1 人病死，3 人落后，只有许尔功、刘先元、杨清、罗以德 4 人来到永昌，并带回杨重英禀函一封。其带来的缅文书信称："管领……等国金厂银厂宝石厂、执掌飞刀飞枪、管象管马、金银宝殿有福的王、好善的王金脚下大头目字奉天朝大皇帝宝殿下领兵大人：自一百五十年前大国小国从没有差人来往通信，至一千一百十一年（1749）我阿瓦差二苏野、顿大野二人到天朝投文书进贡物，蒙大皇帝赏赐匾额、蟒缎、纱罗、玉器、玻璃等物。自从那年进贡后，彼此和好，两下里就成一家，就像两块金子合成一块，百姓相安，客商往来。至一千一百二十八年（1766）上，有九龙江、蛮暮、木邦的人从中播弄是非，是以大国领兵到我们新街、蛮暮、木邦等处，要

---

① Henry Burney, "Some Account of the Wars between Burmah and China, Together with the Journals and Routes of Three Different Embassies Sent to Pekin by the King of Ava; Taken from Burmese Documents", in *The Journal of the Asiatic Society of Bengal*, *1837*, vol.62, pp.135-139.

② 参见《清史稿》卷三〇一《傅恒传》，第 35 册，第 10445～10449 页。

③ 《清高宗实录》卷八〇九，乾隆三十三年四月丙子，第 18 册，第 930～933 页。

占我们地方,并未说明情由。我们差兵前去堵拒,两下里就打仗……若照古例一般贡赐往来,彼此通买卖,就永远息兵,照旧和好。倘若不准,仍要兴兵,也须有字相通。"[①]其带回的杨重英禀函称:守备程辙、卢怀亮、马子健、王呈瑞等于上年四月,杨重英等于本年二月,均在木邦被俘,先后解到阿瓦;缅王与各头目俱愿投诚,所以派擒获清兵许尔功等,致送缅书请和,如蒙允准,该国即办贡物,遣派缅目同杨重英等解送前来。六月初四日,乾隆帝闻阿里衮奏缅人致书请和事,以缅人如果乞罪请降,必须缅王束身归命,或专派大头目赍表前来方可,传令阿里衮毋庸发给回文,并令将杨重英、程辙、卢怀亮、马子健、王呈瑞之子查拿,解交刑部治罪。[②] 是月,因舒赫德、鄂宁妄奏招降缅人,乾隆帝又下令将舒赫德革职,鄂宁降补福建巡抚,云贵总督员缺由阿桂补授,时阿桂尚在伊犁,总督印务由阿里衮署行。

早在乾隆三十二年(1767) 四月,杨应琚就曾向乾隆帝建议约会暹罗夹攻缅甸,乾隆帝斥之以"荒唐可笑,用兵而借力外藩,不但于事无济,且徒为属国所轻,乃断不可行之事"。在乾隆帝看来,如果将来"缅酋穷蹙,窜入暹罗,或匿其近境",可以"驰檄索取,饬其擒献",但借师助剿,则万不可行。[③]六月十七日,清军已定于秋冬进剿缅甸,乾隆帝命两广总督李侍尧行文暹罗国王,告以"此时王师大举,士马精强,原不需该国征发协援之力,但恐捣穴倾巢以后,缅酋航海远扬,或即潜投暹罗境内,该国务宜悉心侦探,尽力追擒"。乾隆帝还叮嘱李侍尧:"应先酌量水程远近,计算暹罗可于今年十一月间奉到此旨,大约宁迟毋早。"[④]七月十三日,正在广西办理军务的李侍尧接到谕旨,立即札令广东布政使对广州虎门洋船展开调查,查明暹罗与广东水程距离及如何取道前往。[⑤] 闰七月三十日,回到广东的李侍尧将调查情况上

---

① 军机处满文录副奏折:《副将军阿里衮奏将缅甸乞降文书译为满汉文恭呈御览折》(乾隆三十三年四月十三日),档号:03-0183-2298-036。(清)王昶《征缅纪略》(第 8～9 页)记述的缅文书信内容更为简洁:"暹罗国、得楞国、得怀国、白古国、一勘国、罕纪国、结梦国、大耳国及金银宝石厂,飞刀、飞马、飞人、有福好善之王殿下掌事官,拜书领兵元帅:昔吴尚贤至阿瓦,敬述大皇帝仁慈乐善,我缅王用是具礼致贡,蒙赐缎帛、玉器诸物,自是商旅相通,初无仇隙。近因木邦、蛮暮土司从中播弄,兴兵争战,致彼此伤损人马。兹特投文叙明颠末,请循古礼,贡赐往来,永息干戈,照旧和好。"

② 《清高宗实录》卷八一二,乾隆三十三年六月庚申,第 18 册,第 970～972 页;《明清史料》庚编第七本,第 669～670 页。

③ 《清高宗实录》卷七八三,乾隆三十二年四月庚戌,第 18 册,第 626 页。

④ 《清高宗实录》卷七八七,乾隆三十二年六月己酉,第 18 册,第 673 页。

⑤ 《两广总督李侍尧奏为遵旨饬知暹罗尽力追擒缅匪折》(乾隆三十二年七月十五日),见《宫中档乾隆朝奏折》第 27 辑,第 310 页;《清高宗实录》卷八一四,乾隆三十三年七月丁亥,第 18 册,第 995～996 页。

奏乾隆帝：自广东虎门开船，至安南港口河仙镇，计水程 7300 里，该处系安南管辖，有土官莫姓[①]驻扎；自河仙镇至占泽问（今译尖竹汶），计水程 1400 里，该处系暹罗管辖，有土官普兰驻扎；自占泽问至暹罗城，计水程 1600 余里。统计自广东虎门至暹罗，共 10300 余里。九月中旬北风顺利即可开行，如遇风顺半月可到，风若不顺约需 40 余日。如有公文照会暹罗，交付土官莫姓或普兰均可赍去。但是，"闻暹罗于前岁即与花肚番即乌肚番构兵，本年三月内被花肚番将城攻破，该国王逃窜无踪"。因暹罗亡国之说出自海道传闻，未得确信，李侍尧仍缮写照会暹罗国王之文，发交游击许全，令其附搭莫广亿商船前往安南港口，确查近来暹罗及"花肚番"情形。[②] 然而，许全一去竟不复返。乾隆三十三年（1768）七月初二日，乾隆帝以至今未获复奏，下谕李侍尧彻底详查，并提出海路攻缅助暹复国的想法："若该国王尚有志于恢复，心存释怨，而力不能支，欲求助天朝发兵策应，是即可乘之机，未尝不可酌调水师前往饮助，以期一举两得。但其事当出之审慎，办与不办，尚在未定。"[③]八月初一日，李侍尧将近来调查情况向乾隆帝奏报：暹罗已被攻破，国王已故，"现有庶兄诏王吉在于高烈地方，及该国王之孙诏萃、诏世昌分逃在外"，但"该国各夷目并不扶助国王之子孙，力图恢复，反各分踞土地，僭妄称王。甘恩敕（按：指暹罗吞武里王朝建立者披耶达信，又称郑昭）以微末头人，乘乱占踞其地"。另外，游击许全已在洋患病，卒于暹罗禄坤（今译洛坤）地方。[④] 十九日，乾隆帝接到李侍尧奏报，意识到海路攻缅助暹复国已不可行："前谕令查访暹罗情形，如彼有志恢复，欲求中国援助，或可酌调水师，以期一举两得，原属备而不用之说。今暹罗既遭花肚番侵掠，难夷口食不充，其所属禄坤等三府，又与甘恩敕称兵内讧，势已孱弱无余，自顾且不暇，又安能复图释怨匪番？所有取道海洋一说，竟可不复置议。"[⑤]十月，阿桂赴云南途中路过湖北樊城，军机处司员博清额赶至传旨，令其阅看守备程辙密呈缅

① 按：土官莫姓，清朝档案文献记为河仙镇莫士目麟，实际指越南南端河仙地区以华人为主的鄚氏自治政权。

② 《两广总督李侍尧奏为遵旨办理行文暹罗国追擒潜投该国境内缅匪折》（乾隆三十二年闰七月三十日），见《宫中档乾隆朝奏折》第 27 辑，第 691 页；《清高宗实录》卷八一四，乾隆三十三年七月丙戌，第 18 册，第 995～996 页。

③ 《故宫博物院典藏专案档暨方略丛编：缅档》，第 864 页；《清高宗实录》卷八一四，乾隆三十三年七月丙戌，第 18 册，第 995～996 页。

④ 《两广总督李侍尧覆奏查明暹罗与花肚番构兵情形折》，见《史料旬刊》第 30 期，第 105～107 页。

⑤ 《乾隆朝上谕档》第 5 册，第 1279 条，第 461 页；《清高宗实录》卷八一七，乾隆三十三年八月甲戌，第 18 册，第 1069～1071 页。

甸地图及联合暹罗攻缅之书，阿桂奏曰："大兵会合暹罗，必度越缅地，不独远隔海洋，且期会在数月之后，相去千里之遥，必不能如期而至。"乾隆帝朱批："所见是。"[①]至是约会暹罗夹攻缅甸之议遂罢。

乾隆三十三年(1768)冬，乾隆帝命云南旗兵回京，另选旗兵5000人赴滇，合以荆州、贵州、四川兵1.3万人。阿里衮命副都统绵康、曲寻镇总兵常青率2000人驻陇川，侍卫海兰察、乌尔图纳逊率2000人驻盏达，领队大臣丰安、鹤丽镇总兵德福率2000人驻遮放，侍卫兴兆、巴朗率1000人驻芒市，侍卫玉林、普尔普率500人驻盏达，侍卫恒山保、永顺镇总兵常保柱率3000人驻永昌，广东右翼镇总兵樊经文率1000人驻缅宁，荆州将军永瑞、四川副都统雅朗阿、提督五福率6000人驻普洱，腾越兵1000人令绵康兼辖之，防守严密，边境无事。乾隆帝以缅人狡恶，希望派小股部队出边袭扰缅甸，阿里衮提议进剿戛鸠。十一月，阿桂至永昌，闻信驰往会剿。"戛鸠在万仞关外，十二月出关，焚数寨，歼众数百人。止丹山濮夷团五辛者，率四十余户来降，迁之盏达。"[②]

乾隆三十四年(1769)二月二十一日，傅恒自京起程，乾隆帝在太和殿赐敕书及御用甲胄。三月二十四日，傅恒抵云南，四月初四日到永昌，初九日至腾越，随与阿里衮、阿桂会奏进剿事宜：

一、老官屯为贼人水陆咽喉，今拟于上流蛮暮、戛鸠一带造船，进兵时，一由戛鸠江西取道猛拱、猛养直捣木梳，一由水路令福建水师顺流而下，别遣兵一支，在江东猛密地方，相机剿杀，老官屯腹背交攻，不战自溃。

一、前拘泥避瘴，九月后进兵，缅匪得计期预防。此次应出其不意，先进数十日，将来师旋，不致遇次年盛瘴，更可从容展布。

一、马匹已由远及近，递调沿边喂养，进剿可期膘壮。惟分马时，先尽大臣挑用，次官员，再次兵丁，非鼓励军心之道。今拟分为三等，膘壮者分给索伦，次及别项兵丁，大臣官员分例本多，再次者均匀搭散。

一、火药铅弹，照兵丁应得分数给与，每致遗失。今酌于应得之数十给二三，其余专员运送，随时接济。向来用竹篓木箱装贮，遇雨辄漏，

---

① 《阿桂奏为暹罗与缅匪仇杀情事至滇访查夷情折》(乾隆三十三年十月二十四日)，见《宫中档乾隆朝奏折》第32辑，第260～261页。

② (清)王昶：《征缅纪略》，第9页。

且易抛散，今酌改用牛皮袋。

一、弓箭非绿营所长，此次毋庸佩带，箭枝转可匀给索伦备用，绿营兵饬令多带鸟枪、藤牌、刀矛。又思短兵相接，用斧亦可，而攻斫木栅，尤为得力，现饬制三斤重斧，酌量配带。

一、现觅善铸大炮工匠，先造炮模，并带铜铁，随时铸造应用。又多带劈山、五子各大炮，均能打远适用。至乌机等炮，徒费扛抬，不济实用，俱不运带。至绿营鸟枪，大半堂〔膛〕空口薄，只食子药三钱，演时多在平地，临阵下击，火未发而子已落。现按提水枪法，令枪子与枪口吻合，间有小者，将黄土树叶探塞，并新造食子药四钱鸟枪，分给演习。

一、兵将贵于相习，现交提督哈国兴查明，各归各伍。续到之兵，亦各按标营，统归一队。即有添派别省将领者，亦必预期指派。

一、从前进兵，意在缅匪，其胁从土司，不忍概诛，反致尾扰大兵。此次除实在归诚者，收其米石牲只，倘首鼠两端，即行剿灭。

一、现在运贮并各处采买之米，共九万余石。合计调集之兵，现给两月口粮，约需二万五六千石，所储尚有赢余。进剿时，口内按站关支，口外分领裹带，并多备干粮，便于轻赍速进。

一、永昌、顺宁所属十四土司，荷戈御贼，原非所长。此内或有熟悉贼中径路，及与边外土司相识者，拟不拘名数，酌带备用。其边外波竜、养子、野人、摆夷等，如有实心投顺者，亦可供向导之用。①

对于傅恒等所奏，乾隆帝甚为满意。六月十九、二十日，乾隆帝分别令傅恒等檄谕南掌国王，令李侍尧檄谕暹罗国王，均言现在大兵进剿缅甸，如将来缅王及其大头目逃入该国之境，即应立即擒献。②

傅恒率军征缅，共调派满洲、索伦、鄂伦春、吉林、西僰、厄鲁特、察哈尔兵1万余人，福建、贵州、云南昭通镇兵5万余人，调用河南、陕西、湖广及云南曲靖各府饲养马骡6万余匹。再加上四川工咒术之喇嘛，京城之梅针箭、冲天炮、赞叭喇鸟枪，河南之火箭，四川之九节铜炮，湖南之铁鹿子，广东之阿魏，云南省城制造之鞍屉、帐幕、旗纛、火绳、铅药，以及钉铁、灰油、麻枲等造船材料，③军力可谓充实。定议分两路进剿：傅恒由南大金沙江（按：即伊

① 《清高宗实录》卷八三三，乾隆三十四年四月壬申，第19册，第110～111页。

② 《故宫博物院典藏专案档暨方略丛编：缅档》，第1231～1246页。

③ （清）王昶：《征缅纪略》，第10～11页。

洛瓦底江)西戛鸠路进攻;阿里衮、阿桂出铜壁关驻野牛坝督造船只,俟船造好,阿里衮率水师下南大金沙江,阿桂循猛密由江东进讨。

七月二十日,大军出征。二十三日至盏达,次日分路前进,阿里衮因肩伤固请从傅恒出万仞关,阿桂独率军往野牛坝。二十九日,傅恒大军至南底坝河,水势宽深,难以搭桥。有戛鸠头人之子贺丙预备渡船运送,傅恒亲自指挥,官兵随到随渡,于八月初一日渡完。初二日自南底坝起程,初四日至戛鸠,见缅木寨一座,并无缅兵。十八日至邦木讷。二十七日抵猛拱,有十数缅人舞刀枪而退,清军遂取猛拱。① 猛拱土司浑觉逃往节东,土目兴堂扎称愿往寻浑觉。九月初二日,兴堂扎回营,称在节东寨内找到浑觉,一并带来投诚。② 初四日,浑觉率头目献象牙、牛只、瓜菜等物,又献驯象 4 只。傅恒令其赶办粮石,并铸给猛拱宣抚使司印信。③ 初十日,傅恒派前哨索伦、绿旗兵 2000 余名前往蛮暮。十一日,大军前往猛养。十七日至猛养,前哨兵击杀数敌,生擒二名,兴堂扎夺取猛养寨。十八日自猛养起程前往蛮暮,十月初一日抵新街。傅恒一路清军,辗转千里,未遇一战,傅恒却在途中染病。

再阿桂一路清军,自七月二十四日分兵,二十八日抵野牛坝,八月十二日进次蛮暮④。九月十八日,水师船只毕集,遂自蛮暮沿江而下出南大金沙江。时缅军列船江口,阿桂军击败之,缅军头目宾雅得诺受伤毙命,由是江路无阻。二十四日,阿桂听闻自新街前进,必至哈坎始可渡江,遂派副将军伊勒图于二十六、二十七日渡江占领哈坎。十月初一日,迎遇傅恒、阿里衮于哈坎。同日,两路清军会师于新街。

两路大军既经会师,傅恒于十月初十日下令进攻哈坎缅军,缅军溃退。十七日,令阿里衮、伊勒图督率水师出击,傅恒、阿桂率兵沿江东岸行,与舟师相援应,其西岸则令总兵常青、护军统领伍三泰领兵,又檄调先驻龙陵之兵 4000 名,由旱塔合攻老官屯。十九日,阿里衮伤重卒于舟中。二十日,清军抵老官屯。缅军于老官屯江边共立三栅:内用砖砌,中间排立大木,外层加筑土墙,周遭挖壕,宽、深各二丈。前开一门,搭有吊桥,后门通江,四隅筑

① 《清高宗实录》卷八四三,乾隆三十四年九月辛丑,第 19 册,第 259～260 页。

② 《故宫博物院典藏专案档暨方略丛编:缅档》,第 1297 页。

③ 《清高宗实录》卷八四三,乾隆三十四年九月丁未、是月,第 19 册,第 266、268 页。

④ (清)王昶:《征缅纪略》,第 11 页。按:《征缅纪略》和《清史稿》卷五二八《属国传三》(第 14676 页)均记:"八月乙酉,进次蛮暮。"查乾隆三十四年八月并无乙酉日,当为辛酉之误。

有炮台，高与栅等。栅内有兵400余人，江内有船20余艘，夜间敲梆鸣锣，防范甚严。是日清军开始进攻，无奈缅军木栅如此结实，清军用得胜、九节、劈山诸炮轰其栅，辄穿洞而过；复以火攻，缅兵于栅上先簸土压之，复沃以水，火遂熄；又掘地道，深数十丈，置药其中，欲裂地以陷其栅，火发，栅轩轩然欲拔，顷之如故。迨至十一月初，竟未攻破老官屯。时乾隆帝屡次更换云南大员，十月二十四日降阿思哈为副都统职，以巡抚彰宝为总督，十一月初二日降阿桂为参赞大臣，以伊勒图代之，初七日褫巡抚明德顶戴，仍暂署云南巡抚事，又革阿思哈副都统职，令在军营效力赎罪。大军久攻老官屯不下，傅恒又身染瘴疠，遂无奈上奏："因本年瘴疠过甚，交冬未减，原派各营兵三万名，满兵一千名，现计仅存一万三千余名，加以领队大臣亦多患病，未能分路击取，贼匪得以全力自固。"[①]就在清军一筹莫展之际，缅军派员前来议和。十六日，双方将领在缅甸老官屯签订《老官屯协议》。十九日，傅恒带兵3000名先回旱塔；二十一日，阿桂带兵亦撤；二十六日，清军全部撤回虎踞关内。

就在双方将领前线议和的同时，乾隆帝于十八日接到傅恒等关于官兵伤亡过半的奏报，当即下令傅恒暂时撤兵："老官屯既不可久驻，野牛坝地方尚高，酌量于该处留兵屯守，并着土司等于关外相度地势，驻扎防范。"[②]三十日，乾隆帝又接到傅恒等关于缅人派员请和的奏报，再次下谕："前因缅地水土毒恶，官兵不耐瘴气，曾经降旨撤兵，今懵驳又遣使乞降，自应照所请办理。但此后须定规模，不可令缅酋骄纵，即如书内恳求通商一事，尚应斟酌。懵驳如愿为臣仆，纳贡输诚，则缅地皆我版籍，贸易无妨相通；倘止求撤兵，未请纳贡，通商断不可行。着传谕傅恒等，即将此旨明切晓谕，再严禁内地商贩，不得出关交易。"[③]

傅恒自乾隆三十三年(1768)二月二十八日受命征缅，乾隆三十四年(1769)二月二十一日自京起程，三月二十四日抵云南，十一月二十六日撤兵回云南，实际统兵约8个月。特别是乾隆三十四年(1769)七月后，清军分两路进攻，至新街会师，然后合攻老官屯，但久攻不下，损失惨重。在人力方面，清军以31000之师出关，竟只存13000余名，损失过半。是年清廷祭葬恤赏出师缅甸阵亡官兵，包括侍卫古宁保等22员，参领绰哈岱等7员，委署章

① 《清高宗实录》卷八四七，乾隆三十四年十一月丙申，第19册，第338页。
② 《清高宗实录》卷八四七，乾隆三十四年十一月丙申，第19册，第338页。
③ 《清高宗实录》卷八四七，乾隆三十四年十一月戊申，第19册，第348页。

京哈丰阿 1 员，前锋永全保等 228 员，副将五十四等 8 员，游击扈连等 4 员，都司张璋等 4 员，守备江纪等 2 员，千总方沛等 12 员，把总崔直中等 165 员，外委王起昌等 22 员，兵丁马朝元等 2888 名。[①] 乾隆三十五年(1770)十月，又追予出师缅甸病故官员 284 名、兵丁 4597 名恤赏银两[②]。这些为确认阵亡和病故之数目，另外失踪和受伤者亦复不少。在物力方面，乾隆三十五年(1770)四月，阿桂、彰宝遵旨查明傅恒大军征缅用过和缴还的马骡、箭支、火药、铅丸数目，记录由戛鸠西路进征官兵 6480 名，实领过马骡 18547 匹，撤兵后交回 444 匹，江东路由蛮暮进剿龙陵官兵及福建水师共 23464 名，实领过马骡 43429 匹，撤兵后交回 910 匹，又驮运炮料骡 924 匹全数倒毙，统计各路各项共支给马骡 62900 匹，除交回 1354 匹外，实共倒毙 61546 匹，[③]损失率达 98%。这还未包括自虎踞关出境策应官兵及野牛坝造船兵匠人等共 1510 名领带过马骡 1243 匹，交回 494 匹，倒毙 749 匹；以及奉派解送冲天炮官兵及宛顶声援、陇川防堵滇黔官兵 4463 名领带过马骡 596 匹，交回 139 匹，倒毙 457 匹。[④] 另外，傅恒大军共带往箭支 117400 余支，交回4500 余支，计用过 112980 余支；带往及续送火药 189280 斤、铅丸 194030 斤，交回及停运火药 46870 余斤、铅丸 37710 斤，计用过火药 142410 余斤、铅丸 156320 斤。[⑤]在财力方面，清廷为征剿缅甸前后共拨解军需银 13201860 两，其中支用银 9118374.317 两。[⑥] 显然，清朝方面为这场战争付出了沉重的人力、物力、财力代价。

关于傅恒统兵征缅甸事，英国人伯尼根据缅甸史料记述：1769 年，缅王收到八莫传来的消息，一支由 5 万骑兵和 50 万步兵组成的中国军队在三名将领 THU′-KOUN-YE′（按：当指傅恒）、AKOUN-YE′（按：当指阿桂）、YUON-KOUN-YE′（按：当指阿里衮）统率下进入缅境。10 月 21 日，缅王派 100 只战象、1200 名骑兵和 1.2 万名步兵沿伊洛瓦底江西侧进发。三天后，又派

---

① 《清高宗实录》卷八四九，乾隆三十四年是年，第 19 册，第 383 页。

② 《清高宗实录》卷八七一，乾隆三十五年十月辛丑，第 19 册，第 692 页。

③ 宫中朱批奏折：《兵部尚书缅甸军事副将军阿桂、署理云贵总督彰宝奏为遵旨查明滇省军营追剿用过及缴还马骡数目缮单呈览事》（乾隆三十五年四月二十七日），档号：04-01-01-0286-026。

④ 内阁题本：《署理户部尚书永贵、户部尚书王际华题为查核滇省造报各路进征缅匪官兵领过骑驮马骡分别免赔著追各数事》（乾隆三十八年九月初三日），档号：02-01-04-16497-007。

⑤ 宫中朱批奏折：《兵部尚书缅甸军事副将军阿桂、署理云贵总督彰宝奏为遵查征缅营火药箭枝铅丸用存各数缮单呈览事》（乾隆三十五年四月二十七日），档号：04-01-01-0287-029。

⑥ 宫中朱批奏折：《署理云贵总督彰宝、署理云南巡抚明德奏为遵旨将滇省军需用存各数开单呈览事》（乾隆三十四年十二月二十二日），档号：04-01-01-0278-075；《明清史料》庚编第七本，第685 页。

5.2 万名士兵沿水路前往八莫。又过三天，又派两支军队沿伊洛瓦底江东岸进发。中国军队进入缅境后，派 1 万骑兵和 10 万步兵前往伊洛瓦底江岸伐木造船，主力则向八莫进发，并沿途建立台站，留 1 万骑兵和 10 万步兵驻防，其余总计 3 万骑兵和 30 万步兵，全部从陆路方向进攻八莫。至伊洛瓦底江岸的中国军队很快造成 500 艘战船，载 5 万士兵顺流而下，由水路进攻老官屯。老官屯缅军将领布拉莽倘作战经验丰富，一次次率部击溃中国军队进攻，中国军队只能燃起大火围困老官屯。不久，阿瓦来的水路缅军到达老官屯，沿伊洛瓦底江东岸进发的缅军占领猛密，切断老官屯中国军队后路，沿伊洛瓦底江西岸进发的缅军则向猛拱中国军队发起进攻。中国军队四处受阻，傅恒和阿桂召集众将领，一致同意与缅军议和。① 可见，缅方史料关于这一时期清缅战役的记述与中国史籍记载在双方将领、主要战役等方面可以互为印证。

第六节 《老官屯协议》与清缅战争结束

乾隆三十四年十一月十六日（1769 年 12 月 13 日），中缅双方在缅甸老官屯签订《老官屯协议》，标志着历时四年的清缅战争宣告结束。然而，《老官屯协议》并没有明确统一的文本，关于协议的签订过程和具体内容，中外史籍记载和学者研究充满疑问和分歧。而正是由于对协议内容的不同理解和描述，导致了清缅战争后中缅两国近 20 年的紧张对峙。

关于《老官屯协议》的签订过程，中国史料记载是缅人首先提出和谈请求。曾代表清军与缅军谈判的哈国兴后来获罪入狱，他在狱中供述的清缅双方谈判过程最为详细：

> 十一月初十日，诺尔塔（按：为老官屯缅军头目）寨内差出节盖（按：节盖为缅甸官名）边怡锡礼搁前来，要求见天朝的大人。经略将军（按：指傅恒）就叫我去见他。据节盖禀称，我今日出来见大人，是因为我王子打发了大头目拿了字来，要求天朝的大人们照古礼行事，不知大人们肯准不肯。我说你的王子既系真心打发人来我天朝的，经略将军

① Henry Burney, "Some Account of the Wars between Burmah and China, Together with the Journals and Routes of Three Different Embassies Sent to Pekin by the King of Ava; Taken from Burmese Documents", in *The Journal of the Asiatic Society of Bengal*, 1837, vol.62, pp.139-143.

再无不施恩的，但你们的人素性狡诈，是信不得，如果真是你王子的字，可送来，如系你们自己假写的，就不必送来，我们将军大人是不肯依的。据他说，实系我王子差来的人，我们不敢说谎的。

至十一日，他们将字送来，经略将军译出，随于十四日赏了他王子的回谕，并谕知老官屯的头目，令他回去。是日晚间，他差人隔着寨子禀称，今日接到回谕，我们的头目甚是喜欢，明日大头目还要出来求见天朝的大人。

到十五日，他的头目莽乜缪结梳三噶拉出栅子外来等候，经略将军打发我出去见他。据他禀称……昨日接着回谕，我们心里很喜欢，是以我们出来见大人。若是天朝要什么东西，可当面说明。我说我们天朝不像你阿瓦的夷人问口就讲东西，我天朝只是要讲礼。你们须照古礼进表进贡，永不许犯我天朝边境，所有留在你们那里的人都要送出来，就要这三件事情。据他回称，如此很好，我们都情愿。我们回去将这些话都告诉了我们的大头目，明日再来回复。

到十六日，他们又来求见，我出去见他。他说这三件事我们的大头目都应允了，此外如果天朝还要别的东西，并别的说话，可再告诉我们。我说此外并没有别的话，只这三件事，若少一件，也是不依的。他说这话既然讲定，我们两下须立一个字儿，作为永远凭据，总是天朝要的事，我们无有不依的。至于我们的人在天朝处，还求天朝赏给我们罢。我说你们求着我们照古礼行事，我们的经略将军施恩于你。你们如今讲到要土司的话，这蛮暮、木邦土司原是我天朝的宣慰司，不但这两土司是天朝的，连你们的阿瓦也都是天朝的宣慰司，这是（事）谁人不知道。后来因你们这里水土恶劣，地方辽远，所以我天朝也不理论，你如何讲到土司是你们的呢？他说既然如此说，今日只求立了字罢。我说止是我们两人立字，算不得凭据，况你们人情反复，必须要多叫你们几个人出来，大家公同立字才好。他说很到土日（按：此处疑有错漏，应为“他说很好，到时”）求天朝也多请几位大人出来。

到十七日，他们共出来了十四人，我们这里出去了都统明亮，侍卫海兰察、明仁、哈清阿，提督常青，总兵马彪、于文炳、伊昌阿、李时扩，副将雅尔姜阿、彭廷栋，连我共十二人。见了他们的头目，据头目莽乜结梳雅说，昨日说定的三件事，我们都依允了，心里很喜欢，再无别的话说了。现在天朝施恩，这实是天随人愿了。至于蛮暮、木邦土司，事已隔远,我们也不敢要了。现在猛拱土司在天朝营盘,只求将这一个土司赏给我们,我们就喜欢得紧了。我说你们今日还是为立字,还是为要土司,若是这般说,今日的字就立不成了。况且猛拱土司我们已经打发他进关去了,并没有在营盘里。即使在营盘里,我们也是不给你的。你若还要如此说,今日的话一概都不用说了。据他称,这也不是我们众人不知好歹,原是我们的大头目叫我们问一问,既然各位大人如此说,我们再回去问明大头目。如果不要人了,我们就将字儿送出来,这事使得使不得?我说你只管问去,来也使得,使不得不来也,并不是我们天朝要办这件事。他于酉时回去,到戌时送了字儿来。据莽乜缪结梳三噶拉说,我们回去向大头(目)说了,大头目狠怪众人说,天朝如此施恩,你们如何还不知好歹,快将这字送出去罢。所以我们即刻将这字送来的①。

从哈国兴的供词中可以看出,缅人共送出两封书信,第一封是十一日送来的请和书信,第二封是十七日送来的同意清军所提条件的书信。与哈国兴的供述相比,傅恒向乾隆帝奏报的清缅议和过程较为简略:“大兵围攻老官屯,贼势窘迫,贼目诺尔塔致书恳乞解围,经臣等传谕训饬,嗣又遣小头目节缀(按:此处疑漏‘赍呈’二字)赍呈懵驳书函,吁请停兵,词颇恭顺。诺尔塔复谒见哈国兴,叩求回书。臣等查其情词,似非狡诈,遂缮书晓谕,令其具表求降,送出内地被留之人,其投诚土司嗣后不得侵扰。若能悉遵约束,即当奏请撤兵,付书遣去。”②另外,佚名《绥缅纪事》记载:“贼匪被围,亦窘迫,屡乞退兵,经略傅恒不允。旋据老官屯大头目诺尔塔于寨内呈投缅文,恳请解围,并称出见。月之乙未(十七日),贼寨内遣其小头目节掇(按:此处疑漏‘赍呈’二字)缅酋懵驳书函,恳求停止进兵,情愿退保疆界。次日,诺尔塔出寨,求见提督哈国兴乞降。经略傅恒令领队大臣、提督等同缅国大头目十人,于搭盖草亭内会议。头目等称嗣后循例进贡,送还降人,后乞开关通贡。时经略已奉有我兵不宜久留彼土决计撤兵之谕旨,经略亦染脾疾,从征戛鸠之官兵瘴故者甚多,议定允降。”③后来王昶《征缅纪略》记述:

懵驳闻新街之败惧,而攻围日久,伤死者多。十一月己丑(十一日),布拉莽倘乃遣使求罢兵,明日(十二日)复以懵驳书来。傅公、阿

① 《乾隆朝上谕档》第6册,第546条,第245~248页。

② 《清高宗实录》卷八四七,乾隆三十四年十一月丁未,第19册,第345页。

③ (清)佚名:《绥缅纪事》,见国家图书馆编《清代边疆史料抄稿本汇编》第36册,第259~260页。

公召诸将问可否，诸将俱言懵驳从阿瓦致书，非震悚诚切不出此，可因之以息事。壬辰（十四日），作檄答之，言汝国欲贷讨，必缮表入贡，还所拘絷官兵，永远不犯边境。如背约，今次撤兵，明年复当深入。书往，癸巳（十五日），缅人管马兵头目、猛〔懵〕驳舅莽勒西哈苏，管角簇城头目、懵驳弟莽勒莽拉角敦温托多，管九城马兵头目莽聂渺麻哈苏拉，管麻官城由达拉温莽聂渺西里节雅仓姜，管濮夷头目莽聂渺诺尔塔，管五营头目莽聂渺节苏角汤得勒温莽聂渺节苏三噶亚，管赖得城头目莽息东也冈诺尔塔，管结岁头目莽聂渺息雅苏，管密得城枪炮头目莽角杂绥当尔塔，管力都城枪炮头目诺尔塔角汤，管萨缪城头目莽角杂西里诺尔塔，管只朗城头目莽浪乌西里诺尔塔，管空罕兵头目莽边歆西里角，凡十三人，请人议事。乃遣明亮、海兰察、哈清阿、明仁、哈国兴、常青、马彪、依常阿、于文焕、雅尔姜阿等会议，申谕所约三事，头目皆拱手听命。哈国兴又云："汝国越在海裔，不知藩臣典礼，汝入贡当具表文，首行书'缅甸王臣某奉表大皇帝陛下'，与安南、高丽各外藩等。"其头目得勒温曰："谨受教。"目左右具书以归。[1]

比较哈国兴、傅恒、《绥缅纪事》和《征缅纪略》等的记述，除了谈判时间和双方代表人数有所差异外，大体过程是一致的：老官屯缅军头目首先致书请求议和，并送来缅王书函，傅恒等认为可以借此机会结束战争，因此向缅军提出三项条件，缅军将领同意，然后清缅双方派出代表共同签署协议。

而据缅方史料记载，谈判请求首先是由清军提出的。如波巴信认为："在缅军力量越来越强大的时候，中国军队却因受到气候、疫瘴、粮荒等种种打击，并因受缅军袭击而受到重大损失等种种原因，最后要求停战议和。统率缅军和中国军队作战的缅军将领摩诃梯诃都罗，由于考虑到中国的力量和缅甸的力量对比相差很远，并且也知道长期作战缅军将很难获胜，中国是缅甸的邻邦，又是一个力量强大的国家，他想以后和中国根绝战争而成为友好的盟国对缅甸有利。鉴于以上种种原因，他就接受了中国军队停战议和的要求。"[2]貌丁昂也提出：中国军队提出条件求和，但是缅甸军官拒绝谈判。最后缅军统帅摩诃梯诃都罗说："同胞们，如果我们不达成和平，还会遭到下一次入侵，即使我们打赢了，又会有一次入侵。我国不能一直陷在一次又一

① （清）王昶：《征缅纪略》，第12～13页。

② 〔缅〕波巴信：《缅甸史》，第127～128页。

次对付中国人入侵的战争中，因为我们还有别的事情要做。让我们停止厮杀吧，让我们的人民和他们的人民和睦相处，互通贸易。”摩诃梯诃都罗没有说服军官们，但是他敢担责任，没有报告国王，就要求中国人同意四项条件。中国人欣然接受了这些要求，这首先是因为他们别无选择。[①]

相对而言，英国人伯尼根据缅甸史料的记述更为详细：华军久攻老官屯不下，后援不济，傅恒和阿桂召集众将领商议，分析面临的战争局势，认为即使能够突破目前的缅军围困，也难以继续前进，遂一致决定派代表赴缅军大营进行谈判，要求缅军让路，以便华军返回国内。傅恒、阿桂、阿里衮遂致信缅军统帅，信中云：“华军统帅傅恒、阿桂、阿里衮致信贵统帅，我们于 1129 年[②]受命三路进军缅甸，因为缅甸遣八名中国人送信，所以我们推迟进军一年。现在，我们惟希望看到我们的冲突得到解决。我们来此，非为缅国境土，只要缅王能循乾隆十六年之例进贡，我们亦将回赐礼物。天朝皇帝之命为：‘他们要战，就战；他们要和，就和。’我们三人带和平之师，希望解决争端。我们中国只希望讲信任和诚恳，别无所求。现在的战争是由于木邦、蛮暮、猛拱、景栋土司前来蛊动，我们会将这些土司送回原来之地。贵统帅送回所有被俘华军后，我们也将送回被俘缅军。两国将重归旧好，再无战争，贸易也将重新开放。”1769 年 12 月 3 日，缅军统帅接到来信，立即召集众将领商议如何答复。众将领都认为不能给予任何回复。但缅军统帅认为，不管中国军队以前如何侵犯阿瓦，缅王都希望和平，维护两国间长久存在的友谊；而且即使面前的中国军队被彻底摧毁，中国皇帝仍然拥有庞大的军队和人口，如果缅甸拒绝接受这些条件，还会有更多的战争和敌对，两国人民仍然无法享受和平与安宁。因此，缅军统帅主张答应华军条件，并且宣称，如果缅王不同意此举，一切责任由统帅自己承担。其他将领表示同意，缅军统帅给华军统帅写了一封长信回复，重述了战争的起因和经过，最后问及华军统帅到底是要战还是要和。华军统帅傅恒和阿桂又写了一封给缅王的长信，结尾处要求由双方高级将领商议解决所有争端，条件是缅军首先撤退，然后华军撤退，以免像木邦所发生的那样，缅军会追击华军。这封信于12 月10 日送到缅军大营，缅军统帅认为谈判应当在双方将领之间进行，不必禀报缅王，所以他拒绝接收信件。实际上，他也不敢向缅王呈递此信。信使解释

① 〔缅〕貌丁昂：《缅甸史》，第 157～158 页。

② 按：此为缅历，即公元 1767 年。

说，是通事翻译时出了问题，信件本来是写给缅军统帅的。信使还进一步提出，如果缅军确实希望和平，应当首先允许中国军队撤退至合适位置，以使谈判能够尽快和平举行。12 日，信使再次来到缅军大营，缅军统帅给他一封致华军统帅的信件，表达了他和平谈判的意愿。华军统帅得知此信，立即派信使前来，请求确定双方代表谈判时间。缅军统帅决定于次日举行谈判。①另外，英国学者哈威的记述非常简单："1769 年，华军被逐于瑞良篦大寨之外，诸将求议款。缅目拟拒之，谓华军已被困，无异笼中之鸟，且均枵腹，不日即可荡平。幸主将摩诃梯诃都罗鉴于击溃少数军队，徒使清廷坚其斗志，用以善言遣使归。于老官屯结茅屋七椽，以缅目十四人，华使十三人，草议和约。"②

从上述可以看出，中缅两国文献对《老官屯协议》签订过程的记述有很大差异。可喜的是，我们在中国第一历史档案馆中找到了哈国兴供述中提到的那两封关于缅人请和谈判的缅文书信档案，一为诺尔塔原书，一为布拉莽倘原书。③ 其中诺尔塔原书后来由在京通事金廷侯、线阿里约略译为汉文："奴才们老官屯蛮暮城里头的领兵官诺尔塔回禀将军总督：佛爷年号七年内带着许多象马年年进贡。五年之内有坏人二三千，为这些人坏事。叫百姓平安，阿瓦王子奴才城三月四月内到之后，阿瓦王子的奴才托福天朝主子不要怪我，为我的不是禀明。"④金、线二人的翻译虽然相当蹩脚，但能看出书信的基本内容是追溯过去、反思现在、承认错误和请求原谅。从这份缅文书信档案，我们可以推论谈判请求是由缅方首先提出的。当然，停战退兵是交战双方的共同愿望，损失过半的清军和身染瘴疠的傅恒，也都迫切希望尽快结束这场残酷而无望的战争。

关于《老官屯协议》的具体内容，中文档案文献未见明确的条约文本记载。哈国兴曾在狱中供述清军对缅方提出的三项条件："我天朝只是要讲礼。你们须照古礼进表进贡，永不许犯我天朝边境，所有留在你们那里的人

---

① Henry Burney,"Some Account of the Wars between Burmah and China, Together with the Journals and Routes of Three Different Embassies Sent to Pekin by the King of Ava; Taken from Burmese Documents", in *The Journal of the Asiatic Society of Bengal*, 1837, vol.62, pp.143-146.

② 〔英〕戈·埃·哈威:《缅甸史》，第 452～453 页。

③ 军机处满文录副奏折:《缅匪头目诺尔塔原书》（乾隆三十四年），档号:03-0183-2358-053；军机处满文录副奏折:《缅匪头目布拉莽塔原书》（乾隆三十四年），档号:03-0183-2358-054。

④ 《乾隆朝上谕档》第 6 册，第 421 条，第 184 页。

都要送出来，就要这三件事情。”[①]傅恒的奏报和《绥缅纪事》《征缅纪略》的记述与哈国兴的供述大体类似，可以归结为三项：缅人奉表纳贡，送还拘絷兵民，永远不犯边境。

而缅甸学者研究的协议内容却有很大区别。波巴信《缅甸史》记述：缅军将领摩诃梯诃都罗接受了中国军队停战议和的要求，中国军队就向缅甸国王赠送礼物，然后双方同意中国军队全部放下武器，撤离回国，两国十年一次互派使节做友好访问，并依照以前一样，建立中缅贸易关系。[②] 貌丁昂《缅甸史》记录：中国军队提出条件求和，但是缅甸军官拒绝谈判，缅军统帅摩诃梯诃都罗“没有说服军官们，但是他敢担责任，没有报告国王，就要求中国人同意如下几点：(1) 中国人交出违反缅甸法律在中国境内避难的所有土司、叛乱分子和流亡分子。(2)掸人国家在历史上就是缅甸帝国的一部分，中国人要尊重缅甸对掸人国家的主权。(3)释放所有战俘。(4) 中国皇帝和缅甸国王恢复过去的友好关系，两国定期互派使节，致信问好，赠送礼物。中国人欣然接受这些要求，这首先是因为他们别无选择；其次，第四项要求为他们得免一死创造了条件，使他们有脸去见中国皇帝”[③]。另一位缅甸学者戚基耶基纽记述《老官屯协议》的主要内容也包括四项：(1) 中方交还到中国避难的缅甸国王属下登尼(即木邦)、八莫(即蛮暮)、孟拱(即猛拱)三土司。(2)缅中双方交换战俘。(3)两国友好结盟，每十年互派使团。(4)与缅方各属下交往如故。[④]

波巴信、貌丁昂、戚基耶基纽的研究都未提及协议文本问题，1837 年英国驻缅公使伯尼曾记述其在缅甸宫廷史料中找到了协议缅文本并将其译为英文。该英译本曰：

> 1769 年 12 月 13 日，星期三，官屯东南方临时建筑。西方诸国之首、日落处阿瓦王、琉璃宫君主兹指派[此为 14 位缅甸官员姓名、职衔]，东方诸国之首、中国皇帝兹指派[此为 13 位中国官员姓名、职衔]，于 1769 年 12 月 13 日会集于官屯东南特建之七顶大殿，以商议两大国之和平与友谊，并按旧例建立金银商路。谈判开始时，日落处阿瓦王、

① 《乾隆朝上谕档》第 6 册，第 546 条，第 246 页。

② 〔缅〕波巴信：《缅甸史》，第 127～128 页。

③ 〔缅〕貌丁昂：《缅甸史》，第 158 页。

④ 〔缅〕戚基耶基纽：《四个时期的中缅关系》，第 2 页。

琉璃宫君主和中国皇帝之军队均应撤退。谈判结束后,两军应互致礼物,一起按旧例撤退。所有居于中国皇帝领地内之日落处阿瓦王、琉璃宫君主之臣民,均享从前之待遇。两大国间应建立和平与友谊,应如两片黄金融合一样合而为一。同时,两大国应照旧例建立金银商路,两国君主与官员应每隔十年互致金叶信件以致敬意。[①]

另外,吴貌貌丁于1905年出版的《贡榜王朝史》也记述了《老官屯协议》的缅文本,与伯尼的英译本内容完全相同。[②] 不难看出,伯尼和吴貌貌丁记述的协议包括四项内容:(1)中国皇帝尊重居于中国境内之缅甸臣民;(2)两国友好结盟;(3)两国重开边境贸易;(4)两国每十年互派使节。至于边境土司之处置及战俘之交换,伯尼和吴貌貌丁记述的协议文本都未提及。伯尼还根据缅方史料记述:在谈判时,缅方代表提出,中国应当立即将木邦、蛮暮、猛拱三土司送回缅甸,华军代表回答,三土司目前不在军营,但保证在6个月

---

① Henry Burney,"Some Account of the Wars between Burmah and China, Together with the Journals and Routes of Three Different Embassies Sent to Pekin by the King of Ava; Taken from Burmese Documents", in *The Journal of the Asiatic Society of Bengal*, 1837, vol.62, pp.146-147。鉴于《老官屯协议》的重要地位,兹将伯尼的协议英译本录于此:Wednesday, 13th December, 1769, in the temporary building to the south-east of the town of *Kaung-toǔn*. His Excellency the general of the lord who rules over a multitude of umbrella-wearing chiefs in the great western kingdom, the sun-descended king of *Ava*, and master of the golden palace, having appointed, [here follow the names and titles of the 14 Burmese officers,] and the generals of the master of the golden palace of *China*, who rules over a multitude of umbrella-wearing chiefs in the great eastern kingdom, having appointed, [here follow the names and titles of the 13 Chinese officers,] they assembled in the large building, erected in a proper manner with seven roofs to the south-east of the town of *Kaung-toǔn*, on the 13th December, 1769, to negotiate peace and friendship between the two great countries, and that the gold and silver road should be established agreeably to former custom. The troops of the sun-descended king and master of the golden palace of Ava, and those of the master of the golden palace of *China*, were drawn up in front of each other when this negotiation take place; and after its conclusion, each party made presents to the other, agreeably to former custom, and retired. All men, the subjects of the sun-descended king and master of the golden palace of *Ava*, who may be in any part of the dominions of the master of the golden palace of *China*, shall be treated according to former custom. Peace and friendship being established between the two great countries, they shall become one, like two pieces of gold united into one; and suitably to the establishment of the gold and silver road, as well as agreeably to former custom, the princes and officers of each country shall move their respective sovereigns to transmit and exchange affectionate letters on gold, once every ten years。

② 〔缅〕吴貌貌丁:《贡榜王朝史》(缅文本),曼德勒:曼德勒新闻社1905年版,第341~342页。

内送出。[①] 然而，一个很关键的问题是，伯尼和吴貌貌丁记述的协议缅文本，在形式上并不具备条约的特征，在内容和语言上也不会得到清朝方面的同意。所以，该文本应当是缅军将领向缅王汇报的协议文本，而真正的双方谈判代表签字的协议文本并不存在。

由上述可以看出，《老官屯协议》并没有明确统一的文本，关于其具体内容，两国文献记载及学者研究存在很大分歧。那么，协议到底包括哪些内容呢？综合上述两国文献记载以及战后双方交涉重点，协议的具体内容应当包括三项：一是两国每十年互派使节。缅方描述为两国政府互派使节；清朝方面则描述为缅人奉表纳贡。这是清朝方面最看重的条款。二是两国边境恢复战前状态。缅方描述为清朝要恢复战前土司存在状态和边境贸易开放状态，即清朝要归还木邦等三土司，并立即重新开放边境贸易；清朝方面则描述为缅人永远不犯边境，至于木邦等三土司，因当时不在军营，会在几个月后归还，边境贸易也会在缅人奉表纳贡后开放。三是双方交换战俘。缅方描述为双方互相交换战俘；清朝方面则描述为缅人送还拘絷兵民。正是由于协议没有明确统一的文本以及两国语言语境的差异，中缅双方对《老官屯协议》的内容有不同理解和描述。而正是由于对协议内容的不同理解和描述，清缅战争后中缅两国经历了近 20 年的紧张对峙。

需要指出的是，由于双方代表谈判仓促，边境距离京都又较远，最后签订的协议是未经两国君主同意的。乾隆帝于十一月二十九日接到傅恒关于前线议和的报告，而这时距离《老官屯协议》签订已过去了 13 天。对傅恒报告的协议内容，乾隆帝基本是满意的。与此相对，缅王接到谈判情况报告也在数日之后，他对协议内容非常不满，怒斥缅军将领摩诃梯诃都罗没有把中国军队完全消灭干净，以致摩诃梯诃都罗和他的军队不敢立即班师回缅京，而是移师进攻曼尼坡，迨进攻胜利后，把战利品献给缅王，才使他的怒气平息下来。[②]

关于清缅战争的结局，缅甸和英国人都认为是缅甸获得了胜利。他们

---

① Henry Burney, "Some Account of the Wars between Burmah and China, Together with the Journals and Routes of Three Different Embassies Sent to Pekin by the King of Ava; Taken from Burmese Documents", in *The Journal of the Asiatic Society of Bengal*, 1837, vol.62, p.146.

② 〔缅〕波巴信：《缅甸史》，第 148 页；Henry Burney, "Some Account of the Wars between Burnahand China, Together with the Journals and Routes of Three Different Embassies Sent to Pekin by the King of Ava; Taken from Burmese Documents", in *The Journal of the Asiatic Society of Bengal*, 1837, vol.62, p.148。

的描述都是，清朝兴兵来袭，缅甸派军阻击，特别是在老官屯，两军展开史无前例的水陆联合作战，最后清军被迫求和。清朝人则认为是清朝获得了胜利。乾隆五十七年(1792)，清军出征廓尔喀凯旋，乾隆帝回忆自己在边疆地区的一生战绩，作《十全记》一篇，言自己有“十全武功”：“十功者，平准噶尔为二，定回部为一，扫金川为二，靖台湾为一，降缅甸、安南各一，即今二次受廓尔喀降，合为十。”[①]可见乾隆帝是将征缅之役作为辉煌业绩来称颂的。实际上，从清朝在战争中付出的沉重人力、物力、财力代价看，清朝并未获得战争的完全胜利。

清军为何在征缅之役中频频失利且损失惨重？这与战区天时地利条件及绿营兵战斗力弱有关。首先，在滇缅边境和缅北地区，每年雨季到来，毒气滋生，瘴疠盛行，人员和牲畜极易染病死亡，清军中有很多是满洲兵和外省士兵，他们很难适应战区恶劣的自然环境。从战争统计来看，傅恒率军征缅期间兵丁病故数量竟是阵亡数量的1.6倍，马骡倒毙比例高达98%，可见天时对于清军不利。其次，清军擅长骑兵作战和平原作战，但滇缅战场却以山地丛林为主，清军骑兵无法从容展开，士兵的鸟枪也不适合山地射击。相反，缅军已经习惯于缅北地区的自然条件和山地环境，他们利用熟悉地形的优势，采取游击袭扰战术，使各路清军难以相顾，多被分割包围，各个击破。而且，清军长途跋涉，悬军深入，缅军注意切断清军后续给养和台站路线，后继无援的清军只能成为强弩之末。最后，滇省绿营兵战斗力相对较弱。对此乾隆三十二年(1767)四月云南布政使钱度即称：“滇省绿旗积习更为不堪，将各一心，兵鲜斗志。臣细为访察，闻昭通、东川、开化、曲寻四镇营兵尚敢与贼对仗，其余皆退缩不前。”[②]后来明瑞亦称：“查滇省绿营积久废弛，无人整顿。迨至奉调，率多未经训练之兵，仓卒起程，行至半途，驮载之马匹已疲毙殆尽，每兵担负军装、口粮不下数十斤，步行长站。及值进剿，则兵力已瘁，而领兵将弁又多不知体恤，到处草木皆兵，每程每夜必令伐木树栅捍御，昼夜罔息，尤为疲惫。是以兵心涣散，各无斗志。至于各营将领……凡带兵与贼对垒，不识地势，不过督令兵弁施放枪炮，总兵大员身则居后遥观。即为攻剿，鲜有摧坚陷阵身先士卒与贼交锋短接之事。每遇马贼一冲，则将领失措，兵练弃械溃走，不能抵御。且调拨兵弁，移东补西，朝更暮改，又不令

① 《清高宗实录》卷一四一四，乾隆五十七年十月戊辰，第26册，第1018页。

② 《明清史料》庚编第七本，第634页。

本营将弁带领本标兵丁，各营杂凑成伍，毫无纪律，兵将互不相识，故前后伤亡病故以及失伍逃避，漫无稽考。”①

清缅战争的影响，并不在于它给时人带来的荣辱，而主要在于它对西南边疆稳定所做的贡献。清缅战争对于清朝消弭边患、稳定边疆有着深远的意义，它阻滞了雍籍牙王朝对中国边境的军事扩张，稳定了西南边疆局势。在清缅战争之前，中缅边境模糊不清，有诸多瓯脱之地。通过这场战争，中缅边境大部分以实际控制的形式确定下来。在此基础上，经过清末中英滇缅边界谈判，中缅边界大部分在条约上得以划分。此外，清缅战争对于这一时期的东南亚政治局势也有重要影响。清缅战争爆发时，缅甸正与暹罗进行战争，并于 1767 年 4 月攻破阿瑜陀耶，致使暹罗阿瑜陀耶王朝(1350～1767)灭亡。由于中缅战事紧张，缅王被迫从暹罗调回部分军队，客观上援助了暹罗的抗缅复国战争。正是在 1767 年 11 月，阿瑜陀耶王朝旧臣披耶达信率领暹罗军民收复缅军侵占的吞武里城，又光复阿瑜陀耶，披耶达信被拥立为王，定都吞武里，是为吞武里王朝(1767～1782)。对此英国学者霍尔也认为：“在 1766 年和 1769 年间，缅甸本身也不得不进行防御，以应付中国的一系列入侵。这种转向削弱了它对暹罗的控制，使暹罗人得以在一位领袖披耶达信的领导下迅速地恢复元气。当缅甸人正在竭尽全力击退中国人的时候，他开始有计划地消灭他们的驻军，并在 1768 年底收复了阿瑜陀耶。”②

清缅战争结束后，还有一系列善后问题，如边境土司如何安置，边境贸易是否开放，边境矿厂如何处理等。乾隆三十四年(1769)十二月十九日，乾隆帝谕令傅恒、阿桂、彰宝会商滇缅善后事宜。③ 傅恒等先询问猛拱土司浑觉是否愿意内迁，浑觉称：“家口俱在猛拱，且所有属下地方亦须前往管束，仍愿回至猛拱，为边外土司。”傅恒等遂酌量给赏送回，并移文缅甸，嗣后不得滋扰。④ 乾隆三十五年(1770)正月，傅恒就西南边疆善后事宜具折上奏，乾隆帝命军机大臣等议奏。二月初五日，大学士尹继善等议奏：

> 一、遮放、猛卯、陇川、盏达四土司，经贼扰散来归，无力耕作，且军兴曾出力，应如所请，交地方官查借牛具籽种，并酌借银二三千两修署，

① 《明清史料》庚编第七本，第 641 页。
② 〔英〕D.G.E.霍尔：《东南亚史》，第 493 页。
③ 《故宫博物院典藏专案档暨方略丛编：缅档》，第 1421～1424 页。
④ 《清高宗实录》卷八四九，乾隆三十四年十二月是月，第 19 册，第 382～383 页。

分限五年缴。

一、普洱边外十三版纳，现隶内地，未被贼，耕作纳税如初，应如所请，交督、提于本年瘴退后，查其曾被扰之穷户，借给牛具籽种，设法安集。其近日招降之整欠、景海野人，未与各土司同供职，应令地方大员晓谕，令就各处土产，数年一贡。

一、猛密大山境内波竜老厂、新厂等处，恐兵后有潜往开挖滋事者，应如所请永禁，犯者从重治罪。至茂隆厂，自葫芦酋长献厂纳贡，相安已久，且距缅远，无庸防禁。惟沙丁丛集，应责厂员造册，按季由府申院，核查收除人数，仍令沿边各土司，禁内地厂民越江偷渡。

一、永昌、腾越人所典干崖、盏达、南甸、陇川、猛卯、遮放、芒市各土司地，应如所请，派道、府督同地方官严查，示知该民、夷，立将典押产开报造册毋隐，照本利多寡，收过年租若干，定限八年、九年，以次退出，嗣后永禁。犯者地入官，承典人治罪，并严禁内地人在夷地开铺，及与摆夷婚。

一、龙陵地无瘴气，其外即芒市、遮放，与外夷密迩。查永昌府同知无专辖事，应如所请，移驻该处，定为龙陵厅，并于应裁武职内移驻游击、守备各一，拨留应裁兵六百，定为龙陵营，同司稽查弹压。

一、腾越以外万仞等七关，并邦中山、杉木笼等处，旧设抚夷，该州、协等并不申报上司，又无定额，有名无实，应如所请，定为额缺，每关、每处设抚夷正、副二人，给以外委职衔顶带，并与兵马，钱粮按季支，现即行令该州、协会遴承充，报督、抚给印照，咨部存案，缺出照旧慎选，仍令该管上司留心访察，毋许滥充滋弊，不惟弹压野人，保护行旅，并可稽查内地民人私越关隘。

一、滇省绿营怯懦成习，永昌、腾越、顺宁为全省西南门户，专营紧要，应募兵半系游手无赖，不堪训练，应如所请，先期按户选充，如一家有丁壮三人，察其年力汉仗挑一人。该地方官先查所属乡里户口若干，约挑若干，详上司察核后，会同该镇、协遴选登记，申督、抚、提存案，遇缺以次充。其年久衰弱、不堪顶补者，临时更换。至挑兵时，胥役等不得藉端需索，硬派私放，犯者加倍治罪。

一、此次进剿，炮位最为得力，除京城送往冲天炮四位仍送京外，所有经略大学士公傅恒所铸大炮二位，蒙恩赐名大神威，应即存腾越，留镇地方。又续在老官屯铸食五十余两神炮八位，及四川解往九节炮十位，亦应于永昌、腾越、龙陵、普洱分贮，均令每年各操演十日，其四川省咨送劈山炮八十位，据川督奏明，已另行补造，并留滇省，酌量分给各标营。

一、查木邦土司线瓮团、蛮暮土司瑞团等，先经阿桂、彰宝奏，伊等或令回故土，或择地安置，俟询明再办。其余久经归顺之整欠土弁叭先捧、六本土司召猛斋、景线土司召呐赛、景海土司召罕彪、猛竜土司叭护〔猛〕、孟艮土司召丙、整欠土司召鑫、猛勇土司〔目〕召瞯南〔喃〕、孟艮土司〔目〕召猛乃等，分住普洱沿边一带之猛彝、小猛沓、橄榄坝及思茅、普藤、猛腊等处，人数既众，情形亦殊，应如所请，并俟彰宝等秋间查办十三版纳，到普洱查明应回应留妥办。

一、耿马土把总罕朝玑奉旨赏五品顶带，给与花翎，以守备题补，查罕朝玑等前岁回滇，染病留省城，未随进兵，且系夷人，题补守备不能办绿营事，应如所请，毋庸题补，只给守备俸薪，俟病痊，归总督衙门差委。至大山头目之侄阿陇，安于内地衣食，不欲即回，仍与养赡，留住永昌。俟大山有人来内地，阿陇如见伊亲故，意欲同回，该督抚再行查明，令归故土。[1]

显然，傅恒和军机大臣就边境地区土司安置、秩序维护、矿厂撤留、军队补充、火炮处理等问题提出了意见。对于军机大臣议奏的意见，乾隆帝表示同意。

边境土司安置是清缅战争善后的重要问题。根据军机大臣等议定的善后意见，多数内投边境土司暂时安置于云南沿边一带，木邦土司线瓮团和蛮暮土司瑞团，则要先征求其本人意见再做决定。不久，线瓮团和瑞团提出，已与缅人为仇，如回本处，恐被残害，请安置于内地。乾隆三十五年（1770）三月，阿桂等上奏，可将线瓮团和瑞团分别安插于蒙化厅和大理府城，拨给旧存马厂官庄田；另外，孟连投诚土目线官猛，现住陇川之户南山，因土地荒芜，生计维艰，可与线瓮团一起安插；又戛鸠投诚土司贺丙，原系瑞团所属，可与瑞团一同安插。乾隆帝准之。[2] 九月，阿桂等就其他内投土司土目安插提出意见，认为应将召丙安插于宁洱县通关哨之蕨箕坝，召猛乃安插于九龙

① 《清高宗实录》卷八五一，乾隆三十五年正月丁未，第19册，第401～403页；《乾隆朝上谕档》第6册，第66条，第32～37页。

② 《清高宗实录》卷八五四，乾隆三十五年三月丁亥，第19册，第442页。

江一带，叭护猛安插于猛伴小猛卷，召翕、召斶喃安插于他郎通判所属之阿墨江，以上均按照其族群人数拨给土地、牛具、籽种、银两，令地方官留心照料；召那赛（按：应即召呐赛）、召那花、召罕彪、召猛斋、线官猛等，安插于内地州县设有土官地方，酌给房屋、口粮，俾资衣食，其所属土民，安插于普洱所属各土司境内；叭先捧情愿移居内地，可同叭豸均于内地安插。对于阿桂等人的意见，乾隆帝皆准之。[①] 三十六年六月，署云贵总督德福奏报各土司土民安插情况：召丙、召猛乃、叭护猛、召鑫、召斶喃及其亲丁眷属，俱已安插上年所定之处；召那赛、召那花、召猛斋、线官猛及其眷属，已移于省城安插；召罕彪、叭先捧、叭豸及其眷属，已安插于宁洱县之磨黑地方；各土司所属停迁土民，即于普洱沿边小猛卷、橄榄坝、猛往等处，交各土司管束，作为该土司民人；叭先捧、叭豸所属停迁土民，交九龙江宣尉司收管安插。[②] 三十八年六月，因线瓮团安插于蒙化厅漾濞 地方，由营弁一员看守，兵力单薄，署云贵总督彰宝将线瓮团等改移于大理府城内，与瑞团、线官猛一处安置，仍分别居住。[③] 十月，又将线官猛之子罕凹亦迁入大理府城安插。[④] 至此，先后安插内地之投诚土司土目"计其眷属男妇共有七百余十名"，均由地方政府"拨给房宇，置产取租，计口授食"[⑤]。

但是，并非所有安插内地之土司都安静无事。乾隆三十八年（1773），召猛乃诱同车里土司刀维屏遁去；乾隆三十九年（1774），召鑫、召斶喃又逃去无踪。是年六月，署云贵总督图思德、云南巡抚李湖奏："查现在各土弁内，除召猛斋、召那花、召那赛、羡管猛等安插省城，尚皆安分，惟召丙、叭先捧、叭豸、召罕彪等四户，在宁洱县属清水河等处安插，该处逼近夷境，恐又为召鑫拿等之续。应请照内地土司有犯军流等罪者，迁徙江西等省安插之例，将召丙等四户发往江西，交地方官严行管束。"乾隆帝准之。[⑥] 于是，召丙等四户被迁往江西安插。乾隆四十一年（1776），云南布政使朱椿、署云贵总督图

---

① 《清高宗实录》卷八六九，乾隆三十五年九月是月，第 19 册，第 656～657 页。

② 《清高宗实录》卷八八七，乾隆三十六年六月是月，第 19 册，第 888～889 页。

③ 《清高宗实录》卷九三七，乾隆三十八年六月是月，第 20 册，第 632 页；宫中朱批奏折：《署理云贵总督彰宝奏为木邦土司线瓮团改移大理府安置事》（乾隆三十八年六月初十日），档号：04-01-01-0320-008。

④ 《清高宗实录》卷九四五，乾隆三十八年十月是月，第 20 册，第 808 页。

⑤ 宫中朱批奏折：《署理云贵总督彰宝奏为酌筹安插宁洱县投城外夷召丙等及内地安插各土目一体迁徙江南等省安插事》（乾隆四十一年十一月十一日），档号：04-01-30-0388-003。

⑥ 《清高宗实录》卷九六一，乾隆三十九年六月是月，第 20 册，第 1038～1039 页。

思德先后奏请将滇省安插土司土目等，均照召丙等四户安插江西之例，一并迁徙江南等省，乾隆帝令阿桂等议奏。[①] 乾隆四十二年(1777)六月，军机大臣议准阿桂、李侍尧所奏，将各土司土目分别办理：木邦土司线瓮团眷属120余名，蛮暮土司瑞团眷属55名，孟连土目线官猛及其子罕凹眷属73名，俱在大理府城安插，现皆乐业安居，毋庸改迁；六本头人召猛斋、景线头目召那赛、猛扒土目羡管猛等眷属共60余名，及桂家叭立斋等眷属460余名，迁往乌鲁木齐等处；耿马土司之侄罕朝玑、孟连土司刀派猷、勐卯土舍衎杰等家属共30余名，遣还各土司本处；户撒土民黄国宾等眷属十余名，均系罪人妻孥，分赏滇黔有功各员；阿陇等三名系无家可归及单身僧侣，不必移徙。[②] 至此，约有三分之二的投诚土司土目及其眷属被迁往新疆，而未迁往外省的线瓮团等人后来又改迁东川府安插。[③]

① 《清高宗实录》卷一〇一一，乾隆四十一年六月是月，卷一〇二三，乾隆四十一年十二月是月，第21册，第581、715～716页；宫中朱批奏折：《署理云贵总督彰宝奏为酌筹安插宁洱县投城外夷召丙等及内地安插各土目一体迁徙江南等省安插事》(乾隆四十一年十一月十一日)，档号：04-01-30-0388-003。

② 《阿桂等奏报查明滇省安插各土夷情形事》(乾隆四十二年五月二十二日)，见《宫中档乾隆朝奏折》第38辑，第708～711页；《清高宗实录》卷一〇三四，乾隆四十二年六月癸卯、甲辰，第21册，第861页。

③ 《清高宗实录》卷一二四二，乾隆五十年十一月戊午，第24册，第708～709页。

第四章　乾隆后期与雍籍牙王朝的“冷战”

清缅战争虽然结束，清缅关系却未迅速改善，而是经历了近 20 年的“冷战”①。在近 20 年的时间里，中缅关系经历了由紧张对峙到相互接洽再到交涉中断的曲折历程。自乾隆三十四年(1769)十一月至四十一年(1776)底，为双方紧张对峙时期。乾隆四十一年(1776)底至四十五年(1780)五月，双方就缅甸进贡还人等问题多次进行交涉。乾隆四十五年(1780)五月至五十三年(1788)五月，双方交涉陷于中断。乾隆五十三年(1788)五月，缅甸遣使访华，标志着清朝与缅甸“冷战”对峙的结束和友好时期的到来。

第一节　与雍籍牙王朝的紧张对峙

乾隆三十四年十一月十六日(1769 年 12 月 13 日)签订的《老官屯协议》中有缅人奉表纳贡、送还拘縶兵民之约，但至乾隆三十五年(1770)正月，距离《老官屯协议》签订已有 40 余日，缅甸方面并无消息，乾隆帝开始有所怀疑：“看来缅匪此番乞降，其始未尝不慑我兵威，诚心归命。及我军退撤时，贼匪或窥见我有不得不退之势，故尔观望迟回，或并悔其前说，亦未可定，则永昌沿边一带，不可不留心防备。”遂谕令于现调贵州兵内酌留若干，分驻永昌等处沿边关隘，与滇兵协同戍守。② 就在此时，云贵总督彰宝奏称：“老官屯头目布拉莽倘，两处差人呈送棕叶缅文，欲通贸易。”乾隆帝闻奏，更为怀

① “冷战”(Cold War)是指美国与前苏联及其盟友在 1945 年至 20 世纪 90 年代初在政治、军事和外交上的对抗、冲突和竞争。此处借用“冷战”一词形容乾隆后期与雍籍牙王朝在政治、军事和外交上的紧张对峙与艰难交涉。

② 《清高宗实录》卷八五〇，乾隆三十五年正月乙酉，第 19 册，第 390 页。

疑，一方面命阿桂、彰宝遵照前谕选派贵州兵 2000 名，于沿边一带与滇省兵分配驻防；另一方面严令不得开放通商："缅匪降表一日不至，一日不可许其与内地通商，此一节乃中国制驭外夷扼要之道，把握自我而操，最为长策。从前之准噶尔，近日之俄罗斯，皆如此筹办。把守关隘，乃总督专责，著彰宝选派妥干员弁，于各边口实力防诘，不许内地商货丝毫透漏。"乾隆帝还叮嘱彰宝当对此事实心查察，"若稍不经意，致官弁等仍以具文塞责，或有疏懈之处，惟彰宝是问。若缅酋已奉表纳款，果属诚心，即可奏闻，许令通商，即滇兵亦毋庸留驻"①。二月二十五日，距离《老官屯协议》签订已过三个多月，缅人仍未遣使入贡，乾隆帝更加坚定自己的怀疑，再次下谕："缅酋既如此迁延，其情伪殊不可信。彼所略有顾恋者，惟贸易一节，急欲求通中国；而内地亦惟此一节，尚足以扼其肯綮。总之彼贡表一日不至，沿边货物一日不可令通。此时务须设法严查，勿使奸劣商民丝毫透漏。若稍有疏懈，仍归有名无实，则并此不足恃，更复无可把握，所系非浅鲜也。"乾隆帝还在谕旨中再次告诫彰宝要实心办理，并将边禁如何严密防察，缅人有无贡表消息，迅速奏闻②。很快，彰宝将边境情况向乾隆帝汇报：贵州兵与云南昭通兵共 3000 余名，分别由昭通、鹤丽、永顺三总兵带领，驻扎陇川、盏达、遮放等处，严查商贾私漏；又于沿边小口，严饬地方官防范；其永昌、腾越沿途道路，添派弁员稽查；至于缅人进贡，则尚无消息。③

三月初六日，缅人仍未奉表纳贡，也未送还拘絷兵民，乾隆帝对军机大臣们提出："缅酋所请遣人进表一节，迄今三月余，杳无信息。倘竟置之不问，非威慑外夷之道，或恐转为所轻。且奉表纳贡，尚可听其自至，毋庸督促。至所云送还羁留内地人民，则不便听其不遵教约。"因此乾隆帝下令军机大臣代阿桂、彰宝拟写檄谕缅甸国王文稿，命阿桂等接到后，译为缅文，连同汉字文稿，选派妥干员弁，赍赴老官屯交该处缅军头目诺尔塔，并令其即行转递阿瓦，速取回信。

檄文曰：

檄谕缅甸国王知悉：尔缅甸僻处炎荒，久阻声教。我大皇帝悯尔远

---

① 《故宫博物院典藏专案档暨方略丛编：缅档》，第 1437～1439 页；《清高宗实录》卷八五〇，乾隆三十五年正月己丑，第 19 册，第 393 页。

② 《乾隆朝上谕档》第 6 册，第 104 条，第 52～53 页；《清高宗实录》卷八五三，乾隆三十五年二月壬申，第 19 册，第 423～424 页。

③ 《清高宗实录》卷八五三，乾隆三十五年二月壬申，第 19 册，第 424 页。

夷蠢愚，置之化外，然犹听边氓与尔国交易，俾裕尔生计，阜尔民人，恩至渥也。乃尔自作不靖，甘弃生成，竟敢扰我边外土司，甚至阑入内地，侵轶无忌，是尔不知感戴圣主格外包容，自绝于天，罪无可贷。前督院等因统兵问罪，尔犹负固不服，抗我师旅，尔恶益盈。我大皇帝尚不忍遽加歼灭，惟饬我边防，断尔贸易，冀尔或知悔罪，仍可曲赐矜全。乃待以一年，尔竟冥顽无知，始终执迷不悟，实为覆载所不容，国法所难宥。于是始命经略大学士忠勇公傅恒，偕本将军、本督部院等，统率八旗劲旅及各路精兵，水陆并进，厚集征剿。我经略及本将军等恭膺简命，督策将士，奋勇争先，巨炮强弓，威武无敌。去秋自戛鸠济师，即收复猛拱，进次新街，两岸夹击，继以舟师，遂尽破尔栅，夺尔船，搴尔蠢，射殪尔头目，歼戮尔丑徒。尔众之仅存者，丧胆奔逃，势如瓦解。我大军乘胜进攻老官屯，数日之间，拔尔江岸数寨，并昼夜攻围大寨，炮矢交加，尔众力不能支，破在旦夕。尔彼时慑我兵威，自知危窘，从阿瓦遣人至老官屯，同彼处头目诺尔塔赍尔书词，诣我军营，数次恳请解围，情愿奉表纳贡，送还内地被留人众，情辞迫切，恭顺有加。我经略及本将军等因曾奉大皇帝恩命，以缅酋如或自知悔祸，纳款投诚，姑免捣其巢穴，临时奏闻定夺，遂暂退六军，据尔呈词，星驰入告。蒙大皇帝如天好生，鉴尔诚悃，俯允所请，降旨班师，以全尔众。乃尔自上年十一月遣人奉书以来，距今数月，负教爽约，竟不禀覆，是何情理？今大兵虽暂退，大学士忠勇公虽遵旨还朝襄赞政务，而本将军尚在滇省，本督部院亦董理粮马军械，坐镇边地，以观尔动静。尔之奉表纳贡迟速，本不足计。以我中国抚有函夏，东自高丽、琉球，及东洋、西洋诸大国，南则交趾以南诸国，北则准噶尔全部，西则回部数百城，并入版图，岁时朝贡，何物蔑有？尔弹丸僻壤，即竭力具贡，有何珍异足为比数？原无所容其督促。且尔贡表一日不至，内地贸易一日不通，尔果安于自误？更无庸代尔筹画。但尔所称送还内地被留之人，有何难办，有何顾虑，而迁延许久，信息杳然，殊不可解。设或大皇帝询及尔迟延之故，本将军等岂肯为尔掩饰欺罔乎？抑尔前此敢以鬼蜮伎俩巧为尝试乎？万一大皇帝责尔欺慢之罪，复命本将军等率兵进剿，尔自度尔国力量，尚能当我大兵之压境乎？为此开诚剀切檄示，尔速自熟思审处，决(抉)择祸福，迅即具禀申覆，送还内地人众，则尔国土人民庶得安全。倘仍游移观望，后悔无及，尔自度之。特檄。[①]

根据此檄谕，缅甸送出拘絷官兵取代奉表入贡成为清廷第一要求。

然而，十四日，乾隆帝檄谕尚未送至云南，有老官屯缅兵四人持头目诺尔塔缅文书信来至虎踞关，要求将木邦、蛮暮、猛拱三土司送回，并称议和时哈国兴曾允诺将三土司归还。乾隆帝闻奏，下令哈国兴进京陛见，以长青调补云南提督。因缅人来信中并未提及开放边境贸易一事，乾隆帝判断缅甸并不专以此为重，“缅甸蕞尔边夷，货市有限，获利无多，其所易内地诸物，并非日用所急需。且彼处向亦通洋，不专恃内地，是贸易一节，实不足以制其死命”。因此，除边隘仍须实力防禁，不可稍有疏懈外，“向缅酋索取内地被留之人，尤为国体所系”，阿桂、彰宝等“应早为筹及，向彼饬催”。[②] 二十日，彰宝接到乾隆帝初六日檄谕，即遵旨译写缅文，令都司苏尔相、通事段彩霞带兵 20 名，于二十九日赍赴老官屯。四月十二日，苏尔相等抵达老官屯，次日将檄谕交给诺尔塔。诺尔塔将苏尔相等扣留在老官屯，以候阿瓦回信。[③]

缅方为何未履行《老官屯协议》？乾隆帝猜测原因有二：一是清军撤退仓促，缅人“窥见端倪，渐生观望”；二是猛拱土司浑觉回猛拱后，将清军虚实告知缅人，缅人因此心生反悔。[④] 而根据缅方史料记载，首先是《老官屯协议》没有得到缅王孟驳同意，孟驳既不同意协议内容，当然也不会履行协议。其次是老官屯头目诺尔塔两次致书清朝，第一次要求清朝开放边境贸易，第二次要求清朝放还木邦等三土司，这两个要求都是缅人理解的协议内容，但这两个要求都被清朝拒绝。总的来看，缅甸未履行《老官屯协议》的原因在于其对协议内容的不同理解和描述。

五月二十四日，彰宝奏，有外委钟朝相从缅甸回关，但其带回的诺尔塔

① 《清高宗实录》卷八五四，乾隆三十五年三月癸未，第 19 册，第 435～438 页；《乾隆朝上谕档》第 6 册，第 130 条，第 65～66 页。

② 《乾隆朝上谕档》第 6 册，第 246 条，第 110～111 页；《清高宗实录》卷八五六，乾隆三十五年四月辛亥，第 19 册，第 465～466 页。

③ 宫中朱批奏折：《署理云贵总督彰宝奏为遵旨覆奏副将军阿桂自撤兵即停支廪气及檄谕缅甸之文等各情事》（乾隆三十五年四月二十九日），档号：04-01-01-0288-040。关于苏尔相，《清史稿》卷三二七《苏尔相传》（第 36 册，第 10887～10888 页）载：苏尔相，甘肃灵州人。自行伍从征缅甸、金川有劳，累迁云南奇兵营都司。乾隆三十五年，云贵总督彰宝以缅甸表贡久不至，遣尔相赍檄往谕，被留，迫使上书阿桂申表贡之议。上谓尔相且降缅，命甘肃疆吏执尔相妻孥至京师，子一、女二死于狱，妻死于道。四十一年，缅始送尔相还。上命阿桂传谕，令其诣京师，引见，授游击，赐诗亦比以苏武。累迁腾越镇总兵，兼署云南提督。卒。

④ 《乾隆朝上谕档》第 6 册，第 104 条，第 52～53 页。

回信“狂吠可恨”，因此应再次进兵缅甸。乾隆帝认为，去年兵力厚集，又多八旗劲旅，尚且未能大胜，今年瘴疠正盛，且所留不过云贵兵万余人，若轻率前进，徒令士卒损伤，于事毫无裨益，因此“此时自宜处以镇静，严饬边守，以防贼匪之潜谋侵轶。或俟冬间瘴退时，选派精锐二三千人，统以勇敢将领，乘其不备，袭击而进，掩杀贼众，以申我威棱。虽于事无甚大益，亦庶几稍纾愤懑耳”[①]。可见此时乾隆帝已不准备再度大举用兵，而是考虑派精锐部队突袭缅甸。乾隆帝又以苏尔相等被缅人扣留，应当索还，命军机大臣代阿桂、彰宝拟写檄诺尔塔文稿，仍令钟朝相赍往。檄文曰：

> 檄谕老官屯头目诺尔塔知悉：上年官兵攻围老官屯时，尔阿瓦王子差人至尔寨中，同尔诣军门赍书恳求解围，情愿奉表纳款，送还内地之人。彼时本将军等鉴尔王子情词恭顺，遂与尔立定教约，给尔回书，撤兵停剿。乃迟至数月，杳无信息。本将军等以尔投诚之语，曾经代尔奏闻大皇帝，尔等即敢于欺诳，本将军等如何敢于大皇帝前蹈欺罔之咎？因檄示尔王子索取被留之人，此尔王子遣尔诺尔塔等向我军营恳求之事，何竟敢行反悔？今尔王子并无回信，尔诺尔塔何物，辄敢向我索还土司，并拘留我送书之苏尔相，且敢投书与本将军等，肆行狂吠，实为覆载所不容矣。苏尔相一微末武弁，汝即留彼害彼，于天朝毫无所损，正恐尔负此重罪，莫可逃诛，且尔缅国生灵，又将涂炭矣。尔自思尔一虫蚁不如之人，辄敢违尔王子去年纳款书词，向本将军等抗词蔑礼，尔尚可比于人类乎？本将军总督奉命镇守边境，视尔穷荒匪目，何等么么，岂容尔妄自尊大，出言无状乎！亦岂容尔以尔王子愿受约束之语，擅自反复乎！为此再檄谕尔诺尔塔，即将我所遣都司苏尔相如礼护送入关，并即寄信尔王子，将从前所留之人，速即查明送还，以全尔王子之礼信，毋稍执迷不悟，自贻后悔。祸福惟尔自取，慎之凛之。特檄。[②]

次日，乾隆帝又令选派侍卫前往云南，以备巡边及统兵之用，俱随时陆续起程。[③]

根据乾隆帝派精锐部队突袭缅甸的指示，六月，阿桂等奏请派兵 3000 名

---

① 《乾隆朝上谕档》第 6 册，第 411 条，第 177～178 页；《清高宗实录》卷八五九，乾隆三十五年五月庚子，第 19 册，第 509～510 页。

② 《乾隆朝上谕档》第 6 册，第 419 条，第 183～184 页；《清高宗实录》卷八五九，乾隆三十五年五月庚子，第 19 册，第 511 页。

③ 《清高宗实录》卷八五九，乾隆三十五年五月辛丑，第 19 册，第 513 页。

分驻陇川、遮放，至冬月袭取猛密，各兵俱令步行，并派兵二三千名以为后援。乾隆帝认为，猛密在老官屯东南，地方险远，步兵难行，且恐为缅人截断归途，又派兵至五六千人，劳费颇多。[①] 七月，阿桂等又奏请派兵4000余名扑击进兵，并备办一年需用米粮马匹牲畜。乾隆帝闻奏予以叱责，谕令不必多派兵丁，但调一二千名，于九月间前往，拟定地方，俟冬月瘴退，进兵扑击，明年正月即各归本处，办给四月口粮即已足够。[②] 九月，副都统海兰察及京城派来侍卫皆集永昌，定于十一月初率兵2400名出关突袭缅甸。[③]

就在清军准备突袭缅甸之时，诺尔塔遣摆扎机、他矣细、波瓮三人入关送信，"请停止今岁进兵"，阿桂将摆扎机、波瓮二人扣留，只将他矣细遣回。十月二十二日，乾隆帝闻奏，以诺尔塔既已派人前来，今年可暂停进兵，其派来送信二人，即令派员解送入京。[④] 虽然暂停进兵，但乾隆帝并未放弃派精锐部队突袭缅甸的想法。十二月十二日，乾隆帝谕军机大臣等，阿桂等将他矣细遣回，不但透露内地消息，且为缅人所轻视，将来缅甸再派人来，"断不可遣回，即全行送京"；另外，缅人获悉清军今年不再进兵，必然疏于防范，此机断不可失，明年瘴退之后，正可派兵进击，因此谕令阿桂、彰宝秘密查访，将缅甸边境形势，及如何派兵进剿之处，通盘筹划，详议具奏。[⑤] 二十二日，因阿桂奏言缅人畏惧天朝，颇有悔心，明年应当再观察一年，乾隆帝再次下谕："今年贼匪遣人送书，因而停止，明年岂可又不攻剿耶？此际必须密行备办，务期明年进兵。俟瘴气一退，即行前进，出其不备，痛加剿杀"；另外，因缅人扣留清朝派去之人，若缅甸再派人来，亦应全部扣留，尽数解京。[⑥] 这样，乾隆三十五年(1770)，清朝虽然准备派兵突袭缅甸，但因缅人送信请求停战而没有施行。

乾隆三十六年(1771)二月十九日，阿桂奏请本年大举进兵，并请回京听取圣训："缅匪狡猾已极，应于今年大举进剿，请入觐请训。"乾隆帝下旨申饬，并令明白回奏。[⑦] 三月二十八日，阿桂奏到，顿改前言，称其奏请大举征缅之说，并非于本年即办，而是希望将粮石等项早做筹备。阿桂提出，进剿

① 《清高宗实录》卷八六三，乾隆三十五年六月乙未、己亥，第19册，第578～579、584页。
② 《清高宗实录》卷八六四，乾隆三十五年七月乙卯，第19册，第599页。
③ 《清高宗实录》卷八六九，乾隆三十五年九月辛未，第19册，第654页。
④ 《清高宗实录》卷八七一，乾隆三十五年十月甲午，第19册，第679～680页。
⑤ 《清高宗实录》卷八七四，乾隆三十五年十二月丙戌，第19册，第723～724页。
⑥ 《清高宗实录》卷八七五，乾隆三十五年十二月甲午，第19册，第729～730页。
⑦ 《清高宗实录》卷八七九，乾隆三十六年二月庚寅，第19册，第769页。

缅甸需兵4万余名，马骡34000余匹，一二年内可期就绪。乾隆帝指出，若如阿桂所奏，断非一二年内能够如数筹备，极速亦须以十年计，“且就现在情形而论，不宜大举进剿，天下无不共知”。因此，乾隆帝下谕，将阿桂交部严加议处，仍令明白回奏。[①] 五月初五日，阿桂再次奏到，对派兵突袭的想法表示忧虑，称“贼性狡猾，若我兵前往掩袭，贼或预行躲避，乘间取路，转滋扰我沿边土司及摆夷地”。乾隆帝闻奏大怒，令将阿桂革副将军职留军中效力，以温福代之。[②] 时云南省拿获潜来户拱贸易之缅人撒薄、孟坡、孟丕、阿准、波岩、瓮蚌6名，又有外委钟朝用、通事段彩霞等5人自老官屯回至内地，赍来缅文书信及苏尔相禀帖。其带来的缅文书信称：“上年在老官屯，我们要照古礼行事，为着万人性命，已经讲定就得太平了，我们蛮暮、木邦的百姓并不还我，你们不照古礼行事，是以将总爷留下。你们若要比兵，将预备粮草兵马，我们也预备下了。”[③]乾隆帝闻奏，令将撒薄等6人及钟朝用、段彩霞2人押送来京，另外3人则留在永昌。[④] 后来，孟坡行至卢沟桥病故，其余5人至京讯问后即发遣黑龙江给兵丁为奴，而钟朝用、段彩霞2人及代送苏尔相禀帖回内地之波茂1名，至京讯问后又令原解之员带回云南。[⑤]

是年夏，清军在加强边境防范的同时，秘密进行突袭缅甸的准备工作，包括从京城派来满洲兵200名，从贵州、云南调集绿营兵7500名以及在云南挑选马匹。[⑥] 而就在这时，四川大小金川土司再次发生叛乱。八月，四川总督德福上奏提出，“缅贼狡诈……然无妄念，只图报复，不敢侵扰边界”，而且“关外崎岖林箐，兼有瘴疠，我兵不能久驻”，所以应暂停袭缅之举，可等冬日到时，派哈国兴带兵至关外驻扎，“差传诺尔塔前见贼酋，晓以利害，伊若惧祸表贡，其事即已善全；倘照常冥顽，仍严守边关，不通交易。数年后出其不意，可操必胜”。[⑦] 乾隆帝闻奏，以德福所言“甚为乖谬”，下谕仍要准备突

---

① 《明清史料》庚编第七本，第683～684页；《清高宗实录》卷八八一，乾隆三十六年三月己巳，第19册，第801～803页；《乾隆朝上谕档》第6册，第1399条，第581～582页。

② 《清高宗实录》卷八八四，乾隆三十六年五月乙巳，第19册，第843～844页。

③ 《译出蒲叶缅文》（乾隆三十六年三月十五日），转引自庄吉发《清高宗十全武功研究》，第318页。

④ 《清高宗实录》卷八八一，乾隆三十六年三月己巳，第19册，第804页；《乾隆朝上谕档》第6册，第1404、1448条，第587～588、608页。

⑤ 《乾隆朝上谕档》第6册，第1605条，第657页。

⑥ 宫中朱批奏折：《署理云贵总督彰宝奏为调集兵马筹备对缅用兵事》（乾隆三十六年七月二十九日），档号：04-01-01-0298-014。

⑦ 《清高宗实录》卷八九一，乾隆三十六年八月丙申，第19册，第952～953页。

袭缅甸:“缅地水土恶劣,我兵难于深入,自不宜复议大举,堕其术中。而贼匪反悔顽梗,亦岂可竟置之不问?因议于秋冬之间,派兵袭击,出其不意,并非欲直捣阿瓦,亦非欲竟取猛密,不过躏彼疆境,乘势诛掠焚烧,令贼匪知我并未歇手,庶几稍识畏惧,送还内地之人,以完此局。”①

然而,随着金川用兵吃紧,乾隆帝不得不对袭扰缅甸之计划做出调整。九月十一日,乾隆帝命令副将军温福迅速由滇入川,袭缅之事暂缓进行:“袭击一事,原不过蹂其近边,悉力焚杀,以振兵威,并非图直抵贼巢,克期必进者可比,即迟一年再办,亦无不可……就目下情事而论,缅匪之暂停袭击,操纵在我。而小金川敢于负隅逆命,若不急为剪除,养成贼势,于事大有关系。自当权其轻重,以期有济。”温福原计划于十月初派兵突袭缅甸,此时正在永昌部署。乾隆帝命温福接到谕旨后,即同阿桂带领军中所有满洲兵,并精选黔省绿营兵千余名,星驰入川;“至于滇省边务,惟有派兵紧守关隘,加意巡逻,并令带兵侍卫等分派各处守御。设有缅匪潜至边境,即奋勇掩击歼戮,使之丧胆”。另外,若此时有缅人到关投递书信,不论人数多少,一律扣留,唯遣回其中最无用一人,“令传谕匪酋,如将所留内地之人全行送回,方可宽宥,否则断不歇手,亦不必写给回书”。② 四天后,彰宝奏报筹备调兵及军械兵粮事宜,乾隆帝再次下谕,今年暂停袭缅,彰宝所筹诸务,现在均可毋庸措办,唯当派兵分守边隘,严密稽查。③ 就这样,乾隆三十六年(1771)清朝虽曾筹备派军突袭缅甸,但因用兵大小金川,袭缅之事又未举行。

乾隆三十七年(1772)二月,彰宝奏,有“缅子孟老、摆夷信得戛二名”投递缅文书信,称“由苗温处差来,老官屯并不知道”,其信内只提贸易通商之事,而未提送还拘絷兵民一节。④ 后经查明,该二人均系内地民人,即派员押解赴京。四月,彰宝又奏,现盘获苗温所差头目秤管猛,其“诋斥诺尔塔为恶人,且以其行事为瞒哄匪酋,并云两人各不相通”,秤管猛亦被押解赴京。⑤是月,普洱镇总兵孙尔桂奏,查得召散、召功现在孟艮、猛勇,请于冬日就近调派临元、开化兵 2000 名、普洱兵 1000 名、土练 1300 名,出其不意,前往擒剿。乾隆帝认为,“召散原系逋诛罪魁,应行剿捕之犯,且去年暂停袭击,缅

① 《清高宗实录》卷八九一,乾隆三十六年八月丁酉,第 19 册,第 953 页。
② 《清高宗实录》卷八九二,乾隆三十六年九月戊申,第 19 册,第 972～973 页。
③ 《清高宗实录》卷八九二,乾隆三十六年九月壬子,第 19 册,第 981～982 页。
④ 《乾隆朝上谕档》第 6 册,第 2277 条,第 922～923 页。
⑤ 《清高宗实录》卷九〇六,乾隆三十七年四月庚辰,第 20 册,第 122 页。

匪不能窥我虚实，今冬若乘贼人猝不及防之时，向普洱边外出兵掩袭，或可擒获召散，处以极刑，藉申国威而饬法纪，并令缅贼知我进剿之举不肯歇手，自必闻风震慑，于事亦属有益”，于是下令彰宝悉心熟筹，据实覆奏。很快彰宝覆奏：召散行踪诡秘，往来无定，今拟进击孟艮、猛勇，如该犯未能就擒，势难深入穷追，应于冬初瘴退，密加侦探，如机有可乘，即统兵进击。①

就在此时，缅甸老官屯发生了人事变动，缅王孟驳派得鲁蕴至老官屯接任诺尔塔。得鲁蕴先派缅人孟矣等 4 名到关，称“得鲁蕴自阿瓦到老官屯办送贡礼，并送还内地之人，请限六月初十日亲自来见”，彰宝命将孟矣等 4 人扣留。乾隆帝闻奏，下谕指示：如果孟驳诚心悔过，送还内地之人，纳贡求降，可允其所请，但必须将杨重英、苏尔相等官员送回方可。至于贸易，如果孟驳恭顺，即可弛禁，但货物出入必须官为经理，如恰克图之例，立法稽核，毋许私通。如果得鲁蕴只赍贡物前来，或送还者只是一般目兵，则又不当轻允。② 然而，六月初十日，得鲁蕴并未亲自到关，而只派“摆夷”拉撒等 2 人送来红毡等物。彰宝命将拉撒等 2 人扣留，与先前扣押的孟矣等 4 人一并送京。至九月，仍无得鲁蕴进贡还人消息，乾隆帝命在京的孟矣寄信给得鲁蕴询问。③ 然而，出关送信之“摆夷”蛮轰亦久无回信。就这样，乾隆三十七年清朝曾谋划突袭缅甸擒剿召散，但因新任老官屯头目得鲁蕴同意进贡还人，突袭缅甸之谋划又未实施。

得鲁蕴为何答应进贡还人，却到期未来？乾隆三十八年(1773)正月，据派往关外探信的土民波猛回报，有缅人到野人寨内卖鱼盐，说“如今诺尔塔因阿瓦王子说他做人不好，已有了不是，诺尔塔不来老官屯了，要叫得鲁蕴仍来老官屯。听得阿瓦王子与得鲁蕴有商量的事情，得鲁蕴要到二月才从阿瓦起身上来”。又据另差探信之“摆夷”幸木比等禀报，探听得老官屯小头目说：“诺尔塔已经阿瓦将他治罪了，目下暂且令头目绽拉机来老官屯代为管事，随后仍令得鲁蕴回老官屯。如今老官屯现在备办得鲁蕴回来的事，内地差去送信的摆夷，听得尚在老官屯等回信，几时可以回来，就不知道了。”④

---

① 《清高宗实录》卷九〇七，乾隆三十七年四月辛卯，第 20 册，第 141～142 页。

② 《乾隆朝上谕档》第 7 册，第 250 条，第 85 页；《清高宗实录》卷九一一，乾隆三十七年六月乙酉，第 20 册，第 199 页。

③ 《乾隆朝上谕档》第 7 册，第 448 条，第 160 页；《清高宗实录》卷九一七，乾隆三十七年九月庚申，第 20 册，第 295 页。

④ 宫中朱批奏折：《署理云贵总督彰宝奏为探信诺尔塔等匪酋情形事》(乾隆三十八年正月十七日)，档号：04-01-01-0320-034。

可见，此时老官屯是由绽拉机暂时代管，得鲁蕴仍在阿瓦而未在老官屯，所以一直没有回信。

三月，蛮轰自老官屯回至关内，带回老官屯回信及苏尔相禀帖各一封。[①]闰三月，乾隆帝接到彰宝命人译出的老官屯回信，信中称“闻天朝现在办理军务，要调四十万兵，进木邦各路，某处若干，造船一千只，直下阿瓦，缅国谁人敢当”，又称仅送回苏尔相及跟随苏尔相出关之土把总多朝相 2 人。乾隆帝认为，缅人“故欲以此示怯，怂我进兵，彼得坐收以逸待劳之利，断不可为其所愚。至于乘便伺隙，以出奇袭击，只可俟将来相度机会而行，此时无庸办理”，随令传谕彰宝，如果缅人送出苏尔相，只将苏尔相等收留，其贡物不拘多少，一律发还，并谕以“尔果欲求弛禁，如常交通贸易，非将杨重英等概行送回，难于允准”。[②] 可见，自乾隆三十八年(1773)起，乾隆帝已不再准备用兵缅甸。

蛮轰自老官屯回来后，彰宝派人将其送京，并未给予老官屯回信。老官屯缅人曾派小头目波一前来探听信息，又被清军扣押送京。乾隆三十九年(1774)二月二十四日，乾隆帝下旨：“缅子波一等本无甚紧要……且俟金川成功后拿获索诺木等献俘之日，令波一看视行形，将伊遣回，不必从原路行走，绕道由湖广、广东、广西等省，再至云南出口回阿瓦，令其经历天朝诸省地方风景，传示缅酋，如果悔祸抒忱，不但送回苏尔相，并要送出杨重英及留住弁员等，方准再通卖买。”[③]五月，彰宝因病请求解任，乾隆帝命贵州巡抚图思德就近前往署理云贵总督。十二月，图思德奏巡查关隘情形，言总兵吴万年禀称，缅人欲求纳贡投诚，恐难凭信。乾隆帝以之为是，谕令图思德，将来如有缅人到关探信，即将来人拘拿严讯，若仅系进贡叩关，不送还内地之人，即应明白晓谕“尔等如果欲求降，非送还内地官人不可，若一年不还，即一年不撤兵开关，甚至十年、二十年亦然”[④]。

总结这一时期的清缅关系，由于对《老官屯协议》存在不同理解，中缅双方均未履行协议规定的内容。经历了四年战争的乾隆帝明白大规模征缅已

---

① 军机处录副奏折：《云贵总督彰宝奏报已得蛮轰回信事》(乾隆三十八年三月二十日)，档号：03-1148-007。

② 《乾隆朝上谕档》第 7 册，第 857 条，第 321～322 页；《清高宗实录》卷九三〇，乾隆三十八年闰三月丁卯，第 20 册，第 508～510 页。

③ 《乾隆朝上谕档》第 8 册，第 825 条，第 316 页。

④ 《清高宗实录》卷九七二，乾隆三十九年十二月己丑，第 20 册，第 1275～1276 页；《乾隆朝上谕档》第 7 册，第 2136 条，第 761～762 页。

不可行，遂采取多项措施以警戒和敦促缅方进贡还人：一是计划派小股精锐部队袭扰缅甸，这项措施多次进行筹备，却因为种种原因没有施行；二是下令严守边隘，禁止边境通商，此项措施实施甚严，其间多次抓获并严惩违禁商民，可详见第八章讨论；三是扣留缅甸入关送信之人，此为缅人扣留清军官兵之对等措施，却隔断了中缅双方交涉往来的途径。缅甸方面，诺尔塔任老官屯头目期间，与清朝关系一直紧张。后来缅王派得鲁蕴前来接替诺尔塔，得鲁蕴开始为清缅关系改善做出努力，但由于得鲁蕴未按约定时间进贡还人，导致清朝方面的误会。总的来看，送还拘絷官民成为影响这一时期清缅关系的首要问题。

第二节　与雍籍牙王朝的艰难交涉

清缅关系出现转机是在乾隆四十一年(1776)底。是年二月，清朝最终平定大小金川土司叛乱。七月初六日，舒赫德、于敏中、阿桂、福隆安、丰升额、袁守侗、梁国治、和珅等会奏，乾隆三十九年曾奉旨，俟拿获金川土司索诺木等献俘之日，令缅人波一看视情形，然后将其遣回，现在在京看守之“缅子、摆夷等共十九名”，本年四月间擒解索诺木等到京正法时，已令其在旁看视，现在可将其中秤管猛、波一、孟矣 3 人遣回缅甸，波瓮、信得戛 2 人及“摆夷” 14 人仍留北京。乾隆帝下谕：秤管猛等 3 人令由直隶、山东、江南、江西一路至广东、广西，再赴云南出口，并令其“传示缅酋，即送还所留之人，到关进贡”；另外，“摆夷”14 人留京无用，令分发吉林乌拉、黑龙江，每处各 7 名，给披甲人为奴。[①]

清朝决定送回部分被拘缅人的同时，缅甸国内形势也发生了变化。是年缅王孟驳去世，子赘角牙(1776～1782 在位)继位。据图思德奏报：“探闻缅酋孟驳已死，其子嗣立，名叫坠脚耶，年才十七八岁。从前得鲁蕴原要将所留之人送还，因老官屯之诺尔塔结连党伙，以致翻翻复复。今坠脚耶袭职后，这党伙已杀了数人。得鲁蕴仍要还人贡象，叩求通关。彼处夷民，俱各欢喜。”[②]十一月，得鲁蕴派人送信给腾越镇州官员，表示要放回扣留人员，信中有云：“从前被老官屯诺尔塔把事做坏，不得明白。今我处父死子袭，把坏

① 《乾隆朝上谕档》第 8 册，第 825、826 条，第 316～318 页。

② 中国第一历史档案馆藏：《朱批奏折》外交类，第 149—6 号，乾隆四十一年十一月二十日，觉罗图思德奏折，转引自余定邦《中缅关系史》，第 172 页。

事的人杀了几个，务必还人，恳求赏准开关。”[①]十九日，乾隆帝接到图思德关于得鲁蕴派人送信，情愿送还内地官人、输诚贡象，请求开关的奏报，立即下令传谕图思德，如果缅人将拘留之苏尔相、杨重英等尽行送回，并诚恳进贡，可以就此完局。为防止缅人再次反复，乾隆帝还告诫图思德，如果接见缅目，应当义正词严，明白开导，不得稍示将就完事之意。[②] 这时，秤管猛等3人由北京抵达云南，图思德与提督常青商议将秤管猛暂留张凤大营，而将孟矣、波一两人送出。十二月初八日，孟矣、波一出关回国。

乾隆四十二年(1777)正月，护送孟矣、波一出口之南多木比等回关，称孟矣、波一已至老官屯，即日登舟赴阿瓦，又听说得鲁蕴现在阿瓦办理贡物，已将苏尔相、多朝相接往阿瓦，要同杨重英俱从天马关送还内地，并欲亲自到关恳求纳贡。乾隆帝闻奏，立即下谕：“缅匪果知悔罪投诚，还人纳贡，自可就此完事。”乾隆帝命阿桂即速前往云南办理受降事宜，完竣立即回京；至开关以后沿边一切事宜，非图思德所能经理，令图思德仍回贵州巡抚之任，以李侍尧调补云贵总督。[③] 时得鲁蕴派孟幹、孟团、孟邦3人进关，致送腾越镇州礼物，并称“如许其开关，得鲁蕴当即亲自前来送还官人、进表纳贡”。腾越官员遣孟幹等出关，要求得鲁蕴速行前来。二十三日，孟邦等4人持缅字禀帖入关，次日来陇川见图思德，称缅王“感仰天朝厚德，极悔从前冒昧之罪，与各大万等计议，若不及早纳贡投诚，终非安全之道。况关久未开，商民亦多不便。是以遣得鲁蕴前来投诚贡象，送还官人……定于二月十五日左右，得鲁蕴亲贡象只，并带同官人等交还”[④]。二十五日，孟邦等4人与秤管猛一同出关回国。

然而，二月十四日，孟斡、孟团又进关，称因象只未到，不能如期送进，已派节盖4人到马脖子等候，请清朝亦派官到马脖子进行会商。乾隆帝闻奏，下旨严饬边关，丝毫不许走漏消息，若缅甸派人或节盖到关，一律扣留，必须

---

① 中国第一历史档案馆藏：《朱批奏折》外交类，第149—8号，乾隆四十一年十一月二十九日，觉罗图思德奏折，转引自余定邦《中缅关系史》，第172页。

② 《乾隆朝上谕档》第8册，第1275条，第495～496页。

③ 《乾隆朝上谕档》第8册，第1326条，第515～516页；《云贵总督觉罗图思德奏报钦奉上谕并办理缅匪情形事》(乾隆四十二年二月初五日)，见《宫中档乾隆朝奏折》第37辑，第726～729页；《清高宗实录》卷一〇二五，乾隆四十二年正月乙酉，第21册，第727～728页。

④ 《云贵总督觉罗图思德奏报缅目到关订期投诚事》(乾隆四十二年正月二十六日)，见《宫中档乾隆朝奏折》第37辑，第642～643页；《清高宗实录》卷一〇二六，乾隆四十二年二月庚戌，第21册，第761～762页。

等缅甸将扣留之人全部送出，方准开关并放还缅目。[①] 时提督常青将孟幹、孟团扣留，遣其跟役孟雅出关，令节盖到关说话。二十一日，孟雅到关称，节盖不敢进口，仍请清朝派官前往。常青闻报，下令不许孟雅入关，严催节盖前来。三月初一日，孟幹再三请求写缅字书信，遣其跟役碎美回老官屯送信。初五日，缅人又派孟令持缅文书信，同原随苏尔相出关之兵丁蔡世雄、汪有才前来，书信中有问及蛮暮、木邦土司之语，腾越官员给予回檄，遣孟令持回。十五日，绽拉机又派碎冻与通事寸博学进关，请清朝放回孟幹、孟团，常青又将碎冻等扣留，遣其跟役回谕，节盖必须亲来。[②] 二十二日，绽拉机又派人叩关投禀，常青等以前此已有谕旨，若无人贡到关，不再通言语之檄，饬令掷回不纳。[③] 四月初九日，乾隆帝以云南瘴气已盛，得鲁蕴处既无消息，阿桂在滇并无可办之处，命阿桂起程回京，并令带孟团、蔡世雄、汪有才、寸博学一并进京。[④]

二十七日，缅人派孟美等 4 人送出苏尔相、多朝相，而未送出杨重英。乾隆帝闻奏，下谕曰：缅人虽已将苏尔相、多朝相送回，若不奉表纳贡，并送还杨重英，尚不能谓之诚心款服，不可许其开关通市。[⑤] 令将苏尔相等解京，遣孟美等 4 人持檄文回缅，令缅人送还杨重英，并奉表纳贡。五月十一日，绽拉机派波凹、波撮觉 2 人到关投递缅文书信，请将孟斡等放回，但未提及进贡还人之事。云贵总督李侍尧奏言，绽拉机不等檄文送至阿瓦，即自行拆看，并擅自回禀，其来禀不应给予回檄，只需令游击哈三严谕波凹等传谕绽拉机，“俟尔处遵照檄谕送还杨重英，奉表贡象到关，不但遣回孟斡，并准开关通市”[⑥]。对于李侍尧所奏，乾隆帝朱批：“所办甚合机宜，知道了。”[⑦]由于

① 《乾隆朝上谕档》第 8 册，第 1505 条，第 588 页；《清高宗实录》卷一〇二八，乾隆四十二年三月壬申，第 21 册，第 784～785 页。

② 《阿桂等奏报现抵永昌查询边务情形事》（乾隆四十二年三月二十五日），见《宫中档乾隆朝奏折》第 38 辑，第 206～207 页。

③ 《阿桂等奏报饬令贵州提督等镇静严肃以对付缅匪事》（乾隆四十二年四月初七日），见《宫中档乾隆朝奏折》第 38 辑，第 300 页。

④ 《乾隆朝上谕档》第 8 册，第 1589 条，第 617～618 页；《清高宗实录》卷一〇三〇，乾隆四十二年四月甲辰，第 21 册，第 808～810 页。

⑤ 《乾隆朝上谕档》第 8 册，第 1717 条，第 654～655 页；《清高宗实录》卷一〇三三，乾隆四十二年五月丁亥，第 21 册，第 847～848 页。

⑥ 《云贵总督李侍尧奏报缅匪绽拉机寄禀提镇及现在办理情形折》（乾隆四十二年六月二十二日），见《宫中档乾隆朝奏折》第 39 辑，第 171～172 页。

⑦ 《清高宗实录》卷一〇三五，乾隆四十二年六月是月，第 21 册，第 874 页。

乾隆帝坚持要求缅人送还杨重英并奉表纳贡，这一时期的清缅交涉功亏一篑。

八月，李侍尧奏，有自缅甸脱回兵丁杨发等入关，带有杨重英诗禀，并称赘角牙袭位时，缅甸发生内乱。乾隆帝闻奏，一方面再次强调不再用兵缅甸；另一方面首次表示杨重英是否送出无关紧要："缅匪已将苏尔相送还，俟其遣人纳贡，即可完事。若缅匪并将杨重英送出，并当准其开关交易，不可失信于外夷。设或不献杨重英，亦于大局无碍，不过不准开关，亦不值又筹另办。李侍尧此时仍当静听，一切不动声色，惟董饬所属，将各边隘实力严查密察，勿使稍有偷越。"①至十二月，缅人进贡还人之说又过半年，仍无回信，乾隆帝再次强调："缅匪业经送还苏尔相，其事已完。至杨重英之是否送出，本无足重轻。设缅匪果送出杨重英，及有悔罪纳贡之说，不过遵照前旨奏闻，准其开关交易。或所差大头目有愿进京叩觐者，临时量为加恩。若彼竟不践前言，仍当付之不理，惟严查关隘，不许通市。"乾隆帝还特别就严查边隘一事告诫李侍尧："边禁一事，行之已久，从前彰宝、图思德各任内，虽有查禁之名，未免有名无实，是以贼匪无所畏忌。因李侍尧办事切实，特令调任云贵，专以此事交办，李侍尧自必深体朕意，实力遵行。第恐所属官员，不无日久生懈，致市物消息，稍有偷漏，仍不能使贼匪窘而生惧，所系非细。李侍尧惟当时刻留心，严行稽察，如有内地奸民及近边摆夷私越边隘出入牟利者，即严拿重处。若管守官员有心存怠忽复蹈前辙者，亦即参奏治罪。"②

乾隆四十三年(1778)正月，李侍尧奏，缅甸自孟驳死后，内讧外衅，日无休息。乾隆帝闻奏，下谕不得进兵也不得干涉："缀角牙新袭父职，其亲属、邻疆彼此构争，或所不免，即果有其事，亦止可置之不问。盖乘人之乱，理本不顺。且缅甸气候、水土并皆恶劣，实非可用武之地。朕筹之已熟，断不宜以我有用之将士轻为尝试，是以决计不复于缅地加兵。即使蛮触自斗，竟至内溃外侵，有隙可抵，而其天时地利并无改易，岂可因此轻举妄动耶？且缅匪梗化多年，近既知送还苏尔相，尚稍有悔罪之心，亦可借以完从前之局。若此时并将杨重英送出，遣使纳款进贡，固属甚善，自应即行奏闻，加恩准其

① 《乾隆朝上谕档》第8册，第1926条，第740页；《清高宗实录》卷一〇三九，乾隆四十二年八月庚戌，第21册，第917页。

② 《乾隆朝上谕档》第8册，第2321条，第869～870页；《清高宗实录》卷一〇四七，乾隆四十二年十二月丁巳，第21册，第1029～1030页；《缅匪进贡还人案·李侍尧折》，见《史料旬刊》第22期，第777～778页。

开关通市，设仍冥顽不悟，并不献出杨重英，亦于事无关轻重，止须付之不理。”[①]二月，李侍尧再奏缅甸情形，称如果将来缅人因内讧外衅，危亡立待，有唾手可得之机，当详奏请旨办理。乾隆帝谕以因现在尚无信息，此时唯当仍照从前严饬各边隘实力稽查，勿致稍有疏懈，静以待之而已。[②] 五月，李侍尧入京陛见，乾隆帝下谕云南巡抚裴宗锡、提督海禄，缅人已将苏尔相送出，其事已完，至杨重英等是否送还，本无关轻重，唯有严防边隘，不与交易，并严密稽查各口，不许一人私越偷漏。[③] 总的来看，这一时期乾隆帝多次强调缅人是否送出杨重英已无关紧要，但因缅甸方面没有来人来信，清缅交涉暂告中断。

乾隆四十五年(1780)，李侍尧因贪污索贿解任，福康安任云贵总督。五月，和珅奏，缅人送还苏尔相时，有同来缅人 2 名，现在羁禁永昌，可以释回缅甸。乾隆帝准奏，并传谕福康安，令其以已意檄谕缅人，“此二人从前扣留时，系原任总督李侍尧因汝等不将杨重英送出，是以暂行羁候。今本部堂前来接任，知此二人在滇已多年，是以特行放回。至杨重英，原系天朝无足重轻之人，尔等送还，固见恭顺，即不送还，亦无关紧要”[④]。然而，这一举措未见缅甸方面有何反应。

总结这一时期的中缅关系，清朝和缅甸都为缓和双边关系做出了努力，乾隆四十二年(1777)间甚至双方信使来往频繁，但由于乾隆帝坚持要求缅人送出杨重英并奉表纳贡，而使双方做出的努力功亏一篑。后来乾隆帝多次表示缅人是否送出杨重英已无关紧要，但缅甸方面由于国内政局动荡而未再派员入关。

乾隆四十五年(1780)后数年间，清朝与缅甸政治交往陷于沉寂。乾隆四十七年(1782)，赘角牙被从弟孟鲁(亦称邦角牙)所弑，孟鲁在位仅七天，即被雍籍牙四子孟陨(又译孟云，1782～1819 在位)所杀。据腾越官员及猛卯土司派人探得，孟陨登位后，“凡懵驳、赘角牙信用之头目土司，尽行调回，

① 《乾隆朝上谕档》第 8 册，第 2365 条，第 890 页；《清高宗实录》卷一〇四八，乾隆四十三年正月丙子，第 22 册，第 11～12 页；《缅匪进贡还人案・李侍尧折二》，见《史料旬刊》第 22 期，第 778～781 页。

② 《乾隆朝上谕档》第 8 册，第 2444 条，第 921 页；《清高宗实录》卷一〇五〇，乾隆四十三年二月辛丑，第 22 册，第 33～34 页。

③ 《清高宗实录》卷一〇五六，乾隆四十三年五月戊辰，第 22 册，第 115～116 页；《乾隆朝上谕档》第 9 册，第 221 条，第 78 页。

④ 《乾隆朝上谕档》第 10 册，第 313 条，第 123～124 页；《清高宗实录》卷一一〇六，乾隆四十五年五月戊子，第 22 册，第 805～806 页。

所用大头目悉系瓮藉牙旧人，现在附近阿瓦各地方，盘查甚密，老官屯新换头目钮蕴带领缅子百十人修理栅木，又探知得鲁蕴已经病故”[①]。六月，乾隆帝得到云贵总督富纲关于缅甸王室内讧及老官屯更换头目的禀报，认为“此事权其轻重，缅甸不但水土非宜，况从前既允其纳款乞宥，降旨赦其前罪，今又乘其危乱，出师进讨，殊非天朝堂堂正正之义”，因此，富纲于此事当“毋庸办理”[②]。此后数年间，中国档案中已找不到中缅双方官方交往的记录。迨乾隆五十三年（1788），缅甸终于遣使访华，清缅政治关系进入友好时期。

① 《云贵总督富纲奏报探知缅酋更换折》（乾隆四十七年六月初六日），见《宫中档乾隆朝奏折》第52辑，第56～57页。

② 《清高宗实录》卷一一五九，乾隆四十七年六月庚寅，第23册，第521～522页；《乾隆朝上谕档》第11册，第558条，第229～230页。

第五章 乾隆末年以后与雍籍牙王朝的封贡关系

自乾隆五十三年（1788）至光绪元年（1875），清朝与雍籍牙王朝进入历史上的友好时期。此间缅甸14次遣使访华，清朝亦9次派代表团前往缅甸。清朝与雍籍牙王朝之间的政治关系，虽然和清朝与朝鲜、琉球、越南等国的封贡关系无法相比，但可以肯定地说，清朝与缅甸在这一时期存在封贡关系。

第一节 与雍籍牙王朝封贡关系的建立

清缅关系进入友好时期的标志是乾隆五十三年（1788）缅甸遣使访华。是年五月初二日（6月5日），顺宁府知府全保、署顺云营参将花连布向云贵总督富纲禀报：据耿马土司罕朝瑗报告，耿马所管之滚弄江大渡对岸，即系缅甸木邦地方，兹于四月二十日（5月25日），有缅王孟陨所派大头目业渺瑞洞、细哈觉控、委卢撒亚3名，小头目12名，跟役100余人，赍金叶表文、金塔1座、驯象8只、宝石、金箔、檀香、大呢、象牙、漆盒等物，又具咨文一件，绒毡、洋布等物4种，齐至江边恳求进贡，并称老官屯一路山高瘴大，象只难行，故从木邦前来。罕朝瑗一面令来人暂住等候，一面将文书接收转呈。富纲接到禀报，令通事将孟陨咨文译出，文称"伊系瓮藉牙第四子，自幼为僧。因兄懵驳死后，侄赘角牙袭职，淫恶不法，殄灭身亡，头人迎我掌管国事。我深知从前懵驳父子行事错谬，蒙大皇帝恩德如天，自撤兵以后不加征剿，感激实深，屡欲乞求进贡，因暹罗国时相侵扰，并移建城池，未得备办。今荷大皇帝洪福远庇，缅地得享安宁。特差心腹大头目业渺瑞洞、细哈觉控、委卢撒亚等，遵照古礼，赍送表文、象只、贡物，恳乞转奏送京，叩觐天颜，稍申下悃”。富纲接到禀报，以“缅夷情性猜疑，游移狡诈”，令副将定住带通事都司翁德胜驰赴耿马，详细询问，并究问是否送出杨重英。很快，定住派人回报，面询业渺瑞洞等，所复情词与孟陨咨文无异，且大头目内之细哈觉控，即系乾隆四十二年(1777)得鲁蕴遣令进关之孟干，小头目内之孟团，系与孟干同时进关之人，又孟矣系乾隆三十七年得鲁蕴派令进关之人，定住、翁德胜均曾认识；至于杨重英一事，业渺瑞洞已派小头目3人、跟役9人回国禀请送出。富纲得报，一面令定住与顺宁地方官将缅使人等先带至顺宁安顿，一面会同云南巡抚谭尚忠、提督乌大经于二十二日具折上奏，并附片称“现在虽据该目等遣人回国，而能否即行送出(杨重英)，尚难遽信”①。

六月初五日(7月8日)，乾隆帝接到富纲等奏报，连续朱批曰：“何必如此顾虑？”“自应准来，好事何必动疑？”“汝竟不晓事，用心于无用之地。试思杨重英有何紧要，恐汝糊涂一言偾事，大错了！”随即连下三道谕旨，第一道谕旨令富纲遴派妥员，护送缅使等迅速赶赴热河，其所进象只，另委妥员护送入京；至于究诘杨重英一事，令富纲传知来使，“此事系伊办理错误，前已具折奏闻，今大皇帝旨到，将伊严行申饬”②。第二道谕旨令将富纲奏折及第一道谕旨交在京王大臣等阅看发抄，“俾在京大小官员咸共闻知，同深欢庆”③。第三道谕旨令贵州、湖广、河南、直隶等省督抚，即行宽为预备夫马，俟缅使等到境，妥为照料护送，俾得迅速遄行，不致稍有迟滞；所有经过省会府城等处，令地方官预备筵席礼待，以示柔远之意。④ 初六日，乾隆帝又降一道谕旨，一方面再次强调杨重英之是否送出无关紧要；另一方面就缅甸使团进京人数及时间做出宽泛处理：“此次缅甸遣来之大头目虽止有三名，而此外小头目及跟役人等尚有百余人，该督不可以大头目系紧要之人，伴送来京，其余人等即留于滇省。该国遣来之人，计其留看行李一半，其来者一半，亦不过五十余名，沿途派员护送，有何不可使之同赴行在，瞻仰中国富庶？

① 《明清史料》庚编第七本，第694～696页；《云贵总督富纲奏闻缅酋孟陨遣目纳款投诚缘由折》(乾隆五十三年五月廿二日)，见《宫中档乾隆朝奏折》第68辑，第312～313页。

② 《乾隆朝上谕档》第14册，第822条，第332～334页；《明清史料》庚编第七本，第694～696页；《云贵总督富纲奏闻缅酋孟陨遣目纳款投诚缘由折》(乾隆五十三年五月廿二日)，见《宫中档乾隆朝奏折》第68辑，第312～313页；《清高宗实录》卷一三〇六，乾隆五十三年六月丙申，第25册，第576～578页。按：关于此次缅甸来使，《清史稿》卷五二八《属国传三》记为乾隆五十二年之事，应为有误。

③ 《乾隆朝上谕档》第14册，第823条，第334页。

④ 《乾隆朝上谕档》第14册，第824条，第334～335页。

伊等回国转相传述，必更畏威怀德，更足以坚其效顺之诚。至贡使等前赴行在时，昨已有旨令其迅速行走，若能于万寿前到来固好，但思顺宁距热河已及万里，即以每日一百五十里核算，行走亦须七十余日，八月初间必不能赶到。况沿途过于催趱，设大小头目中有不耐劳顿致形疲乏者，亦非体恤怀柔之道。著再传谕该督，饬令伴送之员妥为照料，竟于九月初旬赶到热河。维时蒙古诸王公皆扈跸山庄，使之同入筵宴瞻觐，尤为盛事。或即令其赶进木兰，俾观秋狝巨典，共知天朝骑射娴熟，益仰武威，亦无不可。"[①]显然，面对缅甸遣使朝贡，乾隆帝非常高兴，所以下令给予优厚待遇。

雍籍牙王朝为何在多年沉寂后突然向清朝派出使节？对此，缅方史料记载是中国首先遣使缅甸，缅王才派使回访中国。英国人伯尼曾将相关缅甸文献译为英文，记述了事件详细经过：1787 年 4 月 3 日，缅王接到木邦官员和土司禀报，一个以 E-TSHÔ：YE′为首的 300 多人的中国使团已到达木邦，并带来中国皇帝的金叶国书和珍贵礼物。缅王立即下令将中国使团送来京都。5 月 6 日，使团自木邦出发，26 日到达阿摩罗补罗。6 月 3 日，使团向缅王呈递国书和礼物，其国书大意为，自 1769 年签订协议以来，两兄弟国间的贸易已中断 17 年，为重建友谊和尊重，两兄弟国间应互派使节。献给缅王的礼物包括鎏金圣佛 8 尊、毡缎 8 匹、锦缎 10 匹、马 10 匹。6 月 10 日，缅王指派NE-MYO′：SHUE-DAUNG（业渺瑞洞）、THÍHAGYÔ-GAUNG（细哈觉控）和WELUTHA′YA（委卢撒亚）为使节，随同中国使团回访。缅甸使团于 1787 年 6 月 24 日离开缅都阿摩罗补罗。[②] 显然，缅方史料记载的事件过程是清朝先遣使缅甸，然后缅甸遣使回访。那么，清朝是否向缅甸派出了使团？对此事件，清宫档案未见记载，而在地方文献中有所记述。据檀萃《厂记》记载："悉宜厂在耿马土司地，曰大黑山，亦银厂也。乾隆五十年，全保以云南府丁忧回京，已而来守曲靖。有常德者，乘其未至，以顺宁易曲靖竟夺之。全保至，不如伊何，乃往顺宁，而悉宜厂忽大旺。适缅酋有内附意，借其力招致之。永昌拔贡陈令宪客于耿马，土司罕氏罕（按：即罕朝瑗）甚信任，以使于缅……夫以顺宁

① 《乾隆朝上谕档》第 14 册，第 828 条，第 337～338 页。

② Henry Burney，"Some Account of the Wars between Burmah and China，Together with the Journals and Routes of Three Different Embassies Sent to Pekin by the King of Ava；Taken from Burmese Documents"，in *The Journal of the Asiatic Society of Bengal*，1837，vol.66，pp.408-413。日本学者铃木中正的研究参据了伯尼的叙述，参见〔日〕铃木中正《清缅关系（1766～1790 年）》，见《中外关系史译丛》第 1 辑，第 85～86 页。

易曲靖，乃冥冥中使全守成此大功。若使常德来厂，未必出，即出而彼顾其私，不肯为盛事，大功何由成？全守成大功，功究不以之居，且又夺其顺宁，厂亦渐就衰。全守资于厂，因罕土司以招缅甸，缅甸来台昵，常德深终不悦全保，且怒其招缅人，恇怯不敢奏。缅使留耿马弥年，不得已始以闻。”[①]可见，此次向缅甸派出代表团的不是乾隆帝而是云南边境地方官员，顺宁府知府全保、耿马土司罕朝瑗、永昌拔贡陈令宪成为招致缅王遣使的主要人物。

六月二十一日（7月24日），缅使细哈觉控、委卢撒亚带小头目4名、跟役22名，由大理起程前往热河。富纲令原任迤南道贺长庚、顺云营参将花连布、通事都司翁得胜、副通事兵丁冶伴送，另有小头目1名、象奴13名负责照料象只，其余人等则陆续遣回。而业渺瑞洞因在顺宁染患疟疾，已先回耿马居住[②]。二十五日，缅人由滚弄江送出杨重英。七月初二日，杨重英抵耿马，并带出兵丁祝希恺、刘耀宗、高应贵、赵昇逵4名以及广东民人5名。[③]同日，乾隆帝就杨重英一事传谕富纲，杨重英系被缅甸裹去，原与叛逃者不同，今经缅甸送出，其系无罪之人，将来送到时，不必加以锁链，即令杨重英将有无在缅娶妻生子之事，自行据实说出，并派员带同回京。[④] 然而，杨重英在缅甸时已患重病，不久即于耿马病故矣。[⑤]

九月初四日（10月2日），乾隆帝在热河避暑山庄“卷阿胜境”接见缅使细哈觉控、委卢撒亚及小头目便机位南4人，并下谕曰：“暹罗、缅甸向来构兵不睦，暹罗业经受封，而缅甸现亦投诚内附，俱系属国。嗣后该二国应彼此修好，同受天朝恩眷，不得仍前构兵。除缅使回国时已行传知外，俟暹罗

① （清）檀萃：《厂记》，见（清）师范纂《滇系》第20册《艺文四》，第82页。

② 《云贵总督富纲奏为遵旨传谕缅甸贡使及委员伴送起程日期折》（乾隆五十三年六月廿一日）、《云贵总督富纲奏为奉到谕旨及办理缅目进贡缘由覆奏折》（乾隆五十三年六月廿二日），见《宫中档乾隆朝奏折》第68辑，第609～611、617～619页。

③ 《云贵总督富纲奏闻缅甸将杨重英等全行送出业已接收折》（乾隆五十三年七月初八日），见《宫中档乾隆朝奏折》第68辑，第764页。

④ 《乾隆朝上谕档》第14册，第932条，第382页；《清高宗实录》卷一三〇八，乾隆五十三年七月壬戌，第25册，第613～614页。

⑤ 关于杨重英，《清史稿》卷三二七《杨重英传》（第36册，第10887页）载：乾隆三十二年，乾隆帝派杨应琚子江苏按察使杨重英前往云南襄助军务，“重英初至云南，隐以监军自居，嗣为鄂宁所劾，命以知府从军。明年，军士患饥，缅嗛诈媾和，参赞珠鲁讷遣重英往报，被执。上以重英且降缅，下其子长龄狱。已，缅归俘卒，赍贝叶书，附重英书乞罢兵，拒弗纳。四十一年，缅出都司苏尔相议和，仍弗许。五十三年，缅闻暹罗受封，乃款关求贡，并还重英。重英陷缅后，独居佛寺逾二十年，未改中国衣冠。上大悦，进道员，释长龄出狱，比以苏武之节，御制苏杨论旌之。俄，病卒”。

贡使到日，一并传知，令其回国告知该国王敬谨遵照。”[①]初五日，又颁给孟陨敕谕一道，文曰：

> 朕惟输诚纳赆，炎陬修职贡之仪，舍服招携，王制重怀柔之典，念荒徼克循旧服，则朝廷宜沛新纶。尔缅甸国长孟陨，本为支子，暂托释门，因兄侄梗化而戕残，为国人择亲而拥戴。前愆力改，来享情殷。既遣使以将虔，复陈词之维挚。具昭忱悃，良可褒嘉。是用降敕奖谕，赐国长并国长之妻佛像、文绮、珍玩、器皿等物，国长尚其敬受，益矢恪恭。朕复念尔国长，当家庭构乱之余，甫掌国事，为土宇敉宁之计，移建城垣，正宜永戢兵端，修和邻好，俾尔人庶，咸遂乐生，副朕眷怀，长承宠锡，故兹敕谕。[②]

同日，又令寄谕吉林乌拉将军都尔嘉、黑龙江将军恒秀，将乾隆四十一年发往吉林乌拉、黑龙江之“摆夷”现存者 6 人，护送来京，遣返回国。[③] 十四日（10 月 12 日），缅使自热河至北京，住居会同四译馆内。从前定例，贡使入馆后，礼部咨取官兵驻馆看守。至是礼部奏，缅甸贡使来京，本有道员、游击等官护送，其在馆居住时，可令护送之员妥为照料，不必另派官兵驻馆弹压。乾隆帝下谕，嗣后会同四译馆咨取官兵虚应故事之处，永行停止。[④] 二十二日，乾隆帝令传谕直隶、河南、湖北、湖南、贵州、云南各督抚，缅甸贡使回国过境时，只需照例妥办，不使缺乏，毋庸踵事增华，以示限制。[⑤] 二十七日，乾隆帝又就杨重英一事下谕：杨重英羁留缅甸 21 载，独居缅寺，并未娶妻生子，尚知顾惜名节，令赏还道员职衔。[⑥] 十月初五日（11 月 2 日），缅使起程回国，仍令贺长庚等伴送。十二月二十七日（1789 年 1 月 22 日），使团回抵昆

---

① 《清高宗实录》卷一三一〇，乾隆五十三年九月壬戌，第 25 册，第 697 页。

② 《乾隆朝上谕档》第 14 册，第 1242 条，第 533 页；《清高宗实录》卷一三一二，乾隆五十三年九月癸亥，第 25 册，第 697 页。

③ 寄信档：《寄谕吉林乌拉将军都尔嘉等缅甸国遣使进贡著将该国六人解京》（乾隆五十三年九月初五日），档号：03-139-4-025；《清高宗实录》卷一三一五，乾隆五十三年十月癸丑，第 25 册，第 776～777 页。另外乾隆四十一年留京备问之缅人波瓮、信得戛 2 名已病故，参见《乾隆朝上谕档》第 14 册，第 855 条，第 352 页。

④ 《乾隆朝上谕档》第 14 册，第 1299 条，第 556～557 页；《清高宗实录》卷一三一二，乾隆五十三年九月癸酉，第 25 册，第 714 页。

⑤ 《乾隆朝上谕档》第 14 册，第 1343 条，第 584～585 页；《清高宗实录》卷一三一三，乾隆五十三年九月庚辰，第 25 册，第 728～729 页。

⑥ 《乾隆朝上谕档》第 14 册，第 1362 条，第 593 页；《清高宗实录》卷一三一三，乾隆五十三年九月乙酉，第 25 册，第 734 页。

明。云南巡抚谭尚忠命贺长庚等送至顺宁，就近派员转交耿马土司罕朝瑗。乾隆五十四年二月初五日（1789年3月1日），罕朝瑗率土舍护送使团至滚弄江，交木邦头目渗广猛等接护出口。[①] 雍籍牙王朝第一次遣使朝贡至此结束。

是年五月，乾隆帝召见永昌知府宣世涛，宣世涛称缅使回国时，孟矣曾当面告知“该国欲于明年敬遣使臣虔请封号”。听闻此言，乾隆帝立即下旨询问富纲、谭尚忠，是否知有缅甸请封信息，“如果明岁该国遣使到关，吁请封号，自是好事。即一面将其陪臣送京，一面由驿奏闻，不可拘泥饬驳，致阻远人向化之心也”[②]。闰五月，自京发回之“摆夷”6人到达云南，经富纲、谭尚忠询问，其中有内地陇川土民2名，即发陇川土司领回，另外孟五等4名系阿瓦、蛮暮“摆夷”，即令腾越总兵刘之仁、知州屠述濂通知老官屯头目派人到关领回。富纲、谭尚忠还派蒙化同知朱锦昌赶往腾越，俟缅甸派人到关将孟五等4人领回时，察看来人情形，“如彼国有差使请封口气，即作朱锦昌己意，以大皇帝施恩，准令尔国纳款内附，今复赏还留人，皆因尔国长诚心向化所致。明年系大皇帝八旬万寿，尔国长果虔诚遣使前来，督抚大臣必为代奏，大皇帝亦必格外加恩。如此晓谕来人，令其归告渺蕴，转达该国长，俾孟陨闻知，益坚向化之心”[③]。由此可见，乾隆帝非常希望缅王能够再次遣使。

乾隆帝的希望没有落空。乾隆五十五年（1790）二月初二日，云贵总督富纲等奏，据署腾越镇总兵定住禀称，探得缅王敬备表贡，遣使叩祝万寿，并欲求请封号，其贡物象只已经备齐，定于新年之后，即令贡使起身。乾隆帝闻奏，谕令富纲等于贡使抵关后，计算程期，护送贡使于七月二十一、二十二日前行抵热河。[④] 三月初四日，便居未驼率领的缅甸使团到达铁壁关，使团带来了金叶表文和贡品象只，任务有三项：一是为乾隆帝祝寿；二是请敕赏缅王封号；三是请开腾越关禁以通市易。其带来的金叶表文云：

管辖缅甸地方小臣孟陨谨奏大皇帝宝座，念小臣前岁遣目投诚纳

---

① 《云南巡抚谭尚忠附奏缅甸贡使出口日期片》（乾隆五十四年二月二十七日），见《宫中档乾隆朝奏折》第71辑，第340页。

② 《乾隆朝上谕档》第14册，第2117条，第888页；《清高宗实录》卷一三二五，乾隆五十四年五月丁丑，第25册，第995页。

③ 《清高宗实录》卷一三三一，乾隆五十四年闰五月是月，第25册，第1025～1026页。

④ 《乾隆朝上谕档》第15册，第1003条，第449页；《清高宗实录》卷一三四八，乾隆五十五年二月癸丑，第26册，第34～35页。

款，仰蒙鸿慈恩准，已属万幸。乃上年贡使细哈觉控等转回，赍到御赐各种珍物，小臣出城三站跪领，不胜感激欢欣，嗣又蒙赏还缅人孟五等四名，小臣差目赴关接回。恩德如天，将何图报。欣闻今年八月，恭逢大皇帝八旬万寿，万国来朝，小臣已经归附天朝，理应进表庆祝，叩谢皇恩，不胜欢欣颂祷之至。至小臣乃蒙恩准内附，自当永沐生成，仍求大皇帝逾格恩施，敕赏小臣阿瓦封号，并准十年进贡一次，俾子子孙孙得以世世称藩，仰承恩泽。再自禁止通商以后，边民生计艰难，还祈照旧开关，使小臣所产棉花等物藉以销售，不但小臣身蒙厚德，即举国臣民均沐天恩于万万年矣。谨具表以闻。①

三月二十五日，乾隆帝接到富纲关于缅甸使团入关的奏报，立即下旨颁给缅王敕谕一道，并赐御制诗章、珍珠手串、荷包等件，令富纲等接奉后，派遣道将大员二人，赍捧前往缅甸宣封。敕谕缅王孟陨曰：

据云贵总督富纲奏，尔深感天朝厚恩，敬备表贡，遣使叩祝万寿，并欲求请封号，已将表文呈览。朕披阅表内，词义肫恳，祈吁情殷，诚悃实属可嘉。朕维怀柔藩服，德化所先，效悃将虔，宜加褒锡。尔自嗣摄国事以来，即遣陪臣具表叩关，输诚纳赆，朕特鉴尔恭顺，降敕褒奖，并赐尔佛像、文绮、珍玩、器皿等物，用昭优眖。兹复以朕八旬万寿，率土胪欢，遣使祝釐，远涉万里，尤见向化之忱。已命云贵总督饬送来使前赴热河行在，与蒙古王公、回部伯克及安南国王、庶邦君长等同与筵宴，瞻仰朝仪，并当加以优赉，共沐恩荣。至尔以摄国有年，欲恳请天朝封号，以资镇抚，因念尔国远在炎陬，恪共职贡，兹于遣使之前，先期坐摆，致洁告虔，更征谨恪，朕甚嘉焉。已降旨交该部封尔王爵，俟尔使臣到京，再将锡封印信、敕书交与赍回。兹先降敕褒谕，亲书御制诗章以赐，并加赏珍珠手串一挂，使尔益加欣忭，并使尔举国臣民同深庆幸。已令该督遣大员二人，亲赍恭捧，送至尔国，面交祗领。尔既受兹宠锡，备沐殊荣，益当倍矢敬共，恪遵侯度，屏藩南服，延及子孙，仰副朕抚远绥来至意。

御制诗章曰：“奉表前年施惠往，请封今岁竭诚归。赤心那限万里隔，黄诏从教举国辉。经事自惟老胜壮，化民应识德赢威。内安外顺胥天佑，益切屏营凛敕几。”又谕准滇缅边境通商：“该国自禁止通商以来，需用中国物件，无从

① （清）师范纂《滇系》第12册《典故四》，第47～48页。

购觅；而该国所产棉花等物，亦不能进关销售。今既纳贶称藩，列于属国，应准其照旧开关通市，以资远夷生计。”[①]

三月十七日，缅使便居未驼等自腾越出发，四月十二日至昆明，十五日自昆明起程前往热河。六月十三日，乾隆帝封孟陨为缅甸国王，制曰：

> 朕惟德孚柔远，王朝隆无外之模，忱切向风，属国被咸宁之福。既敬将夫职贡，恳备遐藩，宜褒锡以恩纶，允绥嗣服。龙光斯贲，爵命维新。尔缅甸国长孟陨，地处炎陬，系居支庶。曩者家遭多难，祸乱相寻。继因国赖长君，攀援共戴。叩关纳赆，恪恭着摄立之年；降敕颁珍，惠恺浃归仁之感。兹以今岁为朕八旬万寿，敷天庆洽，薄海欢腾。吁大吏以抒情，遣陪臣而祝嘏。先期斋洁，葵倾矢在寸心；重译来同，琛献逾乎万里。麻征所应，朓款堪嘉。至尔国世裔载延，邦基复整。干戈是戢，期镇抚夫民人；钟鼎常新，思奠安夫土宇。沥摅虔悃，跂藉荣施。仰祈封号于天家，文披金叶；远赐诗章于下国，宠荷珠光。今封尔阿瓦缅甸国王，赐之敕印。王其勉修政事，慎简官寮，敦辑睦于邻封，垂敉宁于边境。永受无疆之庆，流及子孙；益坚不贰之诚，保其宗社。钦哉，毋替朕命！[②]

七月初八日，缅使一行抵达热河，进长寿圣佛一尊，万寿经一部，花象一只，驯象两只。[③] 初九日，乾隆帝在避暑山庄“卷阿胜境”召见便居未驼等 10 人。八月，又在北京太和殿、正大光明殿接见缅甸等国使臣。在热河、北京期间，乾隆帝多次赏赐缅王及使团礼物。[④] 十二月，便居未驼等由腾越出关回国，[⑤]雍籍牙王朝第二次遣使访华至此结束。

就在缅甸使团往返热河的同时，富纲派云南粮道永慧、参将百福、腾越知州屠述濂等，赍捧乾隆帝赐送缅王敕谕、诗章、珠串、荷包等前往缅甸，于六月十五日出铁壁关。同时，清朝遣还木邦土司之姑母线氏等 8 人回缅甸，

---

① 《清高宗实录》卷一三五一，乾隆五十五年三月乙巳，第 26 册，第 90～91 页；《乾隆朝上谕档》第 15 册，第 1240、1243 条，第 555～557 页。

② 《乾隆朝上谕档》第 15 册，第 1243 条，第 557 页；《清高宗实录》卷一三五六，乾隆五十五年六月壬戌，第 26 册，第 178 页。

③ 《乾隆朝上谕档》第 15 册，第 1720 条，第 780 页。

④ 参见表 5-4。

⑤ 《明清史料》庚编第七本，第 699 页；军机处录副奏折：《云南提督乌大经奏报巡查腾越边地营伍并会见缅甸贡使情形事》（乾隆五十五年十二月十九日），档号：03-0453-002。按：关于此次缅甸来使，《清史稿》卷五二八《属国传三》记为乾隆五十四年之事，应为有误。

由屠述濂带送出关。七月初十日，永慧等到达缅都。[①] 对此事《滇系·缅考》记载：

(乾隆帝)诏允封王开关，并御赐诗一章、敕谕一道，并珍珠手串、荷包等物，令云南粮储道永慧、广南营参将百福赴缅宣封，奏派知州屠述濂偕往，六月十五日出铁壁关。十七日，赏还迁徙马龙州木邦土司之姑母线氏等八名口抵腾，知州屠述濂带送出关遣还。孟陨差目阿渺大万，并其三子应也赴官屯一带迎候，沿途馈送鱼盐食米，极为恭顺，永慧等赏赉有差。十九日抵新街，孟幹备有船只，扬帆直下。孟陨亲出离阿瓦四站之九钮城恭迎御赐。七月初十日，永慧等抵阿瓦宣封，孟陨遵照指示仪注跪迎，行三跪九叩礼受封，并将敕书、御赐诗章、珍珠手串、荷包等物跪接，敬谨收存。永慧等于十三日回舟。[②]

《滇系·缅考》中记载永慧等到达的缅都是阿瓦，而实际上这一时期缅都在阿摩罗补罗，此当为当时华人已习惯于称缅都为阿瓦。

关于永慧等入缅宣封缅王一事，缅甸史籍也有记载。根据英国人伯尼的译述，1790 年 9 月 7 日，八莫官员报告缅王说，一个中国使团到达边境，带来了丰厚的礼物和三位公主。缅王一方面下令八莫官员将中国使团护送至八莫，另一方面派特使及几位贵族妇女前往八莫迎接。10 月 15 日，中国使团到达缅京阿摩罗补罗。11 月 1 日，使团离京回返中国。使团带来的三位公主名义上是公主，但实际上后来发现她们只是云南马龙州的土民。她们并没有裹脚，显然出身卑微，是被云贵总督用来欺骗傲慢的阿瓦国王的。[③] 另外，法国学者白诗薇也根据缅文史料指出，1790 年到阿摩罗补罗宫廷的三位姑娘是来自云南的少数民族，出身于马龙州，她们被当作献给缅王的中国皇室女子，即乾隆帝的女儿或孙女——但这是一个诡计，乾隆帝可能从来不曾知道这个骗局。缅王把这三位中国年轻姑娘册封为皇后，以应有的礼遇接待她们，但他可能也识破了把戏。白诗薇还提出，中缅双方互派使团的线索极为错综复杂，凭史料只能不完全地理出头绪。对两边的君主来说，使节

---

① 《乾隆朝上谕档》第 15 册，第 2076 条，第 930 页；《清高宗实录》卷一三六三，乾隆五十五年九月丁酉，第 26 册，第 280～281 页。

② (清)师范纂《滇系》第 12 册《典故四》，第 48～49 页。

③ Henry Burney, "Some Account of the Wars between Burmah and China, Together with the Journals and Routes of Three Different Embassies Sent to Pekin by the King of Ava; Taken from Burmese Documents", in *The Journal of the Asiatic Society of Bengal*, 1837, vol.66, pp.432-433.

真的是来自另一方的。然而,双方交往的主要场所不总是在首都,而大多是在边境。[①] 白诗薇显然意识到了边境地方官员对于中缅两国政治交往的重要作用。

乾隆五十五年(1790)缅王遣使朝贡和清朝派员敕封缅王标志着清朝与雍籍牙王朝封贡关系的建立。是后,雍籍牙王朝多次遣使来华,云南地方政府也多次向雍籍牙王朝派出代表团,清朝与缅甸关系进入友好的顶峰。

第二节　雍籍牙王朝频繁的朝贡活动

一、朝贡时间

关于缅甸贡期,乾隆五十五年(1790)规定:"缅甸贡期,十年一次。"[②]但在实践中,缅甸遣使清朝的情况比较复杂。美国学者费正清和美籍华裔学者邓嗣禹曾统计清代缅甸共17次遣使来华,分别为1750、1751、1776、1788、1790、1791 、1793、1795、1812、1823、1825、1829、1833、1834、1843、1853、1875年。[③] 然而,费正清、邓嗣禹的统计所据资料为《清史稿》和《东华录》,其中错漏舛误在所难免。另外,中国学者何新华也曾统计缅甸共17次遣使清朝,分别为1751、1788、1790(两次)、1791、1792、1793、1795、1800、1801、1823、1833、1834、1843、1845、1853、1875年。[④] 何新华所据资料为《清实录》、《清史稿》和《大清会典事例》,其中也有统计错误。据笔者研究,有清一代,缅甸共15次遣使来华(见表5-1)。其中自乾隆五十五年规定十年一贡起,分别于嘉庆五年(1800)、十六年(1811)、道光三年(1823)、十三年(1833)、二十三年(1843)、咸丰三年(1853)、光绪元年(1875)七次呈进例贡,基本符合十年一贡的规定。除例贡外,缅甸还有谢恩、祝寿、进香、表贺等贡。另外,嘉庆元年(1796)、十一年(1806),缅甸两次请贡,未获准许;咸丰三年(1853)以后,因国内外形势变化,缅甸唯于光绪元年(1875)遣使入贡。乾隆十六年

① 〔法〕白诗薇:《阿摩罗补罗宫廷的三位中国公主——1790年一段外交骗局的稗史》,陈燕萍译,见李谋、李晨阳、钟智翔主编《缅甸历史论集——兼评〈琉璃宫史〉》,北京:社会科学文献出版社2009年版,第311～335页。

② (光绪)《大清会典事例》卷五〇二《礼部·朝贡·贡期》,续修四库全书第806册,第815页。

③ J.K. Fairbank and S.Y. Teng,"On the Ch'ing Tributary System", *Harward Journal of Asiatic Studies*,1941 (6) , pp.193-197.

④ 参见何新华《试析清代缅甸的藩属国地位问题》,《历史档案》2006年第1期。

(1751)、五十三年(1788)、五十五年(1790)缅甸朝贡情况前文已述,兹将其余12次朝贡情况简述于此。(见表5-1)

表5-1 清代缅甸朝贡情况

编号	时间	任务	贡使
1	乾隆十六年(1751)	东吁王朝初次朝贡	希里觉填
2	乾隆五十三年(1788)	雍籍牙王朝初次朝贡	业渺瑞洞(未赴京)、细哈觉控(孟幹)、委卢撒亚
3	乾隆五十五年(1790)	祝寿、请封	便居未驼、便居觉抓、细利觉抓、南达佳苏
4	乾隆五十五年(1790)	谢恩	便居也控、苏合觉、应达觉
5	乾隆五十六年(1791)	谢恩	哑扎觉苏、得满觉
6	乾隆五十八年(1793)	祝寿	密渺莽纳那牙他(孟幹)、密渺南达觉苏细于、南达梅济苏
7	乾隆六十年(1795)	祝寿	亚扎觉苏、细利遂动
8	嘉庆五年(1800)	进香、例贡	哑札觉苏、细于觉荡
9	嘉庆十六年(1811)	例贡	孟幹
10	道光三年(1823)	例贡	聂缪莽腊、拿鸦借牙糯牙他、纳哈咀苏糯牙他、瑞东苏秧糯鸭他、鸦杂糯鸭他觉空
11	道光九年(1829)	表贺(未进京)	
12	道光十三年(1833)	例贡	每麻牙咱觉、聂钮牙咱、聂钮耶公那牙他(病故)、奈谬巴拉
13	道光二十三年(1843)	例贡	孟腊糯牙他(病故)、聂缪那牙瑞冻、聂缪苏牙桑呆、聂缪细于糯牙他、聂缪觉高
14	咸丰三年(1853)	例贡(未进京)	闷腊桑邓
15	光绪元年(1875)	例贡	直也驮纪们腊们甸沮素、糯也他沮素、糯也他觉工、糯也他线戛数

1.乾隆五十五年(1790)谢恩

乾隆五十五年(1790)七月缅甸贡使便居未驼等在热河时,前往缅甸敕封缅王孟陨的永慧等人正在缅都阿摩罗补罗。据《滇系·缅考》记载:

永慧等于十三日回身，孟陨出城亲送，并遣头目赍金叶表文、驯象二只、贡物各色，随同永慧等赴京谢恩，情愿世守藩隅，十年一贡，并谢赏还线氏之恩。八月二十一日进铁壁关，二十七日抵腾。永慧、百福伴送贡使便居也控、苏合党、应达党三人，并小头目暨跟役九人赍贡物表文进京，知州屠述濂沿途照料赴省。①

也就是说，缅王孟陨收到乾隆帝赏赐物品后，又备驯象、土产，派头目便居也控、苏合党、应达党等，赍带表文，随同永慧等入关，请求入京谢恩。十月初七日，便居也控一行由昆明起程赴京。② 十二月十七日，使团抵京。二十一日，便居也控等 3 人于西苑门外瞻觐。③ 在此之前，各朝贡国使节在京期间接待事宜是由礼部主客清吏司负责的。二十八日，乾隆帝下谕："嗣后外藩各国赍表来京贡献方物使臣，其朝鲜国仍照向例令礼部照料办理外，所有安南、缅甸、暹罗、南掌等国来京使臣及随从人等应行照料事宜，俱着内务府经理，仍着礼部派委司官二员，帮同照应。"④也就是说，此后除朝鲜外，接待事宜均由内务府负责，礼部只派司官二员予以协助。乾隆五十六年(1791)正月，礼部奏，向例赏赐暹罗各物较缅甸为多，此次应将赏赐缅甸各项，均照赏赐暹罗之例办理。乾隆帝下谕：嗣后除朝鲜仍照旧例外，其余各国俱照此划一办理。⑤ 此后除朝鲜外，各国例贡时的正赏(亦称例赏)基本相同。七月，缅使一行回抵缅甸。⑥ 同时，缅王派人送出先往暹罗贸易、后被缅人裹往阿瓦的福建民人蔡元妈、方贤 2 人，乾隆帝令赏缅王蟒缎、锦、大缎、纱各 2 匹，大荷包 1 对，小荷包 2 对，由富纲派员赍至关外，转送缅王。⑦

2.乾隆五十六年(1791) 谢恩

乾隆五十六年(1791)七月，孟陨因奉到敕印及节次恩赏，遣正使哑扎觉苏、副使得满觉等进谢恩方物。十二月十六日，哑扎觉苏、得满觉及缅役

---

① (清)师范纂《滇系》第 12 册《典故四》，第 48～49 页。

② 宫中朱批奏折：《云南按察使贺长庚奏报滇省本年秋收分数雨水并缅甸国王遣使进京事》(乾隆五十五年十月初八日)，档号：04-01-25-0277-029；《乾隆朝上谕档》第 16 册，第 104 条，第 40 页。

③ 《清高宗实录》卷一三六九，乾隆五十五年十二月丁卯，第 26 册，第 368 页。

④ 《乾隆朝上谕档》第 16 册，第 211 条，第 84 页；《清高宗实录》卷一三六七，乾隆五十五年十二月甲子，第 26 册，第 365 页。

⑤ 《乾隆朝上谕档》第 16 册，第 287 条，第 116 页。

⑥ 《乾隆朝上谕档》第 16 册，第 1088 条，第 473 页。

⑦ 《乾隆朝上谕档》第 16 册，第 842 条，第 350 页；《清高宗实录》卷一三八二，乾隆五十六年七月甲申，第 26 册，第 544 页。

6 名，正、副通事 2 名，在云南迤西道杨以溪、腾越知州屠述濂、都司施缙护送下到达北京。[①] 二十一日，哑扎觉苏、得满觉等于西苑门外瞻觐。[②] 此次谢恩贡物包括缅石佛像 1 尊、红黄檀香 40 筒、大红呢 3 板、缅布 80 匹、孔雀屏 20 屏。[③] 乾隆五十七年(1792)正月，乾隆帝设宴招待缅甸使臣等。

3.乾隆五十八年（1793）祝寿

乾隆五十八年(1793)二月，富纲奏，缅王孟陨遣使孟幹等到关，请求赴京叩祝万寿，孟幹带来的缅王咨文称："近因暹罗又来侵扰，拟亲自带兵前往堵御。"乾隆帝闻奏，令富纲等于贡使到省时，派员伴送，缓程前进，于七月内到京，并谕："该国与暹罗争界兴兵，由来已久，事关外夷，只可置之不问也。"[④]五月，富纲又奏，缅使孟幹等已于四月十一日到省城，即于二十日起程赴京。乾隆帝闻奏，令富纲饬知伴送人员，现在时交夏令，途中暑热，尽可从容行走，不必过紧。[⑤] 七月二十七日，乾隆帝在热河避暑山庄卷阿胜境接见缅甸正使密渺莽纳那牙他(按：即孟幹)，副使密渺南达觉苏细于、南达梅济苏 3 人。[⑥] 八月初十日，又赐宴于万树园大幄次。时孟幹禀请赏给蛮暮土司旧印，乾隆帝命军机大臣告知孟斡，"伊所请赏给旧印，系明末桂藩逃窜云南时所给，印上所铸之字，系属詹事官衔，并非土司字样，为前明废印。若赏给钤用，不足以昭信守。特加恩敕部另行铸给蛮暮宣抚司印信赏给，俾得永远遵守，以昭宠荣"。同时，乾隆帝又恐缅王心生疑惑，令富纲檄知缅王，"孟斡前此所请旧印，系前明废印，未便赏给。该处木邦土司，即系天朝颁给印信。今另给孟幹蛮暮宣抚司之印，与木邦土司同受天朝恩典，仍为该国所属，更增荣宠"[⑦]。十一月，乾隆帝以向来安南、缅甸、南掌等国，俱有例进象只，现在銮仪卫有象 39 只，为数已多，令传谕云贵、两广督抚等，嗣后外藩所献方物内如有象只，该督抚接到咨会，即可檄知该国，以现有象只甚多，除其他贡品准其呈进外，所有象只不必收受送京。[⑧]

---

① 军机处录副奏折：《礼部为缅甸国使臣来京事咨文》(乾隆五十六年十二月)，档号：03-0194-3366-034。

② 《清高宗实录》卷一三九三，乾隆五十六年十二月辛酉，第 26 册，第 715 页。

③ 《明清史料》庚编第七本，第 699 页。

④ 《清高宗实录》卷一四二二，乾隆五十八年二月丙子，第 27 册，第 32 页。

⑤ 《清高宗实录》卷一四二八，乾隆五十八年五月癸卯，第 27 册，第 103 页。

⑥ 《清高宗实录》卷一四三三，乾隆五十八年七月戊午，第 27 册，第 163 页。

⑦ 《清高宗实录》卷一四三四，乾隆五十八年八月乙亥，第 27 册，第 177 页；《乾隆朝上谕档》第 17 册，第 1187 条，第 508～509 页。

⑧ 《清高宗实录》卷一四四一，乾隆五十八年十一月丁未，第 27 册，第 251 页。

关于此次遣使,缅甸史料亦有记载。根据伯尼的译述,1792 年,缅王为中国皇帝和云贵总督准备了丰厚的礼物,派使访华。使团成员有八莫土司密渺莽纳那牙他、密渺南达觉苏、密渺南达觉登、细哈觉抓等。使团于 10 月 23 日离开缅都阿摩罗补罗前往北京。[①]

4.乾隆六十年(1795) 祝寿

乾隆六十年(1795),缅王孟陨遣使来华庆祝乾隆帝 85 岁寿辰,适逢南掌国亦遣使朝贡。四月,云贵总督福康安等奏,缅甸、南掌遣使祝寿,因辰州、沅州一带正办理军务,请由四川、陕西一路行走。乾隆帝表示同意,并令福康安派员妥为照料,护送该贡使等于七月十五日前后赶到热河,以便与蒙古王公等一同筵宴。[②] 七月二十五日(9 月 8 日),乾隆帝在避暑山庄卷阿胜境召见缅使亚扎觉苏、细利遂动等。[③] 八月初五日,又颁发敕谕给缅王孟陨:

> 朕惟化日舒长,紀缦纪中天之运;皇风该洽,怀柔昭右序之文。抚四始之循环,甲子周而六十;跻八荒于仁寿,耆艾积以万千。嘉兹祝嘏之来,适际胪欢之盛。尔缅甸国王孟陨,僻居炎徼,荣并藩封,守职贡以争先,每赆琛之毕献。当我国家贞下起元之会,庆洽敷天;值予一人八旬开五之辰,情殷就日。鉴兹诚悃,式贲殊恩。今赐王及王妃文绮、珍物有差,用副眷怀,王其祗受。同我太平之化,辑尔邦家;承朕无疆之庥,爰及苗裔。钦哉! 特谕。[④]

5.嘉庆五年 (1800) 进香、例贡

嘉庆元年(1796),缅王遣使请贡,云贵总督勒保认为,该国贡使刚刚回国,按照十年一贡之例,应令该国王缓至嘉庆五年再遣使赴京,因此檄令云南司道,让缅甸来使将表文、贡物等带回。十二月,嘉庆帝闻知此事,叱责勒保"所办大错",下谕曰:"该国地居炎徼,遣使远来,乃于半途率令回国,致令

① Henry Burney,"Some Account of the Wars between Burmah and China, Together with the Journals and Routes of Three Different Embassies Sent to Pekin by the King of Ava; Taken from Burmese Documents", in *The Journal of the Asiatic Society of Bengal*, 1837, vol.66, pp.433-434.

② 《清高宗实录》卷一四七六,乾隆六十年四月庚寅,第 27 册,第 723~724 页。

③ 《清高宗实录》卷一四八三,乾隆六十年七月甲戌,第 27 册,第 823 页。按:此次缅使亚扎觉苏与乾隆五十六年缅使哑扎觉苏、嘉庆五年缅使哑札觉苏可能为同一人,唯姓名翻译差别。

④ 《乾隆朝上谕档》第 18 册,第 1626 条,第 706 页;《清高宗实录》卷一四八四,乾隆六十年八月癸未,第 27 册,第 830~831 页。

徒劳跋涉，阻其向化之诚，殊失柔远绥怀之意，勒保着交部严加议处。”[①]又令军机大臣拟写檄文，写明勒保办理错误缘由，交云南巡抚江兰照缮檄知缅王，并特赏缅王蟒锦四端，“以释其向化未伸之念”[②]。檄文中曰：“云南巡抚为檄知事……已钦奉谕旨，将勒保革去总督，并交部严加治罪。仍命将办理错误原由传谕该国王知悉。至该国使臣业经遣回，若又令进京朝贡，长途跋涉，未免来往烦劳。特令本抚谕知该国王，应俟嘉庆五年太上皇帝九旬万万寿，再遣使来京祝嘏，以遂瞻就之忱。并特赏该国王绣蟒袍料一件、织金蟒缎一匹、大红片金一匹、大红妆缎一匹，以昭恩赉 而示体恤。”[③]后来勒保因办理缅甸入贡一事错误，罚银 3 万两以充公用。[④]

嘉庆四年（1799），乾隆帝卒。嘉庆五年（1800）正月，云南巡抚初彭龄奏，缅王遣使赍表，恳求赴京进香。因缅甸恰逢十年例贡之期，嘉庆帝准令初彭龄派员护送缅使前来。[⑤] 三月十三日，缅使哑札觉苏、细于觉荡等，由丽江知府和费颜、署抚标右营游击德胜伴送，自云南启程赴京。[⑥] 缅使一行到京瞻觐后，于十月初六日回抵云南，云南督抚优加赏赉，令休息数日，另派员弁护送出关。[⑦]

6.嘉庆十六年（1811）例贡

嘉庆十一年（1806）二月，云贵总督伯麟等奏，缅甸已被革职的蛮暮土司孟幹请求提前进贡，关于提前入贡之目的，“密探得该国系因与暹罗连年争战，力不能敌，欲借进贡以压伏暹罗，并有求助之意”。伯麟等认为，此次入贡不应准许，因此拟定谕稿，令孟幹将贡物运回。嘉庆帝闻奏，以伯麟等所办为是，令即照所拟谕稿发往。伯麟等还在奏折内称：“探知此次进贡之请，系由孟幹怂恿，在该国王前讨好见长，希图仍作蛮暮土司。”嘉庆帝认为：“孟

---

① 中国第一历史档案馆编《嘉庆道光两朝上谕档》第 1 册，桂林：广西师范大学出版社 2000 年版，第 1006 条，第 392～393 页；《清仁宗实录》卷一二，嘉庆元年十二月甲午，第 28 册，第 186 页。

② 《嘉庆道光两朝上谕档》第 1 册，第 1005 条，第 392 页；《清仁宗实录》卷一二，嘉庆元年十二月甲午，第 28 册，第 186 页。

③ （清）姚元之：《竹叶亭杂记》卷一，李解民点校，北京：中华书局 1982 年版，第 27 页。

④ 宫中朱批奏折：《云贵总督勒保奏为错办缅甸遣使朝贡事奉旨申饬情愿缴银充公事》（嘉庆二年正月十九日），档号：04-01-13-0112-056。

⑤ 《嘉庆道光两朝上谕档》第 5 册，第 54 条，第 21 页。

⑥ 宫中朱批奏折：《湖南巡抚祖之望奏报缅甸使臣经由湖南接护过境日期事》（嘉庆五年闰四月初五日），档号：04-01-12-0255-132。

⑦ 宫中朱批奏折：《云南巡抚初彭龄奏报本省九月份雨水粮价情形并缅甸贡使护送出关事》（嘉庆五年十月十八日），档号：04-01-24-0084-009。

斡前因酷虐激变夷民，经该国王将其拿回，今该国王仍欲令伊为蛮暮土司，总可置之不问。至该国与暹罗构兵，强弱胜负亦只听其自为，断无天朝代伊等筹画之事。”如将来缅甸遣使前来请求援助，即当义正词严，谕以“天朝抚绥外藩，本属一视同仁，毫无区别……设因尔国不能御敌，竟用兵相助，倘或有时尔国势强，暹罗力弱，前来乞助，天朝又将何以处之？总之天朝待外藩之体，断不肯有所偏向，尔国惟当力图自强，绥靖地方，永保国土，无得为此非分之请”[①]。由此，嘉庆十一年(1806)缅甸请贡被拒。

嘉庆十五年(1810)，缅甸例贡届期，因被火延烧府宇城池，应进贡物本已备齐，猝被烧毁，禀请展期入贡。十六年正月，嘉庆帝闻奏，下旨准其展期。[②] 七月，孟陨派孟斡率使团来到云南。十二月，孟斡等入京贡方物，在神武门外瞻觐。[③]

7.道光三年(1823)例贡

嘉庆二十四年(1819)，缅王孟陨卒，其孙孟既继位(1819～1837年在位)。嘉庆二十五年(1820)，缅甸例贡届期，因国内水灾，禀请缓期入贡，嘉庆帝予以批准。[④] 道光三年(1823)八月，云贵总督明山等奏，缅甸遣使叩关入贡。道光帝闻奏，令明山等俟该贡使等到省，即选派文武各员护送起程，于年内到京。[⑤] 十二月二十二日(1824年1月22日)，道光帝在神武门外接见缅使聂缪莽腊、拿鸦借牙糯牙他、纳哈咀苏糯牙他、瑞东苏秧糯鸭他、鸦杂糯鸭他觉空5人。[⑥] 道光四年(1824)五月，缅甸使团回到云南，六月经腾越出境回国。

关于此次遣使，缅甸史料亦有记载。据缅甸学者戚基耶基纽研究，1821年，有中国使团到达八莫，1822年至缅都进谒巴基道王(按：指孟既)。中国使团回国时，巴基道王派使团随同访华，使团成员中有录事奈谬敏拉、内廷官员泽亚糯耶他、底哈西都糯耶他、瑞多都耶糯耶他、瑞多都耶觉廷和耶泽

---

① 《嘉庆道光两朝上谕档》第11册，第287条，第140～141页；《清仁宗实录》卷一五七，嘉庆十一年二月乙巳，第30册，第28～29页。

② 《嘉庆道光两朝上谕档》第16册，第36条，第25～26页。

③ 《清仁宗实录》卷二五二，嘉庆十六年十二月壬申，第31册，第410页。

④ (清)彭崧毓：《缅述》，第13页。

⑤ 《嘉庆道光两朝上谕档》第28册，第1125条，第329页；《清宣宗实录》卷五七，道光三年八月乙丑，第33册，第1016页。

⑥ 《清宣宗实录》卷六三，道光三年十二月丙辰，第33册，第1100页；《嘉庆道光两朝上谕档》第28册，第1754条，第507页。

糯耶他觉空等。[①] 缅方文献记载中的奈谬敏拉即是中国档案文献中的聂缪莽腊，泽亚糯耶他即是拿鸦借牙糯牙他，底哈西都糯耶他即是纳哈咀苏糯牙他，瑞多都耶糯耶他即是瑞东苏秧糯鸭他，耶泽糯耶他觉空即是鸦杂糯鸭他觉空。另外，英国人伯尼曾将缅甸史料中关于道光三年缅王遣使访华的记述译为英文，其中有中国皇帝致缅王的信件、缅王致中国皇帝的回信，以及使团成员底哈西都糯耶他、耶泽糯耶他觉空的使行笔记。根据伯尼译述，1822 年有中国使团访问缅甸，1823 年缅王派使团随同访华。使团于 6 月 18 日自阿瓦出发，7 月 17 日至八莫，20 日进入中国边境，9 月 30 日至昆明，10 月 21 日自昆明出发，11 月 7 日至贵阳，12 月 21 日至南阳，1824 年 1 月 15 日至保定，19 日至通州，22 日抵北京，[②]恰好与中国史料记载的缅甸使团入京瞻觐时间吻合。

8.道光九年(1829)表贺

道光六年(1826)六月，张格尔在新疆纠集万人发动叛乱。道光七年(1826)二月，伊犁将军长龄调清兵两万余人进攻平叛，十二月，清兵于喀尔铁盖山擒获张格尔。道光八年(1828)五月，张格尔被押解至京处死。道光九年(1829)十二月，云贵总督阮元奏，缅王孟既遣使表贺擒获张格尔，并上皇太后徽号。此次缅甸使臣至云南即返，阮元等“照例宴赉”[③]。

9.道光十三年(1833)例贡

道光十三年(1833)六月，缅甸蛮暮土司枚腊牙咱到铁壁关称，缅王孟既遣使每麻牙咱觉等赍带表文自阿瓦起程，不日叩关呈进例贡。七月初三日(8 月 17 日)，每麻牙咱觉一行抵铁壁关，其所赍表文及呈投缅文称：“该国内附以来，十年一贡，兹届贡期，仰赖鸿庥，风调雨顺，夷民安业，谨备金叶表文一道、长寿圣佛三尊，驯象四只，及土产各物，特遣头目每麻牙咱觉、聂钮牙咱等恭赍呈进。”八月初三日 (9 月 16 日)，道光帝接到阮元和伊里布的奏报，准令缅使照例入贡。[④] 十二月二十九日 (1834 年 2 月 7 日)，缅使每麻牙

---

① 〔缅〕戚基耶基纽：《四个时期的中缅关系》，第 3～4 页。

② Henry Burney, “Some Account of the Wars between Burmah and China, Together with the Journals and Routes of Three Different Embassies Sent to Pekin by the King of Ava; Taken from Burmese Documents”, in *The Journal of the Asiatic Society of Bengal*, 1837, vol.66, pp.436-451.

③ 《清宣宗实录》卷一六三，道光九年十二月甲子，第 35 册，第 520 页。

④ 宫中朱批奏折：《云贵总督阮元、云南巡抚伊里布奏为缅甸国遣使叩关入贡事》(道光十三年八月初三日)，档号：04-01-30-0442-003。

咱觉等 4 人于午门外瞻覲。[①] 道光十四年(1834)正月,以使臣聂钮耶公那牙他病故,赏银 300 两。[②]

关于此次缅甸遣使,缅甸史料亦有记载。据戚基耶基纽研究,1833 年有中国使团访问缅甸,该使团返回时,缅王巴基道派使团随同访华,缅甸使团中有录事敏拉耶泽觉、文书奈谬耶泽、近侍奈谬也空糯耶他和奈谬巴拉等。缅甸使团带去幼雌象、友谊敕书金叶表和各色呢、各色花布,作为赠给中国皇帝的礼品。巴基道王在友谊敕书金叶表中写道:"西方各国之尊、建立百宝之城的宝象王、金银红宝石琥珀玉石各矿之主、拥有吉祥高贵公允伟大的王中王称号的旭日君谕告东方诸国之尊道光皇帝陛下。自创建百宝之城的朕太祖与陛下之太祖乾隆皇帝开始两国即友好的结盟,两国臣民和睦亲善往来经商已三十五载矣。"[③]缅方文献记载中的敏拉耶泽觉即是中国档案史料中的每麻牙咱觉,奈谬耶泽即是聂钮牙咱,奈谬也空糯耶他即是病故的聂钮耶公那牙他。另外,英国人伯尼也曾将道光十三年缅使访华的缅甸史料译为英文,其中包括中国皇帝致缅王的信件、缅王致中国皇帝的回信以及阿瓦大臣给缅甸使团的训令。根据伯尼的译述,1833 年有中国使团访缅,缅王即派使团随同访华,使团成员有敏拉耶泽觉、奈谬耶泽、奈谬也空糯耶他和奈谬巴拉等。缅甸使团于 1833 年 6 月 27 日自阿瓦出发,7 月 18 日至八莫,8 月 11 日自八莫出发,9 月 10 日至永昌,30 日至昆明,10 月 21 日自昆明出发,11 月 5 日至安顺,12 月 25 日至襄阳,1834 年 1 月 4 日至南阳,30 日至保定,2 月 1 日至通州,3 日抵北京。使团在北京停留 32 天,于 3 月 6 日带着中国皇帝信件以及赏赐的礼物和布匹离京南返。[④] 伯尼的译述恰好可与中国史料记载相互印证补充。

10.道光二十三年(1843)例贡

道光十七年(1837),缅王孟既王位为其弟孟坑(1837~1846 在位)所篡。道光二十三年(1843)七月,云贵总督桂良等奏,缅甸遣使进关,呈进例贡。道光帝闻奏,命桂良遴委妥员护送贡使,于年底前到京。[⑤] 九月,缅甸正使孟

① 《清宣宗实录》卷二四七,道光十三年十二月乙丑,第 36 册,第 707 页。

② 《清宣宗实录》卷二四八,道光十四年正月戊寅,第 36 册,第 735 页。

③ 〔缅〕戚基耶基纽:《四个时期的中缅关系》,第 7 页。

④ Henry Burney,"Some Account of the Wars between Burmah and China, Together with the Journals and Routes of Three Different Embassies Sent to Pekin by the King of Ava;Taken from Burmese Documents", in *The Journal of the Asiatic Society of Bengal*,1837, vol.67, pp.542-559.

⑤ 《嘉庆道光两朝上谕档》第 48 册,第 1005 条,第 330 页。

腊糯牙他在途病故，照例赏银300两。[①] 十二月，缅甸使团抵达北京，道光帝在神武门外接见副使聂缪那牙瑞冻、聂缪苏牙桑呆、聂缪细于糯牙他、聂缪觉高4人。[②]

关于此次缅甸遣使，据缅方史料记载，1842年有中国使团访问缅甸，该使团返回时，缅王沙亚瓦底（按：即孟坑）也派出访华使团，带去给中国皇帝的礼品和友谊敕书金叶表。缅甸使团中有正使内廷官员敏拉糯耶他，副使奈谬那耶瑞多、奈谬都耶丹岱、奈谬底里糯耶他和奈谬觉空等。[③] 缅方文献记载中的敏拉糯耶他即是中国档案文献中病故的孟腊糯牙他，奈谬那耶瑞多即是聂缪那牙瑞冻，奈谬都耶丹岱即是聂缪苏牙桑呆，奈谬底里糯耶他即是聂缪细于糯牙他，奈谬觉空即是聂缪觉高。

11.咸丰三年(1853) 例贡

咸丰三年(1853)，缅甸曼同王（又译敏同、孟顿，1853～1878在位）继位。适逢缅甸十年贡期，曼同王即派使节闷腊桑邓访问清朝。七月二十四日，使团自缅都出发，九月二十七日到关，十一月十九日至昆明。使节带来的表文称："自蒙天朝恩准内附以来，定例十年一贡。计自道光二十三年，扣至咸丰三年，又届贡期。小臣因春间洋匪侵犯，道路梗塞，不能依时输诚。兹幸仰托鸿庥，兵戈平息，地方乂安，谨备金叶表文一道、长寿圣佛三尊、驯象五条及土产各物，特遣头目闷腊桑邓等于七月二十四日起程。"[④]从表文内容看，这次遣使是在第二次英缅战争后不久。这次缅使到达云南时，因太平天国起义爆发，云贵总督罗绕典等请绕道护送入京，咸丰帝下谕："现在粤匪未尽歼除，该国贡使向由贵州、湖南、湖北取道进京，若令绕道行走，殊非所以示体恤。即着该督抚传旨，该使臣等此次无庸来京，仍优与犒赏，委员妥为护送，先行回国，贡物象只，即行赏收，一俟道路肃清，即由该督抚派员送京，其应行颁赏该国王及正、副使臣等银物，仍由该衙门照办齐全，发交该省派员赍送出关，转交祇领。"[⑤]由此，这次缅使入贡至云南即返回。

---

① 《清宣宗实录》卷三九七，道光二十三年九月癸巳，第38册，第1121页。

② 《嘉庆道光两朝上谕档》第48册，第1996条，第652页；《清宣宗实录》卷四〇〇，道光二十三年十二月辛丑，第38册，第1154页。

③ 〔缅〕威基耶基纽：《四个时期的中缅关系》，第8页。

④ 中国第一历史档案馆藏：《军机处录副奏折》外交类，第319号，咸丰三年十一月十六日，罗绕典奏折，转引自余定邦《中缅关系史》，第205页。

⑤ 中国第一历史档案馆编《咸丰同治两朝上谕档》第3册，桂林：广西师范大学出版社1998年版，第1434条，第414页；《清文宗实录》卷一一三，咸丰三年十一月戊辰，第41册，第772页。

12.光绪元年（1875）例贡

咸丰六年（1856），云南爆发回民起义，接壤缅甸之永昌府腾越厅各属均为义军占领，贡道梗阻。至同治十一年（1872），云贵总督岑毓英督师攻克大理，义军领袖杜文秀被杀，始有缅官细易牙杂那而他到清军兵营探问情况。同治十二年（1873），清军攻克顺宁、腾越各城，全省已无战事，有永昌府属孟定土知府罕忠邦带领缅官呜汗唑定这呷懦呷他到昆明呈投缅文禀函，称“缅王闻滇省军务肃清，令其具禀来滇，请示进贡通商各事宜”。岑毓英以“该国王既倾心向化，亟应相机招徕”，派都司刘大经等协同罕忠邦将缅官护送出境，[①]又令布政使将寄存诏书6道发交补永昌府知府朱百梅，委由副将衔补用游击杨廷瑞赍往缅甸。同治十三年（1874）八月，杨廷瑞自缅甸回到云南，带回缅文公文4箱。据译出汉文，称“该国王奉到宝诏，甚为钦感，现在修路选象，即欲进贡，请先为代奏”。但缅甸此次来文“国王未列姓名，称谓多有不合”，而滇省各署文卷遗失，无案可稽，岑毓英因奏请礼部检查旧案，将表文款式咨发到滇，转行遵办。[②] 同年，京城銮仪卫咨催云南采办象只，岑毓英檄令朱百梅和署腾越同知吴启亮派人赴缅采买。缅王闻讯，特备驯象2只，交缅官芝牙瑞挞、水底瑞挞、都牙瑞挞等，于十一月二十七日管解到昆明，并称年例贡物正在筹办，又顺带棉花到腾越，请变价采买驮骡200匹、硫黄一二万斤带回应用。岑毓英认为：“此非正贡，本可却之。而驯象当差，攸关典礼。该国王既遣夷官解求转进，若过于拒绝，阻其向化之忱。”因此，对缅官优加赏赐后，委派候选州同梁镒铨、补用千总姚桂林护送回国，[③]缅官采买驮骡、硫黄之请，则因有违例禁而未予准许。[④]

十二月十五日，缅甸正使直也驮纪们腊们甸沮素，副使糯也他沮素、糯也他觉工、糯也他线戞数，及通事、头目、跟丁、象奴共50余人，解驯象5只及贡品各物，到达腾越边界。[⑤] 使团带来的表文称：“缅甸国王小臣孟顿（按：即曼同王）恭奏天朝大皇帝陛下：伏以圣人御宇，川岳悉被夫怀柔。薄海同风，葵藿亦深其向慕。小臣世居缅甸，服属遐荒。自仰蒙天朝恩准内附以

---

① 总理各国事务衙门档案：《片奏缅甸国禀请进贡通商各事宜已饬将进贡事宜照例办理由》（同治十二年十二月二十六日），台北“中研院”近代史所档案馆藏，未刊，馆藏号：01-21-019-06-001。

② （清）岑毓英：《岑襄勤公（毓英）遗集》卷一〇，第46～47页，卷一一，第32～34页，光绪二十三年（1897）武昌督粮官署刻本，近代中国史料丛刊续编第38辑第371～376册。

③ （清）岑毓英：《岑襄勤公（毓英）遗集》卷一一，第22～23页。

④ 《清德宗实录》卷三，光绪元年正月丙辰，第52册，第113页。

⑤ （清）岑毓英：《岑襄勤公（毓英）遗集》卷一一，第32～34页。

来，隶禹甸则例修职贡，戴尧天而愿切嵩呼。前戒烽火于边陲，久阻梯航于远道。今幸兵戈永息，海宇乂安。小臣属在藩封，亟应纳贡。谨备金叶表文一道，长寿圣佛一尊，驯象五只及土产各物，特遣使头目直也驮纪们腊们甸沮素等代躬恭进阙廷，伏乞大皇帝赏收。鉴兹恭顺之忱，俾遂瞻依之愿。小臣临表，不胜感激欢忭之至，谨奏。"[①]光绪元年(1875)二月，使团到达昆明。时因同治帝病卒，清廷下旨各省督抚三年内停止进献。岑毓英等认为，缅甸入贡之日在奉旨停止进献之前，"若拒而不纳，似非柔远之道"，遂派候补通判吕廷楷、宁洱知县周自怡等，协同缅使及缅目、通事共 22 人，护解贡象、贡品及前次解到驯象 2 只，一并启程北上。[②]

六月，前护送缅官回国之梁镒铨等自缅旋腾，又有缅官乜纽几袜鸦戛咱鸠颠等 3 人同至腾越，称有缅王信件要呈递云贵总督。八月，乜纽几袜鸦戛咱鸠颠等到昆明谒见岑毓英，并呈上缅王致岑毓英信件、礼物，信中问及该国贡使是否到京，又言梁镒铨送去物件均已收领，今遣官赍呈象牙 2 对、玉石 2 块、千里镜 2 个、八音盒 2 个，恳请收纳。岑毓英令将缅官送来各物验明收存司库，又复缅王书信一封，派员护送缅官出关。[③] 同月，先前赴京的缅甸使团到达北京，贡使直也驮纪们腊们甸沮素在神武门外瞻觐。光绪帝命加赏缅王、贡使等绒锦、缎匹、荷囊等有差。[④] 九月二十七日，缅甸使臣还在东岳庙外见到了慈安、慈禧太后。[⑤] 是为缅甸最后一次朝贡。

关于光绪元年缅使入贡，据缅方史料记述，1874 年由三位中国使节组成的中国使团到达缅都曼德勒，"携带谕书信函六帧"。中国使节离开曼德勒时，缅甸也派出访华使团。该使团于 1874 年 11 月出发，由三人组成，以一个录事为首。使团所带礼物为金叶表、象四头、金钵、绸缎料子、漆盒和其他漆器。[⑥] 从中国使团携带谕书信函 6 道看，缅方文献记载的中国使节当为杨廷瑞。

① (清)岑毓英:《岑襄勤公(毓英)遗集》卷一一，第 35 页。
② (清)岑毓英:《岑襄勤公(毓英)遗集》卷一一，第 32～34 页。
③ (清)岑毓英:《岑襄勤公(毓英)遗集》卷一二，第 42 页。
④ 《清德宗实录》卷一五，光绪元年八月丁丑，卷一六，光绪元年八月庚辰，第 52 册，第 262、268 页。
⑤ 《清德宗实录》卷一八，光绪元年九月庚申，第 52 册，第 294 页。
⑥ 〔缅〕戚基耶基纽:《四个时期的中缅关系》，第 9～10 页。

二、使行路线

关于缅甸贡道，乾隆《大清会典则例》记，缅甸贡道由云南。[①]《钦定礼部则例》云："缅甸贡道渡江，由陆路至云南普洱府，入境达京师。"[②]《滇系·属夷》记载了缅甸两条贡道，第一路由永昌起行："由永昌过蒲缥，经屋床山，箐险路狭，马不得并行。过山至潞江，江外有高黎贡山，路亦颇险，山巅夷人立棚为寨，在三代为徼外地。过腾冲卫西南行至南甸、干崖、陇川三宣抚司。陇川有诸葛孔明寄箭山，陇川之外，一望数千里，绝无山溪。陇川十日至孟密，二日至宝井，又十日至缅甸，又十日至洞吾（按：即东吁），又十日至摆古（按：即白古），莽酋居之，即古喇宣慰司。"第二路由景东起行："由景东历者乐甸，行一日至镇沅府。又行二日始达车里宣慰司之界。行二日至车里之普洱山，其山产茶。又有一山耸秀，名光山，有车里头目居之，蜀汉孔明营垒在焉。又行二日至一大川原，广可千里，其中养象，其山亦为孔明寄箭处，又有孔明碑，苔泐不辨字矣。又行四日始至车里宣慰司，在九龙山下临大江，亦名曰九龙江，即黑水之末流也。由车里西南行十日至八百媳妇宣慰司（按：指清迈），又西南行一月至老挝宣慰司，又西行十五六日至西洋海岸，乃摆古莽酋之地也。"[③]显然，《滇系·属夷》记载的是明代自永昌向西经陇川或自景东向南经车里至缅甸白古的两条路线。至于清代缅甸使团往返北京的行走路线则并无明确记载。

实践中，云南地方政府护送缅甸使团尽量走"驿路"赴北京或热河。查云南进京驿路，经云南、贵州、湖南、湖北、河南、直隶六省，共98站：云南昆明县滇阳驿、昆明县板桥驿、嵩明州杨林驿、寻甸州易隆驿、马龙州马龙驿、沾益州南宁驿、南宁县白水驿、平彝县多罗驿、贵州普安厅亦资孔驿、普安厅刘官屯驿、普安厅上寨驿、普安县白沙关驿、安南县阿都田驿、永宁州郎岱驿、永宁州坡贡驿、镇宁州安庄驿、普定县普利驿、安平县平坝驿、清镇县威清驿、贵筑县驿、龙里县驿、贵定县新增驿、平越县西阳驿、平越县杨老驿、清平县清平驿、黄平州重安江驿、黄平州兴隆驿、施秉县偏桥驿、镇远县驿、青

① （乾隆）《大清会典则例》卷九三《礼部·主客清吏司·朝贡上》，文渊阁四库全书第622册，第902页。

② （清）萨迎阿总纂《钦定礼部则例》卷一七九《礼部主客司·缅甸朝贡》，嘉庆二十五年（1820）江宁藩司刊本，第1页。

③ （清）师范纂《滇系》第37册《属夷》，第19～20页。

溪县驿、玉屏县驿、湖南芷江县晃州驿、芷江县便水驿、芷江县沅水驿、芷江县罗旧驿、芷江县怀化驿、辰溪县山塘驿、沅陵县船溪驿、沅陵县辰阳驿、沅陵县马底驿、桃源县界亭驿、桃源县新店驿、桃源县郑家驿、桃源县桃源驿、武陵县府河驿、武陵县大龙驿、澧州清化驿、澧州兰江驿、澧州顺林驿、湖北公安县孙黄驿、公安县孱陵驿、江陵县荆南驿、荆门州建阳驿、荆门州荆山驿、荆门州石桥驿、荆门州丽阳驿、宜城县鄢城驿、襄阳县汉江驿、襄阳县吕堰驿、河南新野县湍阳驿、南阳县林水驿、南阳县宛城驿、南阳县博望驿、裕州赭阳驿、叶县保安驿、叶县滍水驿、襄城县新城驿、长葛县石固驿、新郑县永新驿、新郑县郭店驿、郑州管城驿、荥泽县广武驿、获嘉县亢邨驿、新乡县新中驿、汲县卫源驿、淇县淇门驿、汤阴县宜沟驿、安阳县邺城驿、直隶磁州滏阳驿、邯郸县丛台驿、永年县临洺驿、邢台县龙冈驿、内邱县驿、柏乡县槐水驿、赵州鄗城驿、栾城县关城驿、正定县恒山驿、正定县伏城驿、新乐县西乐驿、定州永定驿、望都县翟城驿、满城县泾阳驿、保定府清苑县金台驿、安肃县白沟驿、定兴县宣化驿、涿州涿鹿驿、良乡县固节驿、京师皇华驿。[①] 另外，自京师至热河驿路共 9 站：京师皇华驿、顺义县顺义驿、密云县密云驿、密云县石匣站、古北口、鞍匠屯站、王家营站、喀拉河屯站、热河站[②]。

兹对乾隆五十三年(1788)缅甸使团行走路线进行考察，后来各使团行走路线如有变化，则略述于后。乾隆五十三年(1788)缅使入贡时，乾隆帝曾于六月初五日下谕沿途各督抚，令“所有经过省会府城等处，着该地方官预备筵席礼待，以示柔远之意。于何日入境出境之处，先行具奏”[③]。所以关于此次缅使入贡，地方督抚官员有大量奏折汇报。此外，这次缅甸使节也写有详细的使行笔记。根据伯尼译述的缅使使行笔记，缅甸使团于 1787 年 6 月 24 日自缅都阿摩罗补罗出发，7 月 6 日至木邦，16 日自木邦出发，31 日至耿马。在耿马停留五个多月，以与当地官员进行交涉。1788 年 1 月 12 日使团自耿马出发，23 日至顺宁，在顺宁又停留五个多月，以等待云贵总督向皇帝汇报。6 月 25 日，总督准令使团继续前进，7 月 1 日至大理，在大理受到总督接见。21 日，云贵总督收到皇帝关于准令使团赴京的谕旨。使团派两人

① (嘉庆)《大清会典事例》卷五五九《兵部·邮政·驿程一》，卷五六〇《兵部·邮政·驿程二》，近代中国史料丛刊三编第 65～70 辑第 641～700 册，第 5983～5984、5993、5996～5997、6012～6013、6054～6059页。

② (嘉庆)《大清会典事例》卷五五九《兵部·邮政·驿程一》，第 5986～5987 页。

③ 《乾隆朝上谕档》第 14 册，第 824 条，第 334～335 页。

带着云贵总督的礼物回阿摩罗补罗汇报，其他 37 人则由“贺大老爷、花大老爷和通事翁师爷”（HÔTA′-LO：YE′，KHUA′-TA-LO：YE′，and the interpreter WUN-YSOU′N-YE′，按：即贺长庚、花连布、翁德胜）伴送，于 7 月 23 日向北京进发。[①] 之后，中方史料和缅使笔记记述基本相同，详见表 5-2。

表 5-2　乾隆五十三年缅甸使团使行路线*

时间	使行路线	资料来源
乾隆五十三年四月二十日（1788 年 5 月 25 日）	渡滚弄江入境	《宫中档》第 68 辑，第 312～313 页
六月二十一日（7 月 24 日）	自大理启程	《宫中档》第 68 辑，第 609～611 页
六月二十七日（7 月 30 日）	至云南省城	《宫中档》第 68 辑，第 685～686 页
六月二十八日（7 月 31 日）	自云南省城启程	同上
七月初三日（8 月 4 日）	入贵州境之亦资孔首站	《宫中档》第 68 辑，第 764～765 页
七月初七日（8 月 8 日）	过安顺府城	同上
七月初八日（8 月 9 日）	抵贵州省城贵阳	同上
七月初九日（8 月 10 日）	自贵阳启程	同上
七月十二日（8 月 13 日）	抵镇远府，乘船由水路往湖南	《宫中档》第 68 辑，第 840 页
七月十四日（8 月 15 日）	入湖南芷江县之晃州驿首站	《宫中档》第 69 辑，第 29～30 页
七月十五日（8 月 16 日）	过沅州郡城	同上
七月十八日（8 月 19 日）	过辰州郡城	同上

① Henry Bumey，“Some Account of the Wars between Burmah and China，Together with the Journals and Routes of Three Different Embassies Sent to Pekin by the King of Ava；Taken from Burmese Documents”，in *The Journal of the Asiatic Society of Bengal*，1837，vol.66，pp.413-414.

续表

时间	使行路线	资料来源
七月十九日(8月20日)	过常德府城,至府属龙阳县登陆	同上
七月二十二日(8月23日)	抵湖南省城长沙	同上
七月二十三日(8月24日)	自长沙启程	同上
七月二十六日(8月27日)	出湖南境入湖北境之蒲圻县	同上
	经武昌	《宫中档》第68辑,第844~845页
八月初五日(9月4日)	由湖北应山县入河南境之信阳州	《宫中档》第69辑,第179~180页
	经确山、遂平、西平、郾城、临颍、许州、新郑、郑州,至荥泽县渡河,复经新乡、卫辉、淇县、汤阴至彰德府之安阳县出河南境	《宫中档》第69辑,第16~17页
八月十四日(9月13日)	入直隶境之磁州首站	《宫中档》第69辑,第244~245页
八月十五日(9月14日)	过邢台府城	Burney, p.431
八月十八日(9月17日)	过正定府城	Burney, p.431
八月二十日(9月19日)	至保定府城	Burney, p.431
八月二十三日(9月22日)	至通州	Burney, p.431
八月二十六日(9月25日)	至密云	Burney, p.432
九月初一日(9月29日)	抵热河	Burney, p.432
九月初四日(10月2日)	在热河避暑山庄卷阿胜境觐见乾隆帝	《清高宗实录》卷一三一〇,乾隆五十三年九月壬戌,第25册,第697页

续表

时间	使行路线	资料来源
九月初九日(10月7日)	在热河万树园大幄次入宴,同日自热河启程赴北京	《清高宗实录》卷一三一二,乾隆五十三年九月丁卯,第25册,第702页;Burney,p.432
九月十四日(10月12日)	入北京,住西城会同四译馆	《清高宗实录》卷一三一二,乾隆五十三年九月癸酉,第25册,第714页
十月初四日(11月1日)	离北京南下	Burney,p.419
十月初五日(11月2日)	至良乡	《宫中档》第69辑,第816页
十月十六日(11月13日)	出直隶磁州境	同上
十月十七日(11月14日)	入河南安阳县境	《宫中档》第70辑,第71页
	经卫辉、开封、许州	同上
十月二十八日(11月25日)	由新野县出境,由樊城登船入湖北境之襄阳县首站	同上
十一月初九日(12月6日)	舟抵荆州,换船渡江由水路赴湖南	《宫中档》第70辑,第150页
十一月十一日(12月8日)	由湖北公安县入湖南澧州境	《宫中档》第70辑,第594页
	至常德府登岸行走,经常德、辰州、沅州	同上
十二月初二日(12月28日)	出湖南境入贵州玉屏县境	同上
十二月二十七日(1789年1月22日)	抵云南省城	《宫中档》第71辑,第107页
五十四年正月初二日(1789年1月27日)	自云南省城启程	同上
正月十六日(2月10日)	抵顺宁	同上

续表

时间	使行路线	资料来源
二月初五日(3 月 1 日)	渡滚弄江出境	《宫中档》第 71 辑,第 340 页

* 资料来源:此表主要根据《宫中档乾隆朝奏折》(表中简称《宫中档》)第 68、69、70、71 辑和《清高宗实录》第 25 册相关史料编制。个别地方根据伯尼的记述,参见 Henry Burney, "Some Account of the Wars between Burmah and China, Together with the Journals and Routes of Three Different Embassies Sent to Pekin by the King of Ava; Taken from Burmese Documents", in *The Journal of the Asiatic Society of Bengal*, 1837, vol.66, pp.424-432(表中简称 Burney)。

考察乾隆五十三年(1788)缅使入贡,自五十三年四月二十日 (1788 年 5 月 25 日)入境,至五十四年二月初五日 (1789 年 3 月 1 日) 出境,共计 280 天。其中自入境至抵热河 126 天,在热河、北京 33 天,自离北京至出境 121 天。进京路线是经云南、贵州、湖南、湖北、河南、直隶、热河至北京,回国路线是从北京经直隶、河南、湖北、湖南、贵州至云南出境。使行路线有以下几个特点:第一,入境地点是木邦而不是老官屯。据使团称:"老官屯一路山高瘴大,象只难行,故从木邦前来。"第二,赴京途中于湖南、湖北省内改道。自湖南、湖北赴北京,本走荆州一路,因当时荆州一带发生水灾,湖广总督舒常奏请改道:"缅甸贡使入觐,荆州积水既多,寓馆被淹,亦无宿处。现闻云贵折差多由常德、长沙、武昌一路出应山县入河南境,不过略迟数日,请改由此路行走。"①乾隆帝准之。因此,此次缅甸使团入贡,至常德后因北上驿路遭遇水灾,被迫改道向东南至长沙后再北上武昌,直到河南省新郑县后方恢复到原来进京驿路。第三,使团先往热河后至北京。当时乾隆帝正在热河,因命使团直接赴热河觐见,然后与乾隆帝一起回京。第四,返程途中于河南、湖北、湖南境内改道。缅使在京时,荆州一带水已消退,但邮程驿馆未能全部修复,所以湖广总督毕沅、湖北巡抚惠龄奏请改道:"湖北至湖南本有内河水程,缅使由豫入境,即系襄阳府地方,若在樊城下船,由内河渡江,从公安一带至澧州前进,最为安稳。"②遂定缅使回国时,改由湖北樊城下船,至湖南澧州登陆。湖南巡抚浦霖接到湖广总督毕沅知会后,又上奏:"查澧州本系驿

① 《清高宗实录》卷一三〇八,乾隆五十三年七月乙亥,第 25 册,第 630 页。

② 《湖广总督毕沅奏报酌拟预备缅使回程缘由折》(乾隆五十三年九月十六日),见《宫中档乾隆朝奏折》第 69 辑,第 522～523 页。

使经由大道，向来俱由陆路行走，今自湖北水路入境，与驿路相隔稍远，且自泗水口绕道州城，又系一线溪河，冬初水涸，舟行不便。查自该州入境至常德府，计水程三百八十里，系大河平水，行走便捷，毫无阻滞。臣已饬令于水路预备伺应，由澧州径至常德，其自常德以上，辰沅一带皆有水路可行，但系逆水险滩，恐多迟滞，仍令登陆由驿路前行，送至黔省玉屏县出境。"①乾隆帝准奏。由此，贡使回国时于河南、湖北、湖南境内走的是南阳、新野、襄阳、澧州至常德驿路，与北上路线有所不同。

乾隆五十三年(1788)之后的缅甸历次朝贡，使行路线一般仍走荆州水路，但偶尔也有变化。如乾隆六十年(1795)，缅甸遣使祝寿，云贵总督福康安以辰州、沅州一带办理军务，请改由四川、陕西一路进京，乾隆帝准之。②而此次使团回国时，亦绕行陕西、四川一路。③

三、贡物

对于朝鲜、琉球、越南、暹罗等朝贡国贡物，清朝均有明确规定。④ 而对于缅甸，则"贡物无定额"⑤。实践中，缅甸进献礼物一般包括四类：一是象只，二是佛像、佛经等佛教器物，三是象牙、玉石、香料、布匹等各种缅甸土产，四是西洋布等欧洲运到缅甸的商品，详见表5-3。

表5-3 缅甸朝贡物品

编号	时间	贡物
1	乾隆十六年(1751)	毡缎4匹，缅布12匹，驯象8只，皇后前驯象2只[1]
2	乾隆五十三年(1788)	金塔1座(高3尺，顶嵌宝石1颗)，象牙丝冠1顶(上嵌红宝石顶1颗、蓝宝石顶1颗)，金手箍3道(嵌镶红、蓝宝石)，金箔100搭，象牙20只，红、白檀香各10铥(每铥40两)，黄、红、绿大呢3卷，大颇干盒4个，小颇干盒50个，驯象8只[2]

① 《湖南巡抚浦霖附奏报预备缅使过境酌分水陆行走缘由折》(乾隆五十三年九月廿五日)，见《宫中档乾隆朝奏折》第69辑，第604页。

② 《清高宗实录》卷一四七六，乾隆六十年四月庚寅，第27册，第723～724页。

③ 《明清史料》庚编第七本，第700页。

④ 参见(嘉庆)《大清会典》卷三一《礼部·主客清吏司》，近代中国史料丛刊三编第64辑第631～640册，第1362～1366页。

⑤ 《钦定礼部则例》卷一七九《主客清吏司·缅甸朝贡》，第1页。

续表

编号	时间	贡物
3	乾隆五十五年(1790)	长寿佛,万寿经,红、黄檀香,象牙,缅布,孔雀屏,缅锦,红呢,驯象 6 只,花象 1 只[3]
4	乾隆五十五年(1790)	白石佛像成龛,红、黄檀香 20 筒,象牙 5 对,孔雀屏 10 对,吉祥宝树 1 本 3 枝,缅布 4 种共 80 匹,红呢 3 版,象 2 只[4]
5	乾隆五十六年(1791)	缅石佛像 1 尊,红、黄檀香 40 筒,大红呢 3 版,缅布 80 匹,孔雀屏 20 屏[5]
6	乾隆五十八年(1793)	洋石寿佛,金叶佛经,金镶宝石顶朝盔,金朝牌,金镶宝石鞘刀,金净水樽,金镶插,金茶壶,黄绒伞,大象牙,红、黄檀香,各色呢,土绸,土绢,土布,紫花布,红漆盒,共 17 种[6]
7	乾隆六十年(1795)	缅石长寿佛,贝叶缅字经,福字灯,金海螺,银海螺,金镶缅刀,金柄麈尾,黄缎伞 1 顶,贴金象轿 1 乘,洋枪 1 杆,马鞍 1 副,象牙 2 对,犀角 5 副,孔雀 1 对,木化石 1 块,元猴皮 50 张,各色呢 5 版,各色花布 100 匹,共 18 种[7]
8	嘉庆五年(1800)	无量寿佛,蓝呢,黄绿缅锦,五色洋花缎,细白洋布,金边大洋布,白印花洋布,镶玻璃盒,描金碗,红黑漆碗,红漆盒,象牙,孔雀屏,共 13 种。又因进香,贡檀香 3 筒[7]
9	嘉庆十六年(1811)	长寿佛 1 尊,象牙 3 对,孔雀尾 9 屏,各色缅锦 30 匹,各色细缅布 40 匹,洋毡 60 床,印花缅绸 3 匹,缅布抄子 20 床,描金碗 20 个,红漆缅盒 50 个,红漆缅碗 50 个,缅青布 10 匹,缅紫花布 20 匹,缅白布 20 匹,白印花布 8 匹,缅鸭色布 6 匹,缅白细布 2 匹,白布 4 匹,红呢 2 版,驯象 3 只[9]
10	道光三年(1823)	长寿佛 3 尊,象牙 4 只,黄呢、绿呢、红呢各 1 版,印花洋布、白细缅布各 10 联,洋花毡 10 床,象牙匣子 2 个,象牙椅子 2 把,象牙席子 2 床,大缅盒 4 个,小缅盒 50 个,红、白檀香各 1 筒,飞金 1 万张,红宝石手箍、鸦青手箍各 2 道,水绿玉子 1 个,小红宝石 1 包(计 46 颗),小碧犀 1 包(计重 44 两),孔雀尾 15 屏,驯象 5 只[10]
11	道光九年(1829)	不详

续表

编号	时间	贡物
12	道光十三年(1833)	长寿佛3尊,象牙2对,黄呢2版,绿呢、红呢各3版,洋布20匹,印花洋布、洋布手巾各10匹,洋毡10床,金箔、银箔各1万张,红宝石手箍、蓝宝石手箍各1对,玉石2块(一块重79斤,一块重63斤),沉香100两,檀香200两,花油、花水各10瓶,洒金缅盒、木缅盒、黄缅盒、红缅盒各1对,大缅盒4个,小缅盒50个,孔雀屏15扇,驯象4只[11]
13	道光二十三年(1843)	长寿佛3尊,象牙1对,黄呢2版,红呢、绿呢各3版,白纱10匹,白洋布、花洋布各10件,花洋毡20床,花洋布手巾10块,金箔、银箔各1万张,玉石2块(重250斤),镶红宝石金手箍、镶鸡青石金手箍各1对,红、黄檀香、降香各120两,玫瑰花油、玫瑰花水各10瓶,象图1册,玻璃挂屏6块,孔雀尾15把,镶玻璃高盒、贴金高盒、红漆高脚缅盒各1对,红漆高脚缅盒、高脚缅盒各1个,大缅盒4个,小缅盒50个,驯象5只[12]
14	咸丰三年(1853)	长寿佛3尊,驯象5只以及土产各物[13]
15	光绪元年(1875)	缅石长寿佛1尊,驯象5只,象牙1对重90斤,玉石3件计210斤,贴金镶镜大盒子8个,红宝石金手箍、鸦青金手箍各2道,黄、红、绿小呢共8版,厚洋布、洋纱、花手巾、细手巾各10件,洋毡20床,金箔、银箔各1万张,檀香8斤,红檀香9斤,降香8斤,玫瑰水、玫瑰油各10瓶,四号盒子4个,五号盒子50个,画象9帖,孔雀尾15棚[14]

注:

[1](乾隆)《大清会典则例》卷九三《礼部·主客清吏司·朝贡上》,第911页。

[2]军机处录副奏折:《缅甸贡物单》(乾隆五十三年),档号:03-0194-3429-031。

[3](嘉庆)《大清会典事例》卷三九四《礼部·朝贡·贡物二》,第7845页。

[4]《乾隆朝上谕档》第16册,第235条,第91页。

[5]《明清史料》庚编第七本,第699页;内务府奏案:《总管内务府(广储司)呈为缅甸国进贡物清单》(乾隆五十六年十二月二十二日),档号:05-0438-046中国第一历史档案馆藏,专刊。

[6](嘉庆)《大清会典事例》卷三九四《礼部·朝贡·贡物二》,第7852页。

[7](嘉庆)《大清会典事例》卷三九四《礼部·朝贡·贡物二》,第7855页;内务府奏案:《总管内务府(广储司)呈为南掌缅甸二国呈进贡物数目清单》(乾隆六十年九月初二日),档号:05-0458-009。

[8](嘉庆)《大清会典事例》卷三九四《礼部·朝贡·贡物二》,第7863~7864页。

[9]内务府奏案:《总管内务府(广储司)呈缅甸国贡物清单》(嘉庆十六年十二月十九日),档号:05-0558-011;(嘉庆)《大清会典事例》卷三九四《礼部·朝贡·贡物二》,第7870~7871页。

[10]内务府奏案:《总管内务府(广储司)呈缅甸国进到贡物清单》(道光三年十二月二十七日),档号:05-0627-072。另〔缅〕戚基耶基纽《四个时期的中缅关系》(第4页)根据缅文资料记述的贡物可供对照:玉佛3尊,象牙2只,象牙盒2个,牙雕2件,黄呢、绿呢、红呢各1匹,英国花布、白镶边布各10件,洋毡毯10张,檀香3缅斤,金箔、银箔各100叠,红宝石戒指、蓝宝石戒指各2枚,玉石60缅斤,象牙2对(42缅斤80缅钱),孟拜产红宝石价值白银100缅钱,孔雀翎15束,幼象3只,母象2只,共21种。按:1缅斤折合3.2659市斤,1缅斤为100缅钱。

[11]内务府奏案:《总管内务府(广储司)呈缅甸国进到贡物名数目清单》(道光十四年正月初八日),档号:05-0676-004。

[12]内务府奏案:《总管内务府(广储司)呈缅甸进到贡物清单》(道光二十三年十二月十八日),档号:05-0733-041。另〔缅〕戚基耶基纽《四个时期的中缅关系》(第8~9页)根据缅文资料记述的贡物可供对照:红宝石戒指、蓝宝石戒指各2枚,玉石100缅斤,象牙1对(重64缅斤70缅钱),红呢、绿呢各3匹,黄呢2匹,厚洋布、细洋纱布、英国花布、英国纱布各10件,洋毡毯20条,金箔、银箔各100叠,红檀香、白檀香、伽南香各3缅斤,玫瑰油、玫瑰水各10瓶,贴金镶镜盒、透雕贴金盒、漆盒、高脚雕漆盒各2个,大雕漆盒4个,小雕漆盒50个,孔雀翎15束,幼象3只,母象2只,白底驯象捕象画帖1帧,习字用镶镜石板6块,共30种。

[13]中国第一历史档案馆藏:《军机处录副奏折》外交类,第319号,咸丰三年十一月十六日,罗绕典奏折,转引自余定邦《中缅关系史》,第205页。

[14](清)岑毓英:《岑襄勤公(毓英)遗集》卷一一,第32~34页;(清)朱寿朋编《光绪朝东华录》,张静庐等校点,光绪元年四月丁丑,北京:中华书局1958年版,第39页;内务府奏案:《总管内务府(广储司)呈缅甸国恭进贡品数目清单》(光绪元年九月十六日),档号:05-0887-041。

四、赐予

关于缅甸朝贡时的赐予,乾隆十六年(1751)缅甸首次入贡时,乾隆帝即下谕:"向来苏禄、南掌等国人贡,筵宴赏赉俱照各国王贡使之礼。所有缅甸贡使到京,一应接待事宜,亦应照各国王贡使之例。"①因此乾隆十六年缅使

① 《乾隆朝上谕档》第2册,第2217条,第552页;《明清史料》庚编第七本,第603页;《清高宗实录》卷三九二,乾隆十六年六月丁未,第14册,第153页。

朝贡时，清朝是将其按照其他国王贡使一样接待和赏赐的。但与暹罗相比，赏赐缅甸礼物的品种和数量要少一些。乾隆五十六年(1791)正月，礼部议准，向例赏赐缅甸各物少于暹罗，此次谨将赏赐缅甸各项，均照赏赐暹罗之例一体颁给。① 此后缅甸入贡时的例赏(又称正赏)物品基本固定下来，包括：赐国王锦、织金缎、织金纱、织金罗各 8 匹，纱 12 匹，缎、罗各 18 匹；赐王妃织金缎、织金纱、织金罗各 4 匹，缎、纱、罗各 6 匹；贡使各织金罗 3 匹，缎 8 匹，罗 5 匹，绢 5 匹，里绸 2 匹，布 1 匹；通事缎、罗各 5 匹，绢 3 匹；缅役及象役各绢 3 匹，布 8 匹。② 除例赏外，一般还另有加赐、特赐，赐品并无一定，详见表 5-4。

表 5-4　清朝赏赐缅甸物品

编号	时间	赐予
1	乾隆十六年(1751)	例赏：国王：蟒缎、锦缎各 6 匹，闪缎 8 匹，青蓝彩缎、蓝缎、素缎、绸、罗、纱各 10 匹；王妃：织金缎、织金纱、织金罗各 4 匹，缎、纱、罗各 6 匹；贡使 1 名：彩缎 6 匹，里、罗各 4 匹，纺丝、绢各 2 匹；缅目 4 人：每人彩缎 3 匹，里绸 2 匹，绢 1 匹，毛青布 6 匹；象奴 19 名、缅役 14 名：各毛青布 6 匹 加赐：国王：御书“瑞辑西琛”四字，青白玉玩器 6 件，玻璃器 15 种 29 件，瓷器 9 种 54 件，松花石砚 2 方，珐琅炉瓶 1 副，内库缎 20 匹；贡使 1 名：内库缎 8 匹，银 100 两[1]
2	乾隆五十三年(1788)	例赏：国王：妆缎、锦缎各 3 匹，闪缎 8 匹，大彩缎、八丝缎、五丝缎、宁绸、纱、泽绸各 10 匹；王妃：缎、纱、春绸各 6 匹，片金、彩缎、闪缎各 4 匹；贡使 2 名：缎各 6 匹，春绸各 4 匹，屯绢各 2 匹，泽绸各 2 匹；小头目 4 名：缎各 3 匹，春绸各 2 匹，茧绸各 1 匹，布各 6 匹；通事 2 名：缎各 2 匹，春绸各 1 匹，茧绸各 1 匹，布各 6 匹；跟役 22 名：布各 6 匹；象奴：布各 6 匹 加赐：国王：玉器、珐琅器各 6 件，玻璃器 26 件，瓷器 54 件；贡使 2 名：缎各 2 匹，银各 100 两，珐琅器各 2 件，瓷器各 2 件[2] 特赐：该使臣行礼时，遇雨湿衣，特赏头目龙缎、字缎、官用缎各 1 匹，缅目字缎、官用缎各 1 匹[3]

① 《乾隆朝上谕档》第 16 册，第 287 条，第 116 页。

② 《钦定礼部则例》卷一七九《主客清吏司·缅甸朝贡》，第 3 页。

续表

编号	时间	赐予
3	乾隆五十五年(1790)	例赏:国王:蟒缎、锦缎各 8 匹,闪缎 10 匹,青缎、蓝缎、素缎、绸、罗、纱各 12 匹;贡使大头目 4 名:每名彩缎 6 匹,里绸、罗各 4 匹,纺丝、绢各 2 匹;小头目 6 名:每名小八丝缎 3 匹,小春绸 2 匹,茧绸 1 匹,银 30 两,布 6 匹;跟役 8 名:每名毛青布 6 匹;通事 2 名:每名彩缎 2 匹,里绸、绢各 1 匹,毛青布 6 匹[4] 加赐:国王三次:初次:玉佛、玉如意、金镶玉亭各 1 件;二次:御书扇 1 把,扇 1 把,茶叶 2 瓶;三次:内库缎 20 匹,玉器 6 件,石砚 1 方,玻璃器 29 件,珐琅炉瓶 1 副,各色瓷器 54 件。大头目 4 名十五次:初次:每员大元宝 1 个;二次:每员扇 1 把,茶叶 3 瓶,瓷碗、瓷碟各 1 件,茶膏 1 盒;三次:每员蟒缎 1 匹,八丝缎 4 匹,珐琅器、瓷器各 2 件,银 50 两;四次:每员绫 2 匹,缎、漳绒各 1 匹,火镰、瓷鼻烟壶、漆木碗各 1 个;五次:每员瓷瓶、瓷碗、瓷碟、象牙茶盘各 1 个;六次:每员茶叶 1 瓶,茶膏 1 盒,瓷盘 1 个,苹果 4 个;七次:赏与六次同;八次:每员漳绒、五丝缎各 1 匹,荷包 4 个;九次:每员八丝缎、五丝缎各 1 匹,皮碗、瓷鼻烟壶各 1 个;十次:每员瓷器 1 件,茶盘 1 个;十一次:每员奶饼 1 盒,奶皮、阿尔察各 2 盒;十二次:每员瓷器 2 件,皮器 3 件,佛手 3 件;十三次:每员荷包 2 对;十四次:每员平定金川战图、平定回部战图各 1 幅,头号香 50 支,二号香 400 支;十五次:每员大缎 2 匹,宁绸、漳绒、绉绸各 1 匹。小头目6 名十一次:初次:大元宝 3 个;二次:每员瓷碗、瓷碟各 1 个,茶叶 2 瓶;三次:每员银 30 两;四次:每员绫、缎、漳绒各 1 匹,火镰、瓷鼻烟壶、漆木碗各 1 个;五次:每员瓷碟、瓷钟、漆木茶盘各 1 个;六次:每员茶叶 1 瓶,瓷盘 1 个,苹果 4 个;七次:赏与六次同;八次:每员漳绒 1 匹,荷包 2 个;九次:每员八丝缎、五丝缎各 1 匹,皮碗、瓷鼻烟壶各 1 个;十次:每员瓷器 1 件,茶盘 1 个;十一次:每员瓷器 1 件,皮器 2 件,佛手 3 件。通事 2 名、缅役 18 名:各小元宝 5 个[5]

续表

编号	时间	赐予
4	乾隆五十五年(1790)	于例赏外,加赐国王御笔福字1个,洋漆龛玉佛1尊,玉如意1柄,妆缎、蟒缎、闪缎、锦缎各2匹,砚2方,笔、墨各4匣,绢笺10卷。又紫光阁筵宴,加赐贡使3名大卷缎各4匹,大卷宫绸各4匹,大荷包各1对,小荷包各3对。又元宵节即景赋诗,加赐缅甸未赋诗贡使3名八丝缎各1匹,笔各1匣,墨各1匣,签纸各1匣[6]
5	乾隆五十六年(1791)	于例赏外,加赐国王大缎2匹,福字笺100幅,绢笺4卷,雕漆茶盘4个,砚2方,笔、墨各4匣[7]· 又紫光阁筵宴,加赏贡使2名各锦1匹,漳绒1匹,八丝缎3匹,五丝缎3匹,大荷包1对,小荷包2对。又"山高水长"筵宴,赏缅甸未作诗使臣2名小卷缎各1匹,各色绢笺各1卷,湖笔各1匣,徽墨各1匣[8]
6	乾隆五十八年(1793)	于例赏外,加赐国王玉佛1件,如意1柄,佛经1部,玉朝珠1盘,盆景2盆,锦8匹,缎4匹,又如意1柄,闪缎、锦、漳绒、绫、纱、罗各2匹,玉器、文竹器、雕漆器各4件,玻璃器、瓷器各10件,福字笺20幅,绢笺10卷。扇20把,宫扇10把,砚2方,笔4匣,墨2匣,茶叶10瓶,香袋2盒。正、副使共五次:正使1员,初次:元宝2个;二次:锦、大卷纱、大卷缎、漳绒、宫绸、罗各2匹,大荷包2个,小荷包4个,瓷器4件,茶叶4瓶;三次:茶叶2瓶,茶膏2盒,念珠1盘,文竹小刀1把,瓷器2件;四次:绸2匹,缎、漳绒各1匹,皮碗、瓷烟瓶、火镰各1个;五次:大普洱茶团2个,瓷瓶、茶盘各1个,瓷碗2个,荷包1个。副使2员,初次:元宝各1个;二次:漳绒、彩缎、纱、团花缎各2匹,茶叶各2瓶,荷包各4个,瓷碗、瓷瓶各1个;三次:茶叶各2瓶,茶膏各1盒,念珠各1盘,文竹小刀各1把,瓷器各2件;四次:缎、绸、漳绒各1匹,皮碗、瓷烟瓶、火镰各1个;五次:瓷碗各1个,小普洱茶团各10个,茶盘小碟、荷包各1个。乐工11名:小元宝各5个[9]

续表

编号	时间	赐予
7	乾隆六十年(1795)	赐正、副使等锦缎、绸、纱、漳绒、波罗麻、荷包、瓷器、茶叶、银两各有差又特赐缅甸国王：金针表 2 件又赏四次：初次：八月初三日于万树园特赐国王玉佛、玉如意各 1 件，玉朝珠 1 盘，金字佛经 1 部，盆景 2 盆，雕漆碗 2 个，玉器 1 件，各色缎 12 匹，正、副使等茶叶、茶膏、念珠、小刀、瓷器等物，又各荔枝 3 瓶；二次：十二日赏正、副使普洱茶、漆皮碗、漆皮盘、佛手、小刀等物；三次：十三日赏正、副使缎、绫、漳绒、葫芦器、鼻烟壶、火镰、荷包等物；四次：十五日加赐国王闪缎、锦、漳绒、绫、纱、罗各 2 匹，宫扇 10 柄，扇 20 柄，砚 2 方，笔 4 匣，墨 2 匣，绢笺 10 卷，香袋 2 匣，福字笺 20 幅，茶叶 10 瓶，瓷器、雕漆器各 10 件，葫芦器、文竹器、玉器各 4 件，正、副使茶叶、茶膏、瓷器、茶盘等物[10]
8	嘉庆五年(1800)	于例赏外，特赐国王：御书“锡蕃彰顺”四字，闪缎、锦、漳绒、绫、纱、罗各 2 匹，宫扇 10 柄，扇 20 柄，砚 2 方，笔4 匣，墨、香袋各 2 匣，绢笺 10 卷，福字笺 20 幅，茶叶 10 瓶，瓷器、雕漆器各 10 件，玉器、葫芦漆器、文竹器各 4 件。正贡使 2 员：每员锦、八丝缎、宫绸、宫纱、漳绒、波罗麻各 2 匹，大荷包 2 个，小荷包 4 个，瓷器 4 件，茶叶 4 瓶，银 50 两[11]
9	嘉庆十六年(1811)	例赏：锦 8 匹，织金缎 12 匹(改用蟒缎)，织金纱 12 匹(改用蟒纱)，织金罗 15 匹(改用彩缎)，纱 18 匹，缎 67 匹(改用双料宫宁绸)，罗 64 匹(改用锦绸)，生绢 104 匹，里绸 2 匹(改用纺丝)，细布 209 匹[12] 加赐：十二月使臣 1 员入重华宫宴，加赏玻璃器 2 件，瓷鼻烟壶 1 个，瓷茶钟 1 个，小荷包 2 对，茶叶 2 瓶，橘子 1 盘。十七年正月使臣入蒙古包宴，赏锦、漳绒各 3 匹，大卷八丝缎、小卷五丝缎各 4 匹，大荷包 1 对，小荷包 2 对[13]

续表

编号	时间	赐予
10	道光三年(1823)	于例赏外,十二月,赏正使1员、副使4员、头目8名、通事2名、跟役22名袍帽靴袜等件。又使臣入重华宫宴,加赏正、副使5员各鼻烟壶1个,玻璃瓶2个,瓷器1件,茶叶2瓶,正使荷包2对,副使、通事各荷包1对。四年正月紫光阁筵宴,加赏正使1员:大、小卷缎各7匹,荷包3对;副使4员:大、小卷缎各5匹,荷包与正使同[14]
11	道光九年(1829)	在云南"照例宴赉"[15]
12	道光十三年(1833)	例赏:锦8匹,织金缎12匹(用蟒缎6匹,蟒斓缎6匹),织金纱12匹(用蟒纱6匹,蟒斓纱6匹),织金罗24匹(用宫䌷),缎106匹,纱18匹,里䌷8匹(用纺丝),罗94匹(用春䌷),绢146匹(用绵䌷),布260匹[16] 加赐:十二月,赏正、副使各玻璃器2件,鼻烟壶1个,瓷器1件,盛鲜果瓷盘1个,茶叶2瓶,小荷包2对。十四年正月紫光阁筵宴,加赏正使1员:锦3匹,漳绒3匹,大卷八丝缎4匹,小卷五丝缎4匹,大荷包1对,小荷包4个;副使3员:锦各2匹,漳绒各2匹,大卷八丝缎各3匹,小卷五丝缎各3匹,大荷包各1对,小荷包各4个又赏正、副使、头目、通事、跟役衣帽靴袜等物有差是年因册立皇后礼成,又特赐国王缎50匹,王妃缎30匹,交贡使赍回[17]
13	道光二十三年(1843)	例赏:锦8匹,织金缎12匹(用妆缎),织金纱12匹(用闪缎),织金罗27匹(用宫䌷),纱18匹,缎169匹,罗154匹(用春䌷64匹,平绉䌷90匹),里䌷10匹(用纺丝),绢169匹(用绵䌷),布221匹[18] 加赐:二十四年正月紫光阁筵宴,加赏副使4员:锦各2匹,漳绒各2匹,大卷八丝缎各3匹,小卷五丝缎各3匹,大荷包各1对,小荷包各4个[19]

续表

编号	时间	赐予
14	咸丰三年(1853)	例赏:锦8匹,织金缎12匹(用妆缎),织金纱12匹(用闪缎),织金罗27匹(用蟒缎),缎169匹,纱18匹,罗154匹(用宫绸),里绸10匹,绢181匹(用绵绸),布253匹[20] 加赐:正使1员:锦、漳绒各3匹,大卷八丝缎、小卷五丝缎各4匹,大荷包1对,小荷包4个;副使4员:锦各2匹,漳绒各2匹,大卷八丝缎各3匹,小卷五丝缎各3匹,大荷包各1对,小荷包各4个[21] 因贡使未入京,以上均发交云南省派员赍送出关转交
15	光绪元年(1875)	例赏:锦8匹(用妆缎),织金缎12匹(用蟒缎),织金纱12匹(用圆金),织金罗24匹(用圆金),缎101匹,纱18匹,罗89匹,绢134匹(用绵绸),里绸8匹,布236匹[22] 加赐:紫光阁筵宴,赏正使1员:锦、漳绒各3匹,大卷八丝缎、小卷五丝缎各4匹,大荷包1对,小荷包4个;副使3员:锦各2匹,漳绒各2匹,大卷八丝缎各3匹,小卷五丝缎各3匹,大荷包各1对,小荷包各4个[23]

注:

[1](乾隆)《大清会典则例》卷九三《礼部·主客清吏司·朝贡上》,第926页。

[2]《乾隆朝上谕档》第14册,第1154条,第492～493页。

[3](嘉庆)《大清会典事例》卷三九六《礼部·朝贡·赐予一》,第7948～7949页。

[4]《乾隆朝上谕档》第15册,第1742条,第789～790页。

[5](嘉庆)《大清会典事例》卷三九七《礼部·朝贡·赐予二》,第7966～7969页。

[6]《乾隆朝上谕档》第16册,第246、259、301条,第97、102、123页。

[7](嘉庆)《大清会典事例》卷三九七《礼部·朝贡·赐予二》,第7973页。

[8]《乾隆朝上谕档》第16册,第1436、1504条,第604～605、648页。

[9](嘉庆)《大清会典事例》卷三九七《礼部·朝贡·赐予二》,第7974～7976页。

[10](嘉庆)《大清会典事例》卷三九七《礼部·朝贡·赐予二》,第7989～7990页。

[11](嘉庆)《大清会典事例》卷三九七《礼部·朝贡·赐予二》,第7996页。

[12]内务府奏案:《总管内务府(广储司)呈赏朝鲜缅甸国缎匹清单》(嘉庆十七年正月十四日),档号:05-0559-020。

[13](嘉庆)《大清会典事例》卷三九七《礼部·朝贡·赐予二》,第8017页。

[14](光绪)《大清会典事例》卷五〇九《礼部·朝贡·赐予四》,第806册,第110～111页。

[15]《清宣宗实录》卷一六三，道光九年十二月甲子，第35册，第520页。

[16]内务府奏案:《总管内务府(广储司)呈赏朝鲜缅甸国王等缎匹数目清单》(道光十四年正月初七日)，档号:05-0676-002。

[17](光绪)《大清会典事例》卷五〇九《礼部·朝贡·赐予四》，第806册，第110～111页；《嘉庆道光两朝上谕档》第38册，第1798条，第632～633页。

[18]内务府奏案:《总管内务府(广储司)呈赏朝鲜缅甸暹罗等国缎绸数目清单》(道光二十四年正月初九日)，档号:05-0734-003。

[19]《嘉庆道光两朝上谕档》第48册，第1995条，第652页。

[20]内务府奏案:《总管内务府(广储司)呈为赏给缅甸国王及王妃等用缎匹数目清单》(咸丰三年十二月十一日)，档号:05-0773-059。

[21]《咸丰同治两朝上谕档》第3册，第1525条，第451页。

[22]内务府奏案:《总管内务府(广储司)呈赏缅甸国王物品清单》(光绪元年九月十七日)，档号:05-0887-049。

[23]中国第一历史档案馆编《光绪宣统两朝上谕档》第1册，桂林:广西师范大学出版社1996年版，第670、759条，第227～228、252页。

从表5-4可以看出，清朝赐予缅甸的物品主要包括五类:一是锦、缎、纱、罗等宫廷丝绸布匹，二是笔、墨、纸、砚等宫廷文化用品，三是玉器、瓷器、珐琅器、玻璃器等宫廷文玩摆件，四是衣帽、靴袜、茶叶、荷包等宫廷日用消费品，五是佛雕像、佛经等宫廷佛教圣物。

关于缅甸入贡物品与清朝赐予物品的价值差异，很难精确计算。但很显然，缅甸所贡物品多为缅甸土产或市场上很容易买到的商品，清廷赏赐物品则多为市场上很难买到的价值昂贵的宫廷用品。可以肯定地说，清廷对缅甸朝贡使团赐予物品的价值要远远高于使团进贡物品的价值。而且，缅甸使团入境后，所有使团人员之馆舍、廪饩、夫马、船只等项均由清朝方面承担，这也是一笔巨额的费用。清政府显然更重视外国朝贡的政治蕴意，而不计较贡赐往来的经济利益。

五、关于清代中缅关系性质之争

清代中缅关系是何性质？对此问题，早在清末中英两国就有争论。英国通过第三次英缅战争占领缅甸后，清朝曾向英国提出，缅甸是中国的朝贡国和藩属国，要求英人存留缅祀。英人则提出，根据缅甸史料，并无缅甸向清朝进贡之记录，因此缅甸并非清朝属国。经过双方谈判交涉，光绪十二年(1886)中英《缅甸条款》第一条规定由英国每届十年选派缅甸最大之大臣按例向清朝呈进方物。由于此条未规定朝贡起算日期，英国一直延宕未予实施。直到光绪二十年(1894)，清朝政府仍在坚持英属缅甸须“循例”向清朝“派员呈进方物”[①]。

时至今日，关于清代中缅关系性质的争论仍在继续。总结起来，学界观点主要有三种：一为朝贡制度或朝贡关系说。这种观点的创立者是费正清和邓嗣禹，二人合撰的《论清代朝贡制度》一文系统论述了清代朝贡制度的理论渊源与现实架构，并对《东华录》和《清史稿》中记载的各朝贡国朝贡进行了列表统计，提出朝贡制度是古代中国对外关系的基本框架。朝贡制度或朝贡关系说对中西方学界影响巨大，日本学者滨下武志甚至将朝贡贸易关系称为东亚国际关系的主要模式，提出“以中国为核心的与亚洲全境密切联系存在的朝贡关系即朝贡贸易关系，是亚洲而且只有亚洲才具有的唯一的历史体系”[②]。需要指出的是，这种学说是从整体上讨论清代朝贡制度，关于清代中缅关系是否适用并未专门论证。二为宗藩关系或藩属关系说。比如张波的博士学位论文《清代中缅宗藩关系研究》和何瑜、张波的《清代中缅宗藩关系述论》以及赵玉敏的《清代中前期的中缅宗藩关系述论》，都从宗藩关系的角度论述清代中缅关系特别是清朝与缅甸雍籍牙王朝的政治关系。遗憾的是，这些成果均未阐明界定清代中缅关系性质为宗藩关系的理由。三为平等关系或外交关系说。国内有少数学者对朝贡关系说和宗藩关系说提出质疑，如庄国土指出：“历来东西方学者所津津乐道的中国与东南亚地区长期存在的‘朝贡贸易与宗藩关系’，并不具备‘朝贡’和‘宗藩’的实质，朝贡制度并非如费正清认为的，是中国发展对外关系的模式，而是满足中国统治者虚骄心理的自我安慰。”[③]何新华的《试析清代缅甸的藩属国地位问题》则对清代文献和现代研究清代中缅关系的学者“把缅甸看作与朝鲜、越南和琉球一样地位的藩属国”的定论提出质疑，认为“实际上，有清一代，缅甸并不把中国作为它的天朝上国，也从未自己主动承认过是中国的藩属国。与之相反，缅甸几乎一直以一个平等国家的身份与清朝来往”[④]。

---

① 参见第六章相关论述。

② 〔日〕滨下武志：《近代中国的国际契机——朝贡贸易体系与近代亚洲经济圈》，朱荫贵、欧阳菲译，北京：中国社会科学出版社 1999 年版，第 30 页。

③ 庄国土：《略论朝贡制度的虚幻——以古代中国与东南亚的朝贡关系为例》，《南洋问题研究》2005 年第 3 期。

④ 何新华：《试析清代缅甸的藩属国地位问题》，《历史档案》2006 年第 1 期。

以上研究出现分歧，原因首先在于对宗藩关系、朝贡关系二者内涵的理论分析不足。相对而言，宗藩关系是一个政治意蕴更强的概念。在宗藩关系中，藩属国的国王继位，须经过宗主国的册封，才算取得合法地位。藩属国须定期向宗主国进贡，宗主国负有帮助藩属国维护统治秩序的责任。朝贡关系则是一个历史意蕴更强的话语，因为明清两代档案文献是将外国及周边少数民族派遣代表来华均称作“朝贡”，并围绕“朝贡”建立了贡期、贡道、使团规模、朝贡礼仪、贡物、赐予等一系列“朝贡制度”。比较而言，“朝贡”要比“宗藩”的适用范围更为广泛，也更符合清朝与亚洲周边国家的政治关系实际。然而，“朝贡”这个词语从字面上只强调了朝贡国的单方面朝贡行为。结合清朝对朝贡国朝贡时的封赐而言，清朝与朝贡国的关系称为“朝贡——封赐”或简称为“封贡关系”更为合适。在封贡关系中，朝贡国按期入贡，清朝给予赏赐，并在朝贡国请求时进行敕封。由此，我们可以将清朝与朝贡国的关系概称为封贡关系。进一步说，由于各国历史文化及与清朝关系密切程度差异，清朝与各朝贡国间的封贡关系也有很大差异：清朝与朝鲜、琉球、越南等汉字文化圈国家的封贡关系更接近于现代意义上的宗藩关系；清朝与暹罗、缅甸、苏禄、南掌等非汉字文化圈朝贡国的封贡关系则更接近于一般意义上的封贡关系。至于清朝与西方国家的关系，虽然在历史文本中也称为“贡”和“赐”，但这只是文本上的称谓，并无实际实施，则可归为封贡关系以外的一般政治关系。

清朝对朝贡国来华贡期、贡道、使团规模、觐见礼仪、贡物、赐予等在制度上做出一系列明确规定这是毫无疑问的。问题的关键在于，这些制度和规定是否在实践中得到有效的实施和遵从，这是清朝与朝贡国封贡关系存在的根本标志。就缅甸而言，除“贡物无定额”外，清朝对于缅甸贡期、贡道、使团规模、朝贡礼仪、赐予等做出了一系列规定，这些规定是否得到有效的实施和遵从？从贡期看，缅甸雍籍牙王朝基本上是每十年一次呈进例贡的。从贡道看，朝贡使团基本是根据清朝安排的贡道入境和进京的。从使团规模看，清朝对缅甸使团进京规模是有限制的。从赐予看，每次对缅甸朝贡使团的例赏都是基本相同且符合规定的。特别是缅甸使团还遵循了清朝为之规定的朝贡礼仪包括觐见礼仪，这是清朝与雍籍牙王朝封贡关系存在最重要的标志。

第三节 云南派往雍籍牙王朝的代表团

在清代，清朝曾多次派代表团前往缅甸。然而，在清宫档案和《清实录》中，却很难找到相关记载。这也导致国内很少有学者专门研究清朝向缅甸派遣代表团的历史。但是，英国学者哈威提出，中国曾于 1787、1790、1795、1796、1822 年五次遣使缅甸。[①] 哈威所据，主要是英国人伯尼对缅甸宫廷史料的译述。

那么，清朝向缅甸派遣代表团为何见于缅甸史料而不载于清朝档案？因为这些代表团均非清廷所派，而是云南地方政府所派。实际上，对于缅甸、暹罗、南掌等东南亚国家，清朝一向是由云贵总督或两广总督与之交涉往来，即使是中央政府的意见，也通常以总督名义发出。当然，云南地方政府派出的代表团有时规模庞大，缅王遂视其为皇帝所遣使团。据笔者根据中外档案文献统计，清代云南地方政府曾 11 次向缅甸派出代表团（见表 5-5）。除乾隆十五年（1750）吴尚贤入缅、乾隆五十二年（1787）陈令宪入缅、乾隆五十五年（1790）永慧等入缅前文已述外，兹将其余 8 次代表团情况简述于此。

表 5-5 清朝向缅甸派遣代表团情况

编号	时间	任务	代表
1	乾隆十五年（1750）	招致缅王入贡	吴尚贤
2	乾隆五十二年（1787）	招致缅王人贡	陈令宪
3	乾隆五十五年（1790）	宣封	永慧、百福、屠述濂
4	乾隆六十年（1795）	不详	不详
5	嘉庆元年（1796）	颁发诏书	不详
6	道光二年（1822）	招致缅王入贡	严大老爷、任师爷、苏老总、董老总和乐师爷
7	道光十三年（1833）	招致缅王入贡	盛大老爷、任师爷、苏老总、孙老总、乐师爷和燕乐师爷

① 〔英〕戈·埃·哈威：《缅甸史》，第 478 页。

续表

编号	时间	任务	代表
8	道光二十二年(1842)	招致缅王入贡	叶大老爷、燕师爷、王师爷、董老总、丁老总和丁老爷
9	同治十三年(1874)	颁发诏书	杨廷瑞
10	同治十三年(1874)	护送缅官回国	梁镒铨、姚桂林
11	光绪元年(1875)	颁发诏书	李珍国、郑定材、杨名声

1.乾隆六十年(1795)代表团

据1795年出使缅甸的英国人西姆斯记述,有3名中国使者比他早两个月来到缅都阿摩罗补罗。这3名使者被看作是北京来的皇帝使团,而西姆斯上尉判断该使团最高是云南省派来的——这一判断后来得到了证实。该代表团由八莫官员护送前来,西姆斯认为代表团的主要任务是进行边境贸易问题谈判。西姆斯与中国代表团成员进行了接触,他还记述中国使者曾告知英国人乔治·斯当东:"暹罗、阿瓦和白古都向中国朝贡。"①关于此次代表团访缅,在中文档案文献中找不到相关记载。从时间上看,这次代表团访缅的时间恰好是缅甸使团前往热河向乾隆帝祝寿的时间。可以推断,这次代表团是由云南地方政府派出的。

2.嘉庆元年(1796)代表团

根据英国人伯尼的译述,1796年3月22日,有一个中国使团到达缅都阿摩罗补罗,使团带来了中国皇帝的信件和礼物。信件大意说:我的父亲雍正皇帝去世时,大臣们根据皇帝遗诏立我为皇帝。我的祖父康熙帝在位61年,父亲雍正帝在位13年,我已经在位61年,今年86岁。虽然我耳聪目明,身体一直很好,但我已经是一个老人。按照前朝皇帝立下的规矩,我对诸皇子进行了多年的考察,决定立次子"十五爷"为皇帝。"十五爷"德才兼备,可以治国。我们两国建立的友谊,可传至子子孙孙,就像两片金叶融为一体。

① Michael Symes, *An Account of an Embassy to the Kingdom of Ava, Sent by the Governor-General of India, in the Year 1795*, London: W. Bulmer and Co. Cleveland-Row, St. James's, 1800, pp. 18-19.

请缅王视“十五爷”为兄弟或儿子，辅佐并照顾他。[①] 不难看出，伯尼译述的信件有多处错误，比如乾隆帝让位时间是乾隆六十年九月，其时乾隆帝 85 岁，在位 60 年整，乾隆帝是让位于十五子颙琰即嘉庆帝，而不是次子“十五爷”。但很明显，这是一封传位诏书。按照清朝规定，皇帝诏书除朝鲜外是要由边疆督抚转递外国的。所以我们可以肯定，这次使团是乾隆帝让位诏书发至云南后，云南督抚派人赍往缅甸的，而时间也当在嘉庆元年。

3.道光二年（1822）代表团

据缅甸学者研究，1821 年有中国使团到达八莫，并于 1822 年抵达缅都觐见巴基道王（孟既）。中国使团成员包括“严大老爷、任师爷、苏老总、董老总和乐师爷等人”。该使团向巴基道王献上中国皇帝的金叶表和礼品，礼品包括：黄缎貂皮袄 2 件，紫铜色缎皮袄 1 件，人参 1 盒，成套白底青花盖碗 2 套，丝绒 8 卷，帛 30 卷，锦缎 39 卷，金丝蝉纱 2 卷，茶碗 190 个，地毡 20 张，纸箱 5 个，荷包 20 个，扇子 100 把，罗伞仪仗 2 套，中国鞍辔 2 套，大盆景 2 盆，小盆景 4 盆，桃树 1 棵，梅树 1 棵，水仙花 1 盆，共 20 种。缅王授予中国使节勋衔，赐严大老爷为耶泽觉廷，任师爷为耶泽觉素瓦，苏老总为耶泽登卡，董老总为耶泽都耶，乐师爷为耶泽觉都，勋衔皆铸于额饰片大小的金叶之上。又分别授予中国西部迈色总督（按：应指云贵总督）以摩诃泽亚都、猛密知县胡大老爷以糯耶他觉都、猛密把总阿大老爷以糯耶他觉素瓦称号。又赐予中国使节物品如下：赐严大老爷、任师爷白银各 2 缅斤，紫底花布 2 块，红呢各 5 肘尺，花布 2 件，洋毡毯 2 张；赐苏老总、董老总、乐师爷白银各 1 缅斤，绿呢各 5 肘尺，花布 3 件，紫底花布 3 块。在使团返回中国时，又加赐严大老爷和任师爷白银各 5 缅斤，银钵 1 只，西洋钟表 1 只，红宝石戒指 1 枚，红呢各 10 肘尺，白镶边布 2 件，大漆盒 2 个，小漆盒 2 个，英国花布 1 匹，鞍辔各 1 套；加赐苏老总、董老总和乐师爷各白银 3 缅斤，银钵 1 只，红宝石戒指 1 枚，红呢 5 肘尺，白镶边布 2 件，英国花布 1 件，大漆盒 1 个，小漆盒 2 个，鞍辔 1 套；赐予随从人员白银 3 缅斤 60 缅钱，绸料 33 块。在中国使团返回时，缅王派使团随同访华，[②]即前文所述道光三年缅甸朝贡使团。

另外，英国人伯尼根据缅甸史料记述，中国使团还带来了致缅王的信

---

① Henry Burney,“Some Account of the Wars between Burmah and China, Together with the Journals and Routes of Three Different Embassies Sent to Pekin by the King of Ava; Taken from Burmese Documents”, in *The Journal of the Asiatic Society of Bengal*, 1837, vol.66, pp. 434-435.

② 〔缅〕戚基耶基纽：《四个时期的中缅关系》，第 3～6 页。

件，信件发出时间是 1822 年 12 月 1 日，大意为：道光帝已继位两年，在 1749、1787、1811 年，中缅两国曾互派使节，两国贸易也互相开放。自 1811 年两国交换礼物以来，已有 12 年，兹总督派“严大老爷和任师爷”等赍皇帝诏书及礼物前往缅甸，请缅王勿使滞留，并派使者前来。1823 年 6 月 17 日，缅王遣使聂缪莽腊等赍呈回信，大意为：中缅两国结为兄弟已有 35 年，兹于 1823 年 4 月 6 日，“严大老爷”等带皇帝信件和各种礼物来到缅京，兹特任命聂缪莽腊等为使节奉上礼物，请勿使滞留，从速遣回。①

关于道光二年(1822)清朝代表团，中文档案文献未见记载。但值得注意的是，嘉庆二十五年(1820)嘉庆帝卒后，其遗诏发往云南，准备转发缅甸。但道光帝发现遗诏中有漏误之处，乃于九月初九日下谕军机大臣等：“皇考大行皇帝遗诏，前经颁发直省、外藩，昨内阁缮呈遗诏副本，朕恭读之下，末有皇祖降生避暑山庄之语，系军机大臣拟缮错误，当经降旨宣示中外。所有颁发琉球、暹罗、越南、缅甸四国遗诏，应由福建、广东、广西、云南四省转发，计算程期，此时尚未行抵该省。着谕知各该督抚，暂将颁往四国遗诏敬谨存留该省，俟更正发往后，再由该督抚转发，仍将原奉遗诏缴回。”②二十三日，云南督抚接到道光帝谕旨，遂将收到之嘉庆帝遗诏暂行存留。③ 可以推断，云南督抚接奉修正后的嘉庆帝遗诏后会很快派人送往缅甸，时间当在嘉庆二十五年(1820)底或道光元年(1821)。而从伯尼译述的道光帝致缅王信件的内容看，道光二年(1822)代表团的使命并非颁发遗诏，而是招致缅王前往中国朝贡。所以可以推断，道光二年代表团是云南省派往缅甸通知缅王遣使朝贡的。

4.道光十三年 (1833) 代表团

关于道光十三年(1833)清朝代表团，中文档案文献未见记载。据缅甸学者戚基耶基纽研究，1833 年，一个中国使团来到缅甸，使团成员是“盛大老爷、任师爷、苏老总、孙老总、乐师爷和燕乐师爷”。缅历 1195 年(公元 1833 年) 3 月 16 日，巴基道王(孟既)在新年礼拜大典时接受了中国使团的礼品，

① Henry Burney, “Some Account of the Wars between Burmah and China, Together with the Journals and Routes of Three Different Embassies Sent to Pekin by the King of Ava; Taken from Burmese Documents”, in *The Journal of the Asiatic Society of Bengal*, 1837, vol. 66, pp. 437-438.

② 《嘉庆道光两朝上谕档》第 25 册，第 1156 条，第 410～411 页；《清宣宗实录》卷四，嘉庆二十五年九月壬戌，第 33 册，第 122 页。

③ 宫中朱批奏折：《云贵总督庆保、云南巡抚史致光奏为遵旨存留大行皇帝遗诏俟奉更正发到再行转发缅甸国事》(嘉庆二十五年九月二十三日)，档号：04-01-30-0129-003。

并宣读了中国皇帝的敕书。敕书曰:"天帝护佑下东方诸国之尊御兄道光皇帝友好谕知:西方各国之首、宝象天神武器之主御弟旭日金殿君。朕与弟之国家自御祖御宗历代起,每逢十载即互派使臣一次。朕国中朕及宫妃皇戚文武百官均甚康乐。虽远隔重重穷山恶水,朕挂念御弟国中御弟及宫妃皇戚文武诸官康乐之情,特派使臣携朕御诏前往贵国探视。两国如两帧金叶合成一片,友情深重,希笑纳朕之礼品。朕之使臣望勿羁留从速遣回。使臣回朝,则朕似面见御弟也。谨致御弟旭日金殿君。"缅王对中国使团成员赐予勋衔,镌刻于金叶之上,并分别赏赐金银、衣料等物。该使团在缅期间,"苏老总"不幸病卒,缅人在其患病期间竭力护理,卒后又按照中国传统习俗隆重安葬。当中国使团返回时,缅王又派使团随同访华,[①]即前文所述道光十三年缅甸遣使朝贡。

英国人伯尼不仅记载了上述道光帝致缅王的敕书,而且附录了 1833 年 4 月缅王写给道光帝的信件。信件大体内容为,中缅两国结为兄弟已经很久,每十年互派使节,从未间断。兹于 1833 年 4 月 12 日,"盛大老爷"一行带来皇帝信件和各种礼物,缅王特遣孟腊糯牙他等带信件和礼物访问清朝,请勿使滞留,从速遣回。[②]

5.道光二十二年(1842)代表团

关于道光二十二年(1842)代表团,中文档案文献未见记载。根据缅方史料记述,在 1842 年缅王沙亚瓦底王(孟坑)在位时,有中国使团来缅,使团成员为"叶大老爷、燕师爷、王师爷、董老总、丁老总和丁老爷"。其中叶大老爷为正使,身穿宝石顶花翎官服;燕师爷和王师爷为次正使,身穿象牙顶白鹤官服;董老总、丁老总和丁老爷为副使,身穿铜顶官服。他们带来的礼品有各种料子、布匹,包括金丝蝉纱、黄缎伞、红、绿、花缎等,另外还有鞍辔、玻璃器皿和瓷器。沙亚瓦底王也和其兄巴基道王(孟既)一样,照例授予中国使节勋衔,在中国使节返回时也派出使节随同访华,并带去给中国皇帝的礼品和友谊敕书金叶表,[③]此即前文所述道光二十三年(1843)缅甸遣使朝贡。

---

① 〔缅〕戚基耶基纽:《四个时期的中缅关系》,第 6～7 页。

② Henry Burney,"Some Account of the Wars between Burmah and China, Together with the Journals and Routes of Three Different Embassies Sent to Pekin by the King of Ava; Taken from Burmese Documents", in *The Journal of the Asiatic Society of Bengal*, 1837, vol. 67, pp. 543-545.

③ 〔缅〕戚基耶基纽:《四个时期的中缅关系》,第 8 页。

6.同治十三年（1874）代表团

同治十三年(1874)代表团即杨廷瑞访缅。咸丰六年(1856)云南爆发回民起义后，因贡道梗阻，历次颁发缅甸诏书共6道，均由云贵总督发交布政使暂存司库。至同治十二年(1873)，回民起义被镇压，云南已无战事，有永昌府属孟定土知府罕忠邦带领缅官呜汗偨定这呷懦呷他到昆明，“请示进贡各事”。岑毓英令布政使将寄存诏书6道发交，由补永昌府知府朱百梅委派副将衔补用游击杨廷瑞赍往缅甸。同治十三年(1874)八月，杨廷瑞自缅甸回滇，带回缅文公文4箱，据译出汉文，内称缅甸正准备遣使入贡。[①]

关于杨廷瑞出使缅甸，缅甸文献亦有记载。据缅甸《丹多新报》记载，1874年曼同王在位时，由3位使节组成的中国使团抵达缅都曼德勒，“带着谕书信函六帧”，此六帧谕书信函即“中国皇帝、皇太后、皇太妃、皇后、礼部尚书、兵部尚书等共六帧”。其中有五帧所写内容是友好问候、希望世代结盟等一般内容，而中国兵部尚书的函件令人较感兴趣。据该报所载内容为：“勐密守备达沙贡叛乱，携少数回民与汉族暴徒五千人盘踞在临近撣邦的中国境内的乌苏镇，现我正遣兵进剿。”从信中可以看出，中国皇帝正派兵镇压中国云南的回民起义。由于中国商人受到回民武装的骚扰，中国方面要求缅甸维护路途安宁。曼同王答应了中国的要求，派兵巡护八莫、太平江一带。中国使节离缅都回国时，缅甸也派遣使团随同访华，[②]即为前述光绪元年缅甸最后一次遣使清朝。《丹多新报》提到的清军进剿乌苏镇一事，实为云南回民起义失败后，杜文秀旧部柳映苍在腾越之乌索寨复举义旗，后被云南提督蒋宗汉派兵剿灭。同治十三年(1874)六月，岑毓英将此事上奏同治帝，同治帝下谕曰：“柳映苍纠党占踞腾越厅属之乌索寨，经提督蒋宗汉等合兵围剿，连破贼垒，本年四月间将乌索寨攻克，柳映苍举火自焚，匪党搜杀净尽，剿办尚属妥速。惟该处毗连缅甸野夷，恐有漏网余匪潜行窜伏，仍著岑毓英严饬蒋宗汉等认真查缉，务将匪党悉数歼除，毋留余孽。”[③]

7.同治十三年（1874）第二个代表团

同治十三年(1874)，缅王听闻北京城銮仪卫须用象只，特备驯象二只，交缅官芝牙瑞挞、水底瑞挞、都牙瑞挞等，于十一月二十七日管解到滇。岑

---

① （清）岑毓英：《岑襄勤公（毓英）遗集》卷一〇，第46～47页；卷一一，第32～34页。

② 〔缅〕戚基耶基纽：《四个时期的中缅关系》，第9～10页。

③ 《清穆宗实录》卷三六七，同治十三年六月壬午，第51册，第862页。

毓英对缅官优加赏赐后,委派候选州同梁镒铨、补用千总姚桂林护送回国。[①] 光绪元年(1875)六月,梁镒铨等自缅回国,又有缅官乜纽几袜鸦戛咱鸠颠等3人同至腾越。八月,乜纽几袜鸦戛咱鸠颠等到昆明谒见岑毓英,并赍来缅王致岑毓英信件、礼物,信中问及该国贡使是否到京,又言梁镒铨送去物件均已收领。岑毓英令将缅官送来各物验明收存司库,又复缅王书信一封,派员护送缅官出关。[②] 显然,梁镒铨、姚桂林往缅甸的任务是受云南地方政府委派护送缅官回国,这与之前赴缅代表团是为了招致缅王入贡、宣封、颁发诏书等有所不同。

8.光绪元年(1875)代表团

光绪元年,光绪帝曾就登基之事给缅甸国王颁发诏书一道,交云贵总督岑毓英转发。岑毓英照例交布政使潘鼎新委员赍送,潘鼎新遣补用府经历狄濬源赍至永昌,然后由永昌府知府朱百梅派署施甸巡检萧星云赍至腾越,再由署腾越同知吴启亮、署腾越镇总兵蒋宗汉委派署腾越司狱郑定材、署镇标中营外委杨名声赍往缅甸。郑定材、杨名声等行至南甸土司地方,听闻前面有"野人"时出抢掳,恐有疏虞,不敢前进。因候补参将李珍国熟悉赴缅路径,遂商请带领前往。李珍国以宣诏事关重大,遂协同赍送,探路而行,安抵缅甸,将诏书送交缅王,后即返回腾越。[③] 李珍国在缅甸时,受到缅甸政府从优接待,英印政府为此质问缅王为何优待李珍国一行,曼同王回答说:"向来十年一次,中国必派钦差来缅,皆系优礼相待。今年赍送穆宗毅皇帝遗诏暨今皇上登极喜诏,都是李姓为钦差前来,所以优礼相待,本是循例。"[④]

同治、光绪年间,还有一些清朝官员曾到访缅甸,如同治十年(1871)云南腾越军官王芝前往英国途中经过缅甸和印度,光绪五年(1879)黄楙材受四川总督丁宝桢委派前往印度时经过缅甸。光绪十二年(1886)张之洞派记名总兵王荣和及内阁侍读、候选知府余蠵赴南洋各地访察时曾到访缅甸仰光等地。光绪十七年(1891)驻德使馆随员姚文栋回国途中亦曾经过缅甸,但这些到缅甸的清朝官员不属于政府代表团的性质。

---

① (清)岑毓英:《岑襄勤公(毓英)遗集》卷一一,第22～23页。

② (清)岑毓英:《岑襄勤公(毓英)遗集》卷一二,第42页。

③ (清)岑毓英:《岑襄勤公(毓英)遗集》卷一二,第36～37页;王彦威纂辑,王亮编《清季外交史料》卷三,北京:书目文献出版社1987年版,第20～21页。

④ (清)李鸿章:《李鸿章全集》第31册,合肥:安徽教育出版社2008年版,第307页。

第四节　封贡关系下的边境事务交涉

乾隆末年以后的中缅关系，在中央层面达到了友好的顶峰。但在滇缅边境，仍然时有冲突交涉发生，其中较突出的是缅甸干预车里土司内部事务和关于戛于腊问题的交涉。

车里，古名产里，亦名西双版纳，西双即十二，故又称十二版纳，后来英国人称为江洪。元世祖至元三十年(1293)，命乌良合台伐交征，经其部，皆降之，遂入中国版图。明太祖洪武十五年(1382)，在其地置车里军民府，十九年，改车里军民宣慰使司(见表 5-6)。熹宗天启七年(1627)，车里与缅甸构衅，缅人将宣慰使召糯勐捉去，其地为元江那氏所据。清顺治十六年(1659)，那氏内附清朝，旋复叛被诛，其地编隶元江府。十八年，又置宣慰司，以召孟祷为宣慰使，管理十二版纳。[①] 雍正七年(1729)，清朝委任刀绍文为车里宣慰使，刀绍文派员赍文呈奏缅王，缅王亦委任其为缅方宣慰使。乾隆三十二年(1767)，清廷以刀绍文办事不力，将其革职，另委任刀维屏为宣慰使。刀维屏派员赍文呈报缅王，缅王亦委任其为缅方宣慰使，并委任其弟刀诏丁为副宣慰使。翌年，刀维屏与其弟刀诏丁听信其婿召猛乃及猛勇诏光之言，怨恨清朝，乃驮载家物，带同亲属，逃往猛勇。后来刀维屏回到车里，但清廷怀疑之，于乾隆三十八年派员前来调查，先后将刀维屏弟刀士宛及刀维屏拘至宁洱，又一同解送昆明。四十二年，清廷剥夺刀维屏车里宣慰使印信给其弟刀士宛，命刀士宛回十二版纳继位，刀维屏于四十六年卒于昆明。乾隆五十五年，缅方派人招刀士宛至缅承袭并领取印信，刀士宛派诏蕴前往缅甸，缅王遂委任刀士宛为缅方宣慰使。[②]

嘉庆元年(1796)，刀士宛卒，次年清廷委任刀太和为宣慰使。刀太和又派员至缅甸请求缅王委任，缅王以刀太和年幼，未予准许，并派人赍文往招刀诏丁。刀诏丁派员赴缅请求委任，缅王许之，遂以刀诏丁为缅方宣慰使。这样，清朝委任刀太和而缅甸委任刀诏丁，伯侄二人同为宣慰使。时隔一年，刀诏丁听信诏光之怂恿，拒受缅王诏命，与缅对垒，兵败逃匿。缅王发兵攻入刀诏丁之营，擒诏光杀之，刀诏丁躲匿山中不出。缅军将刀诏丁官邸焚

---

① 李拂一《车里》，上海：商务印书馆 1933 年版，第 1～2 页。

② 李拂一编译《泐史》，昆明：国立云南大学西南文化研究所，1947 年，第 30～32 页。

烧罄尽，方撤军回阿瓦。嘉庆五年，刀诏丁卒，刀太和派人赍文呈奏缅王请袭，缅王许之，遂委任刀太和为缅方宣慰使。然至嘉庆七年缅使持委任状至景栋时，刀太和病卒，任状无可交付。刀太和有子刀绳武，年方二岁，不能任事。十二版纳会议决定，往猛笼迎刀维屏之子刀永和(诏占)为主，然清朝方面不准。刀永和派员随缅使往缅京请袭，缅王遂委任刀永和为缅方

表 5-6　车里宣慰使世系*

世系	姓名	在位时间
1	帕雅真	1180～1200
2	桑凯冷	1201～1221
3	道艾公	1222～1245
4	道龙健仔	1245～1268
5	道良龙	1268～1294
6	道补瓦	1294～1308
7	道伊丙拉晒	1308
8	道艾	1308～1347
9	道罕勐	1347～1391
10	道西拉罕(刀暹答)	1391～1413
11	道公满	1413
12	道更勐	1413～1414
13	道巴光	1414～1434
14	道双勐	1414～1428
15	道罕底	1414～1415
16	思龙法	1416～1457
17	刀弄	1417～1428
18	道帕相	1432～1457
19	道桑波勒傣	1457～1497
20	桑凯能	1497～1502

续表

世系	姓名	在位时间
21	召罕勐	1502～1523
22	召西利松板	1523～1560
23	召温勐	1560～1567
24	召西利苏年达	1567～1568
25	召应勐	1568～1583
26	召糯勐	1583～1628
27	召西利苏坦玛	1628～1644
28	召孟罕勒	1645～1658
29	召孟祷	1658～1665
30	召糯勐囡	1665～1677
31	召勐桃	1677～1691
32	召扁勐	1691～1724
33	刀金宝	1724～1729
34	刀绍文	1729～1766
35	刀维屏	1767～1776
36	刀士宛	1777～1796
37	刀太和	1797～1802
38	刀绳武	1802～1834
39	刀正综	1834～1864
40	刀金安	1864～1876
41	刀承恩	1884～1926
42	刀栋樑	1927～1943
43	刀世勋	1944～1950

* 从傣历 542 年(1180,按:傣历同缅历,与公元纪年相差 638 年)帕雅真人主勐泐起至傣历 1312 年(1950)第 43 世宣慰使刀世勋止,历时 770 年,承袭宣慰使共43 世。其中自

13 世道巴光起至 18 世道帕相，史料记载较为混乱，原因主要是车里宣慰使王族内部争权，而明朝忙于对付麓川，对车里宣慰使的承袭多相信贡使呈报，遂造成车里一地有二宣慰使甚至三宣慰使的局面。又按：关于车里宣慰使世系，各书说法不一，表中所列年代可能与正文中年代略有差异。

资料来源：刀述仁等译，刀永明集解《车里宣慰使世系集解》，昆明：云南民族出版社 1989 年版，第 209～217 页。

宣慰使。后来，刀永和与刀诏丁长子诏麻哈捧不睦，刀永和派人将诏麻哈捧杀死于景洛。江东六版纳不满，以猛捧诏法为首，统兵进攻刀永和。江西六版纳不敌，刀永和携妻小往投景栋土司，后又前往缅京，请求缅王出兵助己返回十二版纳，并愿献江西六版纳于缅甸，其江东之六版纳仍归清朝，以江为界。缅王以向无此例，且刀永和意在挑起战争，将刀永和逮捕下狱，后将其流放于猛乃。①

嘉庆七年(1802)刀太和卒后，刀绳武继为清朝方面宣慰使，因其年幼，清朝命其叔刀太康为代办，代为管理十二版纳。此后缅甸与戛于腊部落在边外构衅，骚扰车里边境 20 余年。戛于腊者，“本系缅甸所属摆夷头目，驻扎整迈地方，后来叛投暹罗，屡与缅甸构衅”②。可见，戛于腊本属缅甸，驻扎于清迈，后来归附暹罗。嘉庆八年(1803)，戛于腊掠地猛别、猛南，屯兵至打洛。时潞东未附戛于腊者，仅刀永和一人。③ 嘉庆十年(1805)闰六月，云贵总督伯麟、云南巡抚永保奏，有缅人寄信给孟连土司刀派功，请其帮助扰攻暹罗。刀派功即携带印信并土练 300 名，前往边外猛养住宿。时猛养土人已投暹罗，约为内应，将刀派功杀害，其土练各自星散，印信遗失。嗣孟连土目齐集土练前往报仇，失败而回。暹罗人返追至孟连，将土司房屋烧毁而去。嘉庆帝闻奏，下谕曰：缅甸、暹罗彼此构衅，系外夷争杀之常，天朝不值过问；孟连土司刀派功私自携带土练、印信越境被害，系祸由自取，因其已死，故不加诘责；但印信系天朝颁给，不可遗失，应寻获缴回内地；另外谋害土司之人，应由缅甸查拿处理。伯麟、永保接到谕旨，即拟定文稿，发交署迤西道史致光，令其率同顺宁府知府福桑阿札谕缅军头目。不久史致光接到缅军头目召布乌恳回信，信中称，孟连土司被害，失去印信，至今日久，无从找寻；缅人所派招致刀派功之领兵头目麻育蕴亦被戛于腊杀害，请清朝出

① 《泐史》，第 32～34 页。

② 故宫博物院编《清代外交史料》(嘉庆朝)第四册，北京：故宫博物院 1932 年，第 1 页。

③ 《泐史》，第 34 页。

兵，共杀戛于腊。[1] 嘉庆十一年(1806)正月，嘉庆帝闻奏，下谕曰："外夷蛮触相争，与天朝全无干涉，总可不必过问。今缅甸头目以刀派功被戕为词，恳请内地兴兵前往，自应加以驳饬"；至于刀派功印信，只系土司印信，尚非关系紧要，如数月后不能寻献，即据实奏明，另行铸给。[2] 是年，缅甸猛乃统帅令刀永和随缅军往击戛于腊，刀永和以曾被缅人拘禁，且欲借戛于腊兵重占十二版纳，乃倒戈归顺戛于腊，并潜携妻小至戛于腊营，后随戛于腊逃往整迈而死。[3]

嘉庆十一年(1806)二月，缅王派已革蛮暮土司孟干请求预期进贡，欲借进贡之名，求清朝出兵助攻暹罗，经伯麟理谕驳回。嘉庆十二年(1807)四月，孟干又至耿马投递缅文书信，据译出缅文内称："哟打蜡勾戛于蜡来杀孟连土司，将天朝给与印信、衣顶一并抢去；又九龙江召三，天朝赏他官做，骂猛勾结戛于蜡去杀召三。缅国如今要调兵去杀戛于蜡，请总督帮助兵将。"八月，伯麟以"外夷蛮触相争，天朝自不值过问"，缮写照会，令迤西道丰绅转交孟干赍回，又照缮一封，令署永昌府知府嵩禄派人由大路送交新街土司转递缅王，照会中言：

查孟连土司刀派功系内地土司，如果无故被戛于蜡所杀，天朝早已明正戛于蜡之罪，岂有不严行查办之理？原因暹罗与尔国争闹，刀派功私自带领兵练、印信出境，与戛于蜡寻衅，戛于蜡不知是内地土司，黑夜内猝被戕害。倘刀派功尚在，天朝尚当治其私行越境滋事之罪。今既被戛于蜡所杀，是其祸由自取。嗣据暹罗国王将印信查出，送入内地，并将戕害刀派功之人查明严办，具文请罪。是天朝所颁印信，既未敢留匿，而杀害刀派功之人，又经该国严办，实属恭顺。天朝断不能因一越境滋事有罪之土司兴兵问罪于暹罗。又缅文内称召三，遍查案卷，天朝并无赏与官做之召三，至骂猛更无从查其来历……总之，贵国与暹罗国臣服天朝，俱极恭顺，大皇帝恩同覆载，一视同仁，即或尔两国夙有仇怨，必欲动兵，天朝亦断无偏助一国之理。所有贵国请兵之事，天朝岂可准行？设或将来戛于蜡势弱，前来请兵帮助，天朝又岂肯发兵帮助耶？惟尔两国用兵之地，与九龙江宣慰司边界相连，该土司本不敢偏助

① 《清代外交史料》(嘉庆朝)第一册，第43～44页。

② 《清代外交史料》(嘉庆朝)第二册，第2页。

③ 《泐史》，第34页。

滋事，本部堂复严行饬谕，令其安分固守，防范边境，不许偏助一国，仍稽察所辖各猛，倘有被戛于蜡引诱勾通者，立即严拿治罪，断不宽贷。贵国王亦应严饬带兵头目，毋得于内地九龙江所辖各版纳地方稍有侵犯。①

显然，清朝对于暹缅冲突以及戛于腊问题持中立不干涉态度。

然而时隔数月，有缅军头目召布苏率兵数千人追逐戛于腊，进至九龙江车里土司界内橄榄坝屯扎。十二月，伯麟闻普洱镇总兵那麟泰、迤南道翁元圻禀报，立即下令该镇道札谕缅人："尔国与戛于腊相争，与内地无涉。天朝一视同仁，断不偏助一国。尔等当迅速退出，毋得在内地边界任意逗遛，致干查究。"召布苏接到札谕，率兵陆续退出，但剩三四百人未去。伯麟下令那麟泰、翁元圻添派员弁前往谕遣，又派普洱游击王荣、署游击赵先贵、护同知孙埙带领兵练，于边界扼要地方分布驻扎，以资防范弹压。经王荣等谕遣，剩余缅兵全部撤出。二十六日，召布苏驰赴江内，商请清朝出兵共击戛于腊，王荣、孙埙等"将天朝断不偏助之处向其详细晓谕，令通事一一告知"。召布苏称"断不敢侵扰内地，亦不敢再行求助"，复与代办宣慰司刀太康及各猛土目见面，约定嗣后两不偏助，毋相猜嫌，旋即归去。②

嘉庆十三年(1808)二月，召布苏派人呈递汉字禀帖，外写呈普洱镇道拆阅，内系致云贵总督之文，称"孟连与车里十三板〔版〕纳百姓俱是天朝、缅国钱粮赤子，求总督饬令土司刀太康及各猛土目前来江外，商议如何使百姓得以栽田种地，安居乐业"。伯麟闻报，以缅甸边境土目擅自行文内地总督，于体制不合，令普洱镇道出名，明白晓谕以"尔缅目有禀商请示内地督抚事件，向来俱系禀请尔国王备文咨呈督抚。尔缅目等有事，止应禀请思茅厅转禀镇道，斟酌可否转禀督抚，从无尔等缅目径给总督行文之理。且称孟连、车里地方俱是天朝、缅国钱粮赤子，尤为错谬。查车里、孟连隶属天朝已经二百余年，岁纳钱粮，久有定额，以及宣慰司承袭，悉由内地拣派，奏请钦定。中外疆界分明，何得妄生觊觎，以为需索地步？本应禀呈督抚大人，问尔缅目以无知妄为之罪。姑念该缅目本不识汉字，且此禀又无印记，其中必有汉奸捏造播弄，似非尔缅目之所为，姑将原禀驳回"。随之，伯麟、永保又拟写照会缅王文稿，宣明孟连、车里十三版纳均属中国所有："查孟连土司刀派功

① 《清代外交史料》(嘉庆朝)第二册，第5～7页。
② 《清代外交史料》(嘉庆朝)第二册，第13～16页。

前因越境滋事，为戛于腊所害，尔国尚以戛于腊戕害内地土司，禀求兴兵问罪。是孟连为天朝所属，贵国之所深知。至九龙江地方，自天朝定鼎之初，即经刀穆祷（按：即召孟祷）首先归顺，赐以宣慰司职衔，令刀氏子孙世袭，年纳钱粮，已二百余年。宣慰司所属共十三板（版）纳，其橄榄坝、普藤、猛腊、猛乌、乌得、倚邦、易武、猛旺、整董、六困十土弁在九龙江之内，猛笼、猛阿、猛遮三土弁在九龙江之外。凡承袭宣慰司，历由内地查明刀氏宗图拣选，奏请钦定，与尔国毫无干涉。"照会又请缅王彻查召布苏呈递禀帖之事，若系召布苏冒昧具禀，即应将召布苏撤回。[①] 四月，嘉庆帝接到奏报，以伯麟、永保所办为是，令照所拟文稿缮发。十二月，缅甸蛮暮土司派人赍送缅禀一件，系该国头目四大万出名，禀复云贵总督，内称九龙江十三版纳是清朝与缅甸共管之地，而于召布苏冒昧具禀一事只字未提。伯麟闻报，以外藩头目擅自行文内地督抚，于体制不合，令腾越镇总兵、永昌府知府照会缅国四大万，再行明白宣示"九龙江土司所辖十三板（版）纳地方俱是内地所管，历年土司出缺，俱由内地拣选承袭"[②]。

嘉庆中期，缅甸与戛于腊仍构衅不已。嘉庆十七年（1812）四月，有缅甸目练 300 余人，被戛于腊打败，逃入车里土司界内，很快又觅小路返回缅地。戛于腊随后追至，驻扎江干，向土司借粮借练，土司不允。戛于腊怀疑土司藏匿缅甸目练，即在彼驻扎，不肯撤退。伯麟和云南巡抚孙玉庭得报，立即饬令普洱镇总兵珠勒什、迤南道存柱前往思茅查明谕遣，又派游击王荣带领弁兵前往剿逐。戛于腊闻知，随即退去。九月，伯麟、孙玉庭上奏提出，戛于腊"如果系暹罗所属，则暹罗为天朝贡国，素积恭顺，谅无任令属夷扰及天朝土司地方之理"，请以督抚之意，照会暹罗国王，"将戛于腊现在情形详细行知，向其询问，如果系其所属，即令其严饬该夷等，嗣后与缅甸攻击，不得擅入天朝土司地界，致多惊扰"。其所拟照会暹罗国王文稿云："念贵国恭顺天朝，每屈（届）三年航海人贡，仰蒙大皇帝恩赉 至优极渥，断无令所属戛于腊扰及天朝土司地方之理。或因相距路远，贵国王未能知此情形，抑或戛于腊假托归附贵国之名，以为恐吓缅甸之计，均未可定。为此照会贵国王，务即查明，戛于腊如系贵国所属，迅速饬令该头目等，嗣后与缅甸争战，毋许再有一人擅入车里土司边界，致滋惊扰。"[③]二十一日，嘉庆帝接到奏报，下谕曰：

---

① 《清代外交史料》（嘉庆朝）第二册，第 16～22 页。

② 《清代外交史料》（嘉庆朝）第二册，第 52～54 页。

③ 《清代外交史料》（嘉庆朝）第四册，第 1～2 页。

"外夷蛮触相争,天朝原不过问。若阑入内地,则无论何国之人,皆应立时驱逐出境。此次戛于腊追逐缅甸目练,辄驻扎车里慰司境上,经派兵慑以声威,旋即退去。此时自应严饬该土司等,于边界严密防守,如再有阑入内地者,立即查拿惩办。至戛于腊夷人既据车里土司禀报系暹罗所属,该督等拟檄询暹罗国王,其所拟照会文稿词严义正,即照缮转发,俟其复到日,再行酌办可也。"[①]是为清朝要求暹罗查办戛于腊一案。

嘉庆二十年(1815)七月,暹罗国大库向两广总督蒋攸铦禀缴呈复云贵总督查询戛于腊一案公文,文曰:"前年蒙仁宪缴寄公文一封,交敝国库。展读之后,方知查缉敝国人民。敝国王遵宪令查缉,众目中有出役之目哑弥呐,巡守敝国地方,防虞缅甸国相侵陵之事,有致错扰夏界地方,致宪台究问情词,申达皇仁,宽恕其罪,又蒙解释仇国和好等语,真中夏之至仁至德也。敝国王登时遣人拿哑弥呐要究其罪,于今逃窜未回。库先行回复,以赴上年贡船带书文赴宪台前回复。逐后拿获,自应重究其罪。"[②]是为暹罗同意惩办戛于腊头目哑弥呐。

嘉庆二十二年(1817),清朝正式委任刀绳武为车里宣慰使。时缅太子麻哈桌缪为缅军统帅,派人至景永召刀绳武与刀太康赴缅,两人以职务不能离,仅派代表赴缅京。缅王不悦,称刀绳武与刀太康如不亲来,则不允许,另派人至景永敦促刀太康与刀绳武赴缅。刀绳武因掌管印信,无法前往。二十三年,刀太康率江东、江西各酋长至缅京拜谒缅王。缅王甚喜,委任刀太康为缅方宣慰使。刀太康回景永就职,景永乃有两宣慰使,清朝承认刀绳武,缅甸承认刀太康。[③]

道光二年(1822)二月,有戛于腊头目召喇鲊布,同南掌目练来至车里边界,声称暹罗国王因闻前代办土司刀太康所送缅甸礼物,系将南掌送给之物转送,并有将南掌土地投附缅甸之事,欲与讲理。经普洱镇道查明,刀太康并无将南掌送给礼物转送缅甸之事。但戛于腊仍欲与刀太康当面对质,并怂胁南掌目练进至漫满,经土司土练闻讯驱逐。戛于腊等进入缅境,与缅甸守边士兵遭遇。戛于腊等先攻击缅兵,却被缅兵击败,由僻径逃去。七月,普洱镇道向云贵总督禀报,刀太康巡查边境时,拿获南掌目练六人,搜出宣慰司印信缅文一张,"内系刀绳武招约南掌同害刀太康,并有欲攻缅属孟艮

---

① 《嘉庆道光两朝上谕档》第17册,第1050条,第364页。

② 《清代外交史料》(嘉庆朝)第四册,第32页。

③ 《泐史》,第35页。

之语”。刀太康欲将南掌目练解送思茅审究，不料行至江边时，被孟艮缅人将南掌目练并印文劫去。孟艮缅目召布素得到印文，怀疑刀绳武真有联合南掌来攻之事，遂派目练至打洛，将刀绳武与土弁刀灿星诱出边界，前往孟艮地方，欲令其与南掌目练对质。云贵总督史致光、云南巡抚韩克均接到禀报，命缮具文稿，分别照会缅甸、南掌、暹罗各国王，令其知悉事情原委，速调目练回国，并送回刀绳武。[①] 八月，道光帝接史致光等奏报，下谕曰：“边外夷人蛮触相争，系属常有之事，原可不必过问。此次戛于腊夷人造言生衅，并将车里土司刀绳武等诱往孟艮，自应令其速行送回。所拟照会缅甸、南掌、暹罗各该国王，令其知悉此事原委，速调目练回国，勿使再来土司边地，借端滋事，俱着照所议行。”[②]

刀绳武被诱出边界后，被送至距孟艮数站之猛乃，缅人待以优遇。尽管云贵总督照会缅王，令将刀绳武速行送回，但久无消息。十月，云贵总督明山、云南巡抚韩克均奏言，缅目未送出刀绳武，应为该缅目转禀缅王，欲等缅王回示，此时无庸行催。[③] 道光帝下谕：“孟艮相距阿瓦甚远，往返需时，该国王接到照会，自必约束缅目，饬将刀绳武送出，此时原可无庸行催。惟戛于腊前被莽子打败，难保不于冬春之际与缅夷报复，明山等务严饬该处文武，督令沿边土司舍目率同练勇，于各要隘处所巡探堵御，防范周密，不可稍有疏懒，以靖边圉。”[④]十二月，明山再奏，刀绳武仍在猛乃居住，道光帝再次下谕明山不必再为催促，唯仍遵前旨，饬令该处文武督率兵练，防堵要隘，毋稍疏虞。[⑤] 道光三年（1823）四月，明山又奏，缅甸“国王已接获内地照会，始知缅目妄行诱往，当即申饬缅目，即令送回。适该国地方有事，道路梗塞，兼以烟瘴已发，因而耽留，尚无起程送出确信。又南掌国王亦接到照会，约束所属目夷不得附同戛于腊擅行入边。而戛于腊回境之后，闻其颇务休息，故于冬春之际未有报复之举，边界静谧”。六月，道光帝接到奏报，朱批曰：“所奏

---

① 故宫博物院编《清代外交史料》（道光朝）第一册，北京：故宫博物院1932年版，第29～30页。

② 《清代外交史料》（道光朝）第一册，第29～30页；《清宣宗实录》卷三九，道光二年八月戊申，第33册，第699～700页。

③ 《清代外交史料》（道光朝）第一册，第31页。

④ 《清代外交史料》（道光朝）第一册，第34页；《嘉庆道光两朝上谕档》第27册，第1923条，第575页；《清宣宗实录》卷四三，道光二年十月丙寅，第33册，第771页。

⑤ 《清代外交史料》（道光朝）第一册，第36页；《嘉庆道光两朝上谕档》第27册，第2184条，第647～648页；《清宣宗实录》卷四六，道光二年十二月己酉，第33册，第818页。

均悉，随时妥慎办理。”[①]九月，明山就刀绳武一案再次上奏：“刀绳武并无招约南掌攻缅之事，已经辩明。该国王亦令孟乃缅目将伊送出回江。刀绳武既因老挝未回，恐启南掌之疑，复因伊叔刀太康被人离间，现又遭此播弄，更虑刀太康设计谋害，不即起身。旋因孟艮路阻，孟乃瘴发，难以栖止，即往向在阿瓦所属凉果园地方贸易之亲戚家依住。”明山还提出，刀绳武既逗留不归，其子又尚年幼，应准由其妻暂行代管土司事务，并选妥干弁目协同襄办。[②] 十一月，道光帝接到奏报，朱批谕准。

道光四年(1824)以后，档案文献中不再见有关于戛于腊问题的交涉，但车里土司内部的权力斗争及缅甸对车里土司内部事务的干涉并未中止。道光五年(1825)，缅王派员将刀绳武与刀灿星护送入关。道光帝以刀绳武年力正壮，仍令回任，其土司印信仍给钤用，前给刀刀氏护理钤记，即令缴销；并令查明刀太康下落，使叔侄敦睦如初，免滋衅端。[③] 然而，至道光十三年(1833)，刀绳武再次兴兵与刀太康寻衅争斗，同室操戈。地方官谕令散其练勇，刀绳武不应。地方官乃禀请云贵总督，将刀绳武革职，并将其妻子解送昆明。刀绳武怀印潜逃，后死于越南边界之猛梭。[④]

道光十四年(1834)，经刀太康禀请，清朝委任其长子刀正综承袭宣慰使。道光十六年(1836)，刀太康卒。道光十七年(1837)，刀正综派员赍奏缅王，缅王乃委任刀正综为缅方宣慰使，并委任其弟刀承综为副宣慰使。是年，缅王孟既王位为其弟孟坑(1837～1846 在位)所篡。道光十八年(1838)五月，云贵总督伊里布等奏：“缅甸国王孟既袭国已久，现因病废，欲让与其弟孟萨鸦㳂低(孟坑)袭国，近复有亲属目官哄闹之事，前曾遣目至九龙江，欲令车里土司带练赴缅镇抚。经迤南道会镇晓谕该目，内地土司从不越赴外域。”道光帝闻奏，以“该国袭替，内地向不置问”，谕令云南督抚严饬腾越文武各员，督饬土司于沿边关隘率练巡防，毋许出边滋事，倘有缅人窜至，立即谕遣，毋得任听一人入边。[⑤]

① 《清代外交史料》(道光朝)第一册，第 42～43 页；军机处录副奏折：《云贵总督明山奏为查明车里王司尚在孟乃边界静谧酌撤防兵等事》(道光三年四月二十二日)，档号：03-2976-012。

② 《清代外交史料》(道光朝)第一册，第 47～48 页。

③ 《清宣宗实录》卷八七，道光五年八月壬申，第 34 册，第 397 页；《嘉庆道光两朝上谕档》第 30 册，第 917 条，第 255～256 页。

④ 《泐史》，第 36 页。

⑤ 《嘉庆道光两朝上谕档》第 43 册，第 787 条，第 207 页；《清宣宗实录》卷三一〇，道光十八年五月丁巳，第 37 册，第 832～833 页。

道光二十年(1840),缅王派人召刀正综入侍于王宫,刀正综以清朝宣慰使职守所在,不能离职前往,特派属官赍贡礼前往缅京。缅王以刀正综未亲至,不悦,拒收贡礼,扣留贡使,同时命孟左芽、孟元前往景永再召刀正综至阿瓦。刀正综无奈,禀报清朝求助,清朝派员至景永与缅使会商,以宣慰使职守所在,不能擅自离任。刀正综亦请孟元回缅京恳求缅王,准由其弟副宣慰使刀承综代往,孟左芽则仍留景永等候消息,约定以两月为期。①

道光二十一年(1841),刀正综生病,迁住橄榄坝,而令十二版纳各头目仍驻景永,招待缅使孟左芽。然孟左芽不顾十二版纳头目劝止,径回缅京,并捏报刀正综"不奉诏至缅,而匿居橄榄坝;不在景永城内,而尽迁其民,并于景永各据点构筑营垒,警戒缅国"等等。缅王接报大怒,下令斥责刀正综,并委任诏糯钪为宣慰使,带兵5000名进攻景永。刀正综闻讯,遣其弟刀承综及其母与妹,以及十二版纳头目多人至景栋,具文猛乃,声明并未辞职。缅方得报,命诏糯钪等暂留猛乃候命。十一月,缅使孟元带刀承综及十二版纳各头目至猛乃。道光二十二年(1842)一月,缅甸太子蒲甘曼通知猛乃官员,诏糯钪等暂缓赴景永,刀承综等亦不必至阿瓦,双方俱暂住猛乃。同时,缅王又派使至景永再招刀正综。六月,刀正综仍不能前往缅京,思茅官员派使至景永,又偕同缅使等至景栋,要由猛乃往缅京与缅廷谈判。缅廷回信言:"汉宾由景栋至猛乃,向无此例。如必前往,须启道八募、呵鸠,仍由原路折回。诏糯钪可命其往,副宣慰使母子准放行至阿瓦。"这样,清朝派出的官员未能继续前进,刀承综母子及十二版纳各头目被送至阿瓦,诏糯钪至景永任缅方宣慰使,刀正综及官民人等则被迫避往江东。思茅地方官闻讯,派员至江边与缅人谈判。会商两月,迄无结果。诏糯钪在景永杀戮劫掠,思茅地方官命猛捧、猛腊、六顺三土弁带领十二版纳土兵,将诏糯钪等逐出十二版纳,直逐至景栋,并移文缅廷。缅王下刀承综母子及各头目于狱,又派太子蒲甘曼莅查。不久蒲甘曼确查回报:"宣慰使诏糯钪处理失当,缅方使臣等佐治不善,并妄杀人民,压迫人民敛财,地方人民怨缅及诏糯钪 。"缅王乃释刀承综等,命仍住阿瓦。②

道光二十三年(1843),刀正综派猛乌土弁等赍呈贡物给缅王,不料行人分取部分贡礼,转至景栋,交诏糯钪以其个人名义贡献缅王。猛乌土弁至阿

① 《泐史》,第39~40页。

② 《泐史》,第40~43页。

瓦后，将剩余贡物交刀承综母子自行呈献。四月，刀正综派整董土弁带马牛等礼物至景栋，拟献缅王。缅王不许，仍命牵回。[①] 是年缅甸遣使清朝，贡使先后两次呈禀，称"车里土司刀正宗(综)向与该国交好送礼，自该国王袭位以来，并不送礼"。道光二十四年(1844)正月，道光帝命云贵总督桂良查明缅甸与车里土司交好送礼之事，仍照旧章办理。不久桂良查明具奏："上年已据思茅厅营查复，该土司所送礼物，被族目刀奏勋在缅属孟艮地方劫夺，已另备礼物，由内地送赴腾越厅，候贡使转回过腾，交给带往。"[②]不久，诏糯铳赍贡礼至阿瓦，呈献缅王，缅王收象二只，而交出刀承综母子。[③]

19世纪中期以后的缅甸，面临英国等西方国家的不断侵入，其对车里土司内部事务的干涉，慢慢停止下来。

① 《泐史》，第43页。

② 《清宣宗实录》卷四〇一，道光二十四年正月丁丑，第39册，第5～6页。

③ 《泐史》，第43～44页。

第六章　英国侵入缅甸与清缅封贡关系终结

从1824年到1885年，英国先后发动三次侵缅战争，相继吞并下缅甸和上缅甸。此间英国多次派员北上考察滇缅贸易路线，希望打通英属印度经缅甸至中国云南的商路。随着英国宣布缅甸为其殖民地，清缅封贡关系走向终结。清缅封贡关系的结束是英国等西方国家对清朝、缅甸侵略扩张的结果，也是清朝封贡体系走向解体的标志之一。

第一节　英国侵入缅甸与雍籍牙王朝覆灭

英国侵入缅甸是英国资本主义在东方进行殖民扩张的重要组成部分。早在1647年，英国东印度公司就在缅甸沙廉建立商馆。1657年，英国东印度公司驻沙廉商馆关闭。[①] 1688年，法国东印度公司设分公司于沙廉，缅甸沙廉总督致函请英人来境，因英人不欲派遣正式代表，其议中辍。1695年，英国圣乔治堡总督许金生(Nathaniel Higginson)遣使佛利胡(Fleetwood)与李斯莱(Lesley)呈函缅王，请准派员驻于沙廉，缅王特准英国东印度公司在沙廉原址辟设分公司，划给船坞泊位，并得酌减关税。[②] 1709年，英国东印度公司驻沙廉商馆重开。

至18世纪40年代，英法两国在缅甸沿海地区展开争夺，并插手缅族与孟族之间的冲突。1743年11月，缅族军队进入沙廉，捣毁支持孟族人的法国商馆。不久，孟族军队又占领该地，焚毁支持缅族人的英国商馆。1753年，为

---

① 〔英〕D.G.E.霍尔：《东南亚史》，第457页；〔缅〕波巴信：《缅甸史》，第115页。

② 〔英〕戈·埃·哈威：《缅甸史》，第353～357页。

阻止法国人占领尼格莱斯岛，英国人首先派兵占领该岛。随后1757年英国东印度公司与雍籍牙缔结条约，雍籍牙将尼格莱斯岛永久割让给英方，并在勃生划一地区，准许英人筑塞，免除所有商业税捐，英方则供给缅王大批军事装备。[①] 1759年，雍籍牙获悉尼格莱斯岛英国人曾暗中支持孟族叛乱，派兵攻占该岛，“杀英人八名，印人约百名，以堡中巨炮转轰停泊港中之两船。其后纵火焚烧全境，尽掠枪炮货物，掳英人四名而去。有一海军候补生及印人六十四名，得逃亡登舟”[②]。1760年，英国东印度公司派使者阿尔胡斯上尉(Captain Alves)谒见缅王莽纪觉，就尼格莱斯岛屠杀事件提出抗议，缅王乃释放英俘6名，大半系尼格莱斯岛事件之幸存者，又许自由贸易，并愿让任何一处之地基，以交换武器弹药。唯1757年条约中规定之免税条款不再有效，缅王并附加一条：不准英人在尼格莱斯岛设立总部。[③] 1763年，欧洲七年战争(1756～1763)结束，英国摧毁法国在印度的势力，遂以印度为基地，准备侵入缅甸。1785年，缅甸兼并阿拉干王国，从而与英属印度孟加拉管区直接交界。

1795年至1811年，英印总督六次派遣使者前往缅甸，均为政治性而非商业性质。第一次奉使者为迈克尔·西姆斯(Michael Symes)上尉，于1795年至缅，并与缅廷签订协议如下：“一、英舶运缅之货，规定由缅征收百分之十进口税，其他杂捐，一律取消；二、领港与靠泊捐应予规定；三、官员收费，应有定则；四、柚木出口税不得超过值百抽五；五、英商经营之商业，应不予阻碍；六、英商得自由雇用译员；七、东印度公司得派代表驻缅。”[④]西姆斯获得一纸诏书，认为条约已订，任务完成，殊不知缅王仅视为钦准其事，而无履行条款之义务。1797年，考克斯(Cox)上尉奉派来缅，请缅廷派使前往加尔各答。考克斯伫候九月，终于谒见缅王，但使团之任务，可谓完全失败。1802年，西姆斯上尉第二次出使缅甸，伫候三月，迄无结果。其后，1803、1809、1811年，康宁(John Canning)上尉三次出使缅甸，但缅王认为这些使节仅奉印度总督委派，而非英王所遣，谈判均未成功。[⑤]

1811年以后，英印总督不再遣使，偶有事件须与缅王洽商，辄致书缅甸

---

① 〔英〕戈·埃·哈威：《缅甸史》，第414页。

② 〔英〕戈·埃·哈威：《缅甸史》，第431页。

③ 〔英〕戈·埃·哈威：《缅甸史》，第437～438页。

④ 〔英〕戈·埃·哈威：《缅甸史》，第486、569页。

⑤ 〔英〕戈·埃·哈威：《缅甸史》，第487～488页。

仰光总督转达。而缅甸政府对英印政府之函牍,多充满愤懑之词句。如1818年缅甸兰里岛总督曾致信英印总督言:"罗牟(Ramoo)、吉大港、牟师达巴(Moorshedabad)与达加均非英国所有,其地虽距阿腊干(按:即阿拉干)京都甚远,实皆隶属于阿腊干政府之行省,今为吾主所统治。不论英国公司或国家均应遵守旧例,不得擅自征税纳贡,亦不得擅自动用所收款项。尔既代表英国公司,应先献出上述疆土,并将所得税款,解呈吾主。倘有故违等情,本督当据实上陈,届时大军压境,良将如云,水陆并进,本督指挥三军,斩关夺寨,尽夺英人之天下,归献吾主。"接到来函后,英印总督致信缅甸白古总督云:"此函如系奉阿瓦王之命而发,则本督深感痛惜……本府虽不忍无辜生灵,因无谓之战争而牺牲,但亦不惧攻击……本督如以为此函系阿瓦王授意而作,则英政府应认为战争业已宣布,而应摧毁贵国之商业。"[①]由此,英缅关系进一步恶化。

在此形势下,刷浦黎岛事件成为第一次英缅战争的导火线。1823年2月,一支英军进占内府河口吉大港与阿拉干交界的刷浦黎岛(ShahpuriIsland,缅名信摩骠岛)。缅甸阿拉干总督要求英军撤离,遭到拒绝。9月24日夜,突有千余缅军乘舟蜂拥登岛,杀死岛上英兵3人,致伤4人,其余均被驱逐。不久,缅军撤出,英军重占该岛。1824年1月,缅军名将班都拉出任阿拉干总督,立即派军重占该岛。英印总督阿姆赫斯特(Amherst,又译奄哈式)致书缅王交涉,缅王置之不理。盖自1795年西姆斯上尉出使缅甸以来,缅甸与英属印度边界地区时常发生冲突;英印总督屡次行文,均被搁置不答;所遣使节,多被凌辱;每隔数年,辄有缅官致函英人,命英印总督速即来朝,否则后果严重。凡此种种,英印总督认为,欲使缅人就范,唯有出兵一法。[②] 1824年3月5日,英印当局对缅宣战,第一次英缅战争(1824~1826)爆发。

战争开始后,英军从北面、西面和南面三路进攻缅甸。进攻阿萨姆的北线英军在付出沉重代价后于1825年1月占领阿萨姆首府朗普尔。进攻阿拉干的西线英军遭到班都拉率领之缅军的英勇抗击,缅军在阿拉干地区多次获胜。但在南线,进攻下缅甸的英军挟其海军优势于1824年5月11日登

---

① 〔英〕戈·埃·哈威:《缅甸史》,第494~496页;Horace Hayman Wilson, *Narrative of the Burmeses War, in 1824-26, as Originally Complied from Official Documents*, London: WM. H. Allen, and Co., 1852, pp.9-10.

② 〔英〕戈·埃·哈威:《缅甸史》,第506~507页。

陆仰光，班都拉奉命挥师南下。不久雨季到来，英军困守仰光。1825 年 3 月，英军展开反攻。西线英军很快占领阿拉干首府末罗汉，随之占领阿拉干全境。南线英军与缅军在达努彪（又译达柳漂）展开会战。4 月 1 日，班都拉在会战中阵亡，英军取得会战胜利，随之占领卑谬。随着雨季到来，英军暂停进攻。9 月，英缅双方在卑谬以北 30 多公里的良彬集开始谈判。英方要求缅甸割让阿拉干和丹那沙林，赔款 200 万英镑，缅方无法接受，谈判破裂。1826 年 2 月，英军占领蒲甘，进抵杨达波（Yandabo，又译杨端波），逼近缅京阿瓦，缅王孟既被迫派使者前往杨达波与英军谈判。2 月 24 日，缅英双方签订《杨达波条约》（又译《杨端波条约》），第一次英缅战争结束。

《杨达波条约》共有 11 款并有一项附款，主要内容包括：(1)缅王放弃对阿萨姆及其属地的要求，今后不得干预他们的事务；承认曼尼坡原来统治者的地位。(2)缅王割让阿拉干和丹那沙林给英国。(3)缅王赔偿英政府军费 1000 万卢比（约 100 万英镑）。(4)两国政府互派使节驻对方王京，使节可以拥有一支 50 人的卫队，可以购买或建造合适之居所；两国应在互惠原则下订立商约。(5)缅王对进入缅甸港口之英国船只免税，英政府对进入英国港口之缅甸船只免税。[①]《杨达波条约》的签订，标志着历时两年的第一次英缅战争结束。缅甸被迫同意割地、赔款、放弃属地及关税自主等，标志着缅甸开始沦为英国殖民地。

根据《杨达波条约》，缅廷同意英印政府派使访问缅甸并签订商约。1826 年 9 月 30 日，英印使者克劳福德（John Crawfurd）抵达阿瓦，[②]经与缅甸官员多次会商，最终于 11 月达成《商业条款》5 条和《会议条款》3 条，主要内容是允许双方居民自由通商，保护商民人身和财产安全。[③] 1827 年 4 月，克劳福德返回印度，但英印政府对其带回的商约并不满意，乃于 1829 年12 月任命亨利·伯尼（Henry Burney）为英驻缅京公使，以进一步与缅甸进行谈判。伯尼于 1830 年4 月抵达阿瓦，迨 1838 年因英缅关系紧张而撤回。

《杨达波条约》签订后，一度引起缅甸国内各阶层之不满。1837 年，孟既

---

① 《杨达波条约》英文本见 John Crawfurd, *Journal of an Embassy from the Governor General of India to the Court of Ava, in the Year 1827*, London: Henry Colburn, 1829, Appendix III.

② 克劳福德（John Crawfurd）后来著有《1827 年英印总督派往阿瓦王朝使节日志》（*Journal of an Embassy from the Governor General of India to the Court of Ava, in the Year 1827*, London: Henry Colburn, 1829）。

③ John Crawfurd, *Journal of an Embassy from the Governor General of India to the Court of Ava, in the Year 1827*, London: Henry Colburn, 1829, pp.239-243.

王位为其弟孟坑(1837～1846 在位)所篡。孟坑为亲王时,曾率军抗英,既登王位,则云:"英人所攻者乃朕兄而非朕躬。《杨端波条约》非朕所订,殊无约束可言。朕愿以私谊接待英使,但决不以国使视之。须知朕所应承认者,非彼受禄之督臣所委代表而为彼英王特派之钦使也。"[①]英缅关系既如此紧张,1838 年,伯尼被迫撤离缅甸,英印总督奥克兰勋爵(Lord Auckland)委任本逊上校(Colonel Benson)为驻缅公使。时缅已迁都阿摩罗补罗,一切谈判无法进行,1839 年3 月,本逊被迫离开缅京,以麦克劳德上尉(Captain Mcleod)为代办,亦无成就,遂于 7 月撤至仰光,翌年 8 月,闭馆返印。嗣后两国邦交,仅靠特派之使节维持[②]。

1846 年,孟坑以精神失常,由其子蒲甘曼(1846～1853 在位)嗣位。1848 年,主张扩张政策的达贺胥(Dalhousie,又译戴好诗、道好西、大贺胥)侯爵就任英印总督,积极准备再次入侵缅甸。在此形势下,"君主"号和"冠军"号事件成为第二次英缅战争的导火线。1851 年 6 月,英船"君主"(Monarch)号到达仰光,船长谢泼德(Sheppard)被控谋杀船上英籍领航员伊瑟夫(Esoph),并侵吞其财产 500 卢比,缅甸仰光总督判处谢泼德罚金共 101 英镑。8 月,英船"冠军"(Champion)号到达仰光,船长李威斯(Lewis)亦被控谋杀并侵吞船员薪金,仰光总督判处李威斯罚金 70 英镑。谢泼德和李威斯向英印政府申请补偿。达贺胥闻知此事,于 12 月派海军准将兰伯特(Lambert)率领舰队开赴仰光,要求"维护《杨达波条约》和 1826 年《商业条款》,并赔偿英国人受到的伤害和侮辱"[③]。经数次谈判,未得结果,英印总督乃于 1852 年 2 月 12 日发布公报,阐明立场,18 日又向缅王提出最后通牒。通牒要求,缅王必须否认仰光总督之行为,并为仰光总督之行为道歉;赔偿 10 万卢比;撤换仰光总督。[④] 然至 4 月 1 日最后通牒期限截止时,缅甸王廷并无回应。5 日,英印政府不宣而战,第二次英缅战争(1852)爆发。

战争开始后,英军很快占领仰光,5 月又占领马都八和白古。随后战争因雨季而暂时中断。10 月,英军占领卑谬,至此已占领白古全省。12 月 20 日,

---

① 〔英〕戈·埃·哈威:《缅甸史》,第 515 页。

② 〔英〕戈·埃·哈威:《缅甸史》,第 578～579 页。

③ Richard Cobden, *How Wars are Got up in India: The Origin of the Burmese War*, London: William & Frederick G. Cash, 1853, pp.5-6.

④ Edwin Arnold, *The Marquis of Dalhousie's Administration of British India*, vol.II, London: Saunders, Otley, and Co., 1865, p.48.

英印政府宣布白古地区(下缅甸)并入英属印度,并致信缅王:“阿瓦政府拒绝赔偿英国人在缅甸受到的伤害和侮辱,英印政府决定用武力获取补偿。因此英军占领了缅甸沿海的城市和堡垒,缅军皆被击溃,白古全省已在英军占领之下……作为对过去的补偿,以及对将来的保障,英印政府决定并特此宣布:白古地区现在以及将来,划为英国东方属地之一部分。”[①]同时,阿瑟·波维斯·藩尔(Arthur Purves Phayre)被任命为首任英国驻白古行政长官。[②] 第二次英缅战争历时仅半年,缅军根本无力组织大规模的抵抗。随着下缅甸的丧失,缅甸半壁江山已沦为英国殖民地。

就在第二次英缅战争进行期间,蒲甘曼之弟曼同王与加囊王联合发动宫廷政变,废黜了蒲甘曼。1853 年 3 月,曼同王(又译明敦王、明顿王、敏同王,1853～1878 在位)即位,加囊王被立为王储,共同治理国政。曼同王曾遣使至卑谬同英方谈判,又派使到英印总督处索取白古,均被拒绝。1855 年,藩尔亲率使团前往缅京,要求与曼同王签订商约,允许英国人通过上缅甸与中国云南进行贸易,被曼同王拒绝。[③] 1862 年,藩尔再赴缅京,终与曼同王签订贸易协定,协定规定双方降低过境货物关税,允许两国商人不受任何限制地在彼此领土范围内活动,缅王同意英印政府派使者驻缅都曼德勒,并同意英印政府派代表团探测从缅甸八莫到中国云南边境的商路。[④] 1867 年,继任英国驻白古行政长官费奇(Albert Fytche)又来缅京诱使曼同王签订一项新的贸易协定,规定再次降低双方过境货物关税,缅王接受英国代表驻八莫,帮助英国打开通过缅甸边境同中国云南的贸易关系,废除王室对柚木、石油和红宝石以外一切输出品的垄断。[⑤]

英国通过第二次英缅战争占领下缅甸后,又图谋占领上缅甸。1878 年,缅甸曼同王病逝,其子锡袍(又译知亩王,1878～1885 在位)即位。时法国势力已渗入越南,并及于暹罗。1883 年,缅甸遣使赴法国、意大利进行考察并寻求结盟,次年法国派遣领事哈斯(Haas)进驻缅都曼德勒。1885 年 1 月 15 日,

---

① Edwin Arnold, *The Marquis of Dalhousie's Administration of British India*, vol. II, London: Saunders, Otley, and Co., 1865, p.96.

② 藩尔(Arthur Purves Phayre)后来著有《缅甸史》(*History of Burma, Including Burma Proper, Pegu, Taungu, Tenasserim, and Arakan, From the Earliest Times to the End of the First* War with *British India*, London: Trübner & Co., 1883)。

③ 〔英〕D.G.E.霍尔:《东南亚史》,第 714 页。

④ 参见贺圣达《缅甸史》,北京:人民出版社 1992 年版,第 269 页。

⑤ 参见贺圣达《缅甸史》,第 269～270 页。

锡袍与法国秘密约定，法国“贷款与缅，法人则设银行于曼德勒，得咸茶之专卖权，红宝石矿之开采权，并建筑铁路一段，以锡袍之税收为担保”[①]。法缅订约之讯传来，英印政府攻缅政策亦定，因为英国商人和英印政府都不希望上缅甸为法国所控制。

第三次英缅战争的导火线是所谓“柚木案”。时英资孟买缅甸贸易公司(The Bombay Burma Trading Corporation)与缅甸政府签订合同，采伐东吁以北宁阳(Ningyan)柚木林区多年。1885 年 8 月，缅甸枢密院以该公司非法多采柚木为由判处罚金 230 万卢比，并欲将该公司所执之租山契据收回作废。英印总督杜佛林(Dufferin)勋爵闻讯，于 8 月 29 日致函缅王，提出两点要求：(1)希望缅王在确实查明案情以前暂先撤销他的命令；(2)请缅王同意由英印总督指派仲裁人员。缅王于 10 月 10 日答复，拒绝以上提议。22 日，英印政府向缅甸政府提出最后通牒，通牒要求五点：(1)为解决现在的争执起见，英印政府坚持所派代表须在缅甸京城受到接待，并将自由觐见缅王，与在其他朝廷相同，不行屈辱的礼节；(2)在此期间，对公司如仍予迫害，英印政府将不与国王接触，径自采取行动；(3)近来的情况和目前的事件都表明，英国代表有必要永久驻扎缅甸京城，并随带卫队和轮船，以资保护；(4)缅王应按英印政府意见调整缅甸对外关系，像阿富汗国王一样；(5)应给予英国经过八莫的对华贸易以正常便利。[②] 11 月 9 日，缅甸政府就英国最后通牒做出答复，同意英印政府代表常驻曼德勒，愿意帮助英国通过缅甸领土打开同中国云南的贸易关系，但反对由英印总督派遣特使来裁决柚木案，并且重申一个主权国家的内政外交事务只能由自己决定，拒绝了由英印政府控制缅甸外交的要求。[③] 13 日，英印政府对缅宣战，第三次英缅战争 (1885) 爆发。

第三次英缅战争历时仅半个月，英军迅速占领阿瓦，1885 年 11 月 28 日(光绪十一年十月二十二日)又攻占缅都曼德勒，俘获雍籍牙王朝末代国王锡袍和王后，将他们流放至印度西海岸之特纳吉里。1886 年 1 月 1 日(光绪

---

① 〔英〕戈・埃・哈威：《缅甸史》，第 526 页。

② 《中国海关与缅藏问题》，第 18 页。另《清季外交史料》卷六一(第 32～33 页)亦载此五点要求：(1)英国所派办理此案之大臣须准赴其国都，照各国来往通行之礼亲见其国王，并于觐见时不得令行卑鄙之礼俗；(2)其间若该国王径行自为罚此木商公司，则印度总督等即不复再为通知国王而自行设法另办矣；(3)须准英国所派之大臣带同保护自己之水陆亲兵常驻其国都；(4)该国与他国来往，希照阿斐干(即阿富汗)一样皆照印度总督等所劝而来往；(5)须将巴模(即八莫)地方商务一切整顿。

③ 参见贺圣达《缅甸史》，第 274 页。

十一年十一月二十七日），英印总督宣布缅甸为其领地，作为一个独立省划归印度，公告称："奉女王陛下命令，特此通告：凡过去锡袍王统治之区域，不再受其统治，而成为女王陛下领土之一部分，将按照女王陛下之意志，由英印总督随时任命之官员进行统治。"[①]至此，雍籍牙王朝覆灭，整个缅甸沦为英国殖民地。

第二节　英国对滇缅商路的探索与马嘉理事件

英国在侵入缅甸的同时，一直在寻找自缅甸通往中国之商路。1795 年，英印政府派西姆斯上尉出使缅甸，他在出使报告中，提及缅甸与中国云南有着大宗的贸易。[②] 随后，1797 年，考克斯上尉又做了详细调查，并把调查结果写在一个很详细的报告中。1811 年，威廉·富兰克林（William Francklin）少校将考克斯的调查报告发表在一本关于缅甸的论文集中。[③] 1826 年英国占据丹那沙林后，大力发展毛淡棉的商业，并试图查明它的陆路交通。1827 年，出使缅甸返回印度的克劳福德在其出使报告中估计了缅甸与中国云南的惊人贸易量，[④]这一估计引起英印政府对从孟加拉到中国的古代陆路交通的兴趣。1831 年，斯普莱（Sprye）上尉提出自毛淡棉经景洪到思茅的萨尔温线路。1837 年，麦克劳德上尉按照斯普莱的建议乘着 6 只大象做了一次旅行。于是，他成为经萨尔温线路进入中国的第一个欧洲人。但是，随着 1837 年缅王孟坑登位，对英人持强硬政策，探索经缅甸至云南商路的工作暂时中断，发展毛淡棉对泰国清迈及中国云南贸易的企图也暂告失败。[⑤]

第一次鸦片战争结束后，清朝被迫开放广州、厦门、福州、宁波、上海五口通商，但英国商界和政府均不满足。1850 年 2 月，英国曼彻斯特商会董事

---

① John Nisbet, *Burma under British Rule-And Before*, Westminster: Archibald Constable & Co. Ltd., 1901, p.101.

② 参见本书第八章第三节相关论述。

③ William Francklin, *Tracts, Political, Geographical, and Commercial; On the Dominions of Ava, and the North Western Parts of Hindostaun*, London: J. M'creery, Black-Horse-Court, 1811, pp. 26-122.

④ 参见本书第八章第三节相关论述。

⑤ 〔英〕D.G.E.霍尔：《东南亚史》，第 714 页。

会在致会员的年度报告中提出，要“向五个通商口岸以外的地方进逼”[①]。1852年，英国发动第二次英缅战争，将白古地区并入英属印度。1855年，英印政府驻白古行政长官藩尔率使团前往上缅甸，希望与缅王订立商约允许经过缅甸同中国进行贸易，缅王认为这一计划可能被英国人用来作为进一步干涉的借口，所以拒绝。[②] 同时，斯普莱上尉继续提出自毛淡棉经景洪到思茅的路线。1858年，英国正迫使中国签订《天津条约》，斯普莱致信英国外交大臣马尔梅斯伯利勋爵：“你和中国现在订立条约，若能获得越过缅甸边界到中国内地贸易和旅行的永久自由，是有利而便宜的”；“恳请在目前与中国订立任何条约时，勿忽略我促请注意的中华帝国西南边陲的那条路，经由这条路，我们的商业可以在那个国家的内地胜利地作一切将来的竞争”。斯普莱的计划是勘查一条铁路线，由仰光到税打，沿萨尔温江到达大考渡口，再由此经景栋和江洪到达云南思茅，[③]此即斯普莱路线或称“仰光—云南路线”（Sprye Route or Rangoon-Yunnan）。在斯普莱的宣传鼓动下，1860年，英国曼彻斯特、哈得兹斐德、黎芝、利物浦等几个主要商会都向英国政府建议开辟经由缅甸到云南的铁路或公路。[④] 1862年，英印政府派藩尔前往缅京，曼同王终于同意英印政府派代表团探测从缅甸八莫到中国云南边境的商路。[⑤] 很快英国驻曼德勒政务官克莱门特·威廉斯（Clement Williams）获准由伊洛瓦底江北上八莫考察。1863年1月，威廉斯启程前往八莫。他虽然未能进入中国境内，但向英印政府递交了一份备忘录，鼓动开辟经缅甸八莫到中国西部的商路。[⑥] 英印政府称，威廉斯探路队证实，斯普莱建议的萨尔温江路线在地理上或政治上都是行不通的，最好的路线应当是已经为人所知并为商人所用的路线——溯伊洛瓦底江北上，然后走八莫至腾越、大理的陆路，[⑦]即“八莫路线”。1867年，费奇又与曼同王签订贸易协定，规定缅

① 〔英〕伯尔考维茨：《中国通与英国外交部》，江载华、陈衍译，北京：商务印书馆1959年版，第14～15页。

② 〔英〕D.G.E.霍尔：《东南亚史》，第714页。

③ 〔英〕伯尔考维茨：《中国通与英国外交部》，第139页。

④ 〔英〕伯尔考维茨：《中国通与英国外交部》，第142页。

⑤ 〔英〕D.G.E.霍尔：《东南亚史》，第713～715页。

⑥ 备忘录要点参见 Clement Williams, *Through Burmah to Western China, Being Notes of a Journey in 1863 to Establish the Practicability of a Trade-Route between the Irawaddi and the Yang-Tse-Kiang*, Edinburgh and London: William Blackwood and Sons, 1868, pp. 179-188.

⑦ 〔英〕伯尔考维茨：《中国通与英国外交部》，第143页。

王接受英国代表驻八莫，帮助英国打开通过缅甸边境同中国云南的贸易关系。1868 年，斯特罗夫上尉担任英国驻八莫代理人职务，在他到任之前，英国驻曼德勒政务官斯莱登(Sladen)已不顾缅甸地方官的重重阻挠，从曼德勒出发经八莫到达腾越。[①] 斯莱登一行到达腾越后，受到当地的热情接待，双方很快达成友好协议和商务协定。斯莱登原计划进一步向东到达大理，但因战乱阻碍，无奈原路返回。在斯莱登一行中，包括印度加尔各答大学医学教授和印度帝国博物馆馆长约翰·安德森(John Anderson)博士，安德森博士 1871 年出版有《经八莫到滇西探险报告》[②]，该书详述考察团每日活动，并回顾了缅甸历史和缅中交往历史，介绍了中缅边境和云南各方面的情况，以及斯莱登与云南杜文秀政权签订协议的经过。该书史料价值重大，后来在英国广为流传。

尽管英印政府建议开拓八莫路线而放弃斯普莱路线，但在英国国内，仍有很多人支持斯普莱路线。1872 年 9 月，英国商会联合会通过一个决议案，决定“上书女王政府，为了和中国西南部建立商业关系请求完成由仰光到江洪的勘查，并一般地确定打开交通的最好办法”[③]。在商会联合会请求下，1874 年，新成立的狄斯雷利内阁的印度事务大臣沙里士伯(Salisbury，又译索尔兹伯里)发出指令，要对斯普莱路线或其他通道重新进行一次勘查。但由于该指令的不确定性，英印政府决定搁置斯普莱路线，而组织探路队勘查八莫路线。计划的路线是从曼德勒到八莫，再到腾越、大理，探路队包括霍勒斯·柏郎(Horace Browne)上校、地理学家奈伊·伊利亚斯(Ney Elias)和约翰·安德森博士[④]，并有一位缅甸代表相随。6 月 13 日，英印总督电告英外交部，探路队将于 11 月出发，请求向清政府领取护照。英驻华公使威妥

① 〔英〕D.G.E.霍尔：《东南亚史》，第 718 页。

② John Anderson, *A Report on the Expedition to Western Yunnan via Bhamo*, Calcutta: Office of the Superintendent of Government Printing, 1871.

③ 〔英〕伯尔考维茨：《中国通与英国外交部》，第 148 页。

④ 这次探路后，安德森博士于 1876 年出版《从曼德勒到勐缅：1868 年跟随斯莱登上校和 1875 年跟随柏郎上校到中国西部两次探险纪实》(*Mandalay to Momien: A Narrative of the Tuo Expeditions to Western China of 1868 and 1875 under Colonel Edward B. Sladen and Colonel Horace Browne*, London: Macmillan and Co.,1876)。

玛(Thomas F. Wade)[①]接到英外交部指示后,立即向清政府提出申请。清政府不仅同意发给该探路队由缅甸入境的护照,而且同意让英国领事马嘉理(Augustus Raymond Margary, 1846~1875)从上海出发前往云南迎接该探路队。马嘉理于1874年8月22日离开上海,带同6名中国人取道长江、沅江、贵州、云南昆明、大理、腾越,于1875年1月17日到达八莫。与探路队会合后,2月6日,探路队离开八莫,伊利亚斯率一小队人取道猛卯前进,柏郎则在马嘉理陪同下率大队前往蛮允。在猛卯,伊利亚斯一行在清军参将李珍国劝告下停止前进,返回八莫。柏郎、马嘉理一行则继续前进。[②] 21日(光绪元年正月十六日),马嘉理等行至蛮允附近,遭遇当地土匪,马嘉理与4名随行人员被打死,柏郎等人则被迫撤回八莫,是为"马嘉理事件",亦称"滇案"。

马嘉理事件发生后,英驻华公使威妥玛于3月11日接到从伦敦发来的关于案件发生的电报,他于19日向总理衙门提出六点要求:(1)中国政府应派遣一个调查委员,调查应在英国官员在场之下进行。(2)准许英印政府派遣第二次远征队。(3)交给威妥玛15万两银子,作为办理善后之用。(4)1858年中英《天津条约》第四款英国使节所取得的待遇,应解释为给予一种适当的和满意的觐见。(5)订立协议以实行条约各项规定,根据这些规定,英商贸易确保免受超过或多于正税和子口半税的一切征课。(6)由于官员们的行动而引起的一切要求,应立即予以满足。[③]

光绪元年二月十四日(1875年3月21日),光绪帝接到总理衙门关于马嘉理事件和威妥玛申诉的奏报,立即下令云南督抚进行彻底调查:"英国注意云南等处已非一日,现欲借此开衅,以为要挟之计,亟应加意筹防。着岑毓英将此案确切查办,并着刘岳昭迅即回任,会同该抚持平办理,毋得稍

① 按:晚清时期共有14任英驻华公使,分别为璞鼎查(Henry Pottinger,1841~1844年任),德庇时(John F. Davis,1844~1848年任),文翰(George Bonham, 1848~1851年任),包令(John Bowring,1853~1858年任),卜鲁斯(Frederick Druce,1858~1865年任),阿礼国(Rutherford Alcock, 1865~1871年任),威妥玛(Thomas F. Wade,1871~1882年任),巴夏礼(Harry S. Parkes,1883~1885年任),赫德(Robert Hart,1885年任),华尔身(J. Walsham,1885~1892年任),欧格讷(Nicholas R.O'Conor,1892~1895年任),窦纳乐(Claude M. MacDonald,1896~1900年任),萨道义(Ernest M. Satow,1900~1906年任)和朱尔典(John N. Jordan, 1906~1912年任)。

② 〔英〕D.G.E.霍尔:《东南亚史》,第718页;〔英〕伯尔考维茨:《中国通与英国外交部》,第150~151页;〔美〕马士:《中华帝国对外关系史》第2卷,张汇文等译,上海:上海书店2000年版,第314~315页。

③ 〔美〕马士:《中华帝国对外关系史》第2卷,第320页。

涉含糊。一面遴派明干之员，带领得力弁兵，前往就近驻扎，借弹压土司为名，暗杜彼族不测之谋。或腾越一带本有兵勇屯戍，即由该督抚相机密筹。不可过事张皇，亦不可稍涉疏忽。总期边衅可息，后患无虞，方为妥善。”[①]三月初五日（4月10日），岑毓英接到总理衙门发来的关于马嘉理事件的咨文，立即委派署提督开化镇总兵杨玉科、迤西道陈席珍、候补知府徐承勋前往永昌、腾越，督同地方官赴边境地区查勘[②]，并密饬杨玉科等暗调提标及腾越、永昌、顺云各镇协营官兵，借弹压为名，将边防事宜妥速布置。[③] 时英驻华公使威妥玛多次要求派员到滇从旁观审，总理衙门与之商定，由北洋大臣派员与威妥玛所派之官一同赴滇，英国所派之官，只准于定案时旁坐观审。威妥玛随赴上海，派员前往滇省。赫德则称英国“现派兵五千人，由缅甸蓝贡海口至云南交界处所驻扎”。光绪帝深知英国蓄志在云南通商，已非朝夕，倘若马嘉理事件“办理稍有不善，难保不堕其术中”，因此嘱令刘岳昭、岑毓英“持平妥办，毋稍含糊”[④]。

五月十六日(6月19日)，因岑毓英仍未奏报案件详情及办理情况，光绪帝命湖广总督李瀚章驰赴滇省，会同云南督抚秉公办理此案。[⑤] 六月十二日(7月14日)，岑毓英奏报马嘉理事件详情，称“马嘉理实系死于野人，并非死于华民”，现正“将此案凶犯野人严拿务获，解省追出赃物，听候英国观审之员到滇旁观质讯明确，从严惩办，以期弭此衅端”[⑥]。光绪帝闻奏，以此案“事关中外交涉，不可稍涉含混”，仍命李瀚章速往云南，会同岑毓英等再行详查，彻底查究。[⑦]

七月二十八日(8月28日)，岑毓英又奏，据署腾越同知吴启亮禀报，署提督杨玉科派参将李珍国等带兵捉拿马嘉理案凶犯，已拿获9名，杀死2名，

---

① 《光绪宣统两朝上谕档》第1册，第133条，第50页；《清德宗实录》卷四，光绪元年二月壬午，第52册，第129页。

② 《云南巡抚岑毓英为马嘉理案事致总理各国事务衙门函底》（光绪元年三月初九日），《历史档案》2006年第1期；《马嘉理案史料》(一)，第28页；(清)岑毓英：《岑襄勤公(毓英)遗集》卷一一，第45页。

③ (清)岑毓英：《岑襄勤公(毓英)遗集》卷一二，第13页。

④ 《清德宗实录》卷六，光绪元年三月戊午，第52册，第154～155页；《清季外交史料》卷一，第13～17页。

⑤ 《光绪宣统两朝上谕档》第1册，第380条，第136页；《清德宗实录》卷一〇，光绪元年五月壬子，第52册，第195～196页。

⑥ (清)岑毓英：《岑襄勤公(毓英)遗集》卷一二，第22页；《清季外交史料》卷一，第25～29页。

⑦ 《光绪宣统两朝上谕档》第1册，第463条，第157页；《清德宗实录》卷一一，光绪元年六月丁丑，第52册，第215页。

并追出赃物数件。[①] 经查，此 9 名凶犯“均系野人”，其中 2 名因伤在监病故，尚有 7 名仍监禁厅狱，另有案犯 12 名藏匿户送山后之云岩硐。八月初三日（9 月 2 日），腾越镇总兵蒋宗汉、参将李珍国、干崖土司刀盈廷等，带兵攻破云岩硐，拿获案犯 8 名，杀死 4 名。[②] 随之，15 名案犯及各项赃物一并押往云南省城。至此，马嘉理案侦破阶段宣告结束。

八月初八日（9 月 7 日），李鸿章奏派熟悉洋务之前任工部侍郎薛焕前往云南襄助李瀚章调查审理滇案，光绪帝朱批允准。[③] 九月十一日，光绪帝就外国人入内地游历一事发布上谕：“洋人入内地游历，各国条约内均经载明……嗣后各省督抚务当通饬所属地方官，细核条约本意，遇有各国执持护照之人入境，必须照约妥为分别办理，以安中外而杜衅端。”[④]十月十六、二十三日（11 月 13、20 日），李瀚章与薛焕先后抵达云南，随会同岑毓英展开调查讯问。十一月十二日（12 月 9 日），李瀚章等奏查明马嘉理被杀大概情形：“由滇至缅，中隔野人土司地界，该处向多匪徒句〔拘〕抢。其时腾越绅民闻洋人带有洋兵多名，将入关内，是以集团自卫。马嘉理由滇赴缅，执有护照，沿途地方妥为护送无误。嗣由缅回滇，未经知会地方官派人迎护，以致不法匪徒伺隙乘机劫杀。”[⑤]光绪帝闻奏，令将办理不善之吴启亮和失于觉察之蒋宗汉革职查办。

光绪二年二月十一日（1876 年 3 月 6 日），英公使馆秘书格维讷（T.G. Grosvenor）与领事馆职员达文坡特（A. Davenport）、倍柏尔（E.C. Baber）抵达云南。二十五日（3 月 20 日），李瀚章等进行了一次公开审讯，格维讷等从旁观审。而实际上，案件审理此时已经基本结束。李瀚章等随奏报马嘉理案详细经过：“马嘉理于同治十三年十一月到滇，先经兼署云南督臣岑毓英遵照总理衙门文函饬属妥护，已革腾越总兵蒋宗汉、已革腾越同知吴启亮奉文后，商派都司徐成林迎护到腾会晤款洽，仍派兵役护送出境……此马嘉理初次过腾平安出境之情形也。马嘉理由腾赴缅境新街后与柏郎会合，初

① （清）岑毓英：《岑襄勤公（毓英）遗集》卷一二，第 37、40 页；《清季外交史料》卷三，第 20～21 页，卷四，第 4～5 页。

② 《清季外交史料》卷四，第 4～5 页。

③ 《李鸿章全集》第 6 册，第 370 页。

④ 《光绪宣统两朝上谕档》第 1 册，第 768 条，第 254 页；《清德宗实录》卷一七，光绪元年九月甲辰，第 52 册，第 283 页。

⑤ 《清德宗实录》卷二一，光绪元年十一月乙巳，第 52 册，第 332～333 页；《清季外交史料》卷四，第 13～14 页。

拟由拱硐、南坎入滇之永昌府一路行走，迨至拱硐，被驮货野人损坏行李，复折回新野，改由蛮谟前进，于光绪元年正月十三日行抵南平河，有路人告知护送英员之缅官，谓户送河有匪徒拦路，柏郎惑之。马嘉理以途皆已经，径自进发。十五日住宿蛮允之缅佛寺，次日意欲往迎柏郎，行到户送河，即遇久惯路劫之山匪而通凹、腊都等，纠约同伙，附以逃回地匪约百人，向索过山礼。马嘉理开枪毙其伙匪一名，匪众一齐上前，将马嘉理及其宾从四人一并杀害，劫去随行马匹、什物，及缅佛寺内行李，看守之汉人一名当即逃去。此马嘉理在户送河被戕之情形也。"[①]

案件审理结束后，光绪帝命李鸿章与英使威妥玛会商善后，[②]而实际上，总理衙门此前已与威妥玛多次辩论。六月二十九日，李鸿章自天津抵烟台，威妥玛先已抵达。自七月初三日起，李鸿章与威妥玛多次晤商。至二十六日(1876 年 9 月 13 日)，在烟台订立《烟台条约》，条约共有三端 16 款，并附"另议专条"。第一端，昭雪滇案；第二端，优待往来各节，此端即指驻京大臣等及各口领事官等与中国官员彼此往来之礼以及两国审办案件各官交涉事宜；第三端，通商事务。其中规定："所有滇省边界与缅甸地方来往通商一节，应如何明定章程，于滇案议结折内，一并请旨饬下云南督、抚，俟英国所派官员赴滇后，即选派妥干大员，会同妥为商订。"另"自英历来年正月初一日，即光绪二年十一月十七日起，定以五年为限，由英国选派官员在于滇省大理府或他处相宜地方一区驻寓，察看通商情形，俾商定章程得有把握；并于关系英国官民一切事宜，由此项官员与该省官员随时商办。或五年之内或俟期满之时，由英国斟酌订期，开办通商。至去年所议由印度派员赴滇，曾经发给护照，应仍由印度节度大臣随时定夺，派员妥办"。另议专条规定："现因英国酌议，约在明年派员，由中国京师启行，前往遍历甘肃、青海一带地方，或由内地四川等处入藏，以抵印度，为探访路程之意，所有应发护照，并知会各处地方大吏暨驻藏大臣公文，届时当由总理衙门察酌情形，妥当办给。倘若所派之员不由此路行走，另由印度与西藏交界地方派员前往，俟中国接准英国大臣知会后，即行文驻藏大臣，查度情形，派员妥为照料，并由总理衙门发给护照，以免阻碍。"[③]中英《烟台条约》实际是按英国政府意图了结滇案，英国借此实现了扩大在华通商特权的愿望，也得到了侵入中国西南边

① 《清季外交史料》卷五，第 22～26 页。

② 《李鸿章全集》第 7 册，第 104 页。

③ 参见附录二　中英《烟台条约》(1876 年 9 月 13 日)。

疆的所谓“条约权利”。

七月三十日，光绪帝就马嘉理事件善后事宜发布上谕：“除署腾越镇总兵蒋宗汉、腾越厅同知吴启亮业经革职毋庸议外，已革都司李珍国及匪犯而通凹、腊都等十一名应得罪名均着加恩宽免……嗣后各直省督抚当懔遵上年九月十一日谕旨，严饬所属，凡遇各国执有护照之人往来内地，务须照约相待，妥为保护。如有违约侵凌伤害情事，即惟该省大小官吏是问。并着总理各国事务衙门拟定告示，咨行各省遵照办理。各该地方官均宜讲求条约，以期中外相安。倘有外国官民被戕，迅即查拿正凶，勒限办结，不得任意迁延，致干咎戾。马嘉理一案现已办结，云南边界通商事宜，俟英国派员到时，即着云贵总督、云南巡抚选派妥干大员前往该省边界查看情形，商订章程，随时奏明办理。”①

马嘉理事件后，英国探寻滇缅商路的努力并未停止。1882 年，曾在英印政府任职的英国人葛洪(Archibald R. Colquhoun，又译柯乐洪)进行了一次从广州到曼德勒的旅行，②他提出一条与斯普莱路线平行但更向东去的路线，这条路线不从仰光而从马达班(马都八)开始，经清迈、掸邦、江洪到思茅。另外，葛洪还提出另外一条从曼谷到清迈的路线。1885 年，葛洪回到英国，力劝各商会支持他提出修建的通往中国西南部的铁路。葛洪宣称：“缅甸的重要还不在于它本身的贸易，更重要的是‘它构成我们通往中国的大路的一部分’，中国才是我们将来的真正的市场。唯一解决的办法就是合并上缅甸作为取得那条大路的第一步。”在葛洪的宣传下，曼彻斯特、伦敦、利物浦、格拉斯哥、仰光各商会纷纷提出重新开辟通过上缅甸往云南的贸易路线，“必要时合并上缅甸”③。在此背景下，1885 年英国发动了第三次英缅战争，并于 1886 年 1 月 1 日宣布吞并上缅甸。

第三节　中英《缅甸条款》的签订与清缅封贡关系结束

英人占领下缅甸，清政府事后方知。而英人图占上缅甸，清政府先有警

---

① 《光绪宣统两朝上谕档》第 2 册，第 685 条，第 272～273 页；《清德宗实录》卷三七，光绪二年七月戊子，第 52 册，第 535～536 页。

② 葛洪著有《通过华南边疆从广州到曼德勒旅行记事》(*Across Chrysê: Being the Narrative of a Journey of Exploration through the South China Border Lands from Canton to Mandalay*, London: Sampson Low, 1883)。

③ 〔英〕伯尔考维茨：《中国通与英国外交部》，第 186、189 页。

觉。较早意识到英国图占上缅甸的有唐炯、陈金钟、郑观应、曾纪泽等人。光绪十年(1884)三月,缅甸猛拱爆发民众起义,云南巡抚唐炯向光绪帝奏报:“缅甸猛拱夷官苛虐,激生民变,该国主派兵往剿失利,以致骂汤、瑞沽、海弄、新店、蛮幕(暮)等处夷匪乘乱蜂起,新街势甚危急……新街为自缅入滇大路,商贾聚集之区,英人垂涎已久,倘缅甸国不能将土匪即时扑灭,窃恐英人乘乱占据新街,勾结夷匪,则永昌、腾越、龙凌(陵)沿边一带均属可虞,亟须先事预防。”[①]光绪帝闻奏,命署云南巡抚张凯嵩严饬沿边地方官督带兵勇实力防御,择要扼守,密速筹防。[②] 至五月,缅甸民变平息,光绪帝仍令沿边地方官组织民练,严加防范。[③] 六月,郑观应到南洋考察,与新加坡招商局总办陈金钟谈论时事。陈金钟谈及缅甸被英国侵占之危险:“缅君无道,杀戮兄弟,前王子奔入印度,英人畜之,将欲效秦伯纳公子重耳故事,则缅全国皆归英辖矣。缅君深患之,近已召法人立约通商,借以牵制英人。而条约所立,法人拟由河内开铁路直走阿瓦都城。夫一英在缅,缅已不支,再加之以法,缅之亡在旦夕矣。缅亡,则中国云南恐不可收拾矣。”[④]对此郑观应表示同意。十二月,驻英公使曾纪泽致电总理衙门,言听闻有华人占据八募(按:即八莫),倘系云南地方官员派去,则应商诸英廷;倘系乱民,则应“招降该华人,用拓云界,据通海之江,以固圉而防患”[⑤]。对于曾纪泽的招降拓界建议,醇亲王奕譞等认为,“无论人才财力现办不到,即使如愿,乘彼乱而拓我界,名亦不正。拙见似宜迅由云抚一面查复,一面备边”[⑥]。光绪帝遂一面命岑毓英、张凯嵩详查具奏,并督饬沿边地方文武严密筹防;一面令电告曾纪泽:朝廷不勤远略,并无派兵拓界之事,滇省亦未轻启边衅。[⑦] 光绪十一年(1885)正月,张凯嵩奏查明缅甸民乱已被平定,光绪帝再次强调:“滇省至缅,道路遥远,中隔野人,自不应轻率进兵。该抚务当督饬镇厅,随时侦探严

---

① 《清季外交史料》卷四〇,第1~2页。

② 《清德宗实录》卷一八〇,光绪十年三月辛卯,第54册,第503页。

③ 《清德宗实录》卷一八三,光绪十年五月丁丑,第54册,第557页。

④ 夏东元编《郑观应集》上册,上海:上海人民出版社1982年版,第977页。

⑤ 《清德宗实录》卷一九九,光绪十年十二月甲申,第54册,第837页;电报档:《为早商英廷制止缅乱事》(光绪十年十二月十三日),档号:2-02-12-010-1122。

⑥ 故宫博物院文献馆编《文献丛编》第7辑《醇亲王奕譞致军机处尺牍》第14条,北京:故宫博物院文献馆1930~1931年。

⑦ 《清德宗实录》卷一九九,光绪十年十二月甲申,第54册,第838页;电报档:《奉旨著曾纪泽酬答英部朝廷岂有派兵拓界之事》(光绪十年十二月十四日),档号:1-01-12-010-0262。

防，妥慎办理，以固边圉。”①

九月十四日（10 月 21 日），曾纪泽再次致电总理衙门，提出英国图占上缅甸，清朝应在英国占领上缅甸之前，先与英国谈判取得八莫：“英久占南缅，今图其北，防法取也。泽意我宜自腾越西出数十里取八募，据怒江上游以通商，勿使英近我界。今英尚未取缅，倘能以口舌得八募尤佳。署意倘同，泽即开谈。”②十七日（10 月 24 日），光绪帝命电谕曾纪泽进行详查：“电奏已悉，英图北缅，有无规画进取显然布置情事，着将近所侦察详晰电闻，语勿太简。缅亦朝贡之邦，倘彼谋未定，遽与开谈，是启之也。所筹一节，候旨遵行，慎勿轻发。”③

就在光绪帝命曾纪泽详查英国图占上缅甸计划的同一天，李鸿章电告总理衙门称，接到伦敦发来电报，英国从印度孟买招兵运往缅甸，“该处预备兵事甚严”④。十八日（10 月 25 日），光绪帝闻报，意识到问题的紧迫性和严重性，一面下令岑毓英、张凯嵩查探英缅纠纷与边界形势：“昨接曾纪泽电称，英久占南缅，今图其北。本日复据李鸿章电奏，印度出示招人，运军往缅各等语。缅甸为朝贡之邦，与云南接壤，英人图其北鄙，不独属国受患，尤虑逼近吾圉，不可不预筹布置，为未雨绸缪之计。着岑毓英、张凯嵩派委妥员，不动声色，密探英缅近日详细情形，赶紧驰奏，一面相机筹措，固我边陲，勿得稍涉张惶。至滇省与缅甸交界各要隘，系何地名，里数若干，暨八募究竟坐落何处，是否即系新街，并着该督抚先行确查奏闻，随即详晰绘图贴说呈览。”⑤另一面又令电谕曾纪泽：“英之图缅，端倪已露。该大臣熟悉英国情势，务当竭力辨阻，抑或另筹办法，勿失机宜。”⑥是为清政府正式下令就英占缅甸问题同英国进行交涉。

这一时期中英两国围绕英占缅甸问题的交涉可以分为三个阶段。第一阶段为驻英公使曾纪泽与以沙里士伯为部长的英外交部谈判阶段。九月二

---

① 《清德宗实录》卷二〇二，光绪十一年正月庚午，第 54 册，第 878～879 页。

② 电报档：《为争取八募地方事》（光绪十一年九月十四日），档号：2-02-12-011-0664；《清季外交史料》卷六一，第 16 页。

③ 《清德宗实录》卷二一六，光绪十一年九月壬子，第 54 册，第 1034 页；电报档：《奉旨悉英图北缅著将近侦情形电闻事》（光绪十一年九月十七日），档号：1-01-12-011-0134。

④ 《李鸿章全集》第 21 册，第 597 页；《清季外交史料》卷六一，第 17 页。

⑤ 《清德宗实录》卷二一六，光绪十一年九月癸丑，第 54 册，第 1035 页。

⑥ 《清德宗实录》卷二一六，光绪十一年九月癸丑，第 54 册，第 1035 页；电报档：《奉旨印度出示招人运军往缅著李鸿章力辨阻抑事》（光绪十一年九月十八日），档号：1-01-12-011-0136。

十一日(10月28日),曾纪泽电告总理衙门关于英缅构衅之原因,系"缅官判英木商歇业,否则罚洋百万元",又问及"辨阻"时应否提及属国之事:"英于此事,各党同心,似难辨阻。辨时应否提明属国,乞示。缅之贡期疏于越,不提属国,我之进退裕如;提属国则须争,争不得而听客所为,似损国体,强争又蹈越辙,乞酌。"[①]二十三日(10月30日),光绪帝命电告曾纪泽:"缅英衅端各情均悉。前因未悉起衅之由,自难空言劝阻。今知缅判英木商歇业,因此生隙,尚非不可解释之事。着曾纪泽向英外部告以缅系朝贡之国,中华与英友谊相关,尽可设法调处,令滇督等派员向缅开导,改判谢过,以息兵端。且看该外部若何答复,倘彼万难转圜,迅即电闻,另筹办法。"[②]据此,曾纪泽向英外交部提出缅甸为清朝属国,希望能够由清朝出面调解解决英缅纠纷。

然而,英国要开战,清人奈若何。面对曾纪泽提出的属国问题和调解建议,英外交部迟至十月二十一日(11月27日)才回复:"缅之贡华,前此不知,华允调停,英甚感谢。然调停仅暂安,英现欲靖暴乱,俟办毕再与华商善后之政。"[③]为何英外交部称不知道缅甸朝贡之事?因为英外交部依据的是早期英国人对缅中关系的记述,认为缅甸"向中国进贡并无记录,中国与缅甸于1769年12月13日所立条约,仅规定每隔十年得交换金字的亲善文书,见1837年亚洲文会会刊(Royal Asiatic Society Journal)及安德森云南西部探险记(Anderson's Expedition to Western Yunnan)"[④]。然而,已在中国海关总税务司任职多年的赫德对此事更为清楚,他指出:"一世纪以来,缅甸每十年进贡,也是确凿事实,并有不容否认的公私记录";缅甸"如继续进贡,中国将不出面干涉","不继续进贡,中国就将干涉"。显然,赫德是主张保留缅甸对中国"朝贡"的,因为保留缅甸"朝贡",英国可以"取得实利,让出虚名,

---

① 《李鸿章全集》第21册,第600页。

② 《清德宗实录》卷二一六,光绪十一年九月戊午,第54册,第1039页。

③ 《李鸿章全集》第21册,第613页。《清季外交史料》(卷六一,第36页)记时间为十月十二日。

④ 《中国海关与缅藏问题》,第33页。按:此处提到的"亚洲文会会刊"是指亨利·伯尼(Henry Burney)发表在1837年《孟加拉亚洲学会会刊》(*Journal of the Asiatic Society of Bengal*)第62、66、67卷上的文章《缅甸文献关于缅中战争及阿瓦王三次遣使北京记录》("Some Account of the Wars between Burmah and China, Together with the Journals and Routes of Three Different Embassies Sent to Pekin by the King of Ava; Taken from Burmese Documents"),该文记载了1769年中缅《老官屯协议》的英译本,参见本书第三章有关论述。"安德森云南西部探险记"是指约翰·安德森(John Anderson)的著作《经八莫到滇西探险报告》(*A Report on the Expedition to Western Yunnan via Bhamo*, *Calcutta*: *Office of the Superintendent of Government Printing*, 1871),该书第31页转引了亨利·伯尼关于《老官屯协议》的英译本。

并保持中国的友谊。虚名无损于实利,而实利能左右虚名”。赫德还提出,因为缅甸“朝贡”清朝与英国“吞并”缅甸互相排斥,将来中英签订关于缅甸的条约时,“文内可不用‘吞并’、‘进贡’等字样,至进贡之事,可用其他足使中国满意而无碍于英国的词句”[①]。事实证明,后来的中英缅甸谈判以及《缅甸条款》的内容基本是照此意见进行的,但在实践中英政府实施的是先军事占领上缅甸,再与清朝进行谈判。

十月二十六日(12月2日),英人占领缅都曼德勒的第四天,曾纪泽致电总理衙门,建议要求英国将八募(又作八幕,即八莫)让为中国商埠:“请英以八募为我之商埠,彼灭缅,我占八募,彼保护缅,我保八募。倘英不允,我即具牍,云英占我朝贡之邦,我甚惜之,但不欲失和,俟后再论云,即前数年函电所云普鲁太司特法也。彼平缅而我不认,不与议云南商务,彼惧有后患,或易就范。俟示乃开谈。”[②]二十九日(12月5日),光绪帝命电告曾纪泽,谈判须以保存缅祀为第一要义:“此时宜先照会外部,云缅无礼已甚,伐之固当,但究系中国贡邦,此后英拟如何善全,看作何答复。至开谈,须以勿阻朝贡为第一要义,但使缅祀勿绝,朝贡如故,于中国便无失体。八募通商,宜作第二步办法。”[③]十一月初七日,曾纪泽照会英外交部,要求就缅甸善后事宜“早定一日,以便彼此商议,各陈意见”[④]。时英国提出由英印专使赴北京商议缅事,总理衙门拒绝,谈判遂在伦敦进行。为说明缅甸的朝贡地位,十一月十八日(12月23日),曾纪泽致电总理衙门,询问乾隆帝赐缅王金印之式样、年月、印文。[⑤] 二十日(12月25日),总理衙门电复:“缅王印,乾隆五十五年颁给,系清汉文尚方大篆,银质,饰金驼纽,平台方三寸五分,厚一寸,其文曰:阿瓦缅甸国王之印。”[⑥]二十一日,曾纪泽电请总理衙门将缅甸朝贡之时间、贡使等多查确证,以便与英方代表辩论。[⑦] 二十四日(12月29日),曾纪

---

① 《中国海关与缅藏问题》,第35～37页。

② 电报档:《为与英开谈八募归华事》(光绪十一年十月二十六日),档号:2-02-12-011-0706;《清季外交史料》卷六一,第37页。按:普鲁太司特,乃英文 protest 音译,为抗议之意。

③ 《李鸿章全集》第21册,第616页。《清季外交史料》(卷六二,第27页)记时间为十一月十一日。

④ 英国外交部档案,FO17/1000,曾纪泽致沙里士伯照会,光绪十一年十一月初七日,英国公共档案馆藏,未刊。

⑤ 电报档:《为查示乾隆朝赏赐缅王金印事》(光绪十一年十一月十八日),档号:2-02-12-011-0753。《清季外交史料》(卷六二,第29页)记时间为十一月十六日。

⑥ 电报档:《为电复乾隆颁给缅王金印事》(光绪十一年十一月二十日),档号:2-02-12-011-0756;《清季外交史料》卷六二,第30页。

⑦ 《李鸿章全集》第21册,第633页。

泽又致电总理衙门，言英国代表提出，“缅事须谨慎，除废缅今王外，他事难遽定。请华举出上邦证据，并陈华予缅之权利，以便熟商”。光绪帝命电告曾纪泽：“缅十年一贡，载在《会典》，光绪元年以前无爽期，此属国确据。缅以西南地让英，未告中国，近复文不提中国，实自外拼檬。目前阻英、责缅两难措手，英允商善后，是否意在八幕通商，宜及时预筹。”①

二十七日（1886年1月1日），即英政府宣布上缅甸为其领地的当天，总理衙门致函英驻华公使欧格讷指出：“缅为中国藩属，内附有年，所有该国表文，及中国所颁上谕与印模等件，自应钞送阅看，并希转致贵国执政，详察一切，方可商办善后事宜。”②次日（1月2日），曾纪泽咨文英外交部，“责其未与华议遽灭缅甸为食言”③。总理衙门又告诫欧格讷：“缅不可灭，应另立国王，照旧朝贡，即无损中国权利。”④时英国忧虑法国生事，不同意存续缅王。曾纪泽力争良久，英首相兼外交大臣沙里士伯乃同意另立缅王，“管教不管政，照旧贡献中国。英管缅政，以防外患”，且希望“英徇华请而立王，华于商务宜宽待英”⑤。十二月初九日（1月13日），曾纪泽电询总理衙门，倘允此办法，则以后专议界务商务，且以八莫事归界务办。初十日，总理衙门回电指示：“缅祀不绝，贡献如故，界务又可开拓，得旨照办。惟缅另立何人为王，宜先告中国，允后再定，尤为得体。摄政则听英、缅自定，我不与闻。彼云商务宜宽待，须防要挟地步。英括全缅，得利已厚，立王留贡，虚文不足抵，八募展界，正可借此立说，须坚持防他索。”⑥经商议，沙里士伯同意选立缅王须先告中国允准后再定，并照前进献，又同意潞江以东地咸归中国，只有册封入贡字样及八莫问题尚未定议。⑦ 总的来看，这一阶段的交涉谈判较为顺利，中英双方除个别问题外基本达成一致意见。

然而，就在此时，沙里士伯内阁因选举失败辞职，谈判暂告中断。迨格

① 《清季外交史料》卷六二，第31～32页。

② 总理各国事务衙门档案：《抄送缅甸国王表文及上谕印模等件由》（光绪十一年十一月二十七日），馆藏号：01-23-004-01-041。

③ 电报档：《为咨英食言未与华议缅甸事》（光绪十一年十一月二十八日），档号：2-02-12-011-0780；《清季外交史料》卷六二，第35页。

④ 《李鸿章全集》第21册，第644页。

⑤ 《李鸿章全集》第21册，第644～645页。

⑥ 电报档：《为向英索取八募地方事》（光绪十一年十二月初十日），档号：2-02-12-011-0791；《李鸿章全集》第21册，第645页；《清季外交史料》卷六二，第44页。

⑦ 电报档：《为近商缅甸事务情形等事》（光绪十一年十二月二十六日），档号：2-02-12-011-0813；《李鸿章全集》第21册，第653页；《清季外交史料》卷六二，第58页。

兰斯顿(Gladstone)上台组阁[1],谈判重启进入第二阶段,是为曾纪泽与以劳思伯里(Rosebery)为部长的英新外交部谈判阶段。这一阶段,格氏不但推翻沙氏所允,反而提出两点要求:“一、云督、缅督十年互送礼。一、清帝、英后十年遣使互送礼。”曾纪泽皆拒之,力争多次,英人不松口。光绪十二年二月初二日(1886年3月7日),曾纪泽拟刚、柔二策电奏总理衙门请示:“刚则咨云,英灭吾朝贡之国,又所商善后,不叶(协)吾意。吾以友谊为重,不欲失和,然当暂断商议界,姑照各国所绘中缅界图分管。如此是拒其陆路通商之请,故谓之刚。柔则允其两督互送礼之说,缅前贡华者,改由缅督送云转呈。华赐缅者,改交云督抚送缅督。界则潞江东仍归华,八莫有华租界,且可设税关。如此稍柔,然可即了。”[2]初四日,总理衙门回电否定曾纪泽提出的策略,并指示暂时搁置朝贡之议而专议划界、通商二事:“所拟缅事刚柔两法,中缅自有定界,未可以洋图为据,致他处分界又开歧出之门。烟台旧约大理已有专条,安能拒其陆路通商。既无贡献之名,彼此送礼亦嫌蛇足。以上二策,均勿庸议。此时立王朝贡前议空言争执,恐徒费词,应暂置勿提,先与专议伊江划界、八莫通商两事。”[3]初九日,曾纪泽再次电奏请示:“允论界务、商务,是认英灭缅之理。不于同时论贡务,则以后似难再论。倘办到缅督每十年照缅王旧例遣使呈仪,而我仍不遣使,可迁就了结否。”[4]初十日,总理衙门回电:“允论界务、商务既为认英灭缅,即办到遣使呈仪何独不然。况与缅督往来尤失国体,断不可行。前谕本以存缅为正办,而以该大臣八莫通商原议为第二步,此时仍宜坚守存祀前说,与之始终力争。纵争之不得,尚可留待异日也。”[5]由此,清廷和曾纪泽达成一致意见:继续与英外交部谈判

---

① 按:1885~1886年,英国内阁曾三次更换。1885年6月,自由党的格兰斯顿内阁因英国在苏丹的军事失败和爱尔兰自治运动引起国会危机而辞职。保守党组阁,由沙里士伯任首相兼外长。1886年1月,保守党在选举中失败,沙里士伯内阁辞职,自由党重新执政,格兰斯顿任首相,劳思伯里任外长。时过半年,又因在选举中不能获得多数而辞职,沙里士伯再度任首相,外长一职初由音德思理担任,后由沙里士伯自兼。

② 《李鸿章全集》第22册,第28页;《清季外交史料》卷六四,第7~8页。

③ 《李鸿章全集》第22册,第30页;《清德宗实录》卷二二四,光绪十二年二月戊辰,第55册,第18~19页。

④ 电报档:《为缅甸事》(光绪十二年二月初九日),档号:2-02-12-012-0058;《李鸿章全集》第22册,第31页;《清季外交史料》卷六四,第13页。

⑤ 电报档:《奉旨著以存缅为正办八莫通商仍宜坚守事》(光绪十二年二月初十日),档号:1-01-12-012-0012;《李鸿章全集》第22册,第31页;《清德宗实录》卷二二四,光绪十二年二月壬申,第55册,第22页。

缅甸存祀问题。十一日，云贵总督岑毓英电告总理衙门，潞江在澜沧之西，云南腾越、龙陵各厅及八关、九隘、野人山均在潞江之西，所以曾纪泽前议潞江以东地咸归中国之事，断不可许。总理衙门立即将此电转告曾纪泽，并强调“现所争固不在此，然此节所关甚重，将来如议及，切勿误”①。

二月十二日（3 月 17 日），曾纪泽与英外交官克蕾议论缅甸存祀问题。克蕾怒云：“英据缅本可不商中国，中国不允缅督呈仪，一切事可停商。”曾纪泽将此电告总理衙门，并解释前电潞江以东地归中国，系指潞江下游已入缅境者，而非境内之潞江上游也。② 十三日，光绪帝令总理衙门电告曾纪泽：“英外部前与曾纪泽所议存缅立王各节，不特与中华字小之义吻合，即环海各国亦无訾议。现因外部换人，忽然翻复，殊出意外。中华所重，在乎不灭人国，贡与不贡，无足重轻。着曾纪泽再为辩论，详述恃德、恃力之道，并责义始利终之非。”③是为光绪帝再次强调缅甸存祀问题之重要性。然而，至三月十五日（4 月 18 日），英外交部仍坚持每十年由缅督备前缅王应贡之物，派缅员呈进；另外，八莫不允许归清朝，但答允于大盈江北割让一股。④ 二十一日，新任出使英国俄国大臣刘瑞芬已到马赛，光绪帝命总理衙门电告曾纪泽回京，并以“存缅英既未允，所商分界各节，关系綦重，俟曾纪泽到京后面加垂询，再行定议”⑤。随着曾纪泽奉调回国，谈判交涉第二阶段结束。

曾纪泽回国后，中英缅甸问题谈判也改在北京由总理衙门与英驻华公使继续进行，是为中英谈判交涉第三阶段。英驻华公使提出，缅甸前与法国立有条约，今若另立缅王，则法约不能废弃，诸多牵制，愿照缅甸旧例，每届十年由缅甸总督派员赴华，并请勘定滇缅边界，设关通商。时因缅甸全境已为英国所占，英人又据《烟台条约》另议专条关于英人可以前往游历甘肃、青海一带地方，或由内地四川等处入藏以抵印度，并由总理衙门发给护照之规定，要求派遣马科蕾入藏进行商务调查，并派马科蕾到北京申请办理护照。清廷认为，“英人方谋入藏，恐致别起事端，为患尤重，因就其来议缅事，先杜其入藏之请，两相抵制”。经反复辩论，英驻华公使乃同意停止入藏，只求在

---

① 《李鸿章全集》第 22 册，第 32 页。

② 《李鸿章全集》第 22 册，第 32 页；《清季外交史料》卷六四，第 14 页。

③ 电报档：《奉旨曾纪泽著再为辩论存立缅王事》（光绪十二年二月十三日），档号：1-01-12-012-0015；《清德宗实录》卷二二四，光绪十二年二月丁丑，第 55 册，第 24 页。

④ 《李鸿章全集》第 22 册，第 39 页；《清季外交史料》卷六五，第 2 页。

⑤ 《交卸英国事务疏》，（清）曾纪泽：《曾纪泽集》，喻岳衡校点，长沙：岳麓书社 2008 年版，第 95 页；《清德宗实录》卷二二五，光绪十二年三月癸丑，第 55 册，第 43 页。

藏印边界通商。总理衙门又以缅甸总督派员赴华,并未明言"贡献",语涉含糊。英驻华公使称"若言贡献,有失彼国之体"。经反复商议,乃添入"呈进方物,循例举行"之语。至于滇缅边境通商,英人谓《烟台条约》已有滇省边界与缅甸地方来往通商一节派员会同商定之文,总理衙门以"滇边通商终难拒绝",乃表示同意。[①]

就这样,从光绪十一年九月十八日清政府下令就英占缅甸问题同英国进行谈判开始,经过大半年的交涉,至十二年六月二十三日(1886年7月24日),庆亲王奕劻与前英驻华公使欧格讷在北京签订《缅甸条款》。条约内容主要为:(1)缅甸向例十年呈进方物,缅督派员循例举行;(2)英在缅甸政权,悉听其便;(3)中缅边界勘定,另立通商专章;(4)英允停止入藏之图。察看藏印边界,如可通商,再议章程;倘多窒碍,英不催问;(5)此约先在中国画押,候批准在英京互换。[②] 十三年八月二十五日(1887年10月11日),中英《缅甸条款》在伦敦交换批准。《缅甸条款》规定清朝承认英国在缅甸的政权,标志着清朝承认英国对缅甸的占领;规定缅甸每十年向清朝"派员呈进方物",而不是"遣使朝贡",标志着清朝与缅甸存续近百年的封贡关系告以终结;规定中英两国继续谈判决定滇缅边界、通商等问题,则开启了以后数年间的中英滇缅界务、商务等问题交涉。

从《缅甸条款》的签订过程看,清政府认为首要的是维护与缅甸的封贡关系,其次才是滇缅界务商务问题,英政府看重的则是已经寻求了半个多世纪的与中国西南地区的通商贸易。清政府虽然意识到缅甸存亡对中国西南边疆的严重影响,但在外交谈判时却将缅甸继续朝贡放在首位,这种只求虚名的策略最后的结果只能是讽刺性的。

第四节 清朝对缅甸民众抗英斗争的态度

英国占领缅甸后,缅甸国内抗英势力继续斗争,反对英国占领,并多次向清朝求助。对此,云南地方官始终密切关注,但清朝中央政府则数次强调只能通过外交谈判解决英缅纠纷。

---

① 总理各国事务衙门档案:《具奏与英使议定条约由》(光绪十二年六月十六日),馆藏号:01-23-004-02-034;《清季外交史料》卷六七,第24~27页。

② 《李鸿章全集》第22册,第72页。《缅甸条款》具体内容见附录三 中英《缅甸条款》(1886年7月24日)。

第三次英缅战争爆发前，由于英缅形势紧张，光绪帝于光绪十一年(1885)九月十八日谕令云贵总督岑毓英和云南巡抚张凯嵩“派委妥员，不动声色，密探英缅近日详细情形，赶紧驰奏”。岑毓英接到谕旨后，即派副将袁善与李文秀前往缅甸新街等处密探形势，并“拟由省至楚雄、大理、永昌各府，节节安设台站，直至腾越，又由腾越安设台站，直至新街，以速文报”[①]。十一月二十六日(12月31日)，英人已入据缅都，岑毓英奏：“缅北惶乱，商信罕通，前派副将袁善、李文秀往探，计期尚未能达，既据电称英已入踞缅都，该副将等未便令其前往，恐生疑衅，当即飞檄该副将袁善、李文秀折回，另派与缅地熟习之腾越举人张成濂前往密探。”[②]十二月初十日(1886年1月14日)，英官阿太杂遣缅人赍投缅文书信一封到腾越，信件大致意思为，英国已据缅甸，华商等仍应照常往缅贸易，并据缅人面称：“奉新街缅官密心蕴直岛密嘱转禀，英人贪得无厌，吞噬缅国，缅官等强弱不敌，只得诈降，近日猛拱蕴及瑞波、稔祚各土司兴兵图复，英人分兵防堵……倘蒙天朝垂悯属国，兴师问罪，大兵到境，缅官当先献新街。”同时，在缅甸坐探的举人张成濂也报告岑毓英说：“探得瓦城各处英兵屡被缅人诱杀，由缅都至新街，缅官与猛拱蕴、稔祚各土司联成一气，均已叛英，英人首尾难顾。其现扎新街英兵五百人，英人只有百人，余皆印度及土夫之人。”[③]二十八日(2月1日)，缅甸土司稔祚坐把派4人到腾越投送缅文书信，信中称“缅受英人欺给，缅王被虏，坐把等不忍坐视，现已纠合十九缪，聚兵二万，与英人拒战，惟恐力不能支，恳乞奏请圣主发兵救援，诸事愿听指挥”。稔祚土司还预备礼物象15只、马15匹、金碗30个、镶宝灰盒30个、偶盒30个、象牙30只，“交付直也已解送，乃因英船阻路，不能前进，恳请派员前来接取”。对于稔祚土司的求助，岑毓英认为，清朝已令曾纪泽与英外交部交涉，“事局尚未有定，未便遽即加兵，该缅国求兵救援之处，似难照准所请”。至于该国所备贡物，因道路梗阻不能送达，“中国亦未便派员前往接取”。[④] 对于岑毓英的意见，

① 总理各国事务衙门档案：《委员赴缅探情形并拟安台站一片抄稿咨呈由》(光绪十一年十一月初七日)，馆藏号：01-23-004-01-031。

② (清)岑毓英：《岑襄勤公(毓英)遗集》卷二五，第34页。

③ 总理各国事务衙门档案：《具奏缅甸边务情形由》(光绪十二年二月初三日)，馆藏号：01-23-004-02-004；(清)岑毓英：《岑襄勤公(毓英)遗集》卷二五，第43～44页。

④ 总理各国事务衙门档案：《具奏据边报缅人投文内称备贡求援各情照译缮单密陈由》(光绪十二年二月二十四日)，馆藏号：01-23-004-02-011；(清)岑毓英：《岑襄勤公(毓英)遗集》卷二五，第49～50页。

光绪帝表示同意:“缅事经曾纪泽与英外部辩论,尚未定议。修贡一节,着俟定议后听候谕旨。”[①]

此后,云南地方政府一直关注缅甸境内局势,岑毓英和云南巡抚张凯嵩也多次接到缅甸国内抗英势力的求助申请。光绪十二年(1886)五月初一日,张凯嵩奏问是否可以密令腾越镇厅助缅军火,光绪帝认为此举非但于事无益,且恐别启衅端,下令张凯嵩唯当严饬各路防军认真巡守,慎勿轻率从事,致滋后患。[②] 二十八日,岑毓英又奏,缅甸土司稳祚坐把等于四月初二日派来阿麻已、发生弄等 10 人投递禀函,内称:“前曾两次专人前赴天朝,求发救兵,至今未蒙指示,实深焦急。兹特复遣阿麻已等再赴腾越,务恳转奏天朝大皇帝发兵救援,代为恢复,或恳求简派大臣前往英国调和,另立缅君管政,安抚百姓……如英国皆不应允,则唯有拼命一战,胜则或有转机,不胜则我等男女情愿投奔中华,永为子民,誓不受英人凌虐。”[③]光绪帝闻奏下谕:“缅甸为中国藩服,前既私与英人通商,被其占踞土地,历有年所。上年与英构衅,闻已遍行照会各国,并不陈奏告急,且值例应进贡之年,亦未按期纳贡,实属自外生成。朝廷轸念藩邦,叠经谕令曾纪泽与英辩论,尚无成说。即如另立缅王管教不管政一节,英国亦未允从。仍俟将来如何议定,再降谕旨,断不能仅据该土司禀词轻开边衅。以上各节,岑毓英当详慎体察。至该土司等若再来请示,即谕以现在中国与英人尚未定议,毋庸渎诉也。”[④]

六月,中英《缅甸条款》签订,清朝政府承认英国对缅甸的占领。七月,岑毓英、张凯嵩会奏,木邦土司钟文源于四月二十三日由猛卯前来呈请内附,“据称该土司曾属中华,沦陷于缅,所管四十九猛,每猛烟户二三千家,按户挑派壮丁,可得众万余。缅国无主,决计来投。如蒙中华收恤,自当效力边陲”[⑤]。光绪帝闻奏,再次下谕强调:“现已饬总理各国事务衙门与英使订立新约,断无为一二土司另生枝节之理。而目前英尚未能定缅,滇缅之界务、商务,议办亦尚需时。嗣后缅人再有吁请如上项情事,该督等惟有凛遵前旨,谕以中英和好有年,不肯轻开边衅。现因缅事商酌善后事宜,尚未定

① 《清德宗实录》卷二二四,光绪十二年二月戊子,第 55 册,第 31 页。

② 《清德宗实录》卷二二八,光绪十二年五月癸巳,第 55 册,第 71～72 页。

③ 总理各国事务衙门档案:《会奏缅甸土司祈奏请救援一折抄稿咨呈由》(光绪十二年五月二十八日),馆藏号:01-23-004-02-030;(清)岑毓英:《岑襄勤公(毓英)遗集》卷二六,第 32～35 页。

④ 《清德宗实录》卷二二八,光绪十二年五月辛酉,第 55 册,第 83 页。

⑤ 总理各国事务衙门档案:《具奏英缅停战土司乞内附情形一折抄稿咨呈由》(光绪十二年七月初一日),馆藏号:01-23-004-02-036;(清)岑毓英:《岑襄勤公(毓英)遗集》卷二六,第 39～40 页。

议,该土司等勿得渎陈。”[①]不难看出,清政府对缅甸国内抗英斗争采取了不予支持的态度,只是强调要通过外交谈判方式解决缅甸问题。

此后,缅甸国内的抗英斗争仍在继续。光绪十三年(1887)九月,有缅王之弟召猛萨乃卡遣使列谬猛劳觉告及洛觉叭目坑抵达猛罕,并有缅僧十拉夺竜等携带缅文书信到达思茅,据该使等呈投书信中称:“缅王幼子召烈坎猛萨年十余岁,逃驻孟艮。孟艮户口虽五万余家,洋兵甚众,恐难抵敌。现在洋兵已逼扎猛乃,距孟艮十六站,势甚危急,特遣伊等请兵求救。”接到缅使求救,岑毓英以“召猛萨乃卡系缅王之弟,径自表陈,请发救兵,似不合体制,碍难代奏”,予以拒绝。[②] 光绪十六年(1890),曼同王之孙色佳洞避难进入云南,云南地方官将其安顿在南甸。据色佳洞称:“大约缅甸英兵全数不满三千,缅国臣民阳附于英,阴谋举义。缅国土官密遣人前来省视色佳洞,馈送牲畜器用等物,意欲拥戴色佳洞以图恢复。”色佳洞提出,自己能够筹备兵饷,但军装已被英人收去,希望从中国采买军装。对此请求,云南省地方官予以拒绝。[③] 由于英国殖民者的强大军事力量,也由于缅甸民族上层的妥协、屈服和投降,到1895年前后,上缅甸各地的抗英斗争先后失败,英国也基本稳固了在整个缅甸的殖民统治。

---

① 《清德宗实录》卷二三〇,光绪十二年七月甲午,第55册,第99页。

② 总理各国事务衙门档案:《缅甸王之弟请救兵将原表译汉文咨呈由》(光绪十三年十月二十八日),馆藏号:01-23-005-01-010。

③ (清)黄诚沅:《滇南界务陈牍》卷下,见方国瑜主编《云南史料丛刊》第10卷,第98～99页。

第七章 中英续议滇缅界务商务诸问题

光绪十二年(1886)中英《缅甸条款》第三条规定:"中、缅边界应由中、英两国派员会同勘定,其边界通商事宜亦应另立专章,彼此保护振兴。"条约签订后,中英两国围绕滇缅界务商务等问题,进行了长期复杂的谈判与交涉。在这些谈判和交涉的基础上,中缅两国边界大部分得以确定。

第一节 中英《续议滇缅界、商务条款》的签订

光绪十二年(1886)中英《缅甸条款》签订后,清朝总理衙门、边疆大臣及驻英公使刘瑞芬都没有意识到中国西南边疆的严峻形势,没有提出同英国进行滇缅边界谈判的要求,而英国则多次派员到滇缅边境察看形势,探询矿产,并有修筑铁路通接滇边之意。光绪十五年(1889)四月,清廷任命薛福成为出使英、法、义、比四国大臣。光绪十六年(1890)正月,薛福成乘坐法船"伊拉瓦第"号由上海出发赴欧洲就职。三月初四日,薛福成自巴黎来到伦敦,次日接收驻英使馆文案卷宗。[①] 五月十四日,薛福成翻阅使馆文案卷宗时,了解到光绪十一年(1885)冬曾纪泽与英外交部商议缅甸事宜时,英外交部曾称愿将潞江以东之南掌、掸人土地给中国,曾纪泽又曾向英外交部索八募(即八莫)之地,英外交部允将八募以东二三十里之旧八募城给中国,又允将大金沙江(伊洛瓦底江)作为"两国公共之江"[②]。同时,薛福成也得知英国正派员办理缅甸暹罗边界之事,又"英商有由缅甸创造铁路直达滇境之

① (清)薛福成:《薛福成日记》,蔡少卿整理,长春:吉林文史出版社2004年版,第536页。

② 《滇缅分界通商事宜疏》,见(清)薛福成《庸盦海外文编》卷一,续修四库全书第1562册,第19～20页;《薛福成日记》,第550页。

说”，因此十分忧虑，指出“若彼果开铁路直通滇境，似欲将前议所分之地括而有之”。在没有得到清政府指示与英国进行界务商务谈判的情况下，薛福成以使馆英文参赞马格里[①]系前随曾纪泽与英外交大臣克蕾面商之人，派马格里往英外交部询问，很快英外交部回复：“俟暹缅交界事办毕，然后再办滇缅交界事宜。”[②]光绪十七年（1891）正月二十五日，薛福成向光绪帝上《滇缅分界通商事宜疏》，密陈“缅甸分界通商事宜亟应预为筹备，不使英国独占先着，以免临时棘手”，疏奏指出：

> 英人所称愿让潞东之地，南北将及千里，东西亦五六百里。果能将南掌与掸人收为属国，或列为瓯脱之地，诚系绥边保小之良图。惟查南掌即老挝之转音，臣阅外洋最新图说，似老挝已归属暹罗，若徒受英人之虚惠，而终不能有其地，恐转为外人所窃笑。倘因此别生枝节，又非计之得者。盖南掌、掸人本各判为数小国，分附缅甸、暹罗，似宜查明南掌入暹罗之外是否尚有自立之国，以定受与不受。其向附缅甸之掸人地实大于南掌，稍能自立，且素服中国之化，若收为我属，则普洱、顺宁等府边徼皆可巩固矣。至曾纪泽所索八募之地，虽为英人所不肯舍，其曾经默许之旧八募者，亦可为通至大金沙江张本，若将来竟不与争，或争而不得，窃有五虑焉。夫天下事不进则退，从前展拓边界之论，非谓区区边界足增中国之大也。臣闻乾隆年间缅甸恃强不靖，吞灭滇边诸土司，腾越八关之外形势不全，西南一隅本多不甚清晰之界，若我不求展出，彼或反将勘入，一虑也；我不于边外稍留余地，彼必筑铁路直接滇边，一遇有事，动受要挟，二虑也；长江上源为小金沙江，小金沙江最上之源由藏入滇，距边甚近，洋图即谓之扬子江。我若进分大金沙江之利，尚可使彼离边稍远，万一仍守故界，则彼窥知江源伊迩，或浸图行船径入长江以争通商之利，三虑也；我稍展界，则通商在缅境。夫英人经营商埠最为长技，而我在彼设关收税，亦可与之俱旺。我不展界，则通商在滇境，将来彼且来择租界，设领事，地方诸务究不能不受牵制，四虑

① 按：马格里（H.MaCartney，1833～1806），又译马清臣、玛格理，早年学医，1858年爱丁堡大学毕业后派为军医至印度。第二次鸦片战争期间，马格里随军来中国，后调驻广州，复至上海。1862年辞职，加入美国人白齐文组织的洋枪队，助李鸿章攻太平天国。他在上海松江建立一个小型军械制造厂，后迁往苏州。1865年李鸿章命马格里将苏州军械厂移至南京。1875年10月由李鸿章推荐，充当郭嵩焘的译员随郭嵩焘赴英，此后即在中国驻英使馆30年，历充随员及参赞。

② 《咨总理衙门与英外部申明滇缅界务旧议》，见（清）薛福成辑《滇缅划界图说》，第17页。

也；我得大金沙江之利，则迤西一路之铜可由轮船遵海北上，运费当省倍蓰。否则，彼独据运货之利，既入滇境，窥知矿产之富，或且渐生狡谋，五虑也。凡此五虑，皆在意计之中。

可见，薛福成认为应当对潞江以东之地进行详细调查，并向英人争得八莫，否则会有“五虑”。由此，薛福成建议光绪帝一方面下令云贵总督王文韶“遴派妥员分途侦察，如南掌之存亡，掸人之强弱，腾越关外之地势民风，一一查询明确，据实复陈，以备勘界时有所依据”，另一方面授命自己“催问英国外部以勘界定期与分界办法，一面即可相机辩论”。[①] 三月二十五日，光绪帝接到薛福成疏奏，令总理衙门议奏。[②] 六月十四日，总理衙门议复：“滇省边外疆域形势，为中国舆图所不载，若不先行查勘明确，将来议界时必至无所依据”，应饬令王文韶“密派干员往沿边一带详细访查，何者为土司之境，何者为瓯脱之区，何者为野人之地以及山川道里、风土地名，逐一绘图贴说，开具节略，咨送臣衙门，以凭考核，届时再当相机办理”。至于薛福成所请先与英外交部辩论勘划边界之事，因“彼未催问，我亦未便发端”，所以“暂可从缓”。[③] 对于总理衙门的意见，光绪帝下旨批准。据此，清政府一方面令王文韶查勘云南边地情形，另一方面命薛福成暂缓与英国辩论分界。

然而，形势的发展很快就迫使清政府考虑滇缅划界谈判问题。光绪十七年(1891)，英兵数次以游历为名越界进入云南境内，导致沿边土司民众惊疑不安，其中在五月时，有英兵400名自八莫起程，越境占驻陇川土司所属之汉董。六月，薛福成照会英外交部，请英廷谕知英缅官员，“如有游历人员欲往中国地界，必须先行知会，给发护照”，“倘英兵欲游历中国边界，不得准其越界”。[④] 十二月，王文韶又电请总理衙门照会英驻华公使，请英政府静候分界，并饬禁英兵过境。[⑤] 同时薛福成也电告总理衙门，希望能够借此机会

---

① 《滇缅分界通商事宜疏》，见(清)薛福成《庸盦海外文编》卷一，第21～23页；中国第一历史档案馆编《光绪朝硃批奏折》第111辑，北京：中华书局1996年版，第394条，第494～497页。《清季外交史料》卷八四(第16～20页)记薛福成此折发于四月十五日，所记时间应有误。

② 总理各国事务衙门档案：《密陈缅甸分界通商事宜极应预筹由》(光绪十七年三月二十五日)，馆藏号：01-23-005-02-001。

③ 《光绪朝硃批奏折》第111辑，第397条，第499～501页；总理各国事务衙门档案：《具奏议覆薛福成奏请预筹缅甸分界事宜一折并入贡期由》(光绪十七年六月十四日)，馆藏号：01-23-005-02-003；《清德宗实录》卷二九五，光绪十七年三月己丑，第55册，第924～925页。

④ 英国外交部档案，F017/1120，薛福成致沙里士伯照会，光绪十七年六月十五日。

⑤ 电报档：《为云南沿边土司恐英兵入境事》(光绪十七年十二月初十日)，档号：2-02-12-017-0895。

“索问野人山地”[①]。光绪十八年(1892)正月，英驻华公使照会总理衙门称，英印政府愿与中国政府会议滇缅边界。同时王文韶亦电称：“早勘边界是目前要务，界限不定，彼此均无所遵守。”[②]总理衙门意识到“滇缅界务自不宜缓”，遂咨催王文韶迅速查勘边界形势，并电令薛福成随时就商英外交部。[③]二十六日(2月24日)，英外交部交给薛福成一份《滇缅划界节略》及附图一幅，提出了英国关于划分滇缅边界的意见。节略主要内容是：北纬25°30′以北边界信息尚未全备，自此处至南边一带，英政府可与中国政府会同派员划界，以附图所绘界线为底稿：(1)所有伊洛瓦底江上游之地均归英国管辖；(2)英国在伊洛瓦底江为中国预备商务出路；(3)英国愿将江洪、孟连土地让与中国。[④] 薛福成一面将英政府节略和附图转寄总理衙门，一面于二十八日照会英外交部提出要求转饬驻缅英员撤兵退出汉董地方。薛福成在照会中指出，汉董位于陇川、猛卯中间，查据清朝所绘地图，猛卯在中国边界之内；又查据英印政府1871年所印地图，指明“陇川在中国地界一边，距华界有数英里”[⑤]。三月初一日，薛福成又就英政府节略和地图一事照复驳斥。薛福成在照复中首先强调附图内所绘界线中国不能同意，又重申光绪十一年(1885)曾纪泽与英外交部议定“三端”：“一、将萨尔温江以东之地并英国克缅甸时所得掸人之地均归让与中国；二、厄勒瓦谛江上立一中国码头；三、厄勒瓦谛江为中英两国公用之江，令中国船只出海与英船同。”[⑥]然而，对于薛

---

① (清)薛福成：《出使公牍》卷十，光绪二十四年(1898)刊本，台北：华文书局1968年影印本，第9页。

② 电报档：《为英兵巡游滇缅交界地方情形事》(光绪十八年正月十九日)，档号：2-02-12-018-0026；电报档：《为确查英兵所到地名事》(光绪十八年正月十九日)，档号：2-02-12-018-0027。

③ 《清季外交史料》卷八五，第12页。

④ 总理各国事务衙门档案：《英外部送滇缅划界图绘明英廷所拟中英两国边界之大略》(光绪十八年三月初一日)，馆藏号：01-23-001-02-002。

⑤ 《与英外部转饬驻缅英员撤兵退出汉董地方》，见(清)薛福成辑《滇缅划界图说》，第50～51页；总理各国事务衙门档案：《上年英兵占据汉董一案照会外部饬令退出并派员定界外部复称自当审量由》(光绪十八年四月初五日)，馆藏号：01-23-005-03-008。

⑥ 《与英外部预拟滇缅划界事宜》，见(清)薛福成辑《滇缅划界图说》，第53页；总理各国事务衙门档案：《答复英外部划界节略》(光绪十八年三月初一日)，馆藏号：01-23-001-02-003。关于光绪十一年十二月驻英使馆参赞马格里与英国外交大臣克蕾初步商定事宜，克蕾曾笔记其大略云：“中国倘欲在缅甸立一华人所居之地，如英人在中国通商口岸租界一式办理，英廷亦无不愿意之处，再中国如欲于该地设关收税，亦可办理。中国商船尽可在厄勒瓦谛江驶行无阻，其应付之费及各事宜，皆如英国船只一式。潞江即色(萨)尔温江之东掸人各地现归英国者，倘中国欲于此等地方行其所有之权，英廷亦肯答应。”参见总理各国事务衙门档案《滇缅分界全案中节略照会择优咨呈请核由》(光绪十八年六月初二日)，馆藏号：01-23-005-03-009。

福成重申的“三端”，英外交部答称，当时虽有此议，实未允许，并称“西洋公法，议在立约后不可不遵，议在立约前或不能遵守，以其有约为凭，既不叙入约章，必有所以然也”①。这样，中英初步交涉未能达成一致。而就在双方交涉的同时，英印总督突然于二月派兵越界占据昔董。

六月十六日（7月9日），清廷专派薛福成与英外交部商办滇缅界务，以重事权。② 十九日，总理衙门照会英驻华公使，提出先在英国伦敦妥议滇缅界务商务，俟议定后再由两国各派员勘界③。七月初二日（8月23日），薛福成照会英外交部，请英政府派员会商滇缅分界问题。十二日（9月2日），马格里与英外交部副大臣山特生、印度部参赞贝雷开始正式谈判。薛福成认为：“须以力争野人山地为第一要义，至少须以大金沙江为界，然后沿边诸土司可以稍安；其次，则争大金沙江为公共之江；又次，则争于新街北岸划一地与我立埠设关；而争南掌掸人之地，为最后焉。因其地十之六七早已划与暹罗，又与越南之界相错，既不值受彼虚惠，亦恐致与法国分界又生枝节也。”④ 薛福成所指的野人山地，“东界腾越、维西两厅边外之雪山；西界更的宛河西境之孟力坡；南界八募、孟拱，北界西藏米纳隆南之曼诸”⑤。由于在此界内，有昔董一地被英兵占据，所以薛福成让马格里提出：“英廷撤出昔董之兵，为商议中缅边界之首事。”对此，英外交大臣劳思伯里表示“甚为诧异”，并派山特生致函薛福成，请薛福成“言明索问中国边界，与厄勒瓦谛江上游中间一带地段之理”。二十七日（9月17日），薛福成照复劳思伯里：昔董在于中国索问地界之内，“请英兵退出昔董，并请允以后不再占踞，为商议划界之先务，此乃自然之理。否则中国索问其地，岂非徒属虚文矣！”又提出中国索问伊洛瓦底江上游东段之地的五条理由：（1）预备保护中国边界一带野人之地不受别国侵占；（2）其地所居之民认中国为上邦，凡遇有事之秋，每请中国之示及请中国帮助；（3）该处贸易及一切工作居民皆中国人或中国种类之人；

---

① 《滇缅分界大概情形疏》，见（清）薛福成《庸盦海外文编》卷二，第2页。

② 总理各国事务衙门档案：《奏请专派薛大臣与英国会议滇缅界务由》（光绪十八年六月十六日），馆藏号：01-23-005-03-012；《光绪朝硃批奏折》第111辑，第398条，第502～503页。

③ 总理各国事务衙门档案：《本衙门奏派薛大臣与贵国会议滇缅界务速电外部由》（光绪十八年六月十九日），馆藏号：01-23-005-03-013。

④ 《薛福成日记》，第742页。

⑤ 《薛福成日记》，第788页。

(4)该处居民皆受中国教化;(5)该处贸易之事皆中国人,且每年加增。[①] 薛福成照会后,英外交部并无照复。八月初二日(9月22日),薛福成遣马格里往告英外交部副大臣山特生,野人山地在伊洛瓦底江以东者1/4,在江以西者3/4,"英得其三,而中国得其一,在英已大占便利"。山特生称要等印度部回复后再做决定,[②]双方谈判暂告中断。

为促使双方谈判顺利进行,十月十四日(12月2日),薛福成照会英外交部,提出不再将英兵撤出昔董作为议界谈判的首要事务。[③] 二十五日(12月13日),英外交部照复薛福成,称"英廷查得百年以来中国未经管理金沙江上游",因此该地"必系缅王管理"。对此,薛福成于十一月二十四日(1893年1月11日)照复加以驳斥,指出不能因为中国未经管理金沙江上游,就得出"濒江左右,至恩梅开江及迈立开江汇流之处,必系缅王管理"的结论。[④] 英外交部还向薛福成提出,"车里(即江洪)、孟连两土司曾经入贡缅甸,英国亦有索问之权"[⑤]。对此,薛福成照复加以驳斥:江洪、孟连向缅进贡之事,不知是否确实,"即使江洪、孟连实有贡缅之事……进贡不过有上邦之权而已。若江洪、孟连,非仅认中国为上邦,实资中国为治理。回匪在云南作乱(按:指回民起义)以前,江洪、孟连向属中国,惟此管辖之权,作乱时暂为停阻。该处小事,中国虽听宣慰司办理,而其如何计地输粮,系由滇督派员定夺。且征收钱粮数目,《大清会典》所载甚明"[⑥]。就在双方就滇缅边界谈判时,英印总督突然派兵占领昔马。薛福成一方面电请总理衙门诘责英驻华公使欧格讷"何以昔董未退兵又扎营昔马"[⑦];另一方面照会英外交大臣劳思伯里提出,英印出兵昔马"违背公法"。劳思伯里同意与印度部协商后再作答复。[⑧]

光绪十九年春节(1893年2月17日),马格里赴英外交部与山特生、贝蕾会商。英方看重于伊洛瓦底江东之野人山地,渐露在潞江以东让地之意。

---

① 《与英外部请退昔董英兵并索问厄勒瓦谛江上段之地》,见(清)薛福成辑《滇缅划界图说》,第54～55页。

② 《薛福成日记》,第746页。

③ 《与英外部续催会议滇缅界务》,见(清)薛福成辑《滇缅划界图说》,第55～56页。

④ 《与英外部声明开钦野人并厄勒瓦谛江上游应归中国》,见(清)薛福成辑《滇缅划界图说》,第56页。

⑤ 《咨总理衙门并北洋大臣李、云贵总督王与英外部诘问侵扰滇边》,见(清)薛福成辑《滇缅划界图说》,第23页。

⑥ 《与英外部声明管理江洪孟连及新设镇边厅权势》,见(清)薛福成辑《滇缅划界图说》,第57页。

⑦ 《李鸿章全集》第23册,第325页。

⑧ 《薛福成日记》,第778页。

马格里询问所让何地，英方很快送来科干地图节略。薛福成派马格里告以地太偏小。正月十三日（3月1日），中英双方继续会商，英方答应再于潞江以西让地一处，其户口与科干相等。关于野人山地，英方宣称伊洛瓦底江以东，中国老界以西，须尽归英国统辖。马格里与之力辩。山特生云，必不得已，可作为两国瓯脱之地，再就中间勘一分界之处，其东近中国者名为东瓯脱，归中国管理；其西近伊洛瓦底江者名为西瓯脱，归英国管理。薛福成让马格里表示同意，贝蕾却表示此事须电商英印总督。十四日，双方继续会商。贝蕾称英印总督金白雷（Kimberly）不肯答允，称潞江已经让地，则伊洛瓦底江东之野人山地应归英辖；如野人山地作为瓯脱之地，则潞江左右不能让地。马格里诘问：英外交部首崇信义，岂可忽允忽翻？山特生、贝蕾坚称前说作废。二月初三日（3月20日），薛福成率马格里往晤劳思伯里，质问英外交部为何无端反悔。劳思伯里称："山特生并未请示，自陈所见，实系错误。"薛福成争论良久，劳思伯里"微露其意，愿允滇西老界稍加展拓，其潞江东西两地，仍请收受"，并请薛福成拟定具体分界意见，再行协商。薛福成审度形势，认为"瓯脱之议断难办到"，决定按照英方展拓之说，"见风收舵"。[①]

二月初五日（3月22日），薛福成照会英外交部，提出四条具体分界意见：（1）中国所索问伊洛瓦底江东边全地归中国，今改为中国边界应行展拓之地，距边界外扯算酌中之数阔20英里，自穆雷江起至北纬25°40′止归中国；（2）北纬25°40′以外之地，俟查明该处情形后，两国再定；（3）以上所定地界之外至伊洛瓦底江之地，均归英国，英国将江洪、孟连各处上邦之权，皆归中国，并将萨尔温江之东九乡之地，俗称为科干者让与中国。又由萨尔温江之西中国属地猛卯城相近处，包括汉龙关在内起，作一直线，至萨尔温江对面麻栗坝地方止，一切之地皆归中国；（4）两国之兵驻扎于上述之地，非其本国者，俟议定边界后，再定退兵日期。[②] 薛福成照会后，英外交部以电商英印总督为由，迟迟不复。经薛福成再三催促，英外交部于三月二十三日（5月8日）照复，称对第一条意见不能应允，因为英印总督金白雷只同意让中国展出边界5英里。薛福成告以所展太窄，且昔董不归中国。英外交部又称将5英里之说改为将包括昔马在内的庚老、开钦全地约300英方里让与中国，并将坪陇之南界限以西地约10英方里划归中国。薛福成认为，英

① 总理各国事务衙门档案：《与英外部论潞江及野人山地事》（光绪十九年三月二十二日），馆藏号：01-23-006-03-001；《六论滇缅界务书》，见（清）薛福成辑《滇缅划界图说》，第41～42页。

② 《与英外部条拟展界让地办法》，见（清）薛福成《出使公牍》卷九，第29页。

人“既坚不肯让昔董，苟可收回昔马，亦稍足为固圉之计”[1]。英外交部在照复中还提出“自萨伯坪北，以萨尔温江及恩梅开江中间之山，水流分界处为界线”，对此薛福成坚决反对，提出“以迈立开江及恩梅开江中间之地分一界线较为公允”[2]。对此意见，英外交部不能同意。薛福成认为，“英人所注意经营者，欲由滇西野人山通入西藏”，“万一受彼蒙混，分入藏地，将来彼必执条约为证据”。所以薛福成多次争辩，终与英外交部订明自北纬 25°30″以北暂不划分。[3] 另外，由于汉龙关在明代时已沦于缅甸，腾越八关形势不全，薛福成又向英外交部索还汉龙关。因为该关位置不明，英外交部答复，“若在猛卯土司东南，必可归还中国。若在猛卯西南，彼恐隔断与缅属南坎土司往来之路，势难归还”。薛福成因电请总理衙门命云贵总督派员会同猛卯土司勘实汉龙关所在位置。[4]

七月二十七日，薛福成向光绪帝上《滇缅分界大概情形疏》，称已与英外交部订定大局，“惟腾越八关界址未清，尚须理论”[5]。八月二十九日、九月二十四日，薛福成两次接到王文韶关于天马关形势的电报，称英人正在修建一条由新街至南坎的道路，其中一段修在天马关内山梁上。薛福成立即与英外交部交涉此事，英人“坚称八募、南坎往来之大路，断难隔断；历年所用工程经费，断难弃掷；且此时尚未竣工，缅官亦未肯罢役”。薛福成与英外交部仔细商议，同意将南碗河之南、天马关之北中国地界内最捷之大路，允让英人行走，而将英人所修之路收回。[6] 随之，薛福成发现，铁壁、虎踞二关亦已被英兵占据。因铁壁关距边密迩，薛福成多次争论，英方同意令英兵却退数里，让还关址，以库弄河为界。唯虎踞关界限、方向甚为渺茫，久无定论，薛福成乃电请王文韶派员邀同八莫英官一同履勘。八莫英官并无异词，英印总督却称该关深入彼境七八十里，已与八莫相近，且隶缅已百年余，不愿放

---

① 《咨总理衙门并北洋大臣李、云贵总督王滇边展界并请查勘汉龙关地方》，见（清）薛福成《出使公牍》卷二，第 30～31 页。

② 《与英外部续拟展界让地办法》，见（清）薛福成《出使公牍》卷九，第 31～32 页。

③ 《十论滇缅界务书》，见（清）薛福成辑《滇缅划界图说》，第 48 页。

④ 《咨总理衙门并北洋大臣李、云贵总督王滇边展界并请查勘汉龙关地方》，见（清）薛福成《出使公牍》卷二，第 31 页。

⑤ 《光绪朝硃批奏折》第 111 辑，第 399 条，第 504～507 页；《滇缅分界大概情形疏》，见（清）薛福成《庸盦海外文编》卷二，第 5 页。

⑥ 《咨总理衙门并云贵总督王收回英员新筑天马关大路》，见（清）薛福成辑《滇缅划界图说》，第28～29 页；总理各国事务衙门档案：《天马关内英人修路情形抄录往来文件知照由》（光绪二十年三月十六日），馆藏号：01-23-007-01-010。

弃。薛福成又闻英印总督以英外交部允让昔马等地,愤愤不平,屡思翻异,又欲找借口停商全约,遂同意在虎踞关以东划定界线。[①] 此界务议定之大略也。

关于滇缅商务,薛福成初以曾纪泽与英外交部原议"二端"为纲领:一曰大金沙江行船,二曰八莫立埠设关。英外交部以停议已久,坚不承认。薛福成认为,滇西远隔边隅,应有通海便捷之道,因此将伊洛瓦底江行船一事设法磋磨。英外交部始终支宕,以虑他国援照为辞。薛福成提出,可于约内另立一条,声明此系滇缅交涉之事,他国不得援例,英外交部表示同意。至于八莫设关一条,英外交部虑之尤切,拒之尤坚。薛福成提出立约试办方案,英外交部勉强同意。但英印总督仍坚持前议,不允设关,终将八莫立埠设关一条删去。[②] 此商务议定之大略也。

经过为期两年的谈判交涉,光绪二十年正月二十四日(1894 年 3 月 1 日),薛福成与英外交大臣劳思伯里在伦敦签订中英《续议滇缅界、商务条款》。据薛福成电奏称:"界务则西、南两面均有展拓,收回车里、孟连土司全权,铁壁、天马等关,昔马、汉董等要地。商务惟大金沙江行船系我所得格外权利,其余多仿约章通例,而我获益稍多。惟八募(即八莫)设关为印督所阻,亦已将给彼权利稍稍撤去。"[③]条约内容 20 条,详见附录四。七月二十三日(8 月 23 日),条约在伦敦互换批准。嗣后中英滇缅交涉谈判多围绕该条款进行。

第二节　中英《续议缅甸条约附款》的签订

光绪二十年(1894)以后之中英滇缅问题交涉,中缅界务划分仍是交涉之重点。《续议滇缅界、商务条款》第五条规定中国必不将孟连与江洪之全地或片土让与别国,然而时隔不久,由于清政府将江洪(即车里)所属之猛乌、乌得让与法国,英政府以清政府违背条约为由,要求清政府修约做出补偿,从而导致了光绪二十三年(1897)中英《续议缅甸条约附款》的签订。

---

① 《议定滇缅界务商务条约疏》,见(清)薛福成《庸盦海外文编》卷二,第 28 页;总理各国事务衙门档案:《具奏议定滇缅界务条约由》(光绪二十年三月二十一日),馆藏号:01-23-007-01-014。

② 《议定滇缅界务商务条约疏》,见(清)薛福成《庸盦海外文编》卷二,第 28 页。

③ 电报档:《为滇缅商约二十条摘要电呈事》(光绪二十年正月初九日),档号:2-02-12-020-0008;《清季外交史料》卷八九,第 3 页。

猛乌、乌得两地久在中国版图，明清时均属车里宣慰司。明穆宗隆庆四年(1570)，车里土司刀应勐命所属十二版纳缴纳礼物，其中猛乌、乌得为一版纳，缴纳礼物为金瓶、银瓶各1个，小缎、湖绉各2匹。雍正七年(1729)，云南地方政府划各猛分属宁洱县与思茅厅，猛乌、乌得隶宁洱县。乾隆五十年(1785)七月，十二版纳各头目召开会议，重新划分十二版纳，猛乌、乌得为一大版纳。[①]

光绪十九年(1893)五月，中法会勘滇越边界接近尾声，法驻华公使李梅突然提出补勘孟宾以西至湄江东岸的中老边界。光绪二十一年(1895)正月，清廷派勘界委员黎肇元前往湄江东岸与法政府代表巴威会勘界务。巴威所绘地图，将车里所属之猛乌、乌得划出中国界外。黎肇元初不画押，后"恐成决裂，于图内注明'此图界线系法员自画'字样，会同钤印"[②]。四月十四日(5月8日)，在俄、法、德三国干涉下，日本归还《马关条约》规定割让给日本之辽东半岛。法国以干涉还辽有功，除向清朝要求商务利益外，还要求将猛乌、乌得划归越南。五月二十日(6月12日)，英驻华公使欧格讷到总理衙门提出："光绪二十年中缅条约第五款载明，江洪片土，中国若未与英先议，不得让与他国。现中国所让之地，似在江洪境内，不能误会。"随之欧格讷又派人送来照会，"仍执前说"。[③] 对此，总理衙门认为，猛乌(即猛乌)、乌得与江洪无涉，所以将猛乌、乌得划归法国与《续议滇缅界、商务条款》并不冲突，于是在二十六日(6月18日)照复欧格讷："本衙门现已与法国订立中越界务续约，将勐乌(即猛乌)、乌得划归越界……查阅云南地图，勐乌、乌得在思茅厅之东，与越界毗连，该处自改土归流以来，久为宁洱县管辖之地，设有把总，定有钱粮册籍。至今并无改变，实与车里土司毫无干涉，并非中缅约内所指江洪之地，亦无疑义。今将其地划归越界，与缅约并不相背。"[④]二十七日，欧格讷又致书总理衙门争辩。二十八日(6月20日)，法驻华公使施阿兰到总理衙门画押。英使欧格讷亦到总理衙门，称"此事大有关系，不应画押"。但施阿兰以断绝中法关系相威胁，称"画押之期，已经电报法国，刻

① 《泐史》，第23～24、54～55页。

② 《清季外交史料》卷一一六，第12页。

③ 总理各国事务衙门档案：《具奏与英使辩论猛乌乌得从未并属缅甸由》(光绪二十一年闰五月初五日)，馆藏号：01-24-027-04-007。

④ "中研院"近代史研究所编，郭廷以、王聿均主编《中法越南交涉档》第7册，台北"中研院"近代史研究所1962年版，第4111页。

不容缓，若临期不画，必至决裂”[①]。总理大臣奕劻等无奈，只得先与施阿兰画押。由此，中法两国在北京签订《续议界务专条附章》，规定将猛乌、乌得划归越南[②]。奕劻后来在奏折中说：“臣等查越界线内有猛乌、乌得两处，向为滇属土司之地，未便归入越界，因与往返辩论。该使臣以两地毗连越境，坚求让与法国。臣等以法既因调停和局，坚求利益，自不得不勉从其请，以示酬答之意。因于界务、商务二者权衡利害，于界务予以通融，于商务严其限制，允将猛乌、乌得两地让与法国。”[③]

奕劻同意与施阿兰画押订约，欧格讷“一怒而去，词甚激烈”。总理衙门指示出使英、法、义、比四国大臣龚照瑗向英外交部解释，请英国予以谅解。[④]闰五月初五日（6 月 27 日），署云贵总督崧蕃致电总理衙门：“滇南十三板（版）纳，旧时通称车里，实则雍正时改土归流。普洱府江内六板（版）纳已归内地，江外六板（版）纳归车里土司，志载甚明。英约江洪即指车里，而约图内江洪界限已跨湄江东西，未免牵混。新界图至英东经度一百一而止，确有明证猛乌系在一百一度以外，即非江洪之境。”[⑤]总理衙门据此一方面再次照会英使欧格讷，指出猛乌、乌得确与江洪无涉[⑥]；另一方面指示龚照瑗与英外交部交涉：“江洪即车里，本在湄江以西，欧使则谓跨江而东。阅缅约界图东至英经度一百一而止，内有红线两道，载明江洪洋字，虽跨湄江东，而实在一百一度以内，此为江洪界限之明证。猛乌、乌得远在一百一度以外，中间尚隔思茅各土司，确与江洪无涉。”[⑦]初六日，龚照瑗将总理衙门之意详告英外交大臣金白雷。金白雷云：“欧使闻华让猛乌、乌得与法，往阻约。署不俟商，仍画押，系毁约。”龚照瑗称，约虽画押，尚待批准，“特来声明，让地实与江洪无涉”。金白雷称，明日卸任，“沙侯（按：即沙里士伯）接手后再议”。同日，龚照瑗电告总理衙门，根据驻英使馆所存划界地图，“江洪全境至英东经一百三度而止，跨湄江东西，江洪城在一百一度。所误在绘图未将全境各土

---

① 《中法越南交涉档》第 7 册，第 4122 页。

② 王铁崖编《中外旧约章汇编》第 1 册，北京：三联书店 1957 年版，第 624～625 页。

③ 《清季外交史料》卷一一四，第 2 页。

④ 电报档：《为中缅界务今日与法画押欧使力阻事》（光绪二十一年五月二十八日），档号：2-02-12-021-0809；《清季外交史料》卷一一四，第 23 页。

⑤ 《中法越南交涉档》第 7 册，第 4119 页；《清季外交史料》卷一一五，第 4 页。

⑥ 《中法越南交涉档》第 7 册，第 4120 页。

⑦ 《清季外交史料》卷一一五，第 4 页。

司注明，故英以缅甸约第五条借口，法界约请暂缓奏请批准”。[①] 初七日，总理衙门回电：“江洪在湄江西岸，江形斜上西北，上下皆有红线记明。江洪界限虽跨湄江东西，仍在一百一度以内，江洪地即止于此。猛乌在界图外，故与缅约无涉，可告外部查图自明。使馆存图何以不符，恐不足据。”[②]根据总理衙门的意见，龚照瑗往晤英新任外交大臣沙里士伯，“告以猛乌、乌得属中国宁洱，奉旨饬询勘绘图如何”。沙里士伯出示滇缅边界地图，“猛地在江洪极东至一百二度半而止，与薛使绘存使馆之图大致相同”。驻英使馆地图与总理衙门地图之所以不同，是因为“薛使与英议让江洪时，英曾绘江洪草图交薛使，薛使即以草图存案，未曾附进呈图内并送总署，故与进呈之图不符”。沙里士伯称“猛地在江洪境内，毫无疑义”，要让英议会允许将猛乌、乌得让与法国，中国须“以新得幕北（按：即八莫以北）野人山地酌让若干归英”[③]。至此，英国以中国违反《续议滇缅界、商务条款》为名，要求割划野人山地作为补偿。

龚照瑗将沙里士伯的意见电告总理衙门。七月十六日（9 月 4 日），光绪帝下旨：“缅约所定野人山界，中国所得无多，岂容再让？英与我邦交已久，八募左近之红奔河以南尚可酌让数里。着龚照瑗明告外部，此系情让，毋再求益。”[④]此为清政府默认将猛乌、乌得划归法国违背了《续议滇缅界、商务条款》。二十二日（9 月 10 日），龚照瑗到英外交部宣明光绪帝旨意，英方查出薛福成盖印的滇缅界图，图内红奔河自北而南流至太平江，向东行，而穆雷江以南，红奔河以西已经划归英国。英外交部执此为据，否决了清政府的提议，并提出英国将另绘野人山分界地图再议。龚照瑗也致电总理衙门，请将允让红奔河以南土地经纬度数明示[⑤]。二十六日（9 月 14 日），英外交部向龚照瑗出示新绘野人山分界地图，“自萨伯坪起，偏东向南，顺山脊到三（盏）达。又向南，至北纬二十四度十五分向西南，顺南碗河，折向东南，至瑞丽江，循江南支至孟（猛）卯相近处。折赴东北，至北纬二十四度十分、东经九十八度五十五分向南，顺山脊至工隆入关，科干皆在内”。龚照瑗看图后表

① 《清季外交史料》卷一一五，第 5～6 页。

② 《清季外交史料》卷一一五，第 6～7 页。

③ 《清季外交史料》卷一一六，第 37～38 页。

④ 电报档：《奉旨著龚照瑗明告外部八募左近尚可酌让数里事》（光绪二十一年七月十六日），档号：1-01-12-021-0465；《清德宗实录》卷三七三，光绪二十一年七月甲寅，第 56 册，第 877 页；《清季外交史料》卷一一七，第 12～13 页。

⑤ 《清季外交史料》卷一一七，第 30 页。

示:“此番所划界线,不能与议,亦不能复命。”①

由于中国拒绝英国的上述要求,九月间,英驻华公使向总理衙门提出,如允许西江开放通商,“则野人山界事即可通融”。沙里士伯也密告龚照瑗,如中国同意开放西江通商,“则野人山地尚可稍让”。② 总理衙门认为,须英国先指明野人山减让之地,方可议及通商,遂一方面电令龚照瑗与英外交部协商,另一方面与英驻华公使进行辩论。但英方坚持要求先允许通商,方肯说明野人山减让之地。十一月十五日(12月30日),总理衙门上奏光绪帝:“西江通商,虽于厘金有损,尚有洋税抵补。野人山地则系云南屏蔽,且照英外部所索,又不止野人山地,竟将包络西南延及车里土司一带,形势全失。两害相形,则取其轻。且恐迁延不决,又将别起波澜,更难收拾。”因此“拟将西江通商允准,而野人山界事仍与实力磋磨”。光绪帝乃朱批允准西江通商。③

得到光绪帝朱批允准,总理衙门一方面照会英驻华公使,一方面电令龚照瑗与英外交部进行磋商。光绪二十二年(1896)二月,龚照瑗数次电告总理衙门,叙述英人减让野人山地界,而于西江通商口岸,请在肇庆、梧州、桂林、浔州、南宁五府设立领事,佛山、高要、封川、南新圩等处停泊轮船。总理衙门认为,野人山地减让无几,而通商口岸太多,且桂林在北江之北,浔州、南宁在籐江、龚江上游,并非西江,因此电令龚照瑗再与英外交部磋商。四月,龚照瑗将英外交部减索野人山地图寄给总理衙门,“较之薛福成定界原图,自萨伯坪起,偏向西南,以昔马一处划归缅界。复循旧线,至南碗河之西,斜向西南稍曲处,地曰南坎归入缅界。又自西而东,地曰北丹尼、曰科干,英外交部以此两地原系缅甸门户,当时误划与华,乘机索回。此外,无甚更易”。龚照瑗与总理衙门电商未定,窦纳乐(Claude Macdonald)来华接任英驻华公使。八月,窦纳乐向总理衙门提出换改缅约节略二十款和英文地图一幅。其地图与龚照瑗寄给总理衙门的地图相同,其缅约节略则提出缅甸现有及将来续开之铁路接入中国,腾越、顺宁、思茅三处设领事,中法《续议商务专条附章》利益一律让于英国,“又续增专条,请在新疆设领事,通省任便游历,并照光绪七年俄约,准英人在新疆各属贸易,无所限制,亦不纳税……而西江通商,坚索至南宁以上,又多索停泊处所,否则决废缅约,以为

① 总理各国事务衙门档案:《与外部议野人山由》(光绪二十三年十月十三日),馆藏号:01-23-001-02-007。《清季外交史料》卷一一七(第31页)所载此档案有文字缺漏。

② 《清季外交史料》卷一一九,第4页。

③ 《清季外交史料》卷一一九,第4~5页。

要挟”。经总理衙门再三驳辩，窦纳乐始电告英外交部，“首将新疆设埠及援照法约利益两节删去；滇缅接路一节，改为俟中国铁路展至缅界时彼此相接；滇界领事一节，改为将已设之蛮允领事改驻，或顺宁，或腾越一处……其野人山界线，改将南坎一处作为永租，余俟两国派员勘定”。至于西江通商一节，辩论最多。经数月辩论，窦纳乐同意“自梧州而止，梧州之东只开三水县城江根墟，商船由磨刀门进口，其由香港至广州省城，本系旧约所准，仍限以择定一路以通西江，沿途停泊处所限定江门、甘竹、肇庆、德庆四处”。另外南宁一处，两国商定“俟彼此察看商务情形，如果情形兴旺，设埠有益，及中国铁路展至百色时，亦可作为通商口岸。给与文函，不载条约”。[①] 至此，因猛乌、乌得问题引起的中英修约谈判基本结束。

光绪二十三年正月初三日（1897 年 2 月 4 日），李鸿章与英驻华公使窦纳乐在北京签订《续议缅甸条约附款》，条约开头就写明：“今因英国不再索问中国于光绪二十一年五月二十八日与法国订立条约所让江洪界内之地，致与二十年正月二十四日与英国订立之中缅条约相违，彼此和商，于原订条约，或增或改，拟立附款如左。”[②]《续议缅甸条约附款》共 19 条，除第四、七、八、十、十一、十五、十六、十七、十八条与《续议滇缅界、商务条款》无所增改外，其余各条均做修改，内容详见附录六。五月初六日（6 月 5 日），《续议缅甸条约附款》在北京换约批准。《续议缅甸条约附款》使中国丧失了西南边疆大片领土和商业主权，加深了中国的西南边疆危机。

第三节　中英会勘滇缅边界

中英《续议缅甸条约附款》第六款规定，在条约批准后 12 个月内，两国应派勘界官在届时所定之地相会，自勘界官首次相会之日起，限定 3 年时间将两国界线一律勘定。云贵总督崧蕃接到总理衙门颁发的《续议缅甸条约附款》后，立即奏派临元镇总兵刘万胜为总办划定滇缅边界大臣。光绪二十三年（1897）十月初三日，英驻华公使窦纳乐照会总理衙门，请于本年冬季两国会勘滇缅边界，希望总理衙门电告云贵总督即行派员前往新街会同英印

① 《清季外交史料》卷一二五，第 1～3 页。

② 附录六　中英《续议缅甸条约附款》（1897 年 2 月 4 日）。

政府所派之员共同商办，“至详细办法，自应由两国所派勘界之员自行定议”①。十一月初八日，刘万胜和会办彭继志、陈立达，与英方勘界总办卫德（又译怀特）及会办巴卫理、觉罗智、郝思义等，在缅甸新街举行会议，商议勘界事宜，订立了《新街会议勘界章程》，主要内容有：(1)刘万胜、彭继志会同卫德、巴卫理先到瓦兰岭，后到南边各地查勘，由太平江起勘。(2)陈立达会同郝思义、觉罗智至太平江北一带查勘，陈立达查至瓦苍山为止，瓦峇山至尖高山另派员查勘。(3)遇有界线地名不知，须查问土司土人确有此名，方能为凭。(4)此次勘定之后，各管各界。(5)边界勘妥后，两国各垒石为记。(6)两国现分南北两段履勘，每段各带护界兵 200 名，从役在外。(7)议定两国总办、会办均于中历十一月二十五日、西历 12 月 18 日由新街起程上界。②

查中缅边界，自北而南，可分五段：第一段，尖高山以北；第二段，自尖高山至太平江与南奔江汇流处；第三段，自太平江与南奔江汇流处至南帕河与南定河汇流处；第四段，自南帕河与南定河汇流处至南马河与南卡江汇流处；第五段，自南马河与南卡江汇流处至南阿河与湄江（湄公河，即澜沧江）汇流处。兹按勘界顺序叙述如下。

一、自尖高山至太平江与南奔江汇流处（第二段）边界之勘定

此段边界的勘划依据是《续议缅甸条约附款》第一条之规定：“自北纬 25°35′、东经 98°14′ 之“尖高山起，随山脊而行，向西南至瓦苍山尖（即高良），由此接至萨伯坪。自萨伯坪起，其线顺分水山，向西而行，稍向南，过式脱苍坪，到纳门格坪。其线由此分西衣、冈木萨两处而画，直至大巴江，然须俟就近考查后再定；自大巴江至南太白江；自南太白江至巴克乃江；自此顺巴克乃江到该江源头大郎坪相近处；由此顺大郎坪岭至畚辣希冈。自畚辣希冈，线顺西南而行，至列塞江；顺列塞江至穆雷江，分克同村及列塞村于两处，线自中画；自此顺穆雷江至该江与既阳江相会处；再顺既阳江至爱路坪；顺南奔江（即红蚌河）至太平江。”③

在实践中，此段边界是根据《新街会议勘界章程》，以瓦苍山为界分两部

---

① 总理各国事务衙门档案：《据约请派员会同勘界由》（光绪二十三年十月初三日），馆藏号：01-23-001-01-004。

② 《清云贵总督署滇缅界务档案》，转引自吕一燃主编《中国近代边界史》，成都：四川人民出版社 2007 年版，第 757 页。

③ 附录六 中英《续议缅甸条约附款》(1897 年 2 月 4 日)。

分勘定的。第一部分由陈立达与英员觉罗智会同勘定，自光绪二十三年十二月初一日（1897年12月24日）从太平江北南奔江起勘，至二十四年闰三月初四日（1898年4月24日）勘至瓦苍山止，“所有界线地方均系按约画分，山以山脊分水处为界，河以河水较深处为界，遇有紧要处所，彼此会同累石为记。其累石之处，皆挨次编列号数，详载土名，缮具华、英文清册各二份，并绘图二张，彼此核明画押”[①]。此段边界共垒石37处，载于闰三月初七日(4月27日)画押的《委员陈立达与英员觉罗智勘定由太平江北南奔江起至瓦喒山止界线累石清单》。其中第1号位于太平江北南奔江(土名红蚌河，又名东蚌卡)出口汇入太平江处(土名东邦塞)，两岸各垒一石；第37号位于瓦喒山南坡(土名高良寻，又名次同地垭口)，各垒一石。[②] 此段边界计长900余里。

第二部分瓦卷山南坡至尖高山的界线由游击杨发荣与英方委员觉罗智会同勘定，自光绪二十四年闰三月初七日（1898年4月27日）至二十四日(5月14日)勘定，在瓦喒山南坡第37号垒石之北，增垒了第38、39号两处界石，第38号位于葫芦地垭口(土名邦线寻，即邦线坡)，第39号位于条约指定的尖高山（土名不浪凸）。[③] 此段边界计长190余里。

二、自太平江与南奔江汇流处至南帕河与南定河汇流处(第三段)边界之勘定

此段边界的勘划依据是《续议缅甸条约附款》第二条和第三条之规定：“自太平江及南奔江相会处，此线顺太平江到瓦兰岭相近处；由此顺瓦兰岭及瓦兰江，至南碗河；顺南碗河至该河与瑞丽江(即龙川江)相会处。南碗河之南，那木喀相近，有三角地一段，西濒南莫江之支河及蛮秀岭之垒周尖高山，从此尖高山，遵岭东北，至瑞丽江，此段地英国认为中国之地。惟是地乃中国永租与英国管辖，其地之权咸归英国，中国不用过问，其每年租价若干，嗣后再议。”“自南碗河、瑞丽江相会处，线顺今之新威部落北界，至萨尔温江(即潞江)，将瑞丽江合流之处及万定、孟戈、孟戛等处将及全地，划归中国。自瑞丽江于南算相近转北之处(即瑞丽江与南阳江相会处)，线顺南阳江上

① 张凤岐《云南外交问题》，上海：商务印书馆1937年版，第226页。

② 张凤岐《云南外交问题》，第227～229页。按：《中外旧约章汇编》第1册(第751～754页)将此垒石清单改名为《滇缅边界北段第一段勘定界线累石清单》。

③ 吕一燃主编《中国近代边界史》，第758页。

行，至该江源头孟哥山，约在北纬二十四度七分、东经九十八度十五分，自此顺丛树山岭至潞江与南迈江相会处。由此顺潞江上行，直到科干西北界，顺接科干东界，直抵工隆界上，将工隆全地划归英国。”[①]

在实践中，此段边界的勘划初始并不顺利。光绪二十三年十二月十一日（1898 年 1 月 3 日），刘万胜与英员卫德等同抵内地垒弄山下之垒甸驻扎，卫德觊觎多占中国土地，即指垒甸为《续议缅甸条约附款》第二条内之瓦兰岭。经询问当地土民，并无瓦兰地名，垒甸实名南凹。卫德不允，久议不合，乃各电告政府请示。不久英员译交英政府复电云：“太平江一直到南碗河，照新约办寻妥当之界线，即可让一点，以免分开陇川地方。”但卫德以先前已将垒甸即为瓦兰之事禀知仰光总督为由，一味支吾，并提出暂舍此段边界不办，改从瑞丽江中段勘起。对此刘万胜予以拒绝，坚持要求“按照图约和平勘办”[②]。由于两国勘界官相持不决，二十四年二月二十五日，英驻华公使窦纳乐照会总理衙门指出，《续议缅甸条约附款》第六条载明，倘勘界官不能商妥，应速将未妥情形各报明本国国家核办。根据此规定，“两国官员应竭力和衷商妥，如实有意见相左之处，自应一面将未妥情形各报明本国核夺，一面仍接联续勘”[③]。就在双方协商未定之际，卫德“调新街府率洋兵三四百人进占陇川土司边坝，进扎线米、西董之隘，将守隘土人枪毙二名，重伤一名，捉去十四名，尚有十六名不知下落”。刘万胜闻讯，立即向卫德提出抗议，指出守隘土民系守卫自己边疆，英兵不应越界，应将凶手捉拿，听候两国政府核办。三月十六日，总理衙门亦照会窦纳乐：“两国所派勘界之员，自应以图约为凭，即使地名译音偶误，图约或有不符，亦不妨彼此和商，别筹通融办法，何得无端派兵进占约外之地，枪毙土练并捉去多名？……相应照会贵大臣飞速电达印督，不可轻听卫德一面之词，严饬新街英员约束英兵，不准越界滋事。此次枪毙土练凶手，并希特饬照章查拿，听候两国政府核办。至卫德办理此事，不能和衷，应请另派和平明晓之员勘办界务，以免生枝节，是为切要。”[④]十八日，窦纳乐照复总理衙门，认为“此事肇衅之初，系照约在缅境

---

① 附录六 中英《续议缅甸条约附款》(1897 年 2 月 4 日)。

② 总理各国事务衙门档案：《滇缅界务请饬英员照约勘办由》（光绪二十四年正月二十三日），馆藏号：01-23-008-03-002。

③ 总理各国事务衙门档案：《滇缅界务事由》（光绪二十四年二月二十五日），馆藏号：01-23-008-03-004。

④ 总理各国事务衙门档案：《滇缅勘界卫德阴调英兵越界滋事希转饬禁阻由》（光绪二十四年三月十六日），馆藏号：01-23-008-03-007。

而起，且敌人擅入此境，该巡兵自应力为逐出。况立寨之民，决非安分之徒，大约致此之故，系为寨民有以启之也”。照复中还要求总理衙门饬令刘万胜“竭诚速将此事办结，谅此三月之久，必能将边界一带勘定”。[①] 由此，英国欲将中国陇川土司所属之线米、西董两地强行划入“缅境”。接到窦纳乐照复，总理衙门立即电令云贵总督崧蕃确查。闰三月二十七日，崧蕃查实电复：“英兵滋事之线米、西董两寨，确是中界，在虎踞关内九十里。枪毙之土练，系陇川土司旧募以防边者……至于垒甸，在中界内一百余里，薛图之垒弄相近。瓦兰距垒甸又一百余里，在太平江下流。从此起线，与新约顺太平江到瓦兰岭一节，文义均合。”[②]四月初六日，总理衙门将云贵总督崧蕃确查情形照会窦纳乐，并提出：“秋冬会勘时，仍应彼此按照图约和衷商办，毋庸牵混，以致彼此坚持，方可克期竣事。至英兵枪毙土练，亦应惩前戒后，俾免再滋事端。”[③]由此，此次英兵越界滋事一案不了了之。

光绪二十四年十月十九日（1898 年 12 月 2 日），中英双方在南奔江会晤，再次会勘太平江以南至南帕河与南定河汇流处边界。中方仍派刘万胜为总办，英方则改派司格德为总办。相对而言，此次会勘边界较为顺利，至光绪二十五年三月十四日（1899 年 4 月 23 日）勘划完毕。在划界过程中，“凡遇山岭即以分水之山脊为界，凡遇江河即以最深之处为界，再于重要之处立石堆以定准之。其所立石堆，编成号数，刊在石上，一连而下。又按照所立之处土名开列清单，以解明其坐落。除此清单英、华文各两张外，另绘界线细图两幅，由两国画界大臣会同察验，画押后互相分换”[④]。此段边界共垒石 97 号，载于光绪二十五年三月十四日画押的《刘镇万胜与英员司格德勘划由太平江与南奔江相汇处起至南帕河与南定河相汇处止界线垒石清单》，其中第 1 号位于太平江、枯利河相近枯利河西面由大山梁伸出小分水岭与太平江相连之处，第 97 号位于南帕河河边，距离该河与南定河汇流处以上约 15 丈。[⑤] 此段边界约长 1660 里。

---

① 总理各国事务衙门档案:《滇缅边界事由》（光绪二十四年三月十八日），馆藏号:01-23-008-03-008。

② 总理各国事务衙门档案:《详述滇缅界务停办情形请商英使定议以便秋间勘办由》（光绪二十四年闰三月二十七日），馆藏号:01-23-008-03-010。

③ 总理各国事务衙门档案:《秋间会勘缅界仍按图约商办由》（光绪二十四年四月初六日），馆藏号:01-23-008-03-011。

④ 张凤岐《云南外交问题》，第 230 页。

⑤ 张凤岐《云南外交问题》，第 230～237 页。按:《中外旧约章汇编》第 1 册（第 886～894 页）将此段垒石清单改名为《滇缅边界北段第三段勘定界线累石清单》。

三、自南马河与南卡江汇流处至南阿河与湄公河汇流处（第五段）边界之勘定

关于此段边界，《续议滇缅界、商务条款》第三条和《续议缅甸条约附款》第三条的规定基本相同：自南马河与南卡江汇流处起，“循孟连与康东之界线，此界线亦皆土人所熟悉。由南卡江分开至北纬二十二度稍北处，即离开南卡江，向东略南，循山脊而行，至南垒江，约在北纬二十一度四十五分，格林尼址东经一百度（北京西经十六度三十分）。由此循康东及江洪之界线，此界线大半系顺南垒江而行，惟除属江洪一小带之地系在南垒江之西北纬二十一度四十五分稍南。界线行至江场边界后，约在北纬二十一度二十七分，格林尼址东经一百度十二分（北京西经十六度十八分），即循江场与江洪之界线而至湄江”①。

在实践中，此段边界由陈灿与英员觉罗智共同勘定。光绪二十四年十一月十五日（1898 年 12 月 27 日），陈灿与觉罗智在猛阿会议，双方商定，委员逐段勘绘定线后，即于交界处垒石树木，上写“滇缅交界第某号标记”字样，为将来换立石碑位置。十六日（12 月 28 日），双方起勘，至二十五年三月二十三日（1899 年 5 月 2 日）勘毕，双方即将所绘滇缅南段分界总图 2 张，打洛一带垒石地方详细分图 2 张，及垒石处所汉文、英文清单各 2 张，彼此画押盖印互换。此段边界约一千数百余里，共编列界标 62 号，垒石 77 处，其中第 1 号位于南马河与南卡江汇流处以南之南永河与南卡江汇流处，第 62 号位于南雅河（南阿河）流入湄江（湄公河）处。②

四、自南帕河与南定河汇流处至南马河与南卡江汇流处（第四段）边界之勘划与分歧

关于此段边界，《续议滇缅界、商务条款》第三条和《续议缅甸条约附款》第三条的规定完全一样：自南帕河与南定河汇流处起，“循英国所属之琐麦与中国所属之孟定分界处之江而行；仍随此两地土人所熟识之界线，至界线离此江登山处；以萨尔温江及湄江（即澜沧江）之支江水分流处为界线，约自

① 附录四 中英《续议滇缅界、商务条款》（1894 年 3 月 1 日）、附录六 中英《续议缅甸条约附款》（1897 年 2 月 4 日）。

② （清）陈灿：《宦滇存稿》卷五，《与英员觉罗智勘办滇缅甸界务公牍》《与英员觉罗智论腊户地方应归中国实在情形》，见《云南史料丛刊》第 10 卷，第 703～711 页。

格林尼址东经九十九度(北京西经十七度三十分)、北纬二十三度二十分,约至格林尼址东经九十九度四十分(北京西经十六度五十分)、北纬二十三度,将耿马、猛董、猛角归中国。在格林尼址东经九十九度四十分(北京西经十六度五十分)、北纬二十三度处,边界线即上一高山岭,此山名公明山,循山岭向南而行,约至格林尼址东经九十九度三十分(北京西经十七度)、北纬二十二度三十分,以镇边厅地方归中国。然后其线由山之西斜坡而下,至南卡江,即顺南卡江而行,约过纬度十分之路,以孟连归中国,孟仑归英国"[①]。

在实践中,此段边界的勘划十分曲折。光绪二十五年(1899)六月,英员司格德与英驻云南总领事杰弥逊到昆明谒见云贵总督崧蕃,"以野卡瓦犷悍为词,谓中英画(划)界,人均不能至其地,必须中界稍让少许,将野卡瓦全划归英,从我土司边界过去,乃能立石",崧蕃当即表示拒绝,坚持以薛福成划界谈判时呈送总理衙门的红线图约为准。杰弥逊又函呈节略两份和新绘地图一份,提出薛图"所画之红线,皆不顺经纬之处",与条约规定有"大谬之处";相反,英国新绘地图"系顺约内定准经纬而画,与约内之意大同"。杰弥逊认为,不应拘泥于图,应"查明潞江、澜沧江之分水岭,即以此显而易见之大梁山作为界线……分水岭以东全行归华,分水岭以西全行归英",如分水岭以西有镇边厅治理之地,要"一概退出归英,不得争论"。另外,"野卡瓦之地",也要"概划归英"。[②] 显然,杰弥逊所呈节略和新绘地图,系欲改线内侵,占据镇边、孟连各土司治理之地。崧蕃以图约系两国大臣会订,不允更改。司格德等倔强殊甚,旋即回缅。崧蕃随派刘万胜、陈灿前往会同照约勘办。[③]

十一月二十二日(12月24日),刘万胜、陈灿在户板与司格德举行会议开始勘划边界。会议伊始,司格德就提出,"附款载琐麦属英。琐麦即葫芦译音。凡上、下葫芦王之地概应归英"。刘万胜、陈灿驳斥说:"琐麦确系工隆属地,在南定河北,土人咸知,何得误为葫芦译音。"经多次会商,双方议定:"上、下葫芦野佧地一定照班洪、班况交界之山勘分,是以后凡瓯脱之地,

---

① 附录四 中英《续议滇缅界、商务条款》(1894年3月1日)、附录六 中英《续议缅甸条约附款》(1897年2月4日)。

② 总理各国事务衙门档案:《英员司格德等图混野卡瓦界务并法员吉理默等勘路情形由》(光绪二十五年七月初二日),馆藏号:01-23-008-04-006。

③ 《光绪朝硃批奏折》第111辑,第405条,第514～516页;《清季外交史料》卷一五二,第23～25页。

均应近滇归滇，近缅归缅，彼此平分，不宜稍有轩轾。”双方还共同建立了三处界桩，第1号立于南定河南东卡山西，第2号位于由蛮卡至南达大路边，第3号位于蛮卡尖山。[①] 十二月二十六日，刘万胜等抵猛角驻扎，随邀同司格德登山，按图指证，应以约内公明山分界定线，司格德仍以公明山、南卡江与附款经纬度不合，争执未决。二十六年(1900)二月初三日，刘万胜等同司格德由猛角起行，接办界务。沿途多次会议，司格德仍挟其私图，欲侵占镇边、孟连治理之地。辩论日久，司格德坚持认为图约经纬不符。刘万胜不得已，自拟一酌中之线绘图请示。云贵总督魏光焘因期限紧迫，一面电咨总理衙门商办，一面仍饬刘万胜竭力与英员磋商。接到饬令，刘万胜与英员继续会商，无奈司格德一味强狡，竟欲照己私图之线立桩，且欲驱逐该处防兵，进占内地。刘万胜按约据理驳斥，司格德语塞，乃议各画一线互换，请示两国政府核办。三月二十一日，英员自猛马起程出境，二十九日遣人送来线图，核其图线，仍与所执私图无异。经刘万胜等逐层指驳，备文照复，并照前拟酌中之线绘具一图，派员送投。英员即于四月初四日(5月2日)由邦桑起程回缅，刘万胜等亦回猛董。[②]

至此，此段边界第一次会勘结束，双方并未达成一致意见，而是出现了五条界线：(1)黄色线——刘万胜、陈灿照薛福成图初定界线：自南帕河流入南定河(南汀河)处起，循猛林山至帕唱山，南至大南滚河，循光坎山至公明山，偏东渡南马河，经山通、岩城而至南卡江，至南永河止。(2)蓝色线——刘万胜、陈灿拟让线：自南帕河流入南定河处起，至帕唱山南，至大南滚河，登光坎山，偏东至南懒山、安敦山，再东略南至南瓦山，黑河头之班定后山，循南马河、南项河之分水岭，至弄俅山，循南卡江以至南永河汇流处。(3)紫色线——清外务部[③]指示线：自南帕河流入南定河处起，过猛林山，至唱帕河、大南滚河，过河越光坎山，至糯果山(诺果山)，向南至南懒山，偏东至安敦山、南瓦山，东南至黑河源之班定后山，转西至库杏河头，至南项河头汇流处，循南卡江至南永河汇流处。(4)绿色线——英员司格德议让线：北段与

① (清)陈灿：《宦滇存稿》卷五，《与英员司格德勘办滇缅界务公牍》《照会英员司格德各划图线辨论界务情形文》，见《云南史料丛刊》第10卷，第711～714、735～741页。

② 《光绪朝硃批奏折》第111辑，第405条，第514～516页；《清季外交史料》卷一五二，第23～25页。

③ 按：光绪二十七年六月初九日(1901年7月24日)，清廷明令改总理各国事务衙门为外务部，班列在六部之前。

清外务部指示紫色线同，至库杏河与南项河交汇处，向南经班顺、富岩、邦北、庸黑而至南卡江，至南永河汇流处。(5)红色线——英员司格德自划线：自南帕河流入南定河处起，至猛林山北，向东经南板、班洪、信阿各地，沿山脊南下至糯果山，向南再向东至南瓦山，向东经蛮令，沿大岱南山经黑河头至班定，循库杏河东面湄、潞二江分水岭南下，至镇边属之邦糯西面，向西南仍循湄、潞二江之分水岭，与绿色线合而至南永河汇流南卡江处。[①]

光绪三十年(1904)三月二十八日，英驻华公使萨道义(Ernest M. Satow)照会清外务部称：此段界务，光绪二十五年冬中国勘界人员所持地图，系"薛、劳二大臣未经签字之图"，与已签字之图相较，"实为误谬，殊难据以为凭"，因此请清政府允认勘界英员所画界线。[②] 五月初四日，清外务部照复提出："两国界员各有意见不同之处。图约所载，只具大略。其间经纬参差，山川曲折，以及应归何国治理之地，自须会同考查，方无疑义。此次英员与华员各划一线，似均未便作准。中英睦谊素敦，总期彼此相让，酌中勘定，以免日后争论……相应照复贵大臣查照转达贵国政府，仍行派员会勘，以期妥协。"[③]对于清政府再次勘划此段边界的要求，三十一年二月初三日，萨道义照会清外务部加以拒绝："本国政府不愿委派官员会同勘界，即拟将司大臣所划之线当为暂界，贵国官员兵丁勿须逾越，是为至要。"[④]三十二年十月二十七日，清外务部再次照会英驻华公使朱尔典(John N. Jordan)，要求英政府再次派员会勘此段边界。[⑤] 然而，驻华英使对于清政府的这次要求置之不理。由此，此段边界成为悬案，称为"南段未定界"。

关于此段边界，至1933年10月间，英人侵入此段未定界内班洪地区办矿，英缅政府派兵500余名进驻班洪、班弄交界之果敢，修兵房34间。云南省府得确报后，即电告民国政府外交部。外交部急电令驻滇外交特派员王占祺查明具复。王占祺遂与英驻滇总领事哈尔定交涉。哈尔定答称，彼方虽已接电，但英兵究欲开至何处，尚未得闻。至1935年夏，外交部与英大使贾德干(Alaxander Codogan)会商，双方同意另组织中英滇缅勘界委员会，进

---

① 张凤岐：《云南外交问题》，第72～74页。

② 外务部档案：《照送中缅界图请允认赐复以便转报本国由》(光绪三十年三月二十八日)，台北"中研院"近代史所档案馆藏，馆藏号：02-17-001-01-003，未刊。

③ 外务部档案：《镇边厅界务中英各划一线未便再作准应再派员会勘由》(光绪三十年五月初四日)，馆藏号：02-17-001-01-005。

④ 《英国驻华公使萨道义致清政府外务部照会》，转引自吕一燃主编《中国近代边界史》，第778页。

⑤ 外务部档案：《中缅界务事》(光绪三十二年十月二十七日)，馆藏号：02-17-001-02-006。

行实际勘查南段未定界之工作。12 月 1 日，中英共同勘界委员会在哲孟雄集会，委员会成员 5 人，英方委员为克来格、格罗斯，中方委员为梁宇皋、尹明德，国联行政院所派之中立委员伊士麟上校（瑞士人）为委员长。委员会于 1935 年冬和 1936 年冬两次到界详细履勘，1937 年 4 月全部工作告竣，并呈送报告书于中英两国政府。后经多次会商，终于 1941 年 6 月 18 日在重庆签字换文。①

五、尖高山以北边界（第一段）之勘划与分歧

关于中缅界务最北之第一段，《续议滇缅界、商务条款》第四条和《续议缅甸条约附款》第四条都规定：北纬 25°35′之北一段边界，俟将来查明该处情形稍详，两国再定界线。这片区域的范围是：南起尖高山，北至西藏担当力卡山南坡，东起恩梅开江，西至印度阿萨姆。在这片区域内，有两条纵贯南北的河流，东为恩梅开江，西为迈立开江，两江皆为伊洛瓦底江（大金沙江）上源。自恩梅开江以东至高黎贡山的区域，则为清朝边境土司管辖的小江流域。

光绪二十四年（1898）六月初十日，英驻华公使窦纳乐照会总理衙门："上年十二月间，有华官带领兵丁二百名，进入恩买卡河北境内，应请转饬华官，于恩买卡河与萨尔温江即潞江中间之分水岭西境，不得有干预治理地方之举。"此为英人对滇缅尖高山以北界线含混东侵之始。十月十六日，窦纳乐又致函总理衙门，申明前次照会，并询问是否已经转饬滇督照办。② 十九日，总理衙门函复窦纳乐，已于六月间咨行滇督。③ 但无论是总理衙门还是云贵总督，都未及时对英人以分水岭为界的意图进行驳斥。

光绪二十六年（1900）正月十四日，突有英兵数百名越界进入茨竹、派赖边寨，茨竹土把总左孝臣据理力阻，英兵诡称查界，并无他意。是夜，英兵忽然发号开枪，烧杀茨竹、派赖各寨，左孝臣率土练、土民抵御，致被伤毙一百余命，左孝臣阵亡，英兵即占据该处，威逼土民归顺。腾越镇总兵张松林、署

① 刘伯奎：《中缅界务问题》，新加坡南洋学会 1982 年版，第 27～28 页；张凤岐：《云南外交问题》，第 75～76 页。

② 总理各国事务衙门档案：《上年十二月间有华官带兵进入恩买卡河北境曾否转饬华官干预治理请速复由》（光绪二十四年十月十六日），馆藏号：01-23-008-03-024。

③ 总理各国事务衙门档案：《函复中缅勘界华官于恩买卡河等处不得干预治理一条前已据文咨行滇督由》（光绪二十四年十月十九日），馆藏号：01-23-008-03-025。

腾越同知杨均闻报，派兵往援，英兵退出界外。对于此次冲突，英使窦纳乐称系华兵先越界，并称“该处未分界，应先以恩买卡河与潞江中间之分水岭为暂时从权之界”。总理衙门则诘责英使：茨竹、派赖各寨，系中国世袭土弁管辖之地，窦纳乐应责令英兵仍守定现管小江边界，勿相侵越。[①] 此为英人以兵力东侵滇境之始。

这一时期，中英双方多次照会往来，中方强调应以小江为界，英方则坚持以高黎贡山为界。[②] 光绪二十八年(1902)八月，英驻华公使萨道义照会清外务部提出：“缅甸政府在曾经划定边界北方一带详细查勘，方知西流归入小江诸河之分水岭，不但为已定边境以北之天生极妙界限，并为中国现时管辖之边疆。此岭以西，并无华民居住，该处亦向无华人村落”，因此，双方应“以小江即恩买卡河以东之分水岭作为定界”。[③] 接到萨道义的照会，清外务部立即电令云贵总督迅速查明“恩买卡河以东之分水岭是否即指滇省勘界图中之湄、潞二江分水岭，岭西有无华民村落”[④]。九月初一日，云贵总督魏光焘电复：“此段并无界图，历来均以腾越厅属茨竹土把总管理之小江为界……查无恩买卡河地名，所谓潞江之分水岭，系在我茨竹、派赖各寨以内，距小江百余里。”[⑤]据此，清外务部再次照会萨道义：此段边界未经两国派员会同查明勘分以前，仍应各守现管之界，不得侵越。

光绪三十年(1904)九月十九日，萨道义照会清外务部，请彼此派员由华境前往分水岭地方勘界。[⑥] 十月，云贵总督派署腾越关道石鸿韶前往会勘。这次会勘，清朝方面意将此段边界明确划定，英方勘界委员驻腾越领事烈敦

---

① 《光绪朝硃批奏折》第 111 辑，第 406 条，第 517～518 页；《清季外交史料》卷一五二，第 25～27 页。

② 总理各国事务衙门档案：《照会英窦使滇缅交界应仍各守现管小江边界由》(光绪二十六年三月十七日)，馆藏号：01-23-002-01-002；总理各国事务衙门档案：《中缅边界分水岭仅为暂权之界不能任云督将权界作罢尤不应预订如何画分请咨云督照行由》(光绪二十六年四月初七日)，馆藏号：01-23-002-01-003；总理各国事务衙门档案：《照复英窦使分水岭界务应转达英国政府印度总督仍以现管小江为界由》(光绪二十六年四月十二日)，馆藏号：01-23-002-01-004。

③ 总理各国事务衙门档案：《照称缅甸边界本国政府愿以恩买卡河以东之分水岭作为定界请照允以免边界未定之一切葛藤由》(光绪二十八年八月十七日)，馆藏号：01-23-002-01-011。

④ 总理各国事务衙门档案：《英使照称请以恩买卡河东分水岭作为定界速行查明并将近日情形暨地图备文送部由》(光绪二十八年八月二十二日)，馆藏号：01-23-002-01-012。

⑤ 总理各国事务衙门档案：《滇缅北段未查明勘分并无界图二十六年英兵越界滋事一案曾电达兹英复萌故态希持命案亦乞与议结由》(光绪二十八年九月初一日)，馆藏号：01-23-002-01-014。

⑥ 外务部档案：《详述滇缅界线地名请派员前往和平议结由》(光绪三十年九月十九日)，馆藏号：02-17-001 -01 -007。

之意则“系彼此据以各详政府查照，并非就此划定”[1]。十二月，双方会勘开始，至光绪三十一年(1895)春会勘结束。会勘之结果，烈敦“主由高丽贡大雪山顺分水岭而下，以大哑口为界，并愿仿照前租芒卯三角地成案，所有大哑口以外村寨地方作为永租”。石鸿韶则“按土司治理，主以尖高山起，由磨石河源头直上歪头山，过之非河，经张家坡，登高良工山，抵九角塘河，顺小江边上至小江源，抵板厂山为界”。当经绘图，彼此盖印，声明“会勘不会划”在案。英人起初混称恩买卡河为小江，滇省既勘明恩买卡河即恩梅开江，遂拟以接近该江之扒拉大山，作为其所指之分水岭。这时烈敦病故，清外务部要求英方另行派员会勘。英驻华公使以已有完全报告，不同意再次勘划，其所主界线，系本于烈敦所勘之线：“循大金沙江及龙江之分水岭脊，至过龙江上流各溪，再循潞江及大金沙江之分水岭脊顺至西藏边界之处。”清外务部当即声明不愿照允，并据滇省图说，主以“从尖高山起，过青草岭熊家寨，过狼牙山之非河，登高良工山，抵九角塘，沿小江西岸之浪漾大山，即扒拉大山，接连他戛甲大山，为分水岭”。对于清外务部的声明，英使萨道义于光绪三十二年(1906)四月初八日述其政府言曰：“中国若竟不愿按照所拟各节允诺，则本国仍令缅甸政府驻守该处，治理一切，无须再行议商。”[2]由此，此段边界之勘划陷入僵局。

宣统元年(1909)九月，保山县所属登埂土司滥征苛捐杂税，片马土民伍嘉源、徐麟祥率众控于永昌知府。永昌知府先将登埂土司传讯关押，后受土司贿赂将其释放。伍嘉源、徐麟祥遂率土民前往英驻腾越领事娄斯(Archibald Rose)处投禀，请其发兵保护。云贵总督李经羲闻讯，令保山县陈令驰往查办。娄斯则以游历为名，先赴片马，并致电英驻昆明总领事额必廉，请阻陈令勿往，又云此案应听候北京核办，于未核准之前，两国均不得出兵该地。然有英兵2000名绕道密支那，越过野人山，于十二月初三日进占片马，逼迫各寨降附，并宣称高黎贡山以西为英国领土。自宣统二年(1910)四月起，清外务部多次与英驻华公使交涉，并电令驻英公使刘玉麟向英外交部商令撤兵，而英驻华公使终执前议，谓不肯以分水岭界线作为根据，断不

① 外务部档案：《滇缅界事系派员据详各政府并非就此划定请电饬遵照由》(光绪三十年十二月二十五日)，馆藏号：02-17-001-01-012。

② 《宣统政纪》卷五三，宣统三年四月甲午，第60册，第952～953页；外务部档案：《复片马案由》(宣统二年四月二十七日)，馆藏号：02-17-001-03-002。

受商，英外交部亦一味推宕。[①] 由此，此段边界虽经会勘，但未划定，是为“北段未定界”。

关于此段边界，至1914年，因第一次世界大战爆发，英国撤退驻片马军队移防印度。迨至大战结束，英人又派兵进驻片马，恢复战前状态。民国政府虽多次严词申辩，英人始终予以推宕，片马问题遂成悬案。另外英人还于1926年秋出兵占领迈立开江与恩梅开江之间纵长2000余里、阔700余里之江心坡，1941年6月18日换文时划线侵占班洪、班老地区，造成中缅边界新的悬案。

综上所述，清末中英两国就滇缅界务划分进行了长期的交涉与勘界，至清朝灭亡时，中缅大部分边界勘划完毕。唯有尖高山以北边界未经划定，称为“北段未定界”；自南帕河与南定河汇流处至南马河与南卡江汇流处边界亦未划定，称为“南段未定界”；另外还有中段的猛卯三角地为中国“永租”与英国管理。

关于中缅边界诸多未定之处，迨至1956年年底，中国与缅甸联邦政府在原则上同意互派代表，就中缅未定界问题进行磋商。经过勘查与谈判，1960年10月1日，中缅两国政府在北京正式签订《中华人民共和国和缅甸联邦政府边界条约》，条约共12条，主要内容有：(1)双方同意从尖高山到中缅边界西端终点一段未定边界，除片马、古浪和岗防地区外，按传统习惯性定界，并且确认从尖高山到中缅边界东南端终点的划界原则；(2)缅甸同意把属于中国的片马、古浪、房岗地区归还中国；(3)双方决定废除缅甸对属于中国的猛卯三角地所保持的“永租”关系，中国方面同意把这个地区移交给缅甸，缅甸同意把按照1941年中英两国的滇缅南段界务换文规定属于缅甸的班洪、班老部落辖区划归中国；(4)为了便于双方各自的行政管理，照顾当地居民的部落关系和生产、生活上的需要，双方对1941年换文划定的界线中的一小段，做一些公平合理的调整；(5)中国放弃1941年换文规定的中国参加经营缅甸炉房矿产企业的权利。该条约自1961年1月4日起生效，至此两国边界全部正式划定。

① 《宣统政纪》卷五三，宣统三年四月甲午，第60册，第953页。

第四节　中英围绕中缅关系其他问题的交涉

除界务、商务问题外，中英两国围绕中缅关系其他问题也有诸多交涉。其中包括缅甸呈进方物、清在缅甸设领、滇缅电报接线、滇缅铁路相接、滇缅边案会审、云南设立海关等问题，兹将前五者略述于此，云南设立海关问题并于下一章讨论。

一、缅甸呈进方物问题

缅甸续贡曾是英国占领缅甸时中英两国交涉的重点问题。光绪十二年(1886)《缅甸条款》规定，缅甸每届十年派员循例呈进方物。然次后数年间，竟无人关注此事。至光绪十六年(1890)九月，出使英、法、义、比四国大臣薛福成梳理缅甸入贡资料时注意到，订立《缅甸条款》时，“专在申明成例，惟未计及缅甸应于何年入贡”①。十七年正月二十五日，薛福成向光绪帝上《滇缅分界通商事宜疏》的同时，又附上《拟催驻缅英员照约呈进方物片》，言及缅甸循例呈进方物一事：

> 查中英所定缅约第一条内，缅甸每届十年向有派员呈进方物成例，英国允由缅甸最大之大臣每届十年派员循例举行，所派之人应选缅甸国人等语。当时中外注意，专在申明成例，惟未计及缅甸应于何年入贡。所以但有此约，而英之驻缅大员尚未举行。但恐久不催问，此约即成虚设。臣因略查成案，知缅甸向系十年一贡，自道光二十三年入贡后，因道路梗塞，未经入贡，光绪元年始复入贡一次，是截至光绪十一年正应缅甸入贡之期。我若不按时理论，彼亦断不过问。数年以来因勘界事未定，所以暂缓。然此本各为一事，未便受其牵掣。臣拟再略加查访，即行文外部，请其知照驻缅大员，补进光绪十一年应呈方物，俟光绪二十一年再按定例办理。万一彼谓必俟驻缅十年始呈方物，则经此一番考核，彼于光绪二十一年之期，断难宕缓矣。②

① 《薛福成日记》，第583页。

② 《光绪朝硃批奏折》第111辑，第395条，第497～498页；军机处录副奏折：《奏为缅甸每届十年向中国呈进一次方物事》(光绪十七年正月二十五日)，档号：03-9379-036；总理各国事务衙门档案：《片奏申明中英缅约拟令十年一贡由》(光绪十七年三月二十五日)，馆藏号：01-23-005-02-002；《拟催驻缅英员照约呈进方物片》，见(清)薛福成辑《滇缅划界图说》，第4页。

显然，薛福成的建议是通知英缅政府补进光绪十一年例贡方物，然后至光绪二十一年再次入贡。三月二十五日，光绪帝接到薛福成奏片，命总理衙门议奏。四月，总理衙门大臣奕劻等议复："缅约但云每届十年循例呈进方物，并未声明以何年为始。若以光绪元年接算，则已逾期六年。如以十二年立约之后为始，则为期尚早。现在约内界务、商务均未议及，且俟开议时再与声明贡期，谅亦不至违约也。"[①]

按照总理衙门的意见，光绪十八年(1892)正月十一日，薛福成派马格里前往英外交部询问何时照办缅甸派员呈进方物问题。二月十五日，英外交部照会薛福成：条约款内未载明第一次派员日期，英政府认为"应由立约之日算起，至第十年即一千八百九十七年七月之前，届时印度政府自当预备派员如此办理"[②]。五月初五日，薛福成照复英外交部：条约内虽未载明第一次派员日期，而载有照向章办理，每十年派员云云，即此可知缅甸十年一贡之例，非定约时从新另立，乃照向来缅王分所应办者接续办理。第一次派员之期，非从缅甸归英国管辖之日算起，而应自缅甸未服属英国时开始统计。兹从锡袍王派员之期迄于今日，逐年计算，英国应派员赴北京逾期已久矣。[③]经薛福成屡与理论，英外交部始照会称英廷已预备光绪二十年即1894年第一次派员赴中国。[④]

光绪二十年(1894)正月，薛福成照会英外交部，初次英国进贡之员应于本年内抵京，请告知所派之员何时起程。[⑤] 然英外交部复文称，因缅甸派员赴中国应过之地未定，请将派员一节"迟缓一年，俟两国边界划定，两边地方管理比目下更臻完备，然后再行举办"。薛福成以展期之事不能"漫无限

---

① 《光绪朝硃批奏折》第111辑，第396条，第498页。《清季外交史料》(卷八四，第24～25页)记时间为六月十四日。

② 总理各国事务衙门档案：《派员与英外部议缅甸入贡之期防再翻异抄送往来照会由》(光绪十八年六月二十二日)，馆藏号：01-23-005-03-018。

③ 《与英外部理论缅甸入贡事宜》，见(清)薛福成辑《滇缅划界图说》，第53～54页；总理各国事务衙门档案：《派员与英外部议缅甸入贡之期防再翻异抄送往来照会由》(光绪十八年六月二十二日)，馆藏号：01-23-005-03-018。

④ 总理各国事务衙门档案：《缅甸十年进贡由》(光绪十九年五月十二日)，馆藏号：01-23-006-02-015；《光绪朝硃批奏折》第111辑，第400条，第508页；《驻缅英员遵约呈进方物片》，见(清)薛福成辑《滇缅划界图说》，第7～8页；《附陈驻缅英员遵约呈进方物片》，见(清)薛福成《庸盦海外文编》卷二，第8页。

⑤ 《与英外部再催缅甸进贡》，见(清)薛福成辑《滇缅划界图说》，第60页。

制”，照复英外交部允其暂缓一年。[①] 然英外交部以薛福成照复中无咨送总理衙门查核字样，将薛福成照会送回，并请转咨总理衙门，希望多许展缓之期。薛福成遂咨告总理衙门，建议坚持约章不允缓期，或再许展缓一年。[②] 三月十二日，总理衙门电令薛福成，缅贡一事英外交部尚未允定，应持约力索允贡确据，以免英人反悔。[③] 十五日，薛福成回电，滇约未换，催之过急，恐生他变，最妙莫如允其再展一年，告以丙申年（光绪二十二年，1896）办贡。[④] 由此，缅甸呈进方物一事暂缓。不久，薛福成任满奉调回国，于光绪二十年六月十九日（1894 年 7 月 21 日）病逝于上海。此后，清朝方面再也无人提起英属缅甸派员呈进方物问题。

二、清在缅甸设领问题

较早提出在缅甸设立领事的是同文馆官员黄懋材和两广总督张之洞。光绪四年(1878)，英人以《烟台条约》准其入藏探路为由，对西藏虎视眈眈，清廷特派同文馆官员黄懋材考察三藏五印地区。五年三月，黄懋材在缅甸考察月余，并在其《西輶日记》中提出：“似宜添设领事驻扎阿瓦，外以保护商旅，内以联络藩卫。”[⑤]黄懋材的著述和所绘印缅地图于光绪六年(1880)十一月由总理衙门奏呈光绪帝，但其在缅设立领事的建议并未引起清廷注意。光绪十二年(1886)七月，张之洞派记名总兵王荣和及内阁侍读、候选知府余瓗赴南洋各地访察设官、造船等事。十三年七月，王、余二人回到广东，向张之洞禀报所到菲律宾、新加坡、缅甸仰光等地商埠情形，言缅甸仰光“华人三万余众，设有宁阳会馆及各公司”，“出产以米石为大宗，宝石、牛皮等物次之”。十月，张之洞向清廷奏报：“自英据其地收饷设戍，密迩腾越，为中国隐

---

① 英国外交部档案，F017/1210，薛福成致劳思伯里照会，光绪二十年正月二十三日；总理各国事务衙门档案：《缅甸进贡请照约准缓一年由》（光绪二十年三月初十日），馆藏号：01-23-007-01-007。

② 《咨总理衙门并云贵总督王钞送英外部请展缓缅甸进贡年限》，见（清）薛福成辑《滇缅划界图说》，第 28 页。

③ 电报档：《为缅贡暂缓一年事》（光绪二十年三月十二日），档号：2-02-12-020-0193；《清季外交史料》卷八九，第 13 页。

④ 电报档：《为英展缓一年进贡事》（光绪二十年三月十五日），档号：2-02-12-020-0201。《清季外交史料》（卷八九，第 14 页）记时间为三月十四日。

⑤ （清）黄懋材：《西輶日记》，见王锡祺辑《小方壶斋舆地丛钞》第 10 帙，上海著易堂光绪十七年(1891)铅印本，第 994 页。

患。此处宜设领事,联络商情,必于边事有益。”[①]然而,张之洞的提议也未引起清廷重视。

光绪十六年(1890)闰二月,清廷派丁汝昌率“定远”“镇远”等北洋海军主力战舰出访新加坡。五月,丁汝昌向总理衙门汇报其奉令巡洋,在新加坡等地目击华侨被欺凌剥削的情况,又提出在南洋各地添设领事的建议。总理衙门咨文通知薛福成:“查外洋各属竟添设领事,均须先与彼国外部商定,核给准照,方能次第筹议……贵大臣酌度情形,试与英国外部商议。如能办到,实于华民有裨。”[②]八月,薛福成在伦敦接到总理衙门通知,他认为:“中国从前与各国订立和约,但有彼在中国设领事之语,而无我在外洋设领事之文,盖因未悉洋情,受彼欺蒙。”薛福成分析,“粤东全省政务,往往为香港一隅所牵掣。此处添设领事,万不可缓。其次则新金山及缅甸之仰江(即仰光),亦须相机推广,逐渐设员”。时使馆英文参赞马格里向薛福成提出,可“先办文照会外部,援照公法及各国常例,声明中国可派领事分驻英国属境,暂不必指明何地”。薛福成以为然,遂命马格里代拟照会,递交英外交部。英外交部官员山特生称:“中英和约,究无中国在英境设领事之明文,所以从前议此事者,每多阻碍”,又表示要呈外交大臣沙里士伯商议,才能做出答复。[③] 十月初十日,薛福成就南洋设领保护华民事上奏:南洋英法属地应专设领事者有五处,即香港、新金山、缅甸之仰江(仰光)、越南之北圻与西贡,现正与英外交部商议,“即彼未肯速允,臣拟坚持初议,至再至三,与之磋磨,先就香港、仰江、新金山等埠,酌设一二员”[④]。十九日,沙里士伯照会薛福成:“英廷愿给文凭与中国所派之领事官,如给与外洋各友邦之领事官同样办理。但间有审量地方情形之处,刻下或有不能照给文凭者,此须由英廷察看情景,定夺办理。”[⑤]事实上,英国除同意将中国驻新加坡领事馆升格为总领事馆、在槟榔屿派驻一名副领事外,不同意清政府在东南亚其他英国属地派驻领事官。

光绪十七年(1891)正月,清朝驻德使馆随员姚文栋回国经过巴黎,薛福

① 苑书义等主编《张之洞全集》第1册,石家庄:河北人民出版社1998年版,第609页;《清季外交史料》卷七四,第22～23页。

② 《薛福成日记》,第575页。

③ 《薛福成日记》,第575～577页。

④ 《通筹南洋各岛添设领事官保护华民疏》,见(清)薛福成《庸盦海外文编》卷一,第12～18页。

⑤ 《薛福成日记》,第589页。

成面嘱其顺道察看印度、缅甸各埠华商情形，并密探云南腾越边外交界地势及撣人各处地形。姚文栋由海路于三月初三日抵仰光海口，初九日由仰光海口换轮船入伊洛瓦底江，十五日抵阿瓦，二十日又由阿瓦换轮船，二十二日抵新街。四月初五日由新街雇民船入大盈江，初六日抵蛮陇登岸，初七日过野人山，初十日抵蛮允，十三日过盏达土司境，十四日过干崖土司境，十五日过南甸土司境，十六日抵腾越，五月二十七日抵昆明。姚文栋在途中看到："凡缅甸境内商埠，海口三处，沿江大者二十二处，小者二十九处，其腹地深山之中，亦有商埠不下数十处。闽商粤商多在海口，约有万人；滇商散布于沿江及山中各埠，无处无之，几与缅民相埒，约在十万人左右。"[①]根据姚文栋的汇报，薛福成致书总理衙门，建议在仰光设立领事。总理衙门很快密函告之薛福成，要其通知云贵总督王文韶，同时具折疏请在仰光设立领事，以便"两地分疏，不谋而合"[②]。薛福成遂致书王文韶征求同意。十八年三月，王文韶电告薛福成："仰光如设领事，滇人之福，倘有机缘"，可由薛福成"主稿会衔具奏"[③]。

六月，清廷专派薛福成与英外交部筹议滇缅界务。薛福成与英外交部谈判界务商务问题的同时，也讨论了设立领事问题。英人最初希望在永昌、顺宁两处设立领事，又提出在云南省城添设领事，薛福成坚决拒绝，仅准许英国在腾越之蛮允设立领事，而清朝则在仰光设立领事以相对应。[④] 光绪二十年(1894)正月，中英两国签订《续议滇缅界、商务条款》，其第十三条规定："中国大皇帝可派领事官一员，驻扎缅甸仰光；英国大君主可派领事官一员驻扎蛮允；中国领事官在缅甸，英国领事官在中国，彼此各享权利，应与相待最优之国领事官所享权利相同。如将来中、缅商务兴旺，两国尚须添设领事官，应由两国互相商准派设，其领事官驻扎滇缅之地，须视贸易为定。中、英两国领事官在所驻之地，与其地方大员往来，均系平行。"[⑤]至此，在缅甸设立领事一事，终于在条约中确立下来。

条约中规定中国可在仰光设立领事，英国可在蛮允设立领事，但英印总

---

① 总理各国事务衙门档案：《准前往驻德随员姚文栋禀称游历印度缅甸等处复行抵云南各情由》(光绪十七年九月初一日)，馆藏号：01-23-005-02-009。并参见《薛福成日记》，第769页。

② 《致王制军再启》，见(清)薛福成《庸盦文别集》卷六，施宣圆、郭志坤标点，上海：上海古籍出版社1985年版，第216页。

③ 《清季外交史料》卷九一，第6页。

④ 《清季外交史料》卷九一，第6页。

⑤ 附录四 中英《续议滇缅界、商务条款》(1894年3月1日)。

督"恨未能在滇多设领事"[①]，因此积极设法改驻增设领事。很快英人以清朝擅将猛乌、乌得划归越南违反条约为由，迫使清朝改定条约。光绪二十二年(1896)，窦纳乐来华接任驻华英使，称奉英国外交部指令，要求在腾越、顺宁、思茅三处设立领事。至二十三年正月，中英签订《续议缅甸条约附款》，其第十三条规定："今言明，准将驻扎蛮允之领事官改驻，或腾越或顺宁府，一任英国之便，择定一处，并准在思茅设立英国领事官驻扎。所有英国人民及英国所保护之人民，准在以上各处居住、贸易，与在中国通商各口无异。英国领事官在以上各处驻扎，与中国官员会晤、文移及来往酬应，亦与通商各口领事官无异。"[②]据此规定，次年(1898)英国即在思茅设立领事馆，以杰弥逊为领事。二十七年(1901)，又在腾越设立领事馆，以烈敦为领事。二十八年，又在昆明设立总领事馆，以务谨顺为总领事。

清朝方面，光绪二十年(1894)五月，薛福成根据《续议滇缅界、商务条款》奏请派领事官驻扎仰光："此约蒙皇上批准互换之后，彼必迅派蛮允领事经营商务，万一仰光领事遴选稍迟，恐致落后。将来我设领事，彼虽碍于约章不能阻拒，然或隐为留难，或微示贬损，皆势所难免。要不若同时并设，可以互相援照，互相抵制，彼亦自无异意。"对于薛福成提出的仰光设领和由补用道左秉隆出任驻仰光领事的建议，光绪帝朱批允准。[③] 但是，这次设领并未成功。据光绪二十三年(1897)澳门《知新报》评论云："薛叔耘副宪(按：即薛福成)使英时，曾与英人争请在仰光地方设立领事。仰光者，在缅甸云南之间，中国人旅彼者数十万，诚要地也。薛使与英人往复数次，颇费唇舌，乃始见允。当时拟调左子兴领事秉隆移镇彼处，左以事不肯往。未几而薛满任归，龚仰蘧星使(龚照瑗)继之。定例使馆经费，由总理衙门包与使臣，报销多少不过问。龚因添派一领事，薪水等开销每月多费数百金，颇于宦囊有损，遂置不复派，而总署亦不复记有此事。故此事虽经薛使千言万语而后得之，然至今仰光一埠，尚无中国领事之足迹云。"[④]可见，这次设领未能成功的原因，一是左秉隆不愿前往，二是龚照瑗害怕添派领事会多支经费。

---

① 《清季外交史料》卷八九，第3页。

② 附录六 中英《续议缅甸条约附款》(1897年2月4日)。

③ 总理各国事务衙门档案：《具奏新订滇缅条约拟拣派领事官驻扎由》(光绪二十年五月初七日)，馆藏号：01-23-007-01-024；《清季外交史料》卷九一，第6页。

④ 《知新报》第10册，第7页，《仰光领事》，光绪二十三年三月初六日出刊，澳门基金会、上海社会科学院出版社1996年联合影印出版。

清政府在设立领事方面的消极态度，引起缅甸华侨人心浮动。有时人评论曰："凡己国商人驻于他国，必设领事以收治外法权，此世界各国之公例也。我国驻缅商人，已十万有余，交通商业，已数十年。而政府竟冥然罔觉，未闻有一领事之派遣。近来英人税役日繁，华商之被其苛虐，呻吟憔悴，冤抑无诉者，不知凡几。今略举其大者：(一)户口人头税之偏重；(一)诬藏烟酒，任意捉拿；(一)商旅多被惨杀或毒打于缅人，无人根究；(一)全缅数万人，无一国文学堂，以兴教育。即此四者，所失匪细。哀我华民，在内既难营适当之生活，在外又不得法律之保护。五洲虽大，竟无所容，亦可惨矣。夫安南华侨，既因滇督之奏而设领事矣，独缅甸尚阙如，吾不知政府是何居心也。"①

光绪三十三年(1907)七月，御史徐定超提出保护海外华侨三策：(1)多设领事，(2)广设侨民学堂，(3)以侨民为领事。清廷经会议政务处议奏准许。② 在此背景下，腾越关道余树声致电云贵总督锡良，请锡良奏请在缅甸设领护侨。十月初五日，锡良上奏，建议将驻缅领事改驻阿瓦："滇、缅通商已久，前与英国订约议明，中国于仰光，英国于蛮允，各派领事驻扎，彼此应与相待最优之国领事所享权利相同，并订明领事驻扎滇、缅之地，须视贸易为定等语。旋英国议将应派蛮允领事改驻腾越，早经照约准设，而中国应设驻缅之员，尚未照派。兹查缅都阿瓦地方，贸易华民尤为繁盛，地势亦较仰光为宜，拟请设立驻缅领事官一员，即改派在阿瓦驻扎。该领事应隶出使英国大臣，但阿瓦去伦敦绝远，并请援照议设河内领事前案，凡该领事应办事件，准与滇最近直接办理，一面申报使臣，以归简捷。"③三十四年正月，清外务部致电驻英公使李经方，令其咨询英外交部是否同意将领事改驻阿瓦。④很快英外交部回复拒绝："按照中缅条约第十三款，阿瓦非海口，碍难改设。"⑤锡良又提出："阿瓦乃缅之中区，旅缅华商十余万，阿瓦约有七八万，仰

① 中国科学院历史研究所第三所编《云南杂志选辑》，北京：科学出版社1958年版，第185页。

② 《清德宗实录》卷五七六，光绪三十三年七月癸巳，第59册，第621页。

③ 中国科学院历史研究所第三所编《锡良遗稿·奏稿》，北京：中华书局1959年版，第712页。

④ 电报档：《为仰光领事改设阿瓦希催英外部是否允行事》(光绪三十四年正月二十八日)，档号：2-05-12-034-0115。

⑤ 电报档：《为英外部所称改设驻缅甸领事处所事宜事》(光绪三十四年二月十一日)，档号：2-02-12-034-0069。

光僻隘，而阿瓦平厥(敞)。”[1]清外务部又致电李经方，令其再与英外交部商议改设领事处所。五月，英外交部函复，查明阿瓦华人只有1576名，仰光有11000余，“阿瓦商务不盛，无须设立领事”[2]。英国既不同意清朝将领事改驻阿瓦，锡良也只能同意先在仰光设立领事，清外务部遂电令李经方与英外交部商议在仰光设立领事并兼辖阿瓦一事。[3] 然而，英政府怀疑清朝欲干预缅甸各处管辖华侨事务，不同意仰光领事兼辖阿瓦。十月，英外交部回复李经方：“仰光设领可照允，惟不允出巡各处。”[4]

英人既准许清政府在仰光设立领事，十二月，清外务部奏准以欧阳庚出任驻仰光领事。1909年1月，清朝驻仰光领事馆开馆。1月至7月，欧阳庚为领事。7月以后，由原外务部候补主事萧永熙为领事，任期至1911年10月止。

三、滇缅电报接线问题

光绪年间，各省铺设电报线。光绪十一年(1885)六月，因为从云南蒙自至广西南宁驿递迟滞，云贵总督岑毓英奏请筹设南宁至云南的电报线，光绪帝准之。时因云南又筹建由川入滇电报线，未能立即筹办由桂入滇线路。由川入滇电报线自光绪十二年十一月十五日由蒙自县开工立杆安设，至十三年二月初七日安设至可渡河，与四川电线接通。十三年十月二十日，两广总督张之洞咨商岑毓英，议设自南宁经百色至云南剥隘再经广南、开化至蒙自的电报线，岑毓英当即檄令云南善后局派员勘查路线并购办木料。时中英《缅甸条款》已换约批准，即将安排滇缅通商事宜，岑毓英会同张之洞、云南巡抚谭钧培于十二月十五日会奏：“查由缅入滇，应以腾越厅为入境门户，亦犹蒙自之于越南也。腾越至省计程约二千余里，自英缅有事以来，沿途安设台站传递文报，至速亦须二十余日始能往还。若清明以后、霜降之前，潞江瘴起，各台站书识健夫或因受瘴身故，文报往往失误。今英国既有开办通商之请，自当预先布置，以免临期误事。臣拟请就粤西设电工匠到滇之便，

---

① 电报档:《为遵查复改设驻缅甸领事处所之缘由事》(光绪三十四年二月十八日)，档号:2-02-12-034-0115。

② 电报档:《为阿瓦无须设领事等事》(光绪三十四年五月十九日)，档号:2-05-12-034-0304。

③ 电报档:《为阿瓦设领事》(光绪三十四年八月二十日)，档号22-05-12-034-0605 ;《为阿瓦设领事》(光绪三十四年九月初二日)，档号:2-05-12-034-0663。

④ 电报档:《为英外部文称仰光设领事宜事》(光绪三十四年十月二十七日)，档号:2-02-12-034-0343。

即将省城至腾越之路一体安设电线，以通英缅声息，所费银不过一万余千两。”[①]十四年正月初九日，光绪帝批准此奏。二月，云南开始就腾越至昆明电报线勘探路线、采办电木。线路由广西补用知府李必昌总负责，丹麦电信师占臣负责勘探路线，云南候补知府凌应梧负责采办电木。

经过一年的准备，光绪十五年(1889)正月二十四日，昆明至腾越电报线路正式开工。线路施工条件极为险恶，“计自省至腾越驿路一千六百余里，所经类多崇崖叠嶂，古箐深林，往往百十里并无居民，日则冒暑赶工，焦渴欲绝，夜则支棚露宿，狼虎时惊。所渡澜沧江、潞江、龙江皆属瘴疠繁兴之地，潞江一处尤为险恶……在事员弁冲冒瘴氛，以钢线结筏截流横渡，几费经营，始达彼岸。而时当夏令，岚气正深，渡江三日内瘴故至十余名之多”。经过艰苦努力，至五月初一日竣工，“腾越毗连缅境，边报频仍，昔日羽檄交驰，经旬莫达者，今则一线千里，瞬息可通”[②]。昆明至腾越电报线路共用银80999.541113两。[③]

就在蒙自、腾越电报线筹办的同时，光绪十四年(1888)十一月，李鸿章奏请将云南边界电报线与越南境内电报线相接，同时附上东海关道盛宣怀与法国驻津领事林椿议定的《滇、粤边界中国电线与越南北圻法线相接章程》十二条，其中拟定蒙自线路与越南法线在条款批准后18个月内接通。对此光绪帝朱批允准。[④] 光绪十六年(1890)四月，蒙自线路与越南法线相接日期临近，李鸿章与谭钧培多次电商，派李必昌督同丹麦电信师占臣负责勘查线路，采办应需物料。李必昌称，红河一带，三月以后，瘴疠盛行，必须赶紧开工，以便如期互接。于是光绪十七年(1891)二月十一日由蒙自开始竖杆挂线，至四月初二日竣工，与越南保胜法线成功接通。[⑤]

蒙自线路既与越南法线接通，腾越线路也面临与英属缅甸境内电报线相接的问题。光绪二十年(1894)《续议滇缅界、商务条款》第十六条规定：“今欲令两国交涉与贸易日臻蕃盛，并欲中国派驻仰光之领事官与中国大宪

① (清)岑毓英：《岑襄勤公(毓英)遗集》卷二九，第11～13页。

② 宫中朱批奏折：《云贵总督王文韶、云南巡抚谭钧培奏为展设滇省腾越电线工程事竣在案人员尤为出力请准择尤奖叙事》(光绪十六年八月十六日)，档号：04-01-07-0030-005。

③ 宫中朱批奏折：《云贵总督王文韶奏销滇省接修剥隘腾越两路电线支用各款银两事》(光绪十七年四月十六日)，档号：04-01-35-1006-045。

④ 《李鸿章全集》第12册，第513～516页。

⑤ 《光绪十七年十月十四日直隶总督李鸿章等奏》，见中国史学会主编《中国近代史资料丛刊·洋务运动》(六)，上海：上海人民出版社1973年版，第430～431页。

往来通电，两国答允，俟可设法通电之时，应将两国电线接连；此线创办之始，专寄滇、缅官商等往来电报。”[①]条约签订后，适逢英驻华公使欧格讷、参赞戈颁在津开会，北洋大臣李鸿章遂与戈颁筹议大概，并令津海关道盛宣怀与戈颁逐细拟议，拟定滇缅接线条约十二款，“大致与中法所订滇粤越南边界接线条款相同”[②]。经总理大臣奕劻等详加复核，八月初七日（9月6日），李鸿章与欧格讷在天津签订中英《云南缅甸边界陆路电线相接约款》，除将来接线各项用款以及常年经费等项由李鸿章督饬勘估核实禀办外，内容共十一款，详见附录五。

《云南缅甸边界陆路电线相接约款》第三款规定，两线应赶紧接连，除非意外之事阻止，务在1895年3月31日前设妥。约款签订后，因滇省经费紧张，经署云贵总督云南巡抚谭钧培电商盛宣怀详奉核准，“在沪关出使经费项下，垫拨银九千两，汇滇应用，此款仍由滇省筹还”[③]。随之，在丹麦电信师占臣协助下，腾越电线与英属缅甸八莫线路按期顺利接通。

报费价目是电报传输的关键问题。对此，《云南缅甸边界陆路电线相接约款》第六款规定，所有电报经过两局之电线者，以两国界限为止，各自定价收资；但1897年1月以前，照约内第七款注明之价，不得再有增加，如须裁减，各随其便。光绪二十二年（1896）十月，英驻华公使窦纳乐照会总理衙门，希望将报费价目展至十年不再加增：“查云缅往来电信，月有加增。如能将现在电价，展同条约十年之限，期内不再加增，与两国商民均有裨益。”[④]二十三年二月，总理衙门照复窦纳乐，同意将该条款“改照合同年期，展至光绪三十年为止，彼此一律不能加价”[⑤]。

《云南缅甸边界陆路电线相接约款》第十款规定，此条款于画押之日起，以十年为限，期满后如欲将此条款停止以及更改，彼此约于六个月前关照，否则仍行照前办理。光绪三十年（1904）九月，清外务部照会英驻华公使萨

① 附录四 中英《续议滇缅界、商务条款》（1894年3月1日）。

② 总理各国事务衙门档案：《咨送中英议订滇缅接线条约请核复以便画押由》（光绪二十年七月二十二日），馆藏号：01-09-011-07-023。

③ 总理各国事务衙门档案：《滇缅电线经费应仍由滇省筹还由》（光绪二十五年正月三十日），馆藏号：01-09-015-01-004。

④ 总理各国事务衙门档案：《请将滇缅电信价展同条约十年之限期内不再加增由》（光绪二十二年十月二十五日），馆藏号：01-09-012-04-020。

⑤ 总理各国事务衙门档案：《照复英使滇缅电价展至光绪三十年彼此不增由》（光绪二十三年二月初六日），馆藏号：01-09-013-01-006。

道义，提出修改约款。[①] 三十一年三月，督办电政大臣派员与英国所派印度电务司员在上海开始谈判。至四月二十日(5 月 23 日)，中英两国在北京签订《续订滇缅电线约款》九款，详见附录七。

《续订滇缅电线约款》第六款为接线传递各报报费，其所定境内本线费和过线费均较低廉。光绪三十三年(1907)正月二十五日，英驻华公使朱尔典照会清外务部提出，《续订滇缅电线约款》第六款规定由印度过周冈至远东往来各电报每字应收本线费 35 生丁，而由马德拉斯大东公司海线至远东则每字收本线费 57 生丁半，“此两项本线费多寡悬殊”，与 1903 年在伦敦订立的《各国电报公会章程》“不符”，因此请将约款第六款略为变通，“将约款所定格外贱价仅于印度、缅甸、锡兰等处经过周冈往来中国之电施行，而与印度、缅甸、锡兰等处经过他线往来中国之电报无涉”[②]。二月初二日，清外务部将朱尔典照会内容咨行督办电政大臣征询意见。[③] 十三日(3 月 26 日)，督办电政事务农工商右侍郎杨士琦咨复指出：滇缅接线约款 1905 年订于北京，“所有英界内本线费系由印度电局订定，凡自缅甸至中国边界，每字法金十生丁，自印度三十五生丁，自锡兰四十五生丁。当时中国所定者，非仅本国境内之本线费，且将过线费亦已改定极廉，专为报务改道由印度至中国境外，如日本，路过中国陆线至上海转达而定。中国政府自该约订立之后，因欲整顿过线报务，以期迅速传达，曾费巨资，修理上海、泸州、云南府、周冈等处陆线，目前派往洋工程司四员带同员司、工役人等，正在修造此路电线之际，适值英政府拟增路过中国陆线之印度本线费价目，中国此处情境，殊觉为难，现在既因印度本线费所定价目与各国电报公会章程不符，中国只得允从所拟价目办理”[④]。据此，清外务部于十七日照复英驻华公使朱尔典，同意将约款第六款予以改定，自 1907 年 6 月 1 日起施行，是为《变通滇缅续约第

---

① 外务部档案：《滇缅线约已届期满请即修订新约由》(光绪三十年九月初八日)，馆藏号：02-02-001-05-016。

② 外务部档案：《续定滇缅接线约第六款印度政府请略为变通中国是否照允由》(光绪三十三年正月二十五日)，馆藏号：02-02-005-01-001。

③ 外务部档案：《续定滇缅接线约第六款印度政府请略为变通中国是否照允由》(光绪三十三年二月初二日)，馆藏号：02-02-005-01-002。

④ 外务部档案：《中国续定滇缅接线第六款所拟改定价目如印度政府允办即开办施行请转复英使由》(光绪三十三年二月十三日)，馆藏号：02-02-005-01-003。

六款文》。[①]

另外,滇缅电线相接处,是在太平江北岸,蛮允为中间之局。宣统元年(1909),英驻云南府总领事韦礼敦(Wilton)提出,缅甸电线循太平江南岸修至古里卡,请滇省将中国边界电线迁至太平江南岸,“循英工程司所筑之路而行”。云贵总督李经羲认为,自蛮允过河至古里卡,仅 80 里,线短费省,可准展接,但中间局仍设蛮允,“似此变通,于原约无大出入”。[②] 次年九月,经云贵电报总局道员熊宾与韦礼敦面商,“所改之线应自小辛街、蛮掌直接古里卡,以通茅草地及八募之地,所有太平河北岸一线,由小辛街至蛮允仍旧留局,以通边报。其自蛮允至蚌西之线,应即撤去,以免两线过界。前拟接蛮允至古里卡一线,亦毋庸添设”。如此办理,可以避免两线并设,节省修养费用,但“应改以小辛街为中间之局,与原约稍有出入”。[③] 宣统三年(1911)四月二十五日,英驻华公使朱尔典照会清外务部,请以小辛街作为中间之局,并请就滇缅接线约款应行改正之处互换照会。二十九日,清外务部照复表示同意,[④]由是滇缅电线改局之议成为定约。

四、滇缅铁路相接问题

英国吞并上缅甸后,英国国内特别是商界要求开通滇缅商路的呼声更加高涨。光绪二十一年(1895),清政府同意法国“自越南边界至云南省城修造铁路一道,中国国家所应备者,惟有该路所经之地与路旁应用地段而已”[⑤]。随之,英政府依利益均沾原则,要求清政府同意英国修造滇缅铁路:“缅甸现有及将来续开之铁路接入中国。”[⑥]

面对英国修造滇缅铁路的要求,光绪二十三年(1897)《续议缅甸条约附款》第十二条中规定:中国答允,将来审量在云南修建铁路与贸易有无裨益,

---

① 外务部档案:《中国续定滇缅接线第六款所拟改定价目如印度政府允办即开办施行请转复英使由》(光绪三十三年二月十七日),馆藏号:02-02-005-01-004。参见附录八。

② 外务部档案:《滇缅接线拟改由蛮允展线至古里卡可否变通中英原约办理之处希酌核见复》(宣统二年三月十二日),馆藏号:02-02-004-06-004。

③ 外务部档案:《滇缅接线至古里卡一案咨呈改线图一纸请核办见复由》(宣统三年正月初三日),馆藏号:02-02-005-01-009。

④ 外务部档案:《滇缅接线一事应改订约款请允认赐复由》(宣统三年四月二十五日),馆藏号:02-02-005-01 -012。

⑤ 《中外旧约章汇编》第 1 册,第 745 页。

⑥ 《清季外交史料》卷一二五,第 2 页。

如果修建,即允与缅甸铁路相接。光绪二十四年(1898),英国派台维斯少佐到云南勘查修筑铁路事宜,并得知,虽然越南铁路尚未修至边界,但清政府已准许法国修筑铁路至云南府。英使窦纳乐立即照会总理衙门要求利益均沾:"修铁道,英国并非不以为然,惟若准法国修造,亦必一律准英国由缅甸修造,以昭公允。"三月二十一日(4月11日),窦纳乐往总理衙门商议此事,李鸿章云:"英国铁路一修至边界,颇可商议展造";"凡法国在滇所得铁路利益,英国自必一律同得"。① 光绪二十五年(1899)八月十八日,署理英国驻华公使艾伦赛照会清总理衙门,提出英国云南公司连接滇缅铁路的设想:"现查得,拟由缅甸北境铁路尽处接至工隆,沿南丁河过猛赖、云州修至弥渡,由弥渡分筑两路:一由下关至大理府,一由楚雄至云南府。其由大理府、云南府之间至长江之路,应相宜兴筑,恳转请总署允准建筑。"②二十二日,总理衙门照复艾伦赛予以推延:"云南铁路修建与否,应由中国自行审量。现在中国铁路一时未能推广办理,审量该处情形,尚无议建铁路之意。该公司所禀建筑铁路之处,本衙门此时未便奏请兴办。"③光绪二十七年(1901)九月十六日,英驻华公使萨道义照会清外务部,提出"今英国国家闻得,由越南至云南铁路,中国业已允定准法国公司修造,是以……缅甸接云南铁路,自应由中国国家允准英国公司一体修造"④。十九日,清外务部照复萨道义,指出"法国铁路由越南边界修至云南,本为条约所准,与滇缅约中所载将来审量之意不同"⑤。十月十九日,萨道义再次照会清外务部,请按李鸿章在总理衙门与窦纳乐所言,办理英缅铁路与云南铁路相接问题。⑥ 面对英方多次催促,清外务部于二十六日照复萨道义表示准备查勘修造铁路以与缅甸铁路连接:"查修造云南铁路一事,按照条约附款所载,应由中国自行审量贸易有无裨

---

① 《滇缅铁路彼此相接来往照会》,见北京大学法律系国际法教研室编《中外旧约章汇编》第2册,北京:三联书店1959年版,第10~11页。

② 总理各国事务衙门档案:《本国云南公司办理赴长江之铁路现已查明建筑处所请照允兴修由》(光绪二十五年八月十八日),馆藏号:01-23-008-04-007。

③ 总理各国事务衙门档案:《云南铁路未便奏请兴修由》(光绪二十五年八月二十二日),馆藏号:01-23-008-04-008。

④ 外务部档案:《缅甸接云南铁路允准英国公司一体修造希固守原议查照见复由》(光绪二十七年九月十六日),馆藏号:02-17-003-01-001。

⑤ 外务部档案:《俟缅甸铁路修至滇境时由中国自行造路与该路相接由》(光绪二十七年九月十九日),馆藏号:02-17-003-01-002。

⑥ 外务部档案:《缅甸铁路展进华境应按照李中堂与窦大臣所言凡法国所得铁路利益英国自必一律同得由》(光绪二十七年十月十九日),馆藏号:02-17-003-01-003。

益，再行办理。惟既准贵大臣一再催商，本部即电咨云贵总督查勘情形，设法自行修造，俟该路修到滇缅交界之处，即与贵国缅甸之路相接，以符条约。”[①]

光绪三十二年（1906）正月，英国驻滇总领事务谨顺致函云贵总督丁振铎，称缅甸政府拟由新街修一铁路直达腾越，先派公司查勘可否能修，再议商办。丁振铎认为，缅约附款规定中国答允将来审量在云南修建铁路与缅路相接，而且已允许法国兴修滇越铁路，则英之拟议腾缅铁路自难回绝，但当“握定各出各费、各修各境宗旨，以保路权”，因此函复务谨顺表示同意，并电令迤西道派员会勘，又札令云南各绅董进行筹议。经英方委员黎礼与清方委员蒋继曾共同勘明，“自腾越之南经南甸、干崖、弄璋、蛮线、新洛，赴古里戛滇缅交界止，计滇界内约华里三百六七十里”。黎礼还向英驻腾越领事烈敦报称，“此路甚属易办，计由新街至腾越……缅界一百里，腾界三百里，惟古里戛边界暨葫芦口两处费工稍大，用款较多，大概共需银六百万两即可修成”。闰四月，云南在籍绅士、翰林院编修陈荣昌等45人联名禀请将腾越铁路并入滇蜀铁路一起办理：“查滇蜀铁路现已奏准设立公司，筹款自办。现在腾越小铁路计程只三百余里，不过滇蜀四分之一，只须将滇蜀股款先为提倡，余由绅商劝集，收效必速。以滇蜀植腾缅之基，即以腾缅为滇蜀之导。应请札饬滇蜀铁路总公司一手经理，改为滇蜀腾缅铁路总公司，以一事权。并请与英员会商办法，妥定条约，各筹各费，各修各界。”陈荣昌等还提出，“滇省既设铁路公司，内除滇越一路已允法国筹修，在公司权限之外，其余全省一切干路、枝（支）路，将来均应由公司逐渐推广，一律承修，以保利权，请即先行奏明立案，并请派员前赴东南洋各埠，劝喻华商，广集股本，速资开办，暨将前定《滇蜀铁路章程》付息给奖给票分利招股各款酌量更改妥善，并附拟外埠招股章程”。对于陈荣昌等人的建议，丁振铎认为“均可准行”，遂札令滇蜀总公司立即遵办，并将酌改附拟各章程咨部查核，又札派候补道缪国钧赴东南洋各埠招集华商股份。[②] 由此，腾缅铁路并入滇蜀铁路，滇蜀铁

---

① 《滇缅铁路彼此相接来往照会》，见《中外旧约章汇编》第2册，第11～12页；外务部档案：《修造云南铁路事本部即电知滇督设法自办俟修到滇缅处即与贵国缅甸相接以符条约由》（光绪二十七年十月二十六日），馆藏号：02-17-003-01-004。

② 宫中朱批奏折：《云贵总督丁振铎奏为筹议会修腾缅小铁路情形事》（光绪三十二年闰四月二十三日），档号：04-01-01-1079-098；军机处录副奏折：《云贵总督丁振译奏为筹议会修腾缅小铁路情形事》（光绪三十二年五月二十八日），档号：03-7144-041；《光绪朝 硃批奏折》第111辑，第407条，第519～520页。

路公司改为滇蜀腾越铁路公司，云南境内除滇越铁路外，其他一切铁路均归该公司办理。二十六日，公司召开成立大会。

云南政府决定自修腾越铁路，英方并不甘心。八月，务谨顺致函丁振铎，称英国准备派工程师雷厉兹等勘测腾越至大理一带道路，请妥为保护帮助。对此事滇蜀腾越铁路总公司董事与代表一致表示反对，丁振铎遂照复务谨顺指出，腾越铁路已照约由云南自修，其中间至大理一带之路将来亦须照约由滇省审量办理，所以，英国工程师等"应不必过界测勘"①。

腾越铁路修建的原则是"按粮盐摊捐，不招外股，不借外债，由中国创设公司合办以保利权"②，然而，滇蜀腾越铁路总公司章程并不完善，时人评论其规定不完全者有四："(一)公司之性质不定，(二)公司之权限不清，(三)股东之权利义务不明，(四)股份之办法不善。"由于这些问题，公司创办后五六年的时间，"未开有股东总会，公司主权概为官吏掌握，并禁止股东干涉一切，公司俨然一衙门……除盐粮捐及地方公款及二三商绅数百股外，并无民股。公司亦并未有招股之举动。公司则成立数年，至今股票尚未印出"③。宣统二年(1910)正月，云贵总督李经羲在奏折中指出："滇蜀一路，自光绪三十一年经前督臣丁振铎奏准，由滇省绅民设立公司集股自办，该公司预计股本全数以二千万两为额，拟集之股以随粮认股为大宗，顾自开办以来迄今五载，所收仅及百万，不过全额二十分之一，而粮股一事，适承禁烟之际，民力凋敝，窒碍尤多，近年请缓请减请免者纷至沓来，言之惨痛，民力之微若此，路款之巨若彼，即再严行催收，恐竭泽而渔，仍无裨路政于万一。"④至此，腾越铁路之修建，由于股本匮乏而中辍。

五、滇缅边案会审问题

光绪二十年(1894)《续议滇缅界、商务条款》和二十三年(1897)《续议缅甸条约附款》第十五条都规定："英国之民有犯罪逃至中国地界者，或中国之民有犯罪逃至英国地界者，一经行文请交逃犯，两国即应设法搜拿，查有可信其为罪犯之据，交与索犯之官。行文请交逃犯之意，系言无论两国何官，

① 电报档：《为请坚持腾越铁路自办事》(光绪三十二年八月二十五日)，档号：2-04-12-032-1209。

② 宓汝成编《近代中国铁路史资料》下册，北京：中华书局1963年版，第1110页。

③ 《云南杂志选辑》，第488、603页。

④ 宫中朱批奏折：《云贵总督李经羲奏为密陈测勘筹筑滇省铁路事》(宣统二年正月二十四日)，档号：04-01-01-1115-029。

只要有官印，便可行文请交；此种请交逃犯之文书，亦可行于罪犯逃往之地最近之边界官。”[①]然而，此后中缅双方边民所发生之一切民、刑事诉讼案件，积累多年，久未讯结。经英驻腾越领事烈敦一再照催，光绪二十七年(1901)冬，腾越厅丞叶如桐与烈敦及缅属迤北道新街府等在蛮爱会结历年边案，并议定解决边界事宜八条，名曰《蛮爱条约》[②]。其第八条关于边案者规定：“嗣后如有两国野夷互控案件，应由英国边界官、中国该管土司，按月互相照会，会同驻界武弁秉公议结。其未结者，应归英国新街、密支那、迤北府、道，中国腾越厅按年一次会齐，彼此照会。如未禀报及漏未照会之案，不能逾一年期外，再行提及。”至光绪三十三年(1907)，英领事要求派迤西道到界会办。云贵总督以成案不符，未予允行。光绪三十四年(1908)，云贵总督命迤西道以巡边为名，随带文、武员弁，会同英员上界办理。宣统元年(1909)十月，迤西道刘元弼在蛮爱会办边案，又与英缅官吏于《蛮爱条约》外，重订《滇缅边案办法》六条及赔偿数目十八条，名曰《滇缅边案会审章程》[③]，此后即按照该章程办理矣。

总的来说，清末中英两国围绕中缅政治、经济关系诸问题进行了长期复杂的交涉。其中主要是界务、商务交涉，也包括缅甸存祀续贡、互相设驻领事、电报电线相接、滇缅铁路相接等问题。另外，两国还就罪犯搜缉递解之司法问题达成一致协议。清末中英滇缅问题交涉，特别是界务谈判与勘划，奠定了今天中缅两国边界、民族等关系的基础。

---

① 附录四 中英《续议滇缅界、商务条款》(1894 年 3 月 1 日)、附录六 中英《续议缅甸条约附款》(1897 年 2 月 4 日)。

② 《蛮爱条约》内容见《新纂云南通志》卷一六八《外交考五》，第 7 册，第 602～603 页。

③ 《滇缅边案会审章程》内容见《新纂云南通志》卷一六八《外交考五》，第 7 册，第 603～605 页。

第八章 清代中缅两国的贸易往来

清代中缅两国不仅有着频繁的政治交往，而且有着密切的贸易往来。按照清朝对缅贸易政策和中缅贸易状况，清代中缅贸易往来可分为四个阶段：乾隆中期以前，为准许双边贸易和两国贸易平稳发展阶段；乾隆中后期，为禁止边境贸易和两国贸易衰落阶段；乾隆末年至光绪初年，为重新开放边境贸易和两国贸易繁荣时期；光绪十一年底英国吞并缅甸后，为清朝与英属缅甸贸易阶段，清朝先后开蒙自、思茅、腾越为通商口岸，中缅贸易逐渐融入东南亚区域经济圈。

第一节 乾隆中期以前的中缅贸易往来

乾隆中期以前，一直开放滇缅边境贸易，准许商民自由往来。乾隆十一年(1746)三月，云南总督张允随就葫芦酋长输纳茂隆厂课一事向乾隆帝奏报：云南边外卡瓦地方有茂隆银厂，乾隆十年六月间，开获堂矿，厂地大旺，厂民吴尚贤等议给酋长葫芦王蚌筑山水租银，该酋长不敢收受，愿照内地厂例，抽课报解，以作贡献。[1] 清廷接到奏报后，认为吴尚贤等属于越境开矿，命张允随查明复奏。六月，张允随复奏：

> 滇南各土司及徼外诸夷，一切食用货物，或由内地贩往，或自外地贩来，彼此相需，出入贸易，由来已久，如棉花为民用所必需，而滇地素不产棉，迤东则取给于川省，迤西则取给于木邦，木邦土性宜棉，而地广人少，皆系沿边内地民人受雇前往，代为种植，至收成时，客商贩回内地

① 《明清史料》庚编第七本，第602～603页。

售卖，岁以为常；又苏木、象牙、翠毛、木棉等物，则贩自缅甸，云连则购自力些，又各井盐斤，仅敷两迤民食，其永昌所属之陇川、遮放、干崖、南甸、盏达、潞江、芒市、猛卯等各土司土（民），因距井窎远，脚价昂贵，多赴缅甸之官屯地方买食海盐。

以上各项，人民往来夷方，络绎不绝，其贸易获利者，皆即还故土，或遇赀本耗折，欲归无计，即觅矿厂谋生，凡此皆关滇民生计，自开滇至今，历来情形如此，非始自今日。今茂隆厂民吴尚贤等，虽于上年得获旺矿，而出外之岁月及经由汛口，俱无从究诘，该酋长禀内，特指吴尚贤以着厂旺之由，其余打矿、开槽及走厂贸易之人，询知解课夷目通事，据称约有二三万人，俱系内地各省人民，缘该厂与兴隆、募乃二厂相距颇近，厂民去彼就此，往来甚易，并非近日始行潜越。查《中枢政考关津例》规定："广西之南宁等府，路通交趾，汉、土各兵守御游巡，除平而、水口两关系商贾经由之路，若有捆载货物，查验明白，准其贸易外，其内地民人潜越出外开矿者，押回原籍，照律治罪，专汛官降一级调用，该管上司罚俸一年"等语。是定例禁止内地民人潜出开矿，其商贾贸易，原所不禁。但滇省原无富商大贾，凡出外贸易商民，驴驮马载者少，肩挑背负者多，厂民出外，亦皆带有货物，与商贾无异，经过塘汛，查无违禁之物，即便放行，若欲禁止开矿，势必并商贾一概禁绝而后可。然亿万人民生计攸关，未便惩噎废食，况利之所在，趋之若鹜，纵加严禁，亦必百计偷越；夷方道路丛杂，山径纷歧，不能处处安塘设汛。即如民人私越交阯，定例非不严明，然交阯境内都竜、波象、波违等厂，内地民人聚集开采者，不下十余万人……总缘生齿日盛而财不加多，是以小民觅利，不惮远涉异域，然矿厂产在夷境，夷人弃而不采，于彼原无所损，而内地民人开槽挖矿及走厂获利，少者数十两，多者千百两，携回内地，足以糊口养家，以外夷之余补内地之不足，所益良多……可否准照孟连之例，赏定课额，令其按年报纳，并令捍卫边隅。①

对于张允随准许内地民人出境开矿及茂隆银厂按年输纳厂课的申请，清廷予以批准。从张允随的上奏中可以看出，这一时期在法律上只禁止华民潜越开矿而不禁止边境贸易。

这一时期的中缅贸易，主要是陆路边境贸易，云南的永昌、腾越和缅甸

① 《张允随奏稿》乾隆十一年五月初九日奏折，见《云南史料丛刊》第8卷，第683～685页。

的新街、官屯、木邦都是重要贸易中转站。为了管理贸易，清政府在永昌和腾越设立征税管理机构。屠述濂纂修的《腾越州志》记载了这一时期腾越州的税所设置和额征税银情况：州城税所向在城内，因商贾多在南门外交易，康熙初年税所移置南门外普济寺；龙江税所，税房在龙江桥之西；曩宋税所，地处通缅之路，税房在公馆门内。此外有小蒲窝、猛连、缅箐、界头、固东、曲石、瓦甸稽查七处，即于仓房、盐房并借民房居住。[①] 税额于康熙初年定为年征商税银 526.084 两，遇闰年加银 34.619 两，新增额外税余银 50.41 两。乾隆二年(1737)，云南布政使司颁发则例，立税口三处即州城南门外、镇夷关、猛连关，挂号、稽查七处即本城街、界头、曲石、瓦甸、固东、龙江、缅箐，定额年征牲税银 45.87 两，征商税银362.708 两，遇闰年加增银 30.88 两。[②] 乾隆三十八年(1773)云贵总督彰宝奏报实行关禁后永昌、腾越、大理三府商税缺额情况时也有记录："永昌府额设税口十处，其货物自省城内地来者，则由江桥税口入境，至永昌府城转散各夷方销售；其货物自夷方外地来者，则由蒲缥、龙陵、亚练三处入境，至永昌府城转运各内地分销……凡内地货物贩于外，及外夷货物贩于内，皆经由永昌府城分发转运。边关未禁以前，商贾云集，货物流通，永昌府之额税全赖内外互相交易，每岁抽收课款，得以敷额……又腾越州地处极边，内止永昌一路，外即土境夷方。通内地者，有龙江税口一处。通外夷者，有曩宋、猛连、缅箐税口三处。此外尚有界头、曲石及州城税口三处，并无商货，仅征牲税。向来外夷之棉花、苏木、象牙、鱼盐等项，得以贩运进口，而内地之货物为夷方所需者，亦得贩运出口，腾越之税课惟赖内外货物互相贸易始能足额报解。"[③]关于缅甸新街、官屯、木邦之边贸状况，在上文张允随奏稿中即提到木邦和官屯是重要贸易场所。乾隆三十二年(1767)五月，云南巡抚鄂宁奏报曰："新街一路，瘴热最盛，每年九月以后，夷民贸易略成村市，一交三月，俱各自散归，仍为废墟。"[④]六月，云贵总督明瑞和鄂宁也称："新街一区，因通水路，自来系民夷交易之所，商民任情往返，向无查禁。其地原无居民庐舍，不过冬春贸易之人搭盖草棚交易，至交

① (清)屠述濂纂修(乾隆)《腾越州志》卷四《城署・税所》，第 21～22 页。

② (清)屠述濂纂修(乾隆)《腾越州志》卷五《户赋・税课》，第 17 页。

③ 《云贵总督彰宝等奏报云南永昌等三府税课亏短实况事》(乾隆三十八年十二月十八日)，见《宫中档乾隆朝奏折》第 34 辑，第 124～129 页。

④ 《明清史料》庚编第七本，第 639 页。

夏后，即成一水坝，夷人亦不能停留。”[①]三十五年一月，傅恒在奏报中也谈及清缅战争前滇缅边境贸易状况：“每年秋冬瘴消，缅夷以其所产之海盐、咸鱼、棉花、象牙等项，用船载至老官屯、新街江岸，而内地附近民人以内地所产之铁针、棉线、布鞋、绸缎、红绿黄丝、布匹、核桃、栗子等物，用牛马驮至新街、老官屯与之交易。至二月瘴发，即各散回。”[②]可见，新街贸易有很强的季节性，集中于每年九月至次年二三月，其他时间因为瘴气严重而无法进行。对于木邦，乾隆十九年(1754)云贵总督硕色称：“向来内地商民常往缅国所辖之木邦一带贸易。”[③]周裕在《从征缅甸日记》中亦言：“木邦厂产棉花，往时贩入腾越、永昌货卖。”[④]

关于边境贸易商品，从张允随的奏稿中可以看出，缅甸出产的棉花、苏木、象牙、翠毛、木棉、食盐等大量输入云南，甚至有大批华民前往缅甸种植棉花再运回国内销售。乾隆三十三年(1768)四月，乾隆帝令阿里衮、鄂宁调查滇缅边境贸易情况：“蛮暮新街一带，闻向为缅夷贸易处所。沿江而下，并有缅夷税口，则其地交易之货必多。但彼处所恃以通商者何物，其仰给内地必于欲得者何物，除与中国交易外，复有何处行商往彼货贩，前此腾越州等处民人往来贸易，习为常事，必能备知其详。今自用兵以来，各关隘久已禁人外出，新街等处是否尚有货市，或关口间有奸民偷越，或边外土司潜赴经商，或缅夷界外别种番夷往彼市易，抑或市集改徙他处，此等皆可询访而知。”[⑤]五月，阿里衮、额宁复奏曰：“查缅夷仰给内地者，钢铁、锣锅、绸、缎、毡布、瓷器、烟茶等物。至黄丝、针线之类，需用尤亟。彼处所产珀、玉、棉花、牙角、盐、鱼，为内地商民所取资，往来俱有税口。自用兵以来，概行禁止。”[⑥]乾隆三十八年(1773)，彰宝奏报永昌、腾越、大理三府商税缺额时，亦曾提及乾隆初期边境贸易货物情况：“从前足额时，夷方之货不过鱼、盐、芦子、象牙、棉花等物，惟棉花一项为最多，亦迤西一带所取给；至内地之货，则系绫

① 《明清史料》庚编第七本，第641页。

② 中国第一历史档案馆藏《朱批奏折》外交类，第142－1号，乾隆三十五年一月十九日，傅恒奏折，转引自余定邦《中缅关系史》，第169页。

③ 《云贵总督硕色奏报缅甸国内乱国王避迹海边折》(乾隆十九年十月初七日)，见《宫中档乾隆朝奏折》第9辑，第728页。

④ (清)周裕：《从征缅甸日记》，第9页。

⑤ 《故宫博物院典藏专案档暨方略丛编：缅档》，第711页。

⑥ 《清高宗实录》卷八〇八，乾隆三十三年四月丁卯，第18册，第919～920页；《阿里衮奏覆蛮暮新街贸易等项各情形折》(乾隆三十三年五月初三日)，见《宫中档乾隆朝奏折》第30辑，第531～532页。

绸、锦缎、黄丝、布匹及铜锅、贯砂等类，均为夷方所必需……追溯未办军务以前，内地绸缎、丝线诸货固为夷人希罕而珍贵，其夷地所产之棉花、芦子、象牙、鱼盐等物，亦为内地所取资，兼有宝石、碧霞犀、玉石等类，携带求售不第。省城货物皆云集于永昌，其江楚之民肩挑驮载贩货图利者绎络不绝，实系专借内外互易，是以商贩多而百货聚，税课得以充盈。”①另外王昶《征缅纪略》记："缅地……沿海富鱼盐，缅人载之以上行，十余日抵老官屯新街、蛮暮粥市，边内外诸夷人皆赖之。而江西为猛拱土司地，出琥珀。江东为猛密，有宝井，多宝石。又波竜山者产银，是以江西、湖广及云南大理、永昌人，出边商贩者甚众，且屯聚波竜以开银矿为生，常不下千万人。”②可见，滇缅边境贸易出口货物主要是丝和日用品，进口货物主要是棉花、玉石和缅甸土产。

除边境贸易外，这一时期也有华商深入缅甸内地贸易。成书于康熙十七年(1678)的《南中杂说》记载当时有中国商民前往蒲甘城贸易：中国人"出关互市者岁不下千百人，人赍锣锅数百，远赴蒲绀，是缅人不费斗粟，徒以瓦砾无用之物，岁收铜斤数十万也。又贾人出关，必结十人为伙。盖八关之外，俱为空虚之地，投宿山林，号曰打野。而十人乃分任其职务，曰搭窝铺，曰寻柴，曰喂牛马，曰主爨，非十人则不能分役也。及驰之蒲绀，则于江水之滨，结庐而居，瘴厉凶恶，鬼蜮横行……于是十人之中，在蒲江之滨，已二三人为异物矣。还至中途，又二三人告病，异至腾越矣。而此三四人者，虽甚壮健，犹且面肿而色黄……大约计之，十人出关，必死者过半，是岁杀数百人也"③。可见清朝初年有大量内地民人冒着瘴疠的风险前往缅甸内地贸易，许多人甚至死在途中。乾隆三十三年(1768)，缅人投递信件，称有内地人李万全、尹士宾等在阿瓦贸易④，同年云南地方政府还向乾隆帝奏报，称腾越州和顺乡一带民人以前在缅甸地方贸易者甚多，⑤这也说明有中国商人到缅甸内地包括缅都贸易。另据缅甸《琉璃宫史》记述，1712 年 2 月，有 20 多位中国商人来到阿瓦，他们向缅王进献金盘 2 个、镶嵌宝石刀 2 把，又献给王储金盘 1 个。缅王用药品擦洗后，发现不是金的，遂退还给中国人。中国人

① 《云贵总督彰宝等奏报云南永昌等三府税课亏短实况事》(乾隆三十八年十二月十八日)，见《宫中档乾隆朝奏折》第 34 辑，第 124～129 页。

② (清)王昶：《征缅纪略》，第 1 页。

③ (清)刘昆：《南中杂说》，丛书集成初编本，上海：商务印书馆 1936 年版，第 38～39 页。

④ 《清高宗实录》卷八一二，乾隆三十三年六月庚申，第 18 册，第 970～972 页。

⑤ 《清高宗实录》卷八一八，乾隆三十三年九月庚寅，第 18 册，第 1092 页。

说："我们并没有说送给陛下的是金盘，我们说明是用金、银、红铜混合做成的盘子。"缅王听后才又收回，并给中国人赏赐。[①]

比较而言，这一时期华商由海路至缅甸南部沿海贸易的记载相对较少，这是滇缅陆路贸易比海路贸易更为兴盛的真实反映。

第二节　乾隆中后期中缅贸易的衰落

乾隆三十年(1765)至五十六年(1791)，是清缅政治关系的非正常化时期，也是清朝禁止边境贸易和中缅贸易衰落阶段。乾隆三十年(1765)十一月，清缅战争爆发，由于两国关系紧张，加之清朝厉行关禁，致使中缅陆路贸易一落千丈。据乾隆三十三年(1768)五月阿里衮、鄂宁奏称：滇缅边境贸易"自用兵以来，概行禁止。臣等严加防范，商民俱不敢偷越。至该土司等，或有潜往商贩，亦所不免。自新街、蛮暮一带，经兵火后，已成废墟，近亦无人到彼……内地货贩，久经断绝"[②]。二十五日，乾隆帝接到阿里衮和鄂宁的奏报，命阿里衮等严饬防守官兵日夜巡逻，以防商民仍有违禁私出情事。[③] 六月十九日，阿里衮、明德奏请制定商民贩货出缅之罪："嗣后奸民贩货出口，拿获即行正法。隘口兵丁审系得财卖放者，一并正法。失察之文武官弁，查明参革。如能拿获者，即将货物给赏。"乾隆帝朱批："甚是。如所议行。"[④]是为清朝正式立法禁止滇缅边境贸易，该法令规定将违法商民和贿纵兵丁即行正法，可谓严厉。

乾隆三十四年(1769)十一月，中缅双方在缅甸老官屯签订停战协议，清缅战争结束。三十日，乾隆帝接到傅恒关于"懵驳遣人呈书，并诺尔塔叩见哈国兴，吁请撤兵解围"的奏报，立即下谕："懵驳如愿为臣仆，纳贡输诚，则缅地皆我版籍，贸易无妨相通；倘止求撤兵，未请纳贡，通商断不可行。着传谕傅恒等，即将此旨明切晓谕，再严禁内地商贩，不得出关交易。"[⑤]十二月初七日，乾隆帝又接到傅恒关于"懵驳遣人到军营赍送锦布等物，并见哈国兴，

---

① 《琉璃宫史》，第1075～1076页。

② 《清高宗实录》卷八〇八，乾隆三十三年四月丁卯，第18册，第919～920页；《阿里衮奏覆蛮暮新街贸易等项各情形折》(乾隆三十三年五月初三日)，见《宫中档乾隆朝奏折》第30辑，第531～532页。

③ 《故宫博物院典藏专案档暨方略丛编：缅档》，第803页。

④ 《清高宗实录》卷八一三，乾隆三十三年六月是月，第18册，第994页；《阿里衮奏请定奸民贩货出缅之罪以重军纪折》(乾隆三十三年六月十九日)，见《宫中档乾隆朝奏折》第31辑，第78页。

⑤ 《清高宗实录》卷八四七，乾隆三十四年十一月戊申，第19册，第348页。

当即谕以表文规制”的奏报，谕曰：“前此懵驳恳求通商，曾经降旨传谕傅恒，不允所请。今既愿奉表称臣，输诚纳贡，通商自属可行。但此时且不必晓谕，俟其来京时，再降恩旨。”[①]十九日，乾隆帝就滇省撤兵善后事宜下谕，其中有关于通商之言：“与缅夷贸易一事，前已有旨，如果该酋奉表称臣，诚心归顺，尚可俯从所请。但商民货贩出入，诸事亦当预定章程，前此边务废弛，听民往来自便，致多流弊。今若准其交易，自应酌定会集之时，并于新街等处，指定地面，至期选派文职同知、武职守备各一员，酌带兵役数十名，前往稽察弹压，事毕督令商民即回内地，毋许逗遛滋事。其非交易之时，各边隘仍严禁奸民偷越，方为两得。”[②]二十六日，傅恒、伊勒图、阿桂又会奏缅王进表纳贡之前不得开放通商，乾隆帝朱批表示同意。[③] 可见，这时清廷的态度是在缅人纳贡后再开放滇缅边境通商，并强调对边境贸易实行限时限地、严格管理。

然而，清缅战争结束后，缅方并未履约纳贡还人，由此，乾隆帝数次强调继续严禁边境贸易。如乾隆三十五年(1770)正月，老官屯缅军头目诺尔塔派人呈送书信，请开边境贸易。乾隆帝谕曰：“缅匪降表一日不至，一日不可许其与内地通商，此一节乃中国制驭外夷扼要之道，把握自我而操，最为长策。从前之准噶尔，近日之俄罗斯，皆如此筹办。把守关隘，乃总督专责，着彰宝选派妥干员弁，于各边口实力防诘，不许内地商货丝毫透漏。”[④]二月，距离战争结束已三月有余，仍无缅人奉表纳贡消息，乾隆帝再次强调严守边禁：“缅酋既如此迁延，其情伪殊不可信。彼所略有顾恋者，惟贸易一节，急欲求通中国；而内地亦惟此一节，尚足以扼其肯綮。总之彼贡表一日不至，沿边货物一日不可令通。此时务须设法严查，勿使奸劣商民丝毫透漏。若稍有疏懈，仍归有名无实，则并此不足恃，更复无可把握，所系非浅鲜也。”[⑤]乾隆帝还命云贵总督彰宝奏报边禁实施情况。不久彰宝具奏：“留黔兵并云南昭通兵共三千余名，分令昭通、鹤丽、永顺三镇臣，带驻虎踞关之陇川及盏达、遮放等处，严查商贾私漏。又于沿边小口，严饬地方官防范。其永昌、腾

---

① 《清高宗实录》卷八四八，乾隆三十四年十二月乙卯，第19册，第359～360页。

② 《清高宗实录》卷八四九，乾隆三十四年十二月丁卯，第19册，第370～371页。

③ 军机处满文录副奏折：《经略傅恒、伊勒图、阿桂奏缅王进表纳贡之前不得通商折》(乾隆三十四年十二月二十六日)，档号：03-0183-2358。

④ 《故宫博物院典藏专案档暨方略丛编：缅档》，第1437～1439页；《清高宗实录》卷八五〇，乾隆三十五年正月己丑，第19册，第393页。

⑤ 《清高宗实录》卷八五三，乾隆三十五年二月壬申，第19册，第423页。

越沿途道路，添派弁员稽查。”[①]为强化边禁，三月初六日，乾隆帝谕令彰宝加大查禁范围，不仅要稽查来往货物，也要盘查过路行人：“此时边隘官弁，于稽查货物，自不敢不实力奉行，而于只身行旅，或不知加意防闲，致容偷越，于边防大有关碍。彰宝务宜严饬各关隘，一体实力查禁，毋使一人得以潜踪越边，方为妥慎。若督察稍有懈弛，仍然有名无实，致奸徒窜匿滋事，惟于彰宝是问。”乾隆帝还令军机大臣代彰宝拟檄缅王谕一道，其中有言：“尔贡表一日不至，内地贸易一日不通，尔果安于自误？”[②]三十日，彰宝以“向来内地民人远赴缅甸贸易者，惟腾越州及永昌附近之人，其土司夷民贩货至缅甸者甚少”，奏请采取堵截和遣返两项措施：一是“于内地总汇扼要处设总卡，派员弁驻扎巡察，不许一人前赴土司界内”；二是“在土司留寓汉民，俱饬查勒令回籍，并饬府、州、县谕所属，十家连环互保”。[③] 对此乾隆帝予以批准。可见，这一时期乾隆帝是将停止边境贸易作为敦促缅人奉表纳贡的主要手段。

四月，老官屯缅人来信请求放还木邦、蛮暮、猛拱三土司，而于滇缅通商一节并未提及，乾隆帝意识到，缅甸并没有将边境通商作为首要之事，“其不专以此为重可知。非若俄罗斯欲通贸易可比，盖俄罗斯货物较多，若准其通商，彼国每年可多得数百万金，于彼大为有益，是以意多系恋。至缅甸蕞尔边夷，货市有限，获利无多，其所易内地诸物，并非日用所急需。且彼处向亦通洋，不专恃内地，是贸易一节，实不足以制其死命”[④]。此后乾隆帝开始怀疑禁止边境贸易对敦促缅人履约践诺的作用，但始终没有理由重开边境贸易，所以仍持禁止边境贸易政策。

乾隆三十七年(1772)六月，因缅官得鲁蕴派孟矣等四人到关，称得鲁蕴准备亲自纳贡还人，乾隆帝谕曰：“至于贸易之事，缅酋如果恭顺，亦可仍弛边禁。但货物出入，必须官为经理，如恰克图之例，立法稽核，毋许私通。仍当严饬关隘，加紧盘诘，不得容游手奸民藉名负贩，混出滋事。此又善后章程之不可不留心者。设或得鲁蕴只赍贡物而来，或送还者不过无足比数之

① 《清高宗实录》卷八五三，乾隆三十五年二月壬申，第19册，第424页。

② 《清高宗实录》卷八五四，乾隆三十五年三月癸未，第19册，第435、437页。

③ 《清高宗实录》卷八五五，乾隆三十五年三月是月，第19册，第461页；宫中朱批奏折：《署理云贵总督彰宝奏为遵旨派兵设卡严禁汉奸偷越出口赴缅立法稽查事》(乾隆三十五年三月三十日)，档号：04-01-01-0286-005。

④ 《乾隆朝上谕档》第6册，第246条，第110～111页；《清高宗实录》卷八五六，乾隆三十五年四月辛亥，第19册，第465～466页。

目兵，则又不当轻允。”[①]但缅人并未如期进贡还人，后来又称仅送出苏尔相、多朝相二人。乾隆三十八年（1773）闰三月，乾隆帝谕曰：此时唯当严饬各关隘加紧巡逻，勿使货物丝毫偷漏，并令彰宝，如缅人只送回苏尔相，则须明白晓谕，“尔果欲求弛禁，如常交通贸易，非将杨重英等概行送回，难于允准，勿再以此等诡计，轻于尝试也”[②]。乾隆三十九年（1774）十二月，乾隆帝又谕图思德曰：缅人如欲求降，“非送还内地官人不可，若一年不还，即一年不撤兵开关，甚至十年、二十年亦然”[③]。

乾隆四十一年（1776）十二月，缅目得鲁蕴遣人投递缅禀，称要还人纳贡，恳求开关，图思德遣令来人先回，称俟贡使到关时再定。[④] 乾隆四十二年（1777）正月，护送孟矣等出口之“摆夷”南多木比等回关，称“闻得鲁蕴现在阿瓦料理贡物，并将苏尔相、多朝相接往阿瓦，要同杨重英俱从天马关送还内地，并欲亲自到关叩恳纳贡”。十八日，乾隆帝闻奏，认为“受降、通市及善后章程，必须晓事之重臣相度妥办，方能合机宜而符体制”，令阿桂驰驿前往云南，办理受降诸事，完竣即行回京，至开关以后沿边一切事宜，命李侍尧调补云贵总督经理。[⑤]

乾隆帝命李侍尧为云贵总督，主要是为了处理开关以后沿边事宜。但因缅人并未还人纳贡，清朝继续实行禁止边境贸易政策，且在李侍尧奏议下进一步强化。一是禁止江楚商民前往边境，并在边地推行保甲制度。因云南省城等处，江西、湖南人居多，为严禁江西、湖南人越界出关，乾隆四十二年（1777）三月，阿桂、李侍尧奏：“永昌至腾越中间，有潞江等处，为通各边总汇之区，酌拟特派员弁，专司稽察，遇有江楚客商到关，即驱令北回，如有脱漏出口，查出严参。至向来久在近边居住之人，若忽令逐回，亦恐不无滋扰，请令照依内地保甲之例，但就现在各户，编造名册，嗣后只许渐减，毋许增

① 《乾隆朝上谕档》第 7 册，第 250 条，第 85 页；《清高宗实录》卷九一一，乾隆三十七年六月乙酉，第 20 册，第 199 页。

② 《乾隆朝上谕档》第 7 册，第 857 条，第 321～322 页；《清高宗实录》卷九三〇，乾隆三十八年闰三月丁卯，第 20 册，第 510 页。

③ 《清高宗实录》卷九七二，乾隆三十九年十二月己丑，第 20 册，第 1276 页；《乾隆朝上谕档》第 7 册，第 2136 条，第 761～762 页。

④ 《乾隆朝上谕档》第 8 册，第 1275 条，第 495～496 页。

⑤ 《乾隆朝上谕档》第 8 册，第 1326 条，第 515～516 页；《清高宗实录》卷一〇二五，乾隆四十二年正月乙酉，第 21 册，第 727～728 页。

添，仍不时委员前往稽查。"对此乾隆帝予以批准。[①] 二是停止派人出关侦探消息，并禁止东南沿海进口棉花。乾隆四十二年四月，云贵总督李侍尧奏陈缅甸情形云："缅地物产，棉花最多，次则碧霞玺、翡翠玉。其仰给于内地者，不过绸缎、黄丝、铁针之类。近年以来，彼处玉石等物，云南、广东二省售卖颇多，皆由内地每差土人摆夷出关侦探，盘查兵役因见官差要务，于随身行李搜检未严，夹带走私，势所不免。究之所侦探者，止在野人地界，摭拾无稽，不但不能得彼真情，转将内地信息从而泄漏。至于棉花一项，臣在粤省时，见近年外洋港脚船只进口，全载棉花，迨至出口回帆，又止买带些须白糖、白矾，船多税少，颇累行商。经臣与监督德魁严行饬谕，嗣后倘再混装棉花入口，不许交易，定将原船押逐在案。外洋海道，各国皆通，臣初不知缅地多产棉花，今到滇后，闻缅匪之晏共、羊翁等处，为洋船收泊交易之所，以臣在粤所见，征诸在滇所闻，是缅地棉花悉从海道带运，否则粤东近年何独骤多？似滇省闭关禁市，有名无实，究不足以制缅匪之命。"[②]乾隆帝闻奏，一方面令两广总督杨景素于广东海口严行查禁，如有装载棉花船只，概不许其进口；另一方面令李侍尧实力严查边隘，毋许内地民人带货偷越，"至于内地差人出关侦探，从无确信，转致泄漏内地风声，实无益而有损。此后差人侦探一事，竟当停止"[③]。时隔两日，乾隆帝又谕令凡有海口之将军、督抚，如有装载棉花船只，概不许其进口，或有胥役等受贿私放者，立即重治其罪。[④] 恰在此时，缅人送出苏尔相、多朝相二人，五月二十七日，乾隆帝又下谕："今缅匪已将所留之苏尔相等遣人送还，其心颇知畏惧。如果悔罪纳款，奉表输诚，自可仍许开关通市，滇省尚可弛禁，则濒海各省棉花入口，更可无事禁防。并恐地方官办理不善，或滋纷扰，即粤省海口棉花之禁，亦可不办。"[⑤]这样，棉花之禁实际施行月余即告结束。但是，缅人并未入贡，亦未送出杨重英，

---

① 《阿桂等奏覆办理严禁江西湖南人民至滇省与缅匪贸易事》（乾隆四十二年三月二十五日），见《宫中档乾隆朝奏折》第 38 辑，第 209～210 页。

② 《云贵总督李侍尧奏陈缅甸边务事》（乾隆四十二年四月初九日），见《宫中档乾隆朝奏折》第 38 辑，第 308～311 页。

③ 《乾隆朝上谕档》第 8 册，第 1628 条，第 629 页；《清高宗实录》卷一〇三一，乾隆四十二年四月戊午，第 21 册，第 820 页。

④ 《乾隆朝上谕档》第 8 册，第 1631 条，第 631 页；《清高宗实录》卷一〇三一，乾隆四十二年四月庚申，第 21 册，第 823～824 页。

⑤ 《乾隆朝上谕档》第 8 册，第 1729 条，第 658 页；《清高宗实录》卷一〇三三，乾隆四十二年五月辛卯，第 21 册，第 850～851 页。

十二月，乾隆帝又谕令李侍尧时刻留心，严行稽察，如有内地奸民及近边“摆夷”私越边隘出入牟利者，即严拿重处，若管守官员有心存怠忽复蹈前辙者，亦即参奏治罪。①

总的来看，自乾隆三十年(1765)十一月清缅战争爆发起清政府一直实行禁止边境贸易政策。清缅战争结束后，重新开放边境贸易成为与缅甸进贡还人紧密相连的问题。由于缅甸方面一直没有进贡并送还杨重英，清政府一直没有开放滇缅边境贸易。而与禁止边境贸易相关的是对违禁商民如何惩处的问题。滇缅边境绵延千里，“各隘口虽稽察綦严，而林箐小路，实难处处禁绝”②。根据乾隆三十三年(1768)六月清廷立法，对于违禁商民和贿纵兵丁，要即行正法。立法如此严厉，执法是否严格？在禁止滇缅边境贸易期间，有多批商民违禁贸易被查获，有关情况见表 8-1。

表 8-1　乾隆中后期对违禁商民处罚情况

编号	查办时间	违禁商民	处罚措施
1	乾隆三十三年(1768)八月	左国兴以牛等物易换边外野人棉花	左国兴解赴腾越正法枭示；地方文武汛官失察之咎，取职名送部照例议处[1]
2	乾隆三十四年(1769)十月	段思瑞由小路出关，前往新寨等处买牛	段思瑞如何处罚未见记载；失察土司多朝珍等分别议处[2]
3	乾隆三十五年(1770)四月	波岩出口贩盐，波冉帮同运回，艾连春接买盐斤贩卖	波岩照拿获私运货物出口之人犯奏明正法之例，请旨即行正法；波冉照贩卖私盐律杖一百，徒三年；艾连春于本律杖徒上加一等，杖一百，流三千里[3]
4	乾隆三十六年(1771)四月	黄国宾潜通贸易寓留缅甸，并供称有李小四等十人与缅人私行交易	黄国宾如何处罚未见记载；李小四等十人经讯供并无与缅人私行交易，均递解回原籍，令地方官严加约束，毋许出境滋事[4]

① 《乾隆朝上谕档》第 8 册，第 2321 条，第 869～870 页；《清高宗实录》卷一〇四七，乾隆四十二年十二月丁巳，第 21 册，第 1029～1030 页。

② 《清高宗实录》卷八三四，乾隆三十四年五月乙未，第 19 册，第 141 页。

续表

编号	查办时间	违禁商民	处罚措施
5	乾隆三十七年(1772)三月	王世学、侯文柱、李叶然、段宗衡、侯世美、李自华、侯礼正、李小文、李生寅、黄三、李聪然、张聪、刘小八等潜出铜壁关外私贩棉花、盐斤等货物	王世学起意出关贩盐,侯文柱纠人同往,均为首犯,从重拟斩决,请旨即行正法;李叶然、段宗衡随同贩买盐斤,照越出外境本律拟绞,亦请旨即行正法;侯世美因往关外索债,带买棉花而归,非侯文柱等原约同伙,照私通买卖例发边远充军;李自华、侯礼正、李小文系被诱跟随同往,未自买货物,照越度关塞律各杖一百,徒三年,家属人口一并迁徙配所安置;李生寅、黄三、李聪然照越出外境律拟绞,请旨即行正法;张聪、刘小八照私通买卖罪应充军例,并其家口改发乌鲁木齐;其所获牲口、货物估值变价,赏给出力弁兵[5]
6	乾隆三十九年(1774)二月	赵开俊、杨科、范温政、杨春荣各挟资本自带骡马至近关地方收买芦子;王国如、范科政、范清政、张星显、段正街在土境采摘芦子转卖;王国沛、杨学富、杨学海、杨学礼采摘芦子运回;脚户杨学春、杨学山受雇代为驮运;范修政容留范科政兄弟借宿	赵开俊、杨科、范温政、杨春荣照私通土苗互相买卖贻害地方例查佥,妻室子女俱发边远充军;王国如、范科政、范清政、张星显、段正街、王国沛、杨学富、杨学海、杨学礼、杨学春、杨学山照越度关塞律各杖一百,徒三年;范修政迁徙内地安插;查获马骡及芦子变价入官,酌赏出力拿获兵役[6]

续表

编号	查办时间	违禁商民	处罚措施
7	乾隆三十九年(1774)二月	尹小生、李萃装载杂货及丝布、针线、毡片等项,欲往新街贩卖;伙犯尹德龙、刘应凤、李周林、许尔凤、黄德沛、李兆经、梁小兰、萧可甲、黄小老等由僻径绕路潜行,未贩货物;黄林隆肩挑糖果,赴防所小本营生,讯非私贩	尹小生、李萃、萧可甲照越度沿边关塞因而出外境律,拟绞监候,请旨即行正法;李兆经、黄得沛、黄小老贪图脚价,帮驮私货,照私通土苗互相买卖应充军例,并其家口发乌鲁木齐;黄林隆照越度关塞律杖一百,徒三年;其未获之尹德龙、刘应凤、许尔凤、李周林、梁小兰等搜获另办[7]
8	乾隆三十九年(1774)四月	桑衣与波瓮合伙购买碧霞玺;貌乖系容留窝主	桑衣依律拟绞;波瓮系合伙贩卖,貌乖虽未自身越度,但属窝伙,应与同罪,均请旨即行正法[8]
9	乾隆四十三年(1778)二月	番起云潜赴缅地,转为缅人进口探听内地信息	斩决[9]
10	乾隆四十三年(1778)八月	王启奉携带丝斤偷越潞江	拟流[10]
11	乾隆四十三年(1778)八月	刘珍汉、李光卿、宋德章驮载针布杂货,欲赴孟连之募乃厂发卖,在缅宁被署通判陈兆昌差役盘获,该通判取具客长罗廷哲等五人保结,准将货物留在缅宁发卖	刘珍汉、李光卿照酌定边境事宜条例私贩三人以下者佥,妻流徙,问拟杖流,照追银货入官;保人罗廷哲、胡昌言、王腾霄、彭廓安、黄星来知情故纵,与犯人同科定案;陈兆昌革职发往新疆充当苦差[11]
12	乾隆四十四年(1779)四月	陈文清等五人自南掌地方带回象牙、犀角、鹿茸、孔雀尾等货	陈文清等发吉林乌喇及新疆等处[12]

注:

[1]《阿里衮奏报拿获收买边外货物之犯即行正法折》(乾隆三十三年八月十六日),见《宫中档乾隆朝奏折》第31辑,第579页。

[2]《清高宗实录》卷八四四,乾隆三十四年十月戊午,第19册,第287页。

[3]宫中朱批奏折:《署理云贵总督彰宝奏报云南拿获违禁贩买边外夷盐人犯审明定拟事》(乾隆三十五年三月二十日),档号:04-01-35-0464-031;《清高宗实录》卷八五六,乾隆三十五年四月辛亥,第19册,第466～467页;宫中朱批奏折:《署理云贵总督彰宝奏报将云南省私贩夷盐之艾连春改拟并查明关禁事》(乾隆三十五年五月十六日),档号:04-01-35-0464-035。

[4]《清高宗实录》卷八八二,乾隆三十六年四月丙子,第19册,第814～815页;宫中朱批奏折:《定边右副将军阿桂、署理云贵总督德福奏为遵旨将曾至关外贸易民人李小四等分别解递原籍事》(乾隆三十六年六月初二日),档号:04-01-01-0301-047。

[5]宫中朱批奏折:《署理云贵总督彰宝奏报将越铜壁关私贩盐斤等人犯审明定拟事》(乾隆三十七年三月二十七日),档号:04-01-35-0466-045;宫中朱批奏折:《署理云贵总督彰宝奏为续获腾越州贩卖棉花盐斤案逃犯李生寅等并饬令边关文武员弁实力巡查事》(乾隆三十七年四月初九日),档号:04-01-01-0319-005;宫中朱批奏折:《署理云贵总督彰宝奏为审明越关私贩人犯李生寅等按律定拟事》(乾隆三十七年五月二十二日),档号:04-01-08-0136-003。

[6]《署理云贵总督彰宝奏报各关巡防情形事》(乾隆三十八年十二月十八日),见《宫中档乾隆朝奏折》第33辑,第848～849页;《云贵总督彰宝奏报审办盏达土司境内私贩范温政等事》(乾隆三十九年二月二十九日),见《宫中档乾隆朝奏折》第34辑,第707～709页。

[7]《云贵总督彰宝奏报审办走私贩尹小生等事》(乾隆三十九年二月十六日),见《宫中档乾隆朝奏折》第34辑,第583～585页;《云贵总督觉罗图思德奏报审办续获私贩杂货案之犯人事》(乾隆三十九年八月二十一日),见《宫中档乾隆朝奏折》第36辑,第425～427页。

[8]军机处录副奏折:《云贵总督彰宝奏报拿获贩卖碧霞犀人犯审明定拟事》(乾隆三十九年四月十二日),档号:03-1412-024。

[9]《李侍尧折》、《李侍尧折二》,见《史料旬刊》第22期《缅匪进贡还人案》,第777～781页;《清高宗实录》卷一〇四九,乾隆四十三年正月丁丑,卷一〇五一,乾隆四十三年二月己未,第22册,第13～14、54页。

[10]《云贵总督李侍尧奏为特参纵漏走私昏庸讳匿之署通判以肃功令折》(乾隆四十三年八月二十一日),见《宫中档乾隆朝奏折》第44辑,第587～588页。

[11]《云贵总督李侍尧奏为特参纵漏走私昏庸讳匿之署通判以肃功令折》(乾隆四十三年八月二十一日),见《宫中档乾隆朝奏折》第44辑,第588页。

[12]《清高宗实录》卷一〇八〇,乾隆四十四年四月戊午,第22册,第509页。

表8-1虽为不完全统计,但从中可以看出,在清缅关系紧张时期,清朝对于违禁商民一般处以死刑,这一时期由于严格实行边禁政策,查获的案件相对较多;乾隆四十三年(1778)八月以后,清朝对于违禁商民都改拟流刑,不再处以死刑。四十四年审理陈文清等私越边境贸易一案时,乾隆帝下令将陈文清等解交刑部,酌其情节改发乌喇及新疆等处,同时还下令传谕云贵总

督李侍尧、云南巡抚裴宗锡及两广、四川、贵州各督抚，“嗣后遇有此等案犯，俱遵照此旨办理”[①]。

另外，这一时期也有缅甸商民偷越入境。如乾隆三十六年(1771)，云南省拿获潜来户拱贸易之缅人撒薄、孟坡、孟丕、阿准、波男、瓮蚌6名，后将此6人押解赴京，其中孟坡在押解途中病卒于卢沟桥，其余5人则发遣黑龙江给兵丁为奴。[②] 乾隆三十八年(1773)，云南省又拿获木邦缅人达磨莽革拉和老官屯缅人波一，查系潜来窥探信息之奸细，云南地方政府将其押解赴京。[③]

清朝禁止滇缅边境贸易的政策导致云南各边贸府城税额锐减。据户部对云南省商税的统计，乾隆三十六年(1771)，大理府抽获税银5229.073两，缺额206.245两，永昌府抽获税银1004. 321两，缺额6389.613两，腾越州抽获税银157.187两，缺额251.39两；乾隆三十七年(1772)，永昌府抽获税银1123.826两，缺额6270.108两，腾越州抽获税银177.489两，缺额231.088两。[④] 对此缺额税收情况，乾隆帝令云贵总督彰宝确查做出解释。乾隆三十八年(1773)十二月，彰宝和巡抚李湖奏复:“永昌、腾越各税口，商贾贩运货物，均系内外互易。从前足额时，外地则棉花最多，内地则绫绸、锦缎、黄丝、布匹等类。现今边务未竣，通夷之各关口严行封禁，间有来者，不及十之一二，以致课额亏短。该司道等按册清查，俱属尽收尽解，并无朦混不符，应请仍准豁免。至大理一府，缺额二百六两零，虽附近永昌，微有短少，但路通鹤、丽、西藏，商贾去路尚多，并不专借夷货，应令该知府赔补。至现在关禁正严，税额短缺，细筹两不相碍之处，实无调剂良法，惟有将府州应收之税，责成迤西道按季查察，不使胥役滋弊，如有捏饰，查出严参。其大理一府，照旧抽解，短则赔补。”[⑤]可见，由于边境贸易禁止，到永昌、腾越从事边境贸易的商民大大减少，造成税课亏短，清廷不得不减免税课。

---

① 《清高宗实录》卷一〇八〇，乾隆四十四年四月戊午，第22册，第509页。

② 《清高宗实录》卷八七九，乾隆三十六年二月庚寅，第19册，第769页；《乾隆朝上谕档》第6册，第1448、1605条，第608、657页。

③ 《云贵总督彰宝奏报各关巡防情形事》(乾隆三十八年十二月十八日)，见《宫中档乾隆朝奏折》第33辑，第848～849页。

④ 《云贵总督彰宝等奏报云南永昌等三府税课亏短实况事》(乾隆三十八年十二月十八日)，见《宫中档乾隆朝奏折》第34辑，第124～129页。

⑤ 《清高宗实录》卷九四五，乾隆三十八年十月壬子，第20册，第806～807页；军机处录副奏折：《云贵总督彰宝、云南巡抚李湖覆奏边地税课亏短缘由事》(乾隆三十八年十二月二十八日)，档号:03-0630-032；《云贵总督彰宝等奏报云南永昌等三府税课亏短实况事》(乾隆三十八年十二月十八日)，见《宫中档乾隆朝奏折》第34辑，第124～129页。

清廷禁止边境贸易也给边境民众生活带来很多不便。乾隆三十三年(1768)九月，清廷讯问自缅甸脱回之清兵杨清，据杨清称，“阿瓦……城内买卖俱洋瓷器、洋布等物。因连年用兵，内地不通贸易，彼处所需丝斤、绸缎、铜锡等俱短少，彼处夷民皆抱怨”[①]。乾隆三十九年(1774)二月，据拿获入关探听消息之缅人波一称：“缅子地方只出布匹，其余货物仰仗天朝出产。自天朝用兵后不准开关，一切货物都不出去了，就是洋里来的毡货等物，只够王子、大头目使用，如绸缎、瓷器、针纸等项，缅地久经缺了，各头目及众人等皆不便，所以诚心要求天朝开关。”[②]三月，又据拿获入关探听消息之缅人兴得夹供：“缅地米粮、棉布及鱼盐物件都有出产，又因通洋也常有洋货。自闭关后，惟绸缎、铁锅、铁针、瓷器等物不到。缅地人虽不便，尚不缺了日用吃穿的东西，亦不至有受困着急之处。”[③]乾隆四十三年(1778)闰六月，云南巡抚裴宗锡奏，由于潞江渡口查禁商贩甚严，导致腾越、龙陵货短价昂，边民生计多有未便，因此请将黄丝一项仍行严禁外，其余如绸缎、针纸以及布匹、杂货等项，俱由永昌府衙门给以印照，于照内注明欲往何处发卖，至潞江渡口，弁员验照放行。对于裴宗锡的建议，乾隆帝予以否决。[④] 而从裴宗锡的奏报中，也可看出禁止边境贸易对边境人民生活的严重影响。

第三节 乾隆末年以后中缅贸易的恢复与发展

乾隆五十三年(1788)，缅甸终于遣使入贡，但乾隆帝并未立即下谕开放滇缅边境通商。次年三月，云贵总督富纲奏，腾越之杉木笼地方，上年入冬时派拨分驻巡防兵500名，现在陆续撤回，所有本年留防兵300名，仍请暂留一季，以便稽查私贩。乾隆帝下谕：“杉木笼地方与缅甸接界，是以每年冬初派兵前往分防。今缅甸业已投诚，毋须多兵驻扎，现届撤防之候，自可照例撤回。至留防兵三百名，原为稽查私贩而设，仍应照旧酌留，以资查察。惟闻该国货物内，如棉花等项，为滇省民人需用，似此等物件，于内地民人甚属有益，于例禁之中，不妨稍存通变。但贸易一事，尚未据该国具表恳求，现在私贩自应照旧严禁。即将来该国长遣使诚敬来求，俟该督等奏到，候朕临

---

① 《故宫博物院典藏专案档暨方略丛编：缅档》，第884～885页。

② 《乾隆朝上谕档》第7册，第1511条，第540～541页。

③ 《乾隆朝上谕档》第7册，第1571条，第560页。

④ 《乾隆朝上谕档》第9册，第530条，第206～206页。

时酌量,降旨遵办。惟内地奸民往往有偷至缅地者,从前懵驳时即闻有江西、湖广之人为之主事,现在虽不闻有此等奸民,不可不防其渐。该督等惟应不时留心,严密稽查,不可因该国已经内附,稍存大意也。"①可见,由于缅人尚未具表请求开通关禁,乾隆帝仍然强调禁止边境贸易。

乾隆五十五年(1790),缅王孟陨再次遣使入贡,并请开腾越关禁以通市易,乾隆帝闻奏,立即下谕命云贵总督富纲等筹备重开滇缅边境通商:"该国自禁止通商以来,需用中国物件,无从购觅;而该国所产棉花等物,亦不能进关销售。今既纳赆称藩,列于属国,应准其照旧开关通市,以资远夷生计。"②接奉谕旨,富纲立即奏请于六月初一日开关通市。首先,在腾越、永昌原设税口杉木笼、暮福两处,设汛驻兵查验收税。自腾越至新街,一由杉木笼出铁壁关,一由暮福出铜壁关,杉木笼、暮福为出入咽喉。因此,"应令腾越州派拨书役在彼驻巡,凡内地商民贩货出关,循照旧例于州城收税给照,载明姓名、货物,至杉木笼、暮福验照放行。该商贩货回关及夷人运货到关,即由杉木笼、暮福征税给照,到州查验。如有缅夷贩货到州,腾越本有行店,应令该州选择殷实者承充,公平交易,好为照料出境,亦不得任其逗遛。"其次,因内地商民多有出顺宁所属之耿马至缅甸之木邦贩运棉花,所以在扼要之顺宁府城及南河口两处设卡稽查。其自内地贩货出边者,在府城收税给照,于南河口验票;边外贩货进内者,在南河口收税给照,至府城验票。并于内地汇总之云南驿地方,责成大理府设卡查察。最后,普洱府所辖之车里各土司,虽路通缅境,但边外一带地皆荒僻,以前间有内地小贩挑负往来,货物无多,不须别设税口。但思茅同知之南关,为出入缅境要道,所以在该处"拨役稽查,挂号给照"。以上各口隘,腾越、永昌因刚刚开关,货物尚未流通,每年税额难以确定;顺宁府城、南河口两处系属新设,拟照腾越事例按则征收,但每年税额亦难定数,所以先试抽一年,再行定额咨部,并责成迤西道实力稽查,尽收尽报。③ 由此,除原有的杉木笼、暮福两处税口外,又增设顺宁府城、南河口两处税卡和南关一处查卡,清缅陆路贸易实现正常化。

---

① 《乾隆朝上谕档》第14册,第1928条,第810~811页;《清高宗实录》卷一三二五,乾隆五十四年三月辛巳,第25册,第942页。

② 《乾隆朝上谕档》第15册,第1240条,第556页;《清高宗实录》卷一三五一,乾隆五十五年三月乙巳,第26册,第90~91页。

③ 《清高宗实录》卷一三五九,乾隆五十五年七月是月,第26册,第223页;《明清史料》庚编第七本,第697~698页。

清朝既开边禁,原来中断的滇缅陆路贸易迅速恢复。根据富纲的筹备报告,这一时期的滇缅陆路贸易路线主要有三条:一是自大理经永昌、腾越至缅甸新街,此线又分为杉木笼和暮福两路;二是自大理经顺宁、耿马至缅甸木邦;三是自普洱、思茅入缅境。关于这一时期陆路贸易的商品与规模,并无专门系统记录,但中外文献多有记载。如乾隆末年《腾越州志》载:"今商客之贾于腾越者,上则珠宝,次则棉花。宝以璞来,棉以包载,骡驮马运,充路塞道。今省会解玉坊甚多,砻沙之声昼夜不歇,皆自腾越至者。其棉包则下贵州,此其大者……外夷物产,谓蛮莫所产曰白玉、翠玉、墨玉,猛拱所产琥珀之属,猛密所产宝石、宝沙、碧霞玺之属。"[①]1795 年代表英国东印度公司出使缅甸的西姆斯(Symes)记述:"缅甸首都与中国云南之间存在着广泛的贸易。从阿瓦输出的主要商品是棉花……棉花用大船沿伊洛瓦底江上运至八莫,在普通市集与中国商人进行交易,后者走水路或陆路将棉花运入中国境内。除棉花外,也输出琥珀、象牙、宝石、干果和东部群岛运来的食用燕窝等。而缅甸商人则采购中国商人运来的生丝、天鹅绒、金银、蜜饯、纸张和一些五金制品。"[②]1797 年出使缅甸的考克斯(Cox)也有记述:缅人早已习惯于通过伊洛瓦底江向中国云南输出棉花,实皆是缅甸棉花集散地,各地棉花先运至实皆,然后由中国商船载回,每船可载 100 筐,每筐重 100 维司,约 30～40 天可完成从实皆到中国之航程。棉花是缅甸出口产品之大宗,此外缅甸亦出口其他商品,其中很多专供中国市场。[③] 1826 年出使缅甸的克劳福德(Crawfurd)也曾详细描述滇缅边境贸易:中国云南与缅甸帝国之间存在大量的贸易,这种贸易主要由中国人掌控,具体由驻缅华商和中国国内商人进行。贸易每年进行一次,中国商队一般于 12 月初到达阿瓦,货物不走水路,也不用马车装运,而是用马骡驴驮运。这些表明,伊洛瓦底江不适合航运,路也很难走。主要的商品交易在八莫进行,只有少数商人前往阿瓦。从中国运入的商品包括铜、雌黄、水银、朱砂、铁锅、铜线、锡、明矾、银、金、瓷器、漆、地毯、大黄、茶、蜂蜜、生丝、丝绒及其他丝织品、麝香、干果、纸张、扇、

---

① (清)屠述濂纂修(乾隆)《腾越州志》卷三《山水·物产》,第 28～29 页。

② Michael Symes, *An Account of an Embassy to the Kingdom of Ava, Sent by the Governor-General of India, in the Year 1795*, London: W. Bulmer and Co. Cleveland-Row, St. James's, 1800, p. 325.

③ William Francklin, *Tracts, Political, Geographical, and Commercial; on the Dominions of Ava, and the North Western Parts of Hindostaun*, London: J. M'creery, Black-Horse-Court, 1811, pp. 52-60.

伞、鞋、衣服，以及一些鲜活动物。运往中国的商品包括原棉、装饰用的纺织品、食用燕窝、象牙、犀角、鹿角、宝石，以及一些英国毛织品。其中原棉是最大宗商品，每年运出总量最少时 730 万磅，最多时 2080.5 万磅，平均 1400 万磅。[①] 曾在缅甸传教 20 余年的意大利传教士圣基曼奴（Sangermano）在 1833 年出版的《缅甸帝国》（*The Burmese Empire*）一书中称："缅甸对外贸易，以很多国家为对象，云南华商自拱洞（景栋，原书作 Canton，非指广州，应作 Kaungton）循阿瓦大河（即伊洛瓦底江），乘大舶至缅都，携来彼国商品、丝绸、色纸、茶叶、各种水果与其他杂货，归国时载运棉花、生丝、花盐、雀羽与一种黑漆。此漆采自树中，经提炼后即为著名之中国漆。"[②]1835 年底从阿瓦溯伊洛瓦底江上行考察的汉内（Hannay）上尉记载说，非经政府特许，阿瓦城以北 70 里以上之伊洛瓦底江流域，只有中国人有航行权，中国人完全掌控了阿瓦城以北的贸易，住在阿瓦城的中国人也极力阻止任何对他们贸易垄断的干涉。汉内还记述，中国商队将货物从新八莫城经水路运至旧八莫（蛮暮），然后再经陆路去茅安（ Mowan）附近的出其（Choki），此段路程需走 3 天；自此再去云南省内的蛮允（Mounyen）或腾越（Tengyechew），这段路程需走 8～9 天。最主要的贸易商品是棉花，该项贸易完全掌握在中国人手中。他们于每年 12 月和 1 月来八莫。输入品大部分运往阿瓦，因为猛拱和八莫居民都买不起。在这两个地方出售的货物有铜壶、毯子、棉衣等，这些东西缅甸各地都需要。[③] 1855 年考察上缅甸的英国人亨利·尤尔（Henry Yule）记载最为详细：对华陆路贸易是缅甸贸易的重要组成部分，其大宗贸易是以阿瓦的棉花交换中国的生丝——缅都的织布机对中国生丝有庞大的需求。1854 年，王室垄断了缅甸的棉花收购，缅王成为棉花和其他几种商品的唯一供应商。在此之前，中国商人在棉花收获前预付款项给当地棉农，棉农则以棉花实物还款；现在这种预付方式全部归于国王，缅王以每 100 维司

① John Crawfurd, *Journal of an Embassy from the Governor General of India to the Court of Ava, in the Year 1827*, London: Henry Colburn, 1829, pp.436-437.

② William Tandy D.D., *A Description of the Burmese Empire, Complied Chiefly from Native Documents by the Rev. Father Sangermano, and Translated from His Ms.*, Rome: Joseph Salviucci and Son, 1833, p. 169;〔英〕戈·埃·哈威:《缅甸史》，第 548 页。按：圣基曼奴 1783 年 7 月赴缅传教，1808 年回意大利，所著《缅甸帝国》一书，为欧洲人对缅甸做系统记载之嚆矢。

③ R. Boileau Pemberton, "Abstract of the Journal of a Route Traveled by Capt. S. F. Hannay, of the 40th Regiment Native Infantry, from the Capital of Ava to the Amber Mines of the Húkong Valley on the South-east Frontier of Assam", in *The Journal of the Asiatic Society of Bengal*, 1837, Vol. 64, pp. 248, 258-259.

20铢的价格付给棉农，在王都则以每100维司40～50铢的价格出售，商人想得到棉花，只能通过王室机构购买。棉花（已去掉棉籽）用船装载溯伊洛瓦底江上运至八莫——这是对华进出口贸易的最大市场。运送棉花的是一种被称作"pein-go"的平底船，载重10000～25000维司，吃水约3.5米。棉花运输主要集中在每年10月底至翌年5月，当水位过低时，大船必须在沿途两到三处卸载部分货物。棉花由中国人进行包装，以便于马骡驮载运输。货物从八莫出发，由舟筏载运至八莫老城，再转由马驴骡驮运到中国市场。除棉花外，从缅甸出口的商品还有来自槟榔屿和亚齐的槟榔果，来自丹那沙林和海峡殖民地的极品燕窝与鱼翅，来自印度的鱼翅、鹿茸以及美国布匹、英国棉布等，但这些商品的总价相对而言微不足道。上缅甸的猛拱盛产玉石，大部分玉石被中国人购买贩运回国，雕琢成价值昂贵的杯子、手镯等出售。这种贸易主要由在阿摩罗补罗的有声望的中国人掌控，每年利润可达60万～100万铢。进出口贸易完全由来自云南的驮队运输，他们从10月份开始到达八莫，直到次年5月份雨季到来阻断交通为止。从中国云南输入的大宗商品是丝，据说来自一个名叫"Tsa-chöé-Sing"的城市——此地距离八莫83天路程，距离云南省城50天路程。除丝外，进口商品还有金箔、银器、铜、雄黄、水银，精致的罐、盘等铁制品、朱砂、各种颜色的纸张，以及火腿、蜂蜜、蜡、面、植物油（主要是供给华侨）、茶、天鹅绒、地毯、胡桃、栗子、鸦片、各类蜜饯、绢花、草帽等。除八莫贸易外，每年1～4月来自中国的骡马商队亦南下到阿摩罗补罗以北5英里的Madé村贸易，据说这些商队都由来自永昌、大理、腾越或猛密的穆斯林掌控。该贸易路线主要运输小件铜器和手工制品，很少运输丝，棉花也只在回程购买。亨利·尤尔还统计了1854年的滇缅贸易数额：缅甸运往中国的棉花为400万维司，每100维司售价50铢，总价值为200万铢，即22.5万英镑，加上其他出口商品价值约1万英镑，出口总值为23.5万英镑；缅甸从中国进口的丝超过4万捆，每捆均价166铢即30卢比，总价值为12万英镑，加上其他进口商品价值约6.75万英镑，进口总值为18.75万英镑；总计1854年中缅陆路进出口贸易总额为42.25万英镑。[①] 总的来说，从缅甸输入云南的大宗商品是棉花和玉石，从云南运往缅甸的主要商品则是生丝和土特产品。

---

① Henry Yule, *A Narrative of the Mission Sent by the Governor-General of India to the Court of Ava in 1855, with Notices of the Country, Government, and People*, London: Smith, Elder, and Co., 1858, pp. 144-149.

这一时期中缅两国的海路贸易亦有很大发展。据《滇系·缅考》记:“西洋货物聚于漾贡(仰光),闽广皆通。”[①]彭崧毓《缅述》载:“阿瓦……中有木城,周六里,为门四。商民居之,有街有市。内地之商于彼者,自成聚落,曰汉人街……蛮幕、漾贡为南北两大都会。蛮幕滨江,多滇商,漾贡滨海,多粤商,皆设官,榷其税。”[②]意大利传教士圣基曼奴也记述:“白古港口优良,本国物产丰富,故能吸引商舶来境,不特自印度各地,且亦自中国与大食而来。”[③]18世纪末19世纪初,白古、仰光、土瓦已成为缅中海路贸易主要港口。1824年英人登陆仰光后,曾绘制一幅仰光地图,图内标有“中国码头”和“华人坟场”。对此缅籍华裔学者陈孺性也指出,“中国船户聚居于唐人坡一带已相当多,且已自建了一个码头于江岸。在英国人的记载中,它被称为‘中国码头’China Wharf,这是因建筑在华人区的江岸而得名”[④]。

这一时期的中缅贸易还有一个特点,那就是19世纪20年代以后,中缅海路贸易日渐兴盛,贸易规模逐渐超过陆路贸易。美国著名缅甸史学者莱伯曼(Lieberman)曾统计说:总的来看,在17世纪至19世纪20年代,滇缅陆路贸易比缅中海上贸易更有活力。在19世纪20年代前,商人每年运回云南的棉花估计近7000吨——这一数字是17世纪初的6倍。中国商人还大量采购缅甸特产和玉石,价值约为棉花总量的1/3。而中国则以本国手工制品、食品及大量的生丝为交换。在19世纪20年代初期,滇缅陆路贸易的年均进出口值为同时期仰光进出口贸易总值的67%～107%。[⑤]第一次英缅战争(1824～1826年)后,英国不仅占据了丹那沙林和阿拉干,而且获得准许商船可以免税进入缅甸港口,此后英国大力发展缅甸南部及英属印度的对华贸易,使得缅中海路贸易迅速发展并超过滇缅陆路贸易。第二次英缅战争(1852年)后,英国吞并下缅甸,并于1862年和1867年两次与雍籍牙王朝缔结“自由贸易”条约,取消了王室的大部分垄断权并允许人口和货物自由流动。此后,英国一方面积极探索通过上缅甸到云南的滇缅贸易商路;另一

① (清)师范纂《滇系》第12册《典故四》,第49～50页。

② (清)彭崧毓:《缅述》,第1～2页。

③ William Tandy D.D., *A Description of the Burmese Empire, Complied Chiefly from Native Documents by the Rev. Father Sangermano, and Translated from His Ms.*, Rome: Joseph Salviucci and Son, 1833, p. 169.

④ 〔缅〕陈孺性:《缅甸华侨史略》,见《德宏史志资料》第3集,第94页。

⑤ Vctor Lieberman, *Strange Parallels, Southeast Asia in Global Context, c. 800-1830*, New York: Cambridge University Press, 2003, p.170.

方面更加看重下缅甸及英属印度的对华贸易，使得缅中海路贸易保持了持续快速发展。这一时期的中文著述也注意到英国占领下缅甸后中缅海路贸易逐渐超越陆路贸易的现实："从前洋船未通，与云南人互市，出入配带货物，以骡马驮之。自英人经营仰光，轮船如织，云南一隅通商渐少矣。"①光绪五年(1879)考察缅甸的黄楙材观察到棉花、玉石等商品大量由海路运往广东的具体状况：(缅甸)"土产棉花最多，每岁贩入云南者十数万驼(驮)，其运海口者尤数倍于此。至于玉石诸宝，则产于孟拱、孟养西北一带野人山内，而萃集于阿瓦都城。然缅地无良工，汉商购取璞石，择其质之美者至粤中，雕琢成器。近世海道便捷，故美玉之至滇南者寥寥无几矣。"②《腾越乡土志》则记录了作为滇缅陆路边境贸易缩影的腾冲的商务变化情况："乾嘉间，海禁未开，凡闽粤客商贩运珠宝、玉石、琥珀、象牙、燕窝、犀角、鹿茸、麝香、熊胆一切缅货，皆由陆路而行，必经过腾境，其时商务尚称繁盛。自海舰流通，两广、福建商旅均由新嘉坡、槟榔屿行经漾贡直达缅甸，腾之商情因之锐减。此商务之一大变也。"③原来作为陆路贸易主要商品的棉花和玉石大量由海路运往广东，中缅海路贸易超越陆路贸易是必然的。

关于这一时期的中缅贸易，还有一个值得讨论的问题——缅甸频繁朝贡的过程中是否存在朝贡贸易？根据清代朝贡制度规定，朝贡使团可以随带商品来华售卖，亦可购买货物带回本国，并享受贸易免税之政策优惠，此谓朝贡贸易。实践中，朝贡贸易包括使团入境时的边境贸易、往返北京途中的使行贸易和京师会同馆贸易三部分。清代朝鲜、琉球、暹罗等朝贡国使团来华，都有大量的朝贡贸易，中缅两国间是否也存在？就缅甸来说，乾隆末年以前，缅甸只有乾隆十六年(1751)一次朝贡，两国间并未建立封贡关系，自然不存在朝贡贸易。乾隆五十三年(1788)至光绪元年(1875)，缅甸计有14次遣使朝贡，但均未见朝贡贸易的记录。尽管每次缅甸朝贡，使团都会带来大量的佛教器物、缅甸土产、欧洲商品以及大象作为贡物，清朝也赐予大量的丝绸、玉器、瓷器、珐琅器等宫廷奢侈品和日用品，但这只是一种以物易物的礼品交换，并非真正意义上的朝贡贸易。在同治十三年(1874)，缅王曾派员解送驯象2只到昆明，并顺带棉花到腾越，请变价采买驮骡200匹、硫

① (清)阙名：《缅藩新纪》，见《小方壶斋舆地丛钞》第10帙，第877页。

② (清)黄楙材：《西辑日记》，见《小方壶斋舆地丛钞》第10帙，第988～989页。

③ (清)寸开泰：《腾越乡土志》，见国家图书馆编《乡土志抄稿本选编》(八)，北京：线装书局2002年版，第721页。

黄一二万斤带回。这次缅甸来员，虽然是缅王所派，但在云贵总督岑毓英看来，并非“正贡”，也就是说并非朝贡使团，所以其交易并不能归为朝贡贸易，而事实上岑毓英也以驮骡、硫黄例禁出口拒绝了缅甸来员的采买申请。[①] 由此可见，清代中缅两国间并不存在大量的朝贡贸易。如果说清朝与朝鲜、琉球、暹罗间存在朝贡贸易与通商贸易并行的“双轨”贸易的话，清朝与缅甸间则主要是通商贸易，具体包括陆路和海路“两路”贸易。那么，缅甸为何未发展起对华的朝贡贸易？主要是交通不便所致。从缅都到云南，路途遥远，坎坷难行，耗时数月，使团往返时已经携带大批贡物或赐予物品，根本无力再携带大量货物进行朝贡贸易。

第四节　清末与英属缅甸的贸易往来

一、中英关于滇缅贸易之条约规定

英国通过第三次英缅战争占领上缅甸后，积极鼓励中国商民继续入境到缅甸贸易。光绪十一年十二月初十日（1886 年 1 月 14 日），英官阿太杂派缅人赍递缅字文书一封到腾越，“大意谓英已据缅，华商等仍应照常往缅贸易，英人亦如缅人当日关照，仍循旧规，各守疆界，往来通商”[②]。云贵总督岑毓英认为，英人“投文腾越，乞请守界通商，其意实恐中国乘其敝困，特为和解之策，以便专意经营缅甸”，因此请示总理衙门核议是否准许华商照常往缅贸易。光绪十二年二月初二日（1886 年 3 月 7 日），清廷谕复岑毓英准令华商继续自由往缅贸易：“英于中华本无衅端，华商往缅贸易，尽可听其自便，毋须官为照料也。”[③]之后，清廷派曾纪泽与英外交部谈判，英外交部提出以大盈江北让一股归清朝，使清朝商民可顺伊洛瓦底江入缅贸易。[④] 英人还指出中英《烟台条约》已有滇省边界与缅甸地方来往通商一节派员会同商定

① (清)岑毓英:《岑襄勤公(毓英)遗集》卷一一，第 22～23 页；《清德宗实录》卷三，光绪元年正月丙辰，第 52 册，第 113 页。

② 总理各国事务衙门档案:《具奏缅甸边务情形由》(光绪十二年二月初三日)，馆藏号:01-23-004-02-004；(清)岑毓英:《岑襄勤公(毓英)遗集》卷二五，第 43 页。

③ 总理各国事务衙门档案:《具奏缅甸边务情形由》(光绪十二年二月初三日)，馆藏号:01-23-004-02-004；《中国海关与缅藏问题》，第 64 页。

④ 《李鸿章全集》第 22 册，第 39 页；《清季外交史料》卷六五，第 2 页。

之文，故滇缅通商不能拒绝。经过谈判，中英《缅甸条款》于六月签订，其中第三款规定“(中缅)边界通商事宜亦应另立专章，彼此保护振兴”。

由于《缅甸条款》规定中缅边界通商事宜应另立专章，至光绪十八年(1892)，薛福成开始与英国进行滇缅界务商务谈判。经过两年的谈判，至光绪二十年(1894)正月，中英两国签订《续议滇缅界、商务条款》，其中关于贸易商务的规定是第8～14、16～19条：

第八条　一、英国极欲振兴中、缅陆路商务，答允自条约批准之日起，以六年为期，中国所出之货及制造之物，由旱道运入缅甸，除盐之外，概不收税；英国制造之物及缅甸土产，运出缅甸，由旱道赴中国，除米之外，概不收税；其余悉照第十条第十一条办理。

以上盐米之税，不得多于出入海口所收之税。

第九条　一、凡货由缅甸入中国，或由中国赴缅甸，过边界之处，准其由蛮允、盏西两路行走，俟将来贸易兴旺可以设立别处边关时，再当酌量添设。中国欲令中、缅商务兴旺，答允自批准条约后，以六年为期，凡货经以上所开之路运入中国者，完税照海关税则减十分之三，若货由中国过此路运往缅甸者，完税照海关税则减十分之四。凡有陆路出入货物，应给发三联单(即子口税单)，照通商口岸章程一律办理。

运货经过中国地段，如在此约所准之路之外，及有偷漏等弊，倘中国官愿行查办，即可将该货充公。

第十条　一、凡以下所开军器，非经国家准购，不得由缅甸运入中国，亦不得由中国运往缅甸，此等货物仅准售与奉国家明谕购办之人，不得售与他人，如：各种枪炮及实心弹，开花弹，大小弹子，各种军械，军火，硝磺火药，炸药，棉花火药及别种轰发之药。

第十一条　一、食盐不准由缅甸运入中国。中国铜钱、米、豆、五谷不准运往缅甸。鸦片及酒不准由两国边界贩运出入，惟行路之人准其酌带若干，以备自用。每人准带之数，应照关章定夺。

若犯此条及前一条，即将所有之货充公。

第十二条　一、英国欲令两国边界商务兴旺，并使云南及约内中国新得各地之矿务一律兴旺，答允中国运货及运矿产之船只，由中国来，或往中国去，任意在厄勒瓦谛江(即大金沙江)行走；英国待中国之船，如税钞及一切事例，均与待英国船一律。

第十三条　一、中国大皇帝可派领事官一员，驻扎缅甸仰光；英国大君主可派领事官一员驻扎蛮允；中国领事官在缅甸，英国领事官在中国，彼此各享权利，应与相待最优之国领事官所享权利相同。如将来中、缅商务兴旺，两国尚须添设领事官，应由两国互相商准派设，其领事官驻扎滇缅之地，须视贸易为定。

中、英两国领事官在所驻之地，与其地方大员往来，均系平行。

第十四条　一、英国商民等欲由缅甸赴中国，应向合宜之英员，请中国派驻仰光之领事官，或边界上之中国官，给发护照，方能前往；其护照式样，一边英文，一边华文，与通商口岸所给护照无异。华民欲由中国赴缅甸，如愿领护照者，可向华官，请英国驻扎蛮允之领事官，给发护照，倘遇中国别地有一英国领事官，亦可就近请给护照。

…………

第十六条　一、今欲令两国交涉与贸易日臻蕃盛，并欲中国派驻仰光之领事官与中国大宪往来通电，两国答允，俟可设法通电之时，应将两国电线接连；此线创办之始，专寄滇、缅官商等往来电报。

第十七条　一、两国人民，无论英民在中国地界，或华民在英国地界，凡有一切应享权利，现在所有或日后所添，均与相待最优之国一律，不得有异。

第十八条　一、约内所开通商各节，俱非寻常款例，此由两国察看地方情形及中、缅陆路通商应办之事，互相允让而立，所有互给权利，两国之民除有同样情形外，不得在别处接壤之地照样索问，即使有同样情形，亦必须有同样之允让方可。

第十九条　一、以上通商章程系暂行试办，俟两国察看得详细情形，如何去碍获益，可于交换批准条约六年后，或中国愿行修改，或英国愿行修改，均可商议；倘两国俱愿略早修改亦可。①

《续议滇缅界、商务条款》签订后，因清朝将猛乌、乌得让与法国，英政府认为清政府违背条约，提出修约做出补偿。在修约过程中，除界务要求外，英外交部还提出缅甸现有及将来续开之铁路接入中国，腾越、顺宁、思茅三处设领事，中法《续议商务专条附章》利益一律让于英国，准许英在新疆设领事并任便通省游历，准英人在新疆各属免税贸易，扩大西江通商等多项要求。经总理衙门再三驳辩，英外交部同意将新疆设埠及援照法约利益两节

① 附录四　中英《续议滇缅界、商务条款》(1894年3月1日)。

删去;滇缅接路一节,改为俟中国铁路展至缅界时彼此相接;滇界领事一节,改为将已设之蛮允领事改驻顺宁或腾越;西江通商一节,定为自梧州而止。光绪二十三年(1897),中英签订《续议缅甸条约附款》,其中关于贸易商务的规定除第8、10～11、16～19条与原约无所增改外,第9、12～14条分别修改为:

第九条　凡货由缅甸入中国、或由中国赴缅甸过边界之处,按照原约,准其由蛮允、盏西南路行走。兹彼此言定,如将来两国勘界官员查明,另辟他路与贸迁有益,所有查明之路,皆准照原约所载,一律开通行走。

…………

第十二条　英国欲令两国边界商务兴旺,并使云南及约内中国新得各地之矿务一律兴旺,答允中国运货及运矿产之船只,由中国来或往中国去,任意在厄勒瓦谛江(即大金沙江)行走,英国待中国之船,如税钞及一切事例,均与待英国船一律。中国答允,将来审量在云南修建铁路与贸易有无裨益,如果修建,即允与缅甸铁路相接。

第十三条　按照原约,中国可派领事官一员驻扎缅甸仰光,英国可派领事官一员驻扎蛮允,中国领事官在缅甸、英国领事官在中国,彼此各享权利,应与相待最优之国领事官所享权利相同,如将来中、缅商务兴旺,两国尚须添设领事官,应由两国互相商准派设,其领事官驻扎滇缅之地须视贸易为定。今言明,准将驻扎蛮允之领事官改驻,或腾越或顺宁府,一任英国之便,择定一处,并准在思茅设立英国领事官驻扎。所有英国人民及英国所保护之人民,准在以上各处居住、贸易,与在中国通商各口无异。英国领事官在以上各处驻扎,与中国官员会晤、文移及来往酬应,亦与通商各口领事官无异。

第十四条　原约内载,华民欲赴缅甸,可向华官请英国驻扎蛮允之领事官给发护照云云;今既言明,将驻扎蛮允之领事官改驻或腾越或顺宁,自应将此条内"驻扎蛮允之领事官"字样,改为"驻扎或腾越或顺宁领事官"。[①]

① 见附录六。

二、清末云南海关之开放

清末云南共有五处海关，即蒙自关、思茅关、河口关、腾越关和云南府关（昆明关），其中河口关和云南府关属分关，归蒙自正关管辖，并非独立口岸，所以近代云南对外贸易口岸，主要是蒙自、思茅和腾越三关。清朝开蒙自、思茅、腾越为通商口岸，设海关征税，标志着云南对外贸易真正卷入东南亚区域经济体系之中（参见表 8-2）。

表 8-2 清末云南海关情况

海关	开埠日期	设立依据	对外市场
蒙自	光绪十五年七月二十八日（1889 年 8 月24 日）	1887 年中法《续议商务专条》指定开放	越南东京（即北圻）的河内和海防；英领香港
思茅	光绪二十二年十一月二十九日（1897 年1 月 2日）	1895 年中法《续议商务专条附章》与 1897 年中英《续议缅甸条约附款》指定开放	缅甸的景栋（即孟艮）和仰光；暹罗的景迈；越南的莱州；老挝的琅勃拉邦等
河口	光绪二十三年六月初二日（1897 年 7 月1 日）	1895 年中法《续议商务专条附章》指定开放（设立分关归蒙自关管辖）	
腾越	光绪二十八年四月初一日（1902 年 5 月8 日）	1897 年中英《续议缅甸条约附款》指明由英国择定开放	缅甸的阿瓦和仰光
云南府	光绪三十一年（1905 年，日期不详）	自行开放（设立分关归蒙自关管辖）	

蒙自关之开放，系依据光绪十三年（1887）中法《续议商务专条》。中法战争后，清政府同意择地开放与越南的边境贸易。光绪十三年五月初六日（1887 年 6 月 26 日），中法两国在北京订立《续议商务专条》，其中第二条规定："两国指定通商处所，广西则开龙州，云南则开蒙自；缘因蛮耗系保胜至蒙自水道必由之处，所以中国允开该处通商，与龙州、蒙自无异，又允法国任

派在蒙自法国领事官属下一员，在蛮耗驻扎。”[①]光绪十五年（1889）初，云南巡抚兼署云贵总督谭均培与法领事官弥乐石、税务司哈巴安，会同临安开广道兵备汤寿铭，会商设关收税诸事就绪，即奏请定期于同年七月二十八日（1889年8月24日）蒙自开关，于县城东门外设立正关，于蛮耗街设分关，又蒙自西门外及河口各设查卡，旋改设河口分关，蛮耗改设分卡。宣统元年（1909），添设碧色寨分关。宣统二年，又添设云南府分关。[②] 是为蒙自开关之经过。

思茅关之开放，系依据光绪二十一年五月二十八日（1895年6月20日）中法《续议商务专条附章》。该约第三条规定：“议定云南之思茅开为法越通商处所，与龙州、蒙自无异，即照通商各口之例，法国任派领事官驻扎，中国亦驻有海关一员。”[③]条约签订后，经云贵总督崧蕃、云南巡抚黄槐森奏准，于光绪二十二年十一月二十九日（1897年1月2日）开关，于思茅城设立正关，东门外及永靖哨设立查卡，易武、猛烈各设分关。[④] 光绪二十三年正月初三日（1897年2月4日），中英两国签订《续议缅甸条约附款》，其中第十三条规定，准许英国将驻扎蛮允之领事官改驻腾越或顺宁，并准在思茅设立英国领事官驻扎，“所有英国人民及英国所保护之人民，准在以上各处居住、贸易，与在中国通商各口无异”[⑤]。由此，思茅关又成为对英属缅甸通商口岸。

河口关之开放，也是依据光绪二十一年（1895）五月二十八日中法《续议商务专条附章》。该约第二条规定：“蒙自往保胜之水道允开通商之一处，现议非在蛮耗，而改在河口，法国任在河口驻有蒙自领事官属下一员，中国亦有海关一员在彼驻扎。”[⑥]旋总理衙门与法驻华公使往返照商，并札行总税务司，定期于光绪二十三年六月初二日（1897年7月1日）开关。

腾越关之开放，系依据光绪二十三年（1897）中英《续议缅甸条约附款》。先是光绪二十年中英《续议滇缅界、商务条款》规定，凡货由缅甸入中国或由

---

① 《中外旧约章汇编》第1册，第515页。

② 《新纂云南通志》卷一四三《商业考一》，第7册，第92页。《开办蒙自正关通商章程专条》见该书第7册，第102页。

③ 《中外旧约章汇编》第1册，第622页。

④ 《新纂云南通志》卷一四三《商业考一》，第7册，第92页。《开办思茅正关通商章程专条》见该书第7册，第104页。

⑤ 见附录六。

⑥ 《中外旧约章汇编》第1册，第622页。

中国赴缅甸，准其由蛮允、盏西南路行走，照通商口岸之例办理，英国可派领事一员驻扎蛮允。到二十三年，中英又签订《续议缅甸条约附款》，该约第十三条规定，英国可将驻扎蛮允之领事官改驻腾越或顺宁，并开该处为通商口岸。光绪二十五年(1899)，英政府令八莫海关税务司好博逊(Hobson)调查设领开埠地点，择定腾越为通商口岸。六月，英领事杰弥逊至腾越商议开关，云贵总督崧蕃与云南巡抚丁振铎与之商议，总税务司赫德亦派好博逊来腾越。正议办间，因杰弥逊改调回国，又值义和团起义爆发，好博逊亦返新街，关务遂缓开办。光绪二十七年(1903)九月，英驻华公使致函清外务部，驻腾越领事官现派烈敦署理；总税务司亦咨称，现改派孟家美为腾越税务司。云贵总督魏光焘接到清外务部电告，即派腾越同知叶如桐与英领事、税务司筹议开关事宜。十月初三日，烈敦、孟家美等到达腾越，遂与商议，并会同领事、税务司亲往各路勘查，斟酌设关设卡，分修太平江南岸道路。又会订试办关务章程十五条，拟在腾越南城外设立正关，蛮允与太平江南岸弄璋街设立分关，东门外及蚌西、蛮线设立分卡，二台坡设立查卡。[①] 光绪二十八年四月初一日(1902 年 5 月 8 日)，腾越关正式开关试办。五月，移东门外分卡于龙江。六月，魏光焘以腾越同知"权势不足以资镇慑"，奏准将迤西道移驻腾越兼管关务，并添设道库大使一员。[②] 十月，添设遮放分关、龙陵分卡，旋移遮放分关于龙陵。是为腾越设关之经过。

云南府关之开放，系光绪三十一年(1905)，云贵总督丁振铎据云南绅士陈荣昌、罗瑞图、王鸿图、解秉和等禀，为云南省城商务日繁，请援照山东济南、湖南岳州等处成案，就省城南门外得胜桥一带自设商埠，设立商埠总局，于二月十六日奏准照办。[③] 至宣统二年(1910)，云贵总督李经羲拟定《云南省城南关外商埠总章》八条报外务部立案，并知照各国驻京公使。但英、法两国公使均谓限制过严，碍难承认，英、法人等并在城外自设行栈，自由居住，不受约束。故此项章则，迄未能见诸实行[④]。

---

① 《署云贵总督兼署云南巡抚魏光焘奏报腾越开关试办情形折》(光绪二十八年五月十二日)，见台北故宫博物院编《宫中档光绪朝奏折》第 15 辑，台北故宫博物院 1973～1975 年版，第 268～269 页。

② 《清德宗实录》卷五〇〇，光绪二十八年六月己亥，第 58 册，第 615～616 页。

③ 《新纂云南通志》卷一四三《商业考一》，第 7 册，第 92 页。

④ 《新纂云南通志》卷一四三《商业考一》，第 7 册，第 93～94 页。《云南省城南关外商埠总章》见该书第 7 册，第 93～94 页。

三、云南对英属缅甸之贸易

关于云南三海关之对外贸易，每年都有《华洋贸易情形论略》对其进出口状况进行总结评述。其收税章程，系根据海关税则减 3/10 抽收进口正税，减 4/10 抽收出口正税，其子口半税系照进出口正税减半抽收。根据表 8-3，就贸易总值而言，自光绪十五年(1889)至宣统三年(1911)的 23 年间，蒙自、思茅、腾越三关进出口贸易总值达 15640 万海关两(银)。其中蒙自关自光绪十五年(1889)至宣统三年(1911)贸易总值为 13680 万海关两有奇，思茅关自光绪二十三年(1897)至宣统三年(1911)贸易总值为 330 万海关两有奇，腾越关自光绪二十八年(1902)至宣统三年(1911)贸易总值为 1628 万海关两有奇。蒙自关最多，腾越关次之，思茅关最少。就出、入超情形看，除蒙自关于光绪十五年(1889)、光绪二十八年(1902)、光绪三十四年(1908)，宣统二年(1910)、宣统三年(1911)略有出超外，其他概系入超。蒙自关自光绪十五年(1889)至宣统三年(1911)入超总值为 1259 万海关两有奇，腾越关自光绪二十八年(1902)至宣统三年(1911)入超总值为 896 万海关两有奇，思茅关自光绪二十三年(1897)至宣统三年(1911)入超总值为 214 万海关两有奇。[①]就国别而言，蒙自关主要是对越南贸易，思茅关包括对缅甸、越南、老挝贸易，腾越关则完全是对缅贸易。

表 8-3　清末云南三海关进出口贸易统计＊

单位：海关两

年份	蒙自关			思茅关			腾越关		
	进口洋货总值	出口土货总值	课税	进口洋货总值（其中缅甸进口洋货比例）	出口土货总值（其中出口缅甸土货比例）	课税	进口洋货总值	出口土货总值	课税
1889	62300	87629	8290						
1890	466089	4661193	43027						
1891	744480	583230	60947						
1892	887606	736000	73795						
1893	1524290	735204	88320						
1894	1241879	943321	88821						
1895	1809253	1033066	104103						
1896	1627036	849639	95197						
1897	2394028	1057737	117071	154596(85%)	121375(77%)	6870			
1898	2453839	1218811	133073	226165(85%)	35554(80%)	8788			
1899	3373641	1883297	179898	171432(83%)	42464(81%)	7979			
1900	2963242	2439088	179139	150195(86%)	35316(77%)	6767			
1901	3748339	3066934	224186	209381(88%)	35268(55%)	9009			
1902	3687444	3688085	191003	147148(—)	36484(—)	6825	513303	148392	18193
1903	3916890	2518688	160935	168942(79%)	38825(37%)	6730	1472281	243372	44916
1904	6063777	4683522	248441	221753(66%)	45230(—)	7572	1747820	337684	53911
1905	4801109	4791836	246867	205168(59%)	41680(53%)	7338	1443216	236783	41602
1906	5680859	5144005	275927	185270(—)	30812(63%)	5960	1127956	269921	42364
1907	5973115	3563329	203527	212075(70%)	53392(72%)	7427	1265294	466918	49112
1908	4857179	5237917	213475	138922(69%)	42865(62%)	5846	1272847	493021	45806
1909	6696508	4246740	182191	163153(75%)	42614(71%)	6369	1101863	461498	41733
1910	50777320	6387609	227905	160573(—)	39199(—)	5821	1446406	556880	50850
1911	46447996	6750304	245384	202949(75%)	32259(52%)	5638	1238411	445802	40861
合计	74698237	62107184	3591522	2727722	673340	104939	12629397	3660271	429347

＊“—”表示无统计数字。

资料来源：(1)中国第二历史档案馆、海关总署办公厅编《中国旧海关史料》，北京：京华出版社 2001 年版，第 16～57 册，“各口华洋贸易情形论略”；(2)《新纂云南通志》卷一四四《商业考二》，卷一五三《财政考四》，第 7 册，第 111、326～327 页；(3)杨端六、候厚培等：《六十五年来中国国际贸易统计》，第十七表“全国各关税收统计表”，北京：国立中央研究院社会科学所专刊第 4 号，1931 年，第 128～129 页。

从表 8-3 中可以看出，思茅关对外贸易总量为三关中之最少者，其每年进口洋货总值和出口土货总值，约为蒙自关之 1/10 到 1/30，腾越关之 1/6 到 1/10。之所以如此，主要是因为与蒙自、腾越相比，思茅一路瘴疠更为盛行，道路更为艰难，人口更为稀少。在思茅关对外贸易中，对缅甸贸易占据多半，其中从缅甸进口洋货比例占进口总量的 59%～88%，出口缅甸土货比例除光绪二十九年(1903)为 37%外，其他年份均高于 50%，为 52%～81%。受瘴气影响，思茅关对缅贸易有一定的季节性，“每年商人大抵于十月、十一月由内地贩运土货汇集思茅，复运出缅甸各处，该土货售完，即购外洋杂货，在缅甸就近地方周流贸易两三月久，更往漾贡购办各洋货运到本关进口，再往各内地销售，其回思之日，定于四五月间，计其来往约有六七个月”①。

思茅关对缅之贸易路线，根据《光绪二十三年思茅口华洋贸易情形论略》记述，自仰光(漾贡)到思茅有两条路线，两条路线都在孟艮(景栋)会合：一条从仰光乘坐海船 1 日抵毛淡棉(莫罗冕)，由毛淡棉换坐小轮 1 日到巴安(扒安)，由巴安卸船起旱 15 日至景迈(景昧)，又 15 日至孟艮，自孟艮至思茅 16 日，共计 48 天；另一条从仰光乘火车 1 日抵阿瓦，由阿瓦陆行 25 日至孟艮，再 16 日至思茅，共计 42 天。由仰光到思茅，若依期而行，则 48 天或 42 天皆可到达。但商人因沿途贸易及起卸货物俱有稽延，须两个月才能到达。② 根据光绪二十五年(1899)思茅关贸易报告所附表示云南边境市场位置和距离的云南地图记载，思茅口对外贸易路线还有另外两条：一条为思茅到老挝琅勃拉邦 25 天，一条为思茅到缅甸境内的昆仑渡 20 天，再由昆仑渡到阿瓦城 20 天。③

思茅关对缅之贸易商品，进口之货可分为两类：一类为缅甸近边地方所产，以棉花为第一大宗，约占进口货值 9/10；另一类为从欧洲、南洋运来之商品，数量不多。运出之货，每年基本相同，主要包括茶、牛肉干、毡子、瓷器、土布、铁器、窑货、黄丝、皮衣等，也有少量铜器、毡帽、缎子、赤糖、茶、黄蜡等。④

与思茅关相比，腾越关完全是对缅贸易。从表 8-3 中可以看出，腾越关

---

① 《中国旧海关史料》第 26 册，《光绪二十三年思茅口华洋贸易情形论略》，第 269 页。

② 《中国旧海关史料》第 26 册，《光绪二十三年思茅口华洋贸易情形论略》，第 268 页。

③ 参见万湘澂《云南对外贸易概观》，昆明：新云南丛书社 1946 年版，第 24～25 页。

④ 《光绪二十四年思茅口华洋贸易情形论略》，《中国旧海关史料》第 28 册，第 287～288 页；《光绪二十五年思茅口华洋贸易情形论略》，《中国旧海关史料》第 30 册，第 299 页。

之对缅贸易虽不及蒙自关,但远多于思茅关,在云南三关中居于第二位。从光绪二十八年(1902)至宣统三年(1911)的十年间,腾越关进口货物总值1262.9万海关两,年均126.3万海关两;出口货物总值366万海关两,年均36.6万海关两;课税42.9万海关两,年均4.29万海关两;每年进口货物总值是出口货物总值的3.5倍,属于严重入超。

腾越关对外贸易路线主要有三条,最主要的一条是经八莫的路线。由仰光经八莫到腾越的路程可分为三段:第一段由仰光至阿瓦,有水陆两路,水路由仰光搭伊洛瓦底江便轮公司的快轮至阿瓦,低水位时需用7天,高水位时因减少停泊码头只用4天,下行仍需6天,每星期开行两班;陆路由仰光乘伊洛瓦底江铁路公司的火车一天到阿瓦。第二段阿瓦至八莫,也有水陆两路,水路由阿瓦搭伊江快轮到八莫,无论低水位或高水位,都是3天,下行时低水位3天,高水位2天,每星期对开一次;陆路由阿瓦乘密支那铁路的火车一天到那巴,换车到卡萨,再由卡萨搭伊江快轮当天到八莫,每天有轮船对开。第三段由八莫至腾越,主要靠陆路驮运。新路经古里卡、蛮线到弄璋街;老路经红蚌河、蚌洗、蛮允到弄璋街,再由弄璋街经干崖、遮岛、南甸到腾冲。新、老路都走8天。除八莫路线外,腾越口比较重要的对缅贸易路线还有两条:一是经密支那的路线:从阿瓦乘火车一天到密支那,由此起程经鱼蚌、昔董入境,过牛圈河、猛戛、盏西、猛蚌到腾冲,计程6天。二是经腊戌的路线,具体又可分为芒市、南伞、孟定三条路线。芒市线由腊戌经南坎入境,过瑞丽(勐卯)、遮放、芒市到龙陵,计程12天;南伞线由腊戌经昆仑渡、科干入境,过南伞、猛郎、镇康到顺宁,计程18天;孟定线由腊戌经昆仑渡入境,过孟定、猛郎、镇康到顺宁,也是18天。以上贸易路线,再由腾越经保山(永昌)到贸易集散地下关(大理)12天,由龙陵经保山到下关11天,由顺宁经蒙化到下关8天,由下关到昆明13天,是滇西的交通干道。[①] 另外,滇缅沿边还有很多小的贸易路线,但在对外贸易中都显得无足轻重了。

腾越关对缅之贸易商品,进口货物以棉花、棉纱、棉布、意大利布、小呢、哔叽、洋火、煤油为大宗,其他如洋铁货、瓷货、石碱、洋伞、燕窝、海菜、干鱼等类,销量亦大;出口货物以黄丝、石黄、牛皮、牛角、马匹等为大宗,其他如铁锅、纸张、篦帽、鸡鸭蛋、底线、棕盖等类,销量亦大。[②] 以下按年份述之。

---

① 《云南对外贸易概观》,第27～29页。

② 《云南杂志选辑》,第181页。

光绪二十八年(1902),是年开关只有8个月,进口货物总值为513303两,其中洋布、棉纱两项即值370627两,占进口货物总值的72%。其中洋布类包括原色布7393匹,扣洋布1341匹,斜纹布1182匹,意大利布3668匹,棉绒布378匹;印度棉纱共11630担,估值价银306451两;另有棉花3000担,估值价银57656两。杂货类中进口最贵重的是燕窝和玉石,共进口燕窝23担90斤,估价值银20196两;进口玉石271担,估价值银10298两。玉石进口,系因腾越已成赌石之风:"本地巨室富翁,大都乐于以玉自博,抱璞求售,惟好是投。购者如适其意,交价须先,然后任其雇匠开剖,是亏是赚,均与卖主无干。"土布类中进口较多的有缅甸布、中国布、土染布三宗,余则干荔枝、咸鱼、假金线、美国煤油、日本火柴等货。出口货物总值为148392两,内有四川黄丝432担,估值价银107900两,占进口货物总值的73%。其余出口较多的有麻线261担,估值价银4966两;丽江毡7718条,估值价银3699两;核桃1235担,估值与丽江毡相当;大理石估值价银2836两,本地纸估值价银2048两,生皮272担,药材估价值银2943两(大半系黄连),雨帽8837顶,铁锅366个。[①]

光绪二十九年(1903),进口货物总值为1472281两,其中棉货类1081962两,占进口货物总值的73%,棉货类又以洋布和印度棉纱两项最为畅旺。棉花一项本年增至1万担有余,较之去年多三倍。其他进口较多的有五金类货物,估价值银10257两;以及日本火柴、棉雨伞、美国煤油等。出口货物总值为243372两,其中四川黄丝623担,约占出口货物总值的60%;其次为石黄出口有3200担,又本地所出竹丝斗笠24000余顶。[②]

光绪三十年(1904),进口洋货总值1747820两,其中棉货类即值1195665两,占进口货物总值的68%。棉货类又包括白色布3771匹,印度斜纹布5859匹,意大利布估价140799两等。绒货类总共估价45336两,其中多罗呢9577两。杂货类中燕窝进口估价41028两,日本棉雨伞20878柄,美国煤油17505加仑。棉花进口有江河日下之势,日本火柴亦见减色,而花盒、玉石、颜料等物则形旺盛。出口土货总值337684两,其中黄丝达728担,石黄达4230担;麝香32斤为初次出口,估价10138两;另外地毡、芝麻、牛皮多于去年,而鸡蛋、核桃则稍逊焉。[③]

---

① 《光绪二十八年腾越口华洋贸易情形论略》,《中国旧海关史料》第36册,第329~330页。
② 《光绪二十九年腾越口华洋贸易情形论略》,《中国旧海关史料》第38册,第348~349页。
③ 《光绪三十年腾越口华洋贸易情形论略》,《中国旧海关史料》第40册,第375~376页。

光绪三十一年(1905),进口货物总值1443216两,其中有八成为棉花及棉花制成之货。进口货中第一大宗为棉纱,估值606767两。匹头类最多者为意大利布,估值100584两。原色布几乎无人购用,为数只有9962匹,印度斜纹布、花剪绒亦形减色,提花布及时新艳丽之布均见加涨。绒货类除多罗呢、哔叽、大企呢三项所来不多,其余绒货更属罕见。杂货进口总数有所增加,其中棉花估值302148两,燕窝估值50013两,美国煤油36885加仑,另外雨伞、玉石均有加多,而咸鱼及日本火柴则有江河日下之势。出口土货总值236783两,其中黄丝、石黄已占总值3/4有余,其他土货实与商务大局无甚关紧。①

光绪三十二年(1906),进口洋货总值1127956两,其中仍推棉货类为首屈一指,而原色布及意大利布亦运销不少;绒货类除多罗呢外,他项绒货甚属罕有;杂货类则以日本火柴、美国煤油最为畅销。出口土货总值269921两,其中仍以黄丝、石黄为大宗,另外,本年牛皮出口骤然兴盛,乃由牛瘟盛行,倒毙之后唯有售其皮焉。②

光绪三十三年(1907),进口洋货总值1265294两,其中棉货类即值838622两,棉制成之货又以斜纹布、标布及花剪绒三种为多,其余不及上年。印度棉纱仍是进口大宗货物。羊毛制成之货销路不宽,故进口少。杂货类日本雨伞较之去年甚形减色,盖因大多乐于购用西国雨伞,其价既廉而物又耐久也。出口土货总值466918两,其中麝香因法国香水公司采买而价值高达81920两,石黄仍照常可以畅销,本年出口5747担,另外牛皮价值春季甚高,冬季骤落,在前出口者无不争先,在后预备者率多滞销。③

光绪三十四年(1908),进口各货总值1272847两,其中棉货类占861862两,煤油进口大为减色,因本地亦产一种可以点灯之油,购之代替煤油甚为合算。出口土货总值493021两,其中麝香为法国香水公司第二次采办出口④。

宣统元年(1909),进口洋货总值1101863两,其中匹头货内有原色布19900匹,扣布7760余匹,意大利布11000匹,棉纱20300担。绒货类唯哔叽与多罗呢在本口可以销流,而本年则形衰落:哔叽本年600余匹,比去年

---

① 《光绪三十一年腾越口华洋贸易情形论略》,《中国旧海关史料》第42册,第412～413页。

② 《光绪三十二年腾越口华洋贸易情形论略》,《中国旧海关史料》第44册,第413页。

③ 《光绪三十三年腾越口华洋贸易情形论略》,《中国旧海关史料》第46册,第439～441页。

④ 《光绪三十四年腾越口华洋贸易情形论略》,《中国旧海关史料》第48册,第450页。

少500匹;多罗呢16000码,比去年少5000码。杂货类中有煤油19400加仑,棉花7500担,玉石520担——“此项生意从前腾越几有垄断居奇之势,除供云南全省之用外,如广东及他处皆赖云南由陆路运往以资所需,自上缅甸归入英国版图以还,航路即通,所有玉石大都从仰光水路运赴广东,现发腾越者不过次等小庄,聊供本地多数玉匠雕琢首饰如手镯、指环之类赖以生活耳。上等者悉运广东,始有灵敏工匠造作时新器皿。”由此可见英占缅甸对滇缅玉石贸易有较大影响。另外还有火柴35000各罗斯,纸烟卷估值15800余两,洋伞9800余把。出口土货总值461498两,主要有牛皮5200担,牛角570担,竹帽39600顶,石黄7400担,黄丝500担,土毡21000块,核桃2300担。六畜类及鸡鸭蛋乃出口最为繁盛之物,牛羊猪本年计有1800余头,估值4300余两;马174匹、鸡鸭6200余只、蛋257000余枚,估值1800两。①

宣统二年(1910),进口货物总值1446406两,其中棉货类以原色布及英美两国之粗斜纹布、意大利棉布为最多,印度棉纱28700担。杂货类以染料、玉石、煤油占乎多数。出口土货总值556880两,其中黄丝出口900担,麝香出口207斤,其他大理府所产之土毡以及黄牛角、水牛角、铁锅、石黄均有增加,农家产物如牛、火腿、鸡与鸡蛋以及竹帽等亦觉兴旺。②

宣统三年(1911),因辛亥革命爆发,进出口贸易均大量减少。进口洋货总值1238411两,以匹头、棉纱为大宗。出口土货总值445802两,其中最主要的黄丝自年初至10月底计有284担,其他土货出口亦大量减少。③

应当指出,英占缅甸特别是云南设立海关之后,云南对外贸易包括对英属缅甸的陆路贸易有很大发展,但这种发展是建立在严重入超基础之上的,大量英国工业品输入对云南工商业有严重的影响。对此时人评价说:“自英踞缅甸,影响所及,我素执缅甸贸易界牛耳之商业家,受一绝大打击,竟萎缩蜷伏,退居于劣败淘汰之数。近十余年内,如和顺、绮罗、大董、东练等在缅腾关间之商号,倒闭者不下三四十家。即殷鉴也。兹又继以开关辟埠,任人入我内地以自由竞争,其商力之逆袭横来,虽一日千里,犹不足以喻其速度,凡我市面销场,人民日用,几几乎无一非洋货所充斥矣。”④

---

① 《宣统元年腾越口华洋贸易情形论略》,《中国旧海关史料》第51册,第473～475页。

② 《宣统二年腾越口华洋贸易情形论略》,《中国旧海关史料》第54册,第497～498页。

③ 《宣统三年腾越口华洋贸易情形论略》,《中国旧海关史料》第57册,第463页。

④ 《云南杂志选辑》,第177页。

除陆路贸易外，光绪十一年(1885)底以后，英属缅甸与中国东南沿海的海上贸易仍继续进行并更加繁盛。总的来看，这一时期，英属印度包括英属缅甸对华贸易在不断增长，中国乃是连年入超。

四、清末云南对外贸易之商帮

19世纪中叶后，中缅海路贸易主要由英缅政府所掌控，滇缅陆路贸易则一直由中国商人占主导。在滇缅陆路贸易发展中，初期的行商和小贩逐渐发展为具有一定规模的商帮和商号。其中又以迤西商帮(包括腾冲帮、鹤庆帮、喜洲帮)、回族商帮和马帮为代表，当时著名的商号主要有腾冲帮的三成号、永茂和、洪盛祥，鹤庆帮的福春恒、兴盛和，喜洲帮的永昌祥，回族商帮的三盛号、兴顺和等。

三成号

三成号是云南创办最早、经营时间最长、资本最为雄厚的华侨商号，道光初年由和顺乡民李茂、李茂林与荷花乡民蔺自新合伙在家乡创办，后在缅甸故都阿瓦、曼德勒，缅北八莫、密支那，国内腾越、永昌、下关、昆明都设有栈口。主要经营项目是缅甸棉花、珠宝和云南黄丝的进出口贸易。①

永茂和

永茂和商号起源于1850年前后和顺商人李永茂在缅甸抹古开设的"永茂祥"店铺。开店前李永茂曾在缅甸八莫与云南腾冲间经营肩挑马驮的边境贸易，稍有积累便在抹古开设店铺，成为坐商，经营当地宝石、玉石、百货生意。李永茂年老回籍后，其子李德贤于1897年邀约同乡故旧合伙组建永茂和股份公司，总号设于曼德勒，在缅甸仰光、昔卜、腊戍、八莫、南坎、果领、瑞波、孟拱八地设立分号；又投资与同乡李、许、贾三家合伙组建永生源商号，总号设于腾冲，在昆明、下关、保山等地设立分号，形成了从昆明到缅甸出海口岸仰光的滇缅贸易线。各分号在曼德勒总号指挥下，主要经营从云南购运生丝、紫胶、牛皮等土特产品入缅甸，从缅甸购运棉花、棉纱等商品入云南，亦在缅甸就地经营茶叶、大米、木材等贸易，业务涉及面多量大。②

洪盛祥

由腾冲商人董绍洪创办，前身为"洪兴照""洪兴福"商号，早年经营滇

① 尹文和《云南最古老的华侨商号——"三成号"》，见《云南文史资料选辑》第42辑，第227～230页。

② 李镜天《永茂和商号经营缅甸贸易简史》，见《云南文史资料选辑》第42辑，第66～80页。

缅间的棉花、棉纱进口和生丝、土特产品出口业务。1888年拆伙，开设“洪盛祥”，继续从事中缅进出口贸易。总号设于腾冲，在国内保山、下关、昆明、嘉定、重庆、广州、香港、上海，缅甸仰光、阿瓦、腊戍、八莫，印度加尔各答、哥伦堡等地设有分号，出口商品以丝、茶为主，进口商品以棉纱、棉花、棉布、玉石为主。[①]

福春恒

1876年由云南鹤庆人、腾越镇总兵蒋宗汉与腾越商人明树功、董益三合伙在腾冲创办，主要从滇西运出茶叶、蚕丝及土特产品，由缅甸运入棉花、棉纱、布匹，并兼营玉石。因业务发展，又在永昌开设福春店，由董益三负责，在下关开设福庆花店，由赵献廷负责(后由赵朴斋负责)。腾冲、永昌、下关三店除经营本号业务外，还办理贸易货栈业务。后来，蒋宗汉调往贵州，董益三、明树功相继退股，董益三另组“茂延记”商号，其所遗福春店掌柜职务由周体权接任。明树功除将大部资本退出外，仍与福春恒合营玉石生意。[②]

兴盛和

由鹤庆人舒金和、舒卓然、舒程远于光绪初年合伙创办，总号设于鹤庆，在建昌、叙府、富宁、嘉定、成都、会理等地设立分号。初始主要是从四川购运丝绸布匹、生活和工业用品至鹤庆、下关销售，以及从云南购运茶叶、药材和其他土产至四川销售。后来总号由鹤庆移至下关，向东设立分号至昆明，向西扩充至保山、腾冲，更经腾冲把蚕丝运往缅甸旧都曼德勒，在曼德勒开设定点商号。由此，兴盛和一方面大量由缅甸进口棉纱、棉花、洋布、绸缎等，另一方面大力从四川采购蚕丝，出口缅甸。光绪末年，兴盛和股东各家分立，兴盛和主号归舒金和，舒卓然另立“怡和兴”，舒程远另立“鸿盛昌”；而股东祁星垓、舒浩然、杨蕴山亦分出股金，合组成“义通祥”；兴盛和所属之兴盛花店，则由原任兴盛花店掌柜、族人舒子卿接收管理，改名为“联兴昌”；而由舒金和独有的兴盛和，又分出“恒通裕”和“日新德”。至是，由兴盛和一家，分为六家。六家之经营范围，除联兴昌外，以旧有古道发展良好，均一如

---

① 张竹邦《滇缅交通与腾冲商业》，见《云南文史资料选辑》第29辑，第144～145页。

② 施次鲁《福春恒的兴起发展及其没落》，见《云南文史资料选辑》第9辑，第1～27页；施次鲁：《福春恒的兴衰》，见《云南文史资料选辑》第42辑，第45～65页；蒋万华：《福春恒的兴衰》，见《云南文史资料选辑》第49辑，第84～92页。

既往主营滇缅贸易。[1]

永昌祥

1903年由大理喜洲白族商人严子珍、杨鸿春和江西人彭永昌合伙创办，总号设于下关，另在大理府城、昆明、丽江、维西和四川会理、叙府等处设立分号，主要经营川、滇两省间生丝、茶叶、大烟贸易，特别是从四川购运生丝供应给腾冲帮的茂延记和洪盛祥，以出口缅甸，实际是参与对缅间接贸易。后来，杨、彭两人先后退出，商号由严家独资经营，严子珍派严和成、严明成至缅甸曼德勒设立分号，开展对缅直接贸易。白族在缅甸经商扎根，可谓自永昌祥始。[2]

三盛号

道光年间回族商人明清宠、马如灏、朱大椿合伙创办，专营花纱布匹、玉石生意，在保山、下关、昆明以及四川、广东等多地设立分号。明清宠当时资金较多，被称为“明百万”。[3]

兴顺和

1846年玉溪回族商人马佑龄在玉溪北城创办“兴泰和”，主要从昆明购纱运销玉溪，由玉溪换布运销昆明，后在昆明设立商号。马佑龄子马启祥长大后，奉父命掌管昆明总号，其弟马启瑞助之，改“兴泰和”为“兴顺和”。马启祥掌管总号后，向云南盐运使司统一包销全省食盐，又陆续在昭通、东川、曲靖、蒙自、文山、个旧、楚雄、下关、保山、思茅、河西等县设立汇号，办理公私汇兑。1865年以后，兴顺和逐步向省外发展，先后在北京、天津、沈阳、上海、西安、武汉、长沙、广州、香港等地设立分号。鼎盛时期，兴顺和分号遍及全国18个省份，除经营汇兑外，还经营名贵药材、金银饰品、珠宝、纱、布等，又投资开采个旧锡矿、东川铜矿，堪称云南回族中的商业巨擘。[4]

---

① 舒自志《博南古道上的鹤庆舒姓商号》，见《云南文史资料选辑》第42辑，第231～239页；舒家骅：《鹤庆商业》，见《云南文史资料选辑》第49辑，第294～301页；舒自治、苏松林：《鹤庆兴盛和商号》，见《云南文史资料选辑》第49辑，第313～323页。

② 参见杨克成《永昌祥简史》，见《云南文史资料选辑》第9辑，第46～104页；杨卓然：《“喜洲帮”的形成和发展》，见《云南文史资料选辑》第16辑，第267～271页；严湘成、杨虹：《永昌祥对外贸易略述》，见《云南文史资料选辑》第42辑，第130～140页。

③ 参见张竹邦《滇缅交通与腾冲商业》，见《云南文史资料选辑》第29辑，第144页。

④ 参见马伯良《云南回族商业巨擘兴顺和号》，见《云南文史资料选辑》第29辑，第50～56页；马伯良：《回族商号兴顺和》，见《云南文史资料选辑》第49辑，第206～211页；李才宽：《兴顺和号的兴衰》，见《云南文史资料选辑》第49辑，第212～214页。

上述商帮和商号是清末滇缅陆路贸易的主要承载者。此外,还有其他诸多商号、店铺和马帮也成为滇缅陆路贸易的重要参与者。包括1856年杜文秀在滇西建立的政权,为粉碎清军的经济封锁,大力发展滇缅陆路贸易,对滇缅贸易实施保护鼓励政策。失败后,一大批人流入缅甸,继续从事滇缅贸易。再加上作为主要运输力量的滇西、滇西南大量存在的马帮,从而形成清末滇缅陆路贸易丰富多彩的历史画面。

第九章　清代中缅两国的文化交流

在清代，中缅两国不仅有着频繁的政治交往和贸易往来，也有着密切的文化交流。特别是乾隆末年以后，随着两国关系日渐密切，大量华人入缅居住生活，他们将汉文化带入缅甸，影响到缅甸社会生活的各个方面。清代中缅两国的文化交流，不仅丰富了两国人民的文化生活，也促进了两国人民的“胞波”情谊。

第一节　科学技术交流

农业方面，明末清初，南明永历朝廷被迫流亡缅甸，入缅人数共1478人，先后至阿瓦城外居住。后来，永历部将李定国、白文选等曾四次率军入缅“迎驾”，大量官兵流落缅甸。虽然缅王卑明继位不久即发动“咒水之祸”，杀死大批永历王朝在缅官兵，但流寓缅甸的官兵人数仍然不少。顺治十八年(1661)清军18000人入缅，直至阿瓦城下。这次清朝大军往返缅甸，其间也有不少官兵流落在缅。这些流寓缅甸的官兵很多从事农耕，成为清代中缅农业文化交流的开拓者。乾隆朝中缅战争期间，清军三次大规模入缅作战，许多士兵被俘或流亡，他们中有许多在缅甸居留并从事种植，进一步促进了中缅两国的农业技术交流。据研究，中国人在缅甸京郊种植的蔬菜果木，有许多新品种，如芹菜、韭菜、油菜、荞头、蚕豆等蔬菜，荔枝、红枣、枇杷、梅、桃子、柿子等果木，都是从中国传入的。缅甸人民为纪念中国人民给他们带来的可口的蔬菜和水果，在这些蔬菜和水果的名称前面，都加上缅语

"德由"(意为"中国")或直接借用汉语音译,成为新的缅甸文词语。[①] 此外,由于缅甸木邦等地盛产棉花,清代前期有大量中国人到缅甸境内种植棉花,然后运回国内销售,也促进了缅甸棉花种植技术的发展。另外,我国西南地区种植的许多植物,是从缅甸引进的新品种。如檀萃辑《滇海虞衡志》记载,从缅甸传入中国的一种椰木,树高约有十余寻,似槟榔却无枝条,叶在其末如束蒲,实系树顶如挂物,实外有皮如胡桃,核内有肤如白雪,肤有清汁甜如蜜,其核可以作饮器,粤人喜用作酒杯,能解瘴疠之毒气,故在诗文中有"酒满椰杯消雾毒"之句。[②]

手工业方面,清代滇缅边境有着丰富的矿藏,但当地人不谙煎炼,多系华人前往开采[③],其中较著名者有茂隆银厂、波竜银厂等。内地民人在开采银铜矿山的同时,也把开采冶炼技术传入缅甸,促进了缅甸矿业生产的发展。另外,在清缅战争时,中国的造船工匠被大批征调到缅甸伊洛瓦底江上游的野牛坝制造战船,这些造船工匠很多后来被俘,留居缅甸,服务于缅甸的造船工业。现在缅文中"唐舡""舶舰"等帆船名词,就是由中国造船工人传入缅甸的。在中国战俘中还有许多随军工匠,他们留居缅甸后,就为农村铸造各种生产工具和日常生活用具,他们使用的工具如铁砧、大铁锤、长把虎钳、鼓风风箱等都传入缅甸,促进了缅甸冶炼铸造等技术的革新。"中国战俘凡二千五百名,仍羁缅京,或事种植,或事工艺,娶缅妇为妻。"[④]乾隆末年以后,中缅官方交往增多。一方面,清政府对缅甸访华使团赐予大量礼品,云南派往缅甸的代表团也带去大量中国礼品,这些礼品中多有手工艺品,如缎匹、玉器、玻璃器、瓷器、珐琅器、纸笺等。另一方面,缅甸访华使团也向清廷贡献大量缅甸工艺品,如缅布、玉器、缅刀等。这些都促进了中缅两国纺织、雕刻、陶瓷、冶铸、造纸等技术的交流。同样是在乾隆末年以后,华侨华人入缅者日多,许多华侨华人在缅从事商业和手工业,把中国的建筑、纺织、玉石加工等技术带入缅甸。据同治十年(1871)到过缅甸的清军官员王芝记述:"德由午阴,缅王花园也,制自汉人工匠。"[⑤]这里所说的"德由午

① 参见陈炎《中国同缅甸历史上的文化交流》(下),《文献》1987 年第 1 期,第 257 页。

② (清)檀萃辑《滇海虞衡志》卷十一《志草木》,丛书集成初编本,上海:商务印书馆 1936 年版,第 81 页。

③ 《张允随奏稿》乾隆十一年五月初九日奏折,见《云南史料丛刊》第 8 卷,第 682～685 页。

④ 〔英〕戈·埃·哈威:《缅甸史》,第 298 页。

⑤ (清)王芝:《海客日谭》卷二,近代中国史料丛刊第 32 辑第 318 册,第 5 页。

阴”，实际是指缅王聘请旅缅滇侨尹蓉设计督造的曼德勒皇城。缅王还准尹蓉在曼德勒建造腾越会馆，会馆仿照腾冲和顺乡中天寺修建，后来发展为迤西会馆、云南会馆，中国古代宫殿的建筑艺术由此在缅甸流传。缅甸的伞模仿中国样式——竹制骨架，上面糊纸，不过中国伞所用的纸较薄，而缅甸的伞则用当地树木内皮所制的纸，这种伞比中国伞耐用好几倍。针及剪刀通常都是由中国输入缅甸，不过缅甸也制剪刀，到 19 世纪 90 年代，这两种货品都由欧洲输入缅甸了。缝纫业大部分掌握在中国人手中，但由于他们不愿使用缝纫车，这种职业就逐渐转移到缅甸妇女手上。[①] 在缅甸的民间住宅中还可以看到由中国木匠传入的百叶窗，被称为“德由格”。作为古代缅甸重要交通工具的农村牛车和城市人力车，几乎都仿中国木工制作形式制造。缅文中的“人力车”一词，亦由中国木工传入，随之传入的还有木工工具如手斧、半圆凿、钻、锯等的制作技术，特别是中国的“刨”，使用时也仿中国木匠，骑在长凳上推刨。[②] 另外，英国占领缅甸后，清朝与英属缅甸的贸易保持了繁荣稳定，缅甸出产的棉花、棉纱、布匹、玉石等大量流入中国，中国出产的黄丝、农副产品、土特产品等大量出口缅甸，进一步促进了两国的科学技术交流。

第二节　语言文字交流

清朝初年，沿明例设有四译馆。乾隆七年（1742）、十三年，提督四译馆少卿余栋两次奏请四译馆序班给予升迁，准许译字肄业生参加考试。乾隆帝以“海外入贡表章，皆由各省通事翻译进呈，未尝用该馆肄业生，不过沿习旧规，存而不废，以备体制”，令大学士会同礼部议奏四译馆之存废。不久大学士等议奏，四译馆不过传习各国译字，现在并无承办事务，“应归并礼部会同馆……四译馆原设之卿一人、典务一人并裁，序班八人酌留二人。合回回、高昌、西番、西天为一馆，曰西域馆，除蒙古唐古忒毋庸置译字生外，将回回、西番译字生酌留四人。合暹罗、缅甸、百夷、八百，并苏禄、南掌为一馆，曰百夷馆，将暹罗、百夷译字生酌留四人，以备体制”。[③] 几个月后，乾隆帝以四译馆所存外裔番字诸书多有讹缺，下令“广为搜辑，加之核正”，其缅甸文字令滇省督抚负责采集补正，“照西番体例，将字音与字义用汉文注于本字

① 〔英〕布赛尔《东南亚的中国人》卷二《在缅甸的中国人》，《南洋问题资料译丛》1958 年第 1 期。

② 陈炎《中国同缅甸历史上的文化交流》（下），《文献》1987 年第 1 期。

③ 《清高宗实录》卷三一五，乾隆十三年五月戊申，第 13 册，第 178～179 页。

之下，缮写进呈，交馆勘校”，并令傅恒、陈大受、那延泰总理其事。[①] 两年后，各外番文字译语编成，其中包括缅甸番书二本，共736字。十六年，正值缅使入贡在京，又增修缅字700个，成1436字，“然均系散写杂字，并不成文，亦无联络成句之话”。据四译馆序班张文锦、吴文贵，译字生董天锡称：“生等在馆所学习者，只就其旧存新增之字学习。凡此书所有字体，遇着概可认识。”[②]另外，在云南省，由于地邻缅甸，则设有通事以翻译缅甸文书，“缅甸旧为我朝臣，屡纳款输诚，献琛贡象者非一日，其言说文书……设有通事随时解其语言文字”[③]。

清缅战争爆发后，急需缅语翻译人才。周裕在《从征缅甸日记》中云：“通事熟谙缅文者甚少，军中每将缅文翻摆夷字，又以摆夷字翻汉文，重译而得之。”[④]乾隆三十三年(1768)，阿里衮奏请将认识缅字之人送京，乾隆帝令大学士刘统勋等，从在京学习回字人员内，选择记性聪明、口齿伶俐者二人，送至热河，预备学习缅文。[⑤] 三十四年三月，傅恒赴云南途次湖南，遇到阿里衮派员解送自阿瓦逃出之把总崔执中、乌庆云等，傅恒察讯崔执中等居阿瓦近二年，稍知缅情，且通缅语，遂留以备用。[⑥] 四月，傅恒在途中又遇到军机处召入京城教习缅字之贺丙、僧罕觉两人，“贺丙系从前戛鸠头人之子，僧罕觉系从前蛮暮头人”。因傅恒计划在戛鸠和蛮暮造船，需用翻译通事，遂奏请将贺丙、僧罕觉随军派往蛮暮使用，“至教习缅字之人，容另行选派”。乾隆帝下旨准行：“习字有何要，留用甚是。”[⑦]清缅战争期间，在清军营中通晓缅文最好的是通事翁德胜和线玛猛(又作线吗猛)二人。翁德胜系“奉旨以守备用之员”，线玛猛系“线官猛手下户汉”，“滇省通事中熟认摆夷、缅子字话之人俱属平常，无有及此两人者”。清缅战争结束时，乾隆帝下谕，将翁得胜、线玛猛二人留于滇省委用，将来缅使入贡，即令陪伴贡使进京，至于京师，“现有线噶里(又作线阿哩、线阿礼)、金廷侯二人，遇有夷字，尚可令其翻

① 《清高宗实录》卷三二四，乾隆十三年九月壬戌，第13册，第352～353页。

② 军机处满文录副奏折：《四译馆译字生查所交缅文与四译馆所存缅字不符片》(乾隆三十一年五月)，档号：03-0182-2189-041。

③ (清)陈宗海修，赵端礼纂(光绪)《腾越厅志》卷十五《诸夷志·方言》，光绪十三年(1887)年刊本，中国方志丛书第42号，台北：成文出版社1967年影印本，第249页。

④ (清)周裕：《从征缅甸日记》，第8～9页。

⑤ 《清高宗实录》卷八一五，乾隆三十三年七月庚戌，第18册，第1039页。

⑥ 《清高宗实录》卷八三〇，乾隆三十四年三月戊戌，第19册，第75页。

⑦ 《清高宗实录》卷八三三，乾隆三十四年四月丁丑，第19册，第121页。

译”。乾隆帝还下令云南官员留心体察，“俟有熟悉夷字能于教习之人，再行送京备用”[①]。可见，这一时期在北京和云南，都有通事负责翻译缅语。

实际上，在京的线噶里、金廷倓二人缅语水平并不高。乾隆三十五年(1770)闰五月，彰宝将缅人呈递书信递送到京，乾隆帝令交线噶里与到京进象的猛拱土目兴堂扎、通事赖邦俊一同翻译，据称“其中语句不能深知”，只能“约略译出”[②]，“详其语意，与彰宝前此所译判然不同”。[③] 乾隆帝令将缅文书信发回彰宝重新翻译，又以“现在京城所有通事线阿礼、金廷倓二人，不甚识认缅字，而于缅话亦甚平常，每于翻译时，其文内事理全不能译出”，令阿桂、彰宝“将通晓缅话识认缅字之腾越州买卖人内择其优者拣选一人外，并于通晓缅话识写缅字之摆夷中选择一人，一并解送来京。俟伊等到京时，将现在京都之通事二名，再令遣回本处”[④]。不久彰宝复奏，已将发回缅文书信令翁得胜及其他认识缅字之人翻译，均与原译文义无异，而与兴堂扎所译不同，现在已令翁得胜赴京，以便校译。[⑤] 八月，阿桂、彰宝又奏，滇省通事虽有数人，但翁德胜和线玛猛最为熟悉，此前线玛猛告假离去，至今未归，现觅得线渺猛、线猛约、张秀三人，派人护送进京，线渺猛“系蛮暮摆夷，能识缅字、摆夷字，通缅话、摆夷话，稍通汉话”，线猛约“系猛密司摆夷，能识缅字、摆夷字，通缅话、摆夷话，不通汉话”，张秀“懂缅话，不识缅字、摆夷字，并不识汉字”。阿桂、彰宝还以翁德胜“在军营数载，传达一切尚属明晰”，请将翁德胜发回云南使用。[⑥] 九月，乾隆帝准将翁得胜遣回，并赏给官用缎二匹，令其驰驿前往滇省听用。[⑦]

此后，云南省几次派员将边境土目和拿获缅人解送赴京，随行通事多留京使用。乾隆三十七年(1772)九月，乾隆帝令在京之缅人孟矣写信给缅官得鲁蕴询问进贡还人之事，并令通晓缅字之通事梁国贤等译出汉字，一并呈

---

① 宫中朱批奏折：《大学士傅恒、兵部尚书伊协图等奏为通事翁得胜、线玛猛二人通晓缅文留于滇省委用将来缅甸进贡陪贡使进京等事》(乾隆三十四年十二月十四日)，档号：04-01-12-0133-003。

② 《乾隆朝上谕档》第6册，第480条，第209页。

③ 《乾隆朝上谕档》第6册，第481条，第210页。

④ 宫中朱批奏折：《参赞缅甸军事阿桂、署理云贵总督彰宝奏为遵旨遴选通事通晓缅话云南腾越线渺猛等送京事》(乾隆三十五年八月二十日)，档号：04-01-12-0140-033。

⑤ 《清高宗实录》卷八六〇，乾隆三十五年闰五月戊午，第19册，第537～538页。

⑥ 宫中朱批奏折：《参赞缅甸军事阿桂、署理云贵总督彰宝奏为遵旨遴选通事通晓缅话云南腾越线渺猛等送京事》(乾隆三十五年八月二十日)，档号：04-01-12-0140-033。

⑦ 《清高宗实录》卷八六八，乾隆三十五年九月戊申，第19册，第641页。

览。[1] 十一月，在京教习缅文之称猛纠（又作秤猛纠）患病双目失明，不能再为教习。乾隆帝准其仍回滇省，令彰宝另择熟谙缅字者一人，送京补作教习。其时北京还有同秤管猛和孟矣等从云南来京的通事金廷侯、李奋勇、寸存福三人，“仅能通晓摆夷、缅话，不能认识缅字”。乾隆帝认为，在京通事已有张秀、梁国贤二人，金廷侯等毋庸留京，令其带同称猛纠一起回滇。[2] 乾隆四十年（1775），署云贵总督图思德将在天马关外缉获的缅人孟觉和“摆夷”喇爱二人，派通事寸存福等解送到京。乾隆帝以滇省通事已有梁国贤、张秀、罗猛三名在京，足以应用，令将寸存福遣回云南。[3] 乾隆四十一年（1776）七月，清廷遣返缅人秤管猛等三人回缅，其伴送通事线塞伊，家在大理府，恳请顺路回家看视。乾隆帝准其所请，命其完成伴送任务后可回大理，以后遇有来京便员，即令带回京城。[4] 乾隆四十二年（1777）三月，缅目绽拉机派碎冻进关具禀，随行通事为寸博学，阿桂将寸博学扣留，与之前扣留的孟团等一并送京。[5] 十月，云贵总督李侍尧派人将缅甸脱回土兵杨发与民人张宏才、李春全三名押解赴京，附带通事为线塞伊。[6] 可见这一时期北京一直有云南送来之缅语通事。

相对而言，由于与缅甸为邻，且每年都有往缅甸贸易之商民，所以云南省懂缅语之人更多。比如地处中缅交通要道的腾冲和顺乡，入缅贸易、开矿者多，懂缅语者亦多。乾隆末年《腾越州志》载：“和顺周围不满十里，离城七八里，民居稠密，通事熟夷话者，皆出于其间也。”[7]乾隆三十五年（1770）乾隆帝命阿桂和彰宝选送懂缅语之人入京时，云南军中除翁德胜和线玛猛外，还有“秤猛纠稍为熟习，岁次之，其余赖君选、郑青岩等略懂缅语”[8]。嗣后云南省多次选派懂缅语之通事入京。乾隆四十三年（1778）八月，李侍尧奏，云南各关隘卡原设“抚夷”、弩手、通事、土练人等，请将现在食粮通事 6 名裁汰 3 名，以节靡费，另外“此项土弁人役向系地方官及土司报充，每多草率充数”，

① 《乾隆朝上谕档》第 7 册，第 449 条，第 160 页。

② 《乾隆朝上谕档》第 7 册，第 616 条，第 233 页。

③ 《乾隆朝上谕档》第 7 册，第 2459 条，第 877 页。

④ 《乾隆朝上谕档》第 8 册，第 830 条，第 320 页。

⑤ 《清高宗实录》卷一〇三〇，乾隆四十二年四月戊戌，第 21 册，第 808～810 页。

⑥ 《乾隆朝上谕档》第 8 册，第 2060 条，第 782 页。

⑦ （清）屠述濂纂修（乾隆）《腾越州志》卷二《疆域·村寨》，第 12 页。

⑧ 宫中朱批奏折：《参赞缅甸军事阿桂、署理云贵总督彰宝奏为遵旨遴选通事通晓缅话云南腾越线渺猛等送京事》（乾隆三十五年八月二十日），档号：04-01-12-0140-033。

嗣后“应令腾越镇会同知州、龙陵协会同同知确查挑选更换，如有烂充缺额，分别参处”[①]。乾隆帝准奏，此后滇边额设通事由 6 名改为 3 名。

乾隆五十三年（1788），缅甸遣使入贡，云贵总督富纲派通事都司翁德胜等伴送往还。乾隆五十五年（1790），缅甸再次遣使入贡，使团中包括赖君选、杨增荣两名通事。[②] 乾隆帝令拟写颁给缅王敕谕一道，命通事译出缅文，一并发给缅王。[③] 这些活跃在云南和北京的通事，不仅成为中缅两国文字交流的使者，也在一定程度上影响了中缅政治关系。同时，在缅甸，也有汉文通事。如曾被缅人扣留后又送出之苏尔相供称，有腾越人李志，“在缅甸留了头发当通事”[④]。

自清缅战争后，在京的缅字教习即在回子学内办公，并给予官房四间居住。遇有年老患病者，即行令滇省选择通晓缅文字话之人来京更换，但未规定年限，至嘉庆五年（1800），回子学内缅字教习仅剩乃赛一人。据乃赛呈称，其来京已 20 余载，年过六十，体弱多病，呈请更换回籍。总管内务府因奏请命云贵总督挑选通晓缅文者二三名来京，跟随乃赛服役，俟学习熟练，即令乃赛回籍，同时内务府还奏请将“缅子教习嗣后定为五年一次更换，届期预行该省督抚选择熟悉缅文之人送京，更替回籍”，嘉庆帝均予准许。[⑤] 道光二十三年（1843），因裁汰冗费，将各官学总裁、学生及教习等每月应领菜蔬银两概行裁汰一半，缅字教习的每月饭银亦从三两六钱裁去一半。至咸丰二年（1852），京城缅字教习赖体周呈诉此事，并诉上年缅字教习赖富多病故后遗缺一年仍未补齐，[⑥]说明这时京城仍有缅字教习。

乾隆末年以后，随着中缅两国恢复邦交关系，缅甸十余次遣使访华，云南地方政府也多次派代表团前往缅甸，双方互致礼物，成为中缅文化交流的重要途径。如乾隆五十五年（1790），乾隆帝曾赐予缅甸使团御书扇、御笔“福”字、平定金川战图、平定回部战图、绢笺、笔、墨、砚等；乾隆五十七年

① 《云贵总督李侍尧奏为边地裁防设汛酌筹应办事宜折》（乾隆四十三年八月二十一日），见《宫中档乾隆朝奏折》第 44 辑，第 592～593 页。

② 《乾隆朝上谕档》第 15 册，第 1724 条，第 781～782 页。

③ 《乾隆朝上谕档》第 15 册，第 1038 条，第 467 页。

④ 《乾隆朝上谕档》第 8 册，第 1831 条，第 703 页。

⑤ 内务府奏案：《总管内务府（回子学）奏为酌拟五年一次更换缅子教习事》（嘉庆五年七月二十八日），档号：05-0483-077。

⑥ 内务府奏案：《总管内务府（慎刑司）奏为缅甸教习赖体周呈诉各情事》（咸丰二年七月二十七日），档号：05-0767-062。

(1792)、乾隆五十八年(1793)、乾隆六十年(1795),乾隆帝均赏赐缅甸使团福字笺、绢笺、笔、墨、砚等。嘉庆五年(1800),嘉庆帝赏赐缅甸使团福字笺、绢笺、笔、墨、砚外,还特赐缅王御书“锡蕃彰顺”四字。而乾隆六十年(1795)缅使孟幹入京后,还购买中国的《御纂五经》《康熙字典》《渊鉴类函》《朱子纲目》和李时珍《本草纲目》等十数种古籍带回缅甸,①为中缅文化交流做出了重大贡献。随着中缅两国政治、经贸、人员往来的频繁,清朝人对缅甸语言文字的认识大大加深了。在乾隆末年纂修的《滇系》中收录了天、云、雷、雨、江、山、关、津、绫、罗、绵、锦、朝廷、皇后、父、母、纸、墨、笔、砚、金、银、钱、玉、象、马、牛、羊等最常用的 64 个缅甸文字的读音和写法。② 光绪年间修纂的《腾越厅志》则列举了天文、地理、城市、食物等 16 门类 100 余个常用缅甸文字的读音和写法。③

在缅甸文字传入中国的同时,随着入缅华人的增多,华侨华人也将汉字和汉文化传入缅甸。缅甸语中有很多词都带有“德由”或直接借用汉语音译,丰富了缅甸文字。19 世纪中后期,随着入缅华人的增多,缅甸多地形成华侨社会,发展了华文教育,汉字和汉文化传播更为广泛。另外入缅华侨学缅甸话比印度人快得多,除了住在仰光等大城市和初来的以及住在掸邦的云南人以外,所有当地中国人都能说相当流利的缅甸话。④

第三节 佛教文化交流

缅甸是南传佛教兴盛的国家,缅甸的上座部佛教对中国尤其是云南地区有重大影响。从时间上看,缅甸上座部佛教于 7 世纪传入西双版纳,13 世纪传入德宏,15 世纪传入临沧,17 世纪传入思茅(今普洱),主要路线是经缅甸景栋(孟艮)传入各地。⑤ 西双版纳和德宏地区的上座部佛教均自明代形成规模,思茅和临沧地区则于清代进入恢宏时期。道光《威远厅志》记载威远厅(今普洱市景谷傣族彝族自治县)猛卧总佛寺曰:“大缅寺在威城北门外,寺内有缅僧百余人,皆剃发,用黄布裹身,名缅和尚。寺中有塔二座,高

---

① (清)师范纂《滇系》第 40 册《杂载》,第 111 页。

② (清)师范纂《滇系》第 40 册《杂载》,第 107～110 页。

③ (清)陈宗海修,赵端礼纂(光绪)《腾越厅志》卷十五《诸夷志・方言》,第 252～254 页。

④ 〔英〕布赛尔《东南亚的中国人》卷二《在缅甸的中国人》,《南洋问题资料译丛》1958 年第 1 期。

⑤ 王海涛《云南佛教史》,昆明:云南美术出版社 2001 年版,第 391 页。

三丈余，昔土官刀汉臣所建。左塔中生缅树，其枝从石缝内周围伸出，枝叶甚茂，塔石不崩，至晚众鸟聚集欢鸣于上，缅僧皆称奇焉，名曰塔树，至今犹然。”[①]刀汉臣为顺治时期威远土官，佛寺中的“树包塔”奇观至今犹在。另外该书还记述了当地傣族尊崇佛教的风俗：“摆夷……以仲冬为岁首，男妇老幼俱着新衣，摘取各种山花，并以糯米蒸熟，染成五色斋供，赍赴缅佛寺，鸣鼓击钵，供献佛前，听缅僧诵经，名为担佛……缅和尚以黄布缠头，披黄布为衣，仿佛喇嘛，所诵佛经皆蒲叶缅文，喜蓄猫鸡，饮食不忌荤腥，自不炊爨，其饮食皆摆夷轮流供给，捧至缅寺门外，去包头及鞋，以饮食置头上，跪而献之。盖摆夷最重缅佛。”[②]乾隆四十三年(1778)，景谷永平乡建起规模宏大的迁糯佛寺，标志着思茅地区佛教传播进入鼎盛时期。道光八年(1828)，沧源县建起广允佛寺，标志着临沧佛教进入极盛。[③]

从地域上看，云南上座部佛教主要分布在西双版纳和德宏地区，临沧和思茅只有部分地段和部分民族信仰，保山地区只有个别村寨信仰。总的来看，西双版纳、德宏以及临沧红河地区的上座部佛教是一致的，同属巴利文南传系统，有相同的经典和教义，没有根本分歧。但是由于佛教传入的时间有早晚，传出的地域有位差，崇奉的宗派有区别，以及民族习惯、地方风俗不同，最终形成一定的地方差异。[④]

从派别上看，云南上座部佛教分为润、多列、摆庄、左抵四个大派。润派佛教是从斯里兰卡传泰国清迈，再经缅甸景栋传入西双版纳。因为清迈古称勐润，故称润派。西双版纳和临沧地区主要信奉润派。润派又分为摆孙、摆坝、摆润、摆顺四个小派。多列又称摆多、耿章，傣语“佳山”之意，意为其始祖佛寺建于美好山林中。多列派分为达拱旦、舒特曼、瑞竟、缅坐四个小派，均由缅甸传入云南，主要流行于临沧、德宏的傣族和德昂(崩龙)族地区。多列派在明末清初一度繁荣，至道光年间由于受到润派土司压制，走向衰微。摆庄又称耿龙，明代中期由缅甸传入，主要分布在德宏芒市、瑞丽、遮放、盈江、陇川、连山等地区。左抵派于清末分两支传入云南，一支由仰光传入德宏芒市，另一支由缅甸南罕传入德宏瑞丽和临沧孟定地区。左抵派因

① (清)谢体仁纂修(道光)《威远厅志》卷八《杂记》，北京：北京图书馆出版社 2005 年版，第 174 页。
② (清)谢体仁纂修(道光)《威远厅志》卷三《风俗》，第 91～92 页。
③ 《云南佛教史》，第 391 页。
④ 《云南佛教史》，第 392～393 页。

持戒过严，难以守持，教徒稀少，后来更受到摆庄派排挤，逐渐衰落。[①]

上座部佛教传入云南，促进了缅甸佛教文化在云南的传播。在南传佛教影响下，傣族地区建立了数以万计的佛寺佛塔。上座部佛教经典《律藏》《经藏》《论藏》《藏外》（合称《南传大藏经》）在云南地区广泛传播。这些佛经中含有丰富的生理、病理和医药资料，后来促进了傣医傣药的产生和发展。

除对滇西、滇南的佛教影响外，缅甸佛教也影响到中缅关系。乾隆末年以后，中缅两国恢复邦交关系，两国政治交往达到了顶峰。在缅甸使团带来的礼物中，很多都与佛教文化有关。如乾隆五十三年（1788），缅甸进贡方物中有金塔，乾隆五十五年（1790）、五十七年（1792）、五十八年（1793）、六十年（1795），嘉庆五年（1800）、十六年（1811），道光三年（1823）、十三年（1833），进贡方物中都有佛像，乾隆五十五年（1790）、五十八年（1793）、六十年（1795），进贡方物中还有佛经，这些都是佛教文化的象征。

另外，中国的大乘佛教文化也传入缅甸。特别是乾隆末年以后，缅王多次遣使访华，当时的清朝统治者也回赠了许多珍品，其中很多与佛教有关，如乾隆五十三年（1788）赐玉佛、佛手，乾隆五十五年（1790）赐玉佛，五十八年（1793）赐玉佛、佛经，乾隆六十年（1795）赐玉佛、佛经、佛手、念珠等。这些都属于大乘佛教的范畴。19世纪后，随着旅居缅甸华人数量的急剧增多，大乘佛教和反映中国儒、释、道三教合一的宗教寺庙广泛传入缅甸。如仰光的庆福宫（旅缅闽籍华人所建）、观音庙（旅缅粤籍华人所建）以及仰光大金塔附近的禅净学院都是反映中国人大乘佛教信仰的寺庙、经院。

第四节　音乐文化交流

清代时期，华人大量入缅，必然把中国传统民间音乐、戏曲、乐器等带入缅甸。但清代中缅音乐文化交流中，更值得注意的是缅甸国乐继唐代后再次传入中国，扮演了“外交媒介”的角色。

缅甸乐曾在唐代时传入中国。乾隆末年，缅甸乐再次传入。乾隆五十三年（1788），缅甸遣使访华，使团入京后，“献其乐，列于宴乐之末，是为缅甸国乐”[②]。乾隆五十五年（1790），缅王再次遣使访华，乾隆帝特命询问使团是否

① 《云南佛教史》，第393～398页。

② 《清史稿》卷一〇一《乐志八》，第11册，第3005页。

带来乐工。使团成员称："乐工此次并未带来。"[①]乾隆五十八年(1793)，缅王遣使庆贺乾隆帝寿辰，其中有"乐工十一名"，乾隆帝赏赐以"小元宝各五"。[②]嘉庆十六年(1811)，缅王遣使访华，贡使孟幹"禀请献乐"，嘉庆帝下谕曰："该国王并未表奏，亦无咨文到部，毋庸越分呈进。"[③]可见，在中缅封贡关系存续期间，缅王曾多次派使团献乐。缅甸乐也因此成为清代宫廷宴乐之一。

缅甸乐有粗、细两种，在筵宴时由和声署以署吏22人分演。粗、细缅甸乐使用的乐器有所不同。嘉庆《大清会典事例》载："缅甸国乐，器用粗缅甸之接内搭兜呼、稽湾斜枯、聂兜姜、聂聂兜姜、结莽聂兜布各一，细缅甸之巴打拉、蚌札、总稿机、密穹总、得约总、不垒、接足各一。"[④]这些乐器名显然都是缅语音译。同一时期《钦定礼部则例》记："粗缅甸乐……所用乐器八盏锣一、唢呐一、海笛一、小钹一、皮鼓一"；"细缅甸乐……所用乐器竹鼓一、龙琴一、鱼琴一、扇琴一、竹箫一、皮鼓一、星儿一"。[⑤] 这些是将缅甸乐器用类似的中国乐器命名。粗、细缅甸乐的演奏方式也有很大差异："粗缅甸乐，司歌六名，各服杂色印花布夹衣，冠它(拖)头发扎红。司乐五名，冠服同"；"细缅甸乐，司舞四名，各服闪缎小袄，腰系洋锦杂色裙，冠扎巾。司乐七名，服蓝缎小袄，腰系洋锦杂色裙，冠它(拖)头发扎红"。[⑥] 也就是说，粗缅甸乐有唱歌者6人、演奏者5人，细缅甸乐有跳舞者4人、演奏者7人，"歌合以粗乐，舞合以细乐"。[⑦] 缅甸乐进入清代宫廷，一方面表明缅甸音乐舞蹈水平的高超，另一方面也体现了中缅文化交往的密切。

关于缅甸乐器的形制、装饰及演奏方式，《大清会典图》有详细描述，并配有图例(参见图9-1)。这些乐器虽然有些与中国传统乐器形制相似，但多数为首次传入中国。其中粗缅甸乐所用乐器有五种。(1)接内塔兜呼(皮鼓)：木框两面冒革，面径5.16寸，框高1.46尺，四围俱系纬条，如璎珞状，上有左右二纽，系以帛，横悬于项，以手击之。(2)稽湾斜枯(八盏锣)：似云锣而设锣八，上下各四，同悬一架。面中隆起如浮沤。上自左起，第一径4.7寸，第二径4.3寸，第三、第四俱径4.2寸，四边脊起。下自右起，第一径4.9寸，

---

① 《乾隆朝上谕档》第15册，第1726条，第782页。
② (嘉庆)《大清会典事例》卷三九七《礼部·朝贡·赐予二》，第7976页。
③ (嘉庆)《大清会典事例》卷三九四《礼部·朝贡·贡物二》，第7871页。
④ (嘉庆)《大清会典事例》卷四一三《乐部·乐制·陈设》，第8644页。
⑤ 《钦定礼部则例》卷一四二《祀祭清吏司·乐舞》，第13页。
⑥ 《钦定礼部则例》卷一四二《祀祭清吏司·乐舞》，第13页。
⑦ 《清史稿》卷一〇一《乐志八》，第11册，第3011页。

第二径3.9寸，第三径3.8寸，第四径3.7寸。木架上方搘以二木，用角槌击之。(3)聂兜姜(海笛)：木管，铜口，如竹节形，近下渐哆。管长1.32尺，径9.5分。前七孔，后一孔。铜口长6.8寸，圆径5.9寸。管端如盘，安铜哨，象牙为饰，加芦哨于上吹之。上下俱用彩驯环系，管与铜口相接处，以铜签掩之。(4)聂聂兜姜(唢呐)：形如金口角而小，木管，木口，管长8.6寸，口长2寸，径3.3寸，余与聂兜姜同。(5)结莽聂兜布(小钹)：范铜二片，似达拉而大，径3.5寸，中隆起1.3寸，以韦贯之，左右合击。

细缅甸乐所用乐器有七种。(1)巴打拉(竹鼓)：以木为槽，其形如船。通长2.75尺，高5寸，阔4.8寸。前后两端各为山峰形，镌如意头，均高1尺，前山峰阔4.6寸，后山峰阔3.5寸，底圆径3寸。中连座三层，长8.6寸，阔4.7寸，每层厚6分。两山峰之尖络以丝绳，排穿竹版22片，皆阔1寸，第一片长5.2寸，厚3.5分，以次每片长递加3分，厚递减，至末一片，长1.15尺，厚1分。竹版本色，槽内外并座皆髹朱，绘莲花文。以竹裹绵为槌二，击之。(2)蚌札(皮鼓)：木框冒革，上大下小。面径6.1寸，底径4寸，框高1尺。系同接内搭兜呼，以手击之。(3)总稿机(龙琴)：曲木为柄，通槽，面平背圆。槽长2.25尺，阔5.3寸，高5.5寸，背圆径3寸。面冒以革，为四圆孔以出音，径各5分。槽外曲柄如蝎尾，长2.4尺，圆径4寸。顺槽腹设复手，长1.2尺，高8分，厚4分，穿孔十三，系13弦，各斜引至柄，续以红丝绳，各长3尺，以次束于柄，为13道。柄髹朱，绘金莲花文，槽面亦鬃朱，背鬃黑，以手弹之。(4)密穹总(鱼琴)：木质为鱼形，体长方，通长4.14尺。腹下通长刳槽无底，身长2.29尺，高3.8寸，阔3.3寸，两旁镌鳞甲。面设品五，皆长1.4寸，厚2分，第一品高4分，递减至第五品高2分。面为小圆孔九以出音，前四中四后一，径各1.5分。首形锐而上出，长8.5寸，口围6.8寸，项围1.15尺，镌须角、钜齿、圆睛。尾形亦锐，长1尺，末围2.8寸。近腹处围1尺，镂细长纹。项上以铜条为山口，长1寸，圆径2分，系朱弦三。尾上钉小铜鐶三，纳弦，尾旁凿孔，以轴绾之，左二右一，长6寸。身首尾髹红黑金漆，以手弹之。(5)得约总(扇琴)：木质中空，如扇形，通长2.05尺，面长1尺，上阔4.5寸，下阔5.8寸，中腰两旁弯曲如如意形者各9分。背面同前，厚9分。柄长5.5寸，颈围4.4寸，上半凿空，设弦轴三，形如艾叶，左二右一，各长2.5寸。柄上刻双鸟花文，长5寸，金漆面。槽末施木如塔形，以系弦扣，高1.9寸，粲朱。正中设竹柱承弦。面背柄均髹黑，绘金莲花文，用木弓系马尾80余茎轧之。(6)不垒(竹箫)：以竹为管，长1.26尺，径7分，管上端以木塞其半为吹口。七孔前出，一孔后出，最上又一孔前出，加竹膜。(7)接足(星儿):范铜 2 枚,口径 1.8 寸,高 1 寸,厚 1 分,中隆起 5 分,腰围 3 寸,各穿圆孔,以黄绒细贯之,左右合击。[①]

接内塔兜呼(皮鼓)

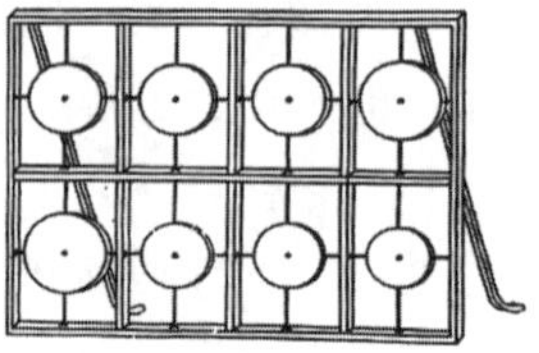

稽湾斜枯(八盏锣)

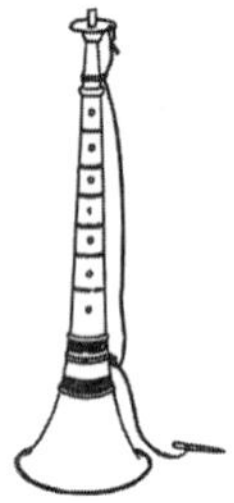

聂兜姜(海笛)

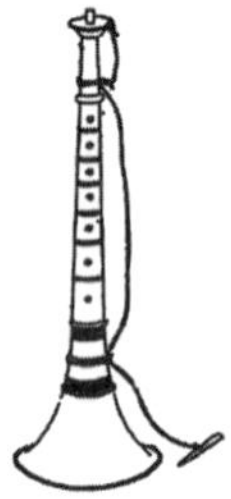

聂聂兜姜(唢呐)

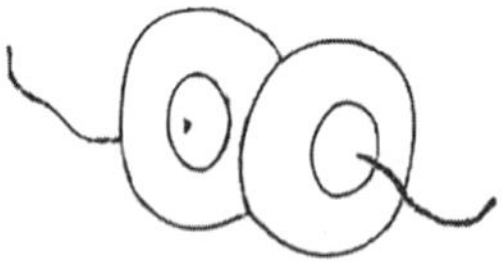

结莽聂兜布(小钹)

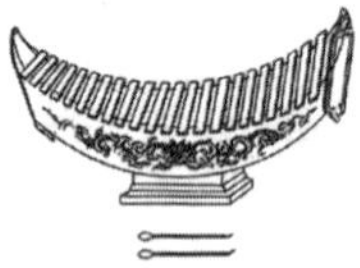

巴打拉(竹鼓)

蚌札(皮鼓)

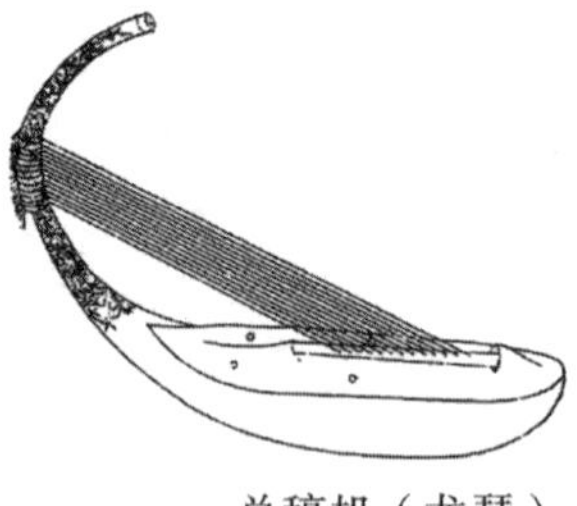

总稿机(龙琴)

① (嘉庆)《大清会典图》卷三四～卷三九《乐器》,近代中国史料丛刊三编第 71 辑第 701～710 册,第 1108～1294 页;(光绪)《大清会典图》卷四〇《乐器五》,卷四一《乐器六》,卷四二《乐器七》,卷四三《乐器八》,卷四四《乐器九》,续修四库全书第 795 册,第 458～511 页。

密穹总（鱼琴）

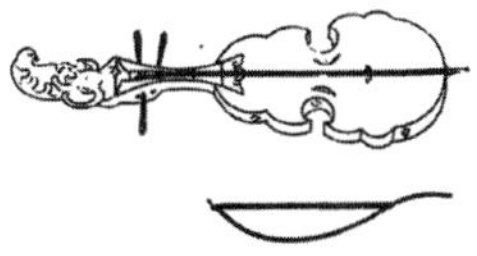

得约总（扇琴）

不垒（竹箫）

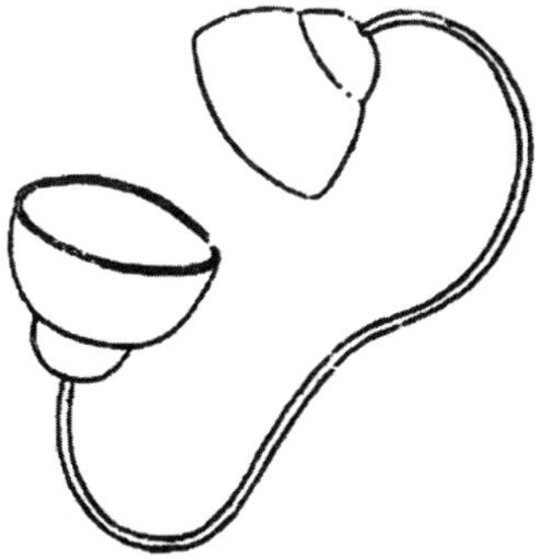

接足（星儿）

图 9-1 《大清会典图》中所载缅甸乐器图例

第十章　清代缅甸的华侨华人

在清代，中缅两国有着频繁的人员往来，特别是大批中国人前往缅甸，成为现代缅甸华侨华人的先驱。入缅华侨华人不仅是中缅政治交往和贸易往来的重要途径，也是两国文化交流的主要媒介。由于中缅两国关系以及国内外形势变化，清代缅甸华侨华人的历史发展可分为四个阶段。

第一节　乾隆中期以前的缅甸华侨华人

乾隆中期以前，到缅甸的华侨华人多由陆路，主要包括三个群体。第一，南明残余势力。明亡清兴之际，在清军节节进逼下，南明残余势力大量入缅，其中许多流寓缅甸，成为清代第一批入缅华人。据《小腆纪年》记载，顺治十六年(1659)永历帝朱由榔逃入缅甸时，从行者“千四百七十八人，自买舟者六百四十六人，故岷王世子及总兵潘世荣、内监江国泰等九百人，马九百四十余匹，陆行纤道入，期会于缅都”[①]。《求野录》亦载：永历帝在腾越时，“从官以下及妇寺数尚四千，及至蛮漠(蛮暮)，止一千四百五十余人，至是仅六百四十六人而已”[②]。寓缅的永历君臣，住居阿瓦郊外井梗(亦作井亘)。至顺治十八年(1661)七月，缅王卑明发动“咒水之祸”，大批入缅官兵及家属被杀。据《也是录》记载，永历朝廷“大小止存三百四十余人……所存大小男女无不病者，死亡相继。诸臣送之由陆路而去者，约离缅半月程，住四五日，皆为缅人所屠。其孑身无家累者，约离缅一月程，方住于一小国中，

① (清)徐鼒：《小腆纪年附考》卷十九，续修四库全书第368册，第194页。

② (明)客溪樵隐编《求野录》，见于浩辑《明清史料丛书八种》第1册，第416页。

缅人以兵洗之，而擒其王以归。盖从上入缅者，残无唯类矣”[①]。永历朝廷在缅期间，其部将白文选、李定国等曾四次率军入缅“迎驾”，军中很多人后来也流寓缅甸。如《行在阳秋》载，“咒水之祸”后，晋王李定国率军至阿瓦城外，永历帝不愿从归，“晋王愤恨悲号，遂大剿孟坑城外，鸡犬不留而去。自是人心无主，兵多散去”。[②] 顺治十八年十二月，吴三桂、爱星阿统兵18000人入缅追剿南明残余势力，直至阿瓦城下，经过此次追剿，南明残余部队或降或散，其中又有不少人流寓缅甸。一般认为，清朝初年缅甸境内的桂家集团，就是南明残余势力流寓缅甸后形成的。

第二，入缅贸易商民。清朝初年，并不禁止内地民人到缅甸经商贸易，“定例禁止内地民人潜出开矿，其商贾贸易，原所不禁。但滇省原无富商大贾，凡出外贸易商民，驴驮马载者少，肩挑背负者多……经过塘汛，查无违禁之物，即便放行”[③]。因此，这一时期有大批中国商民入缅经商，其中很多在缅甸长期居留。王昶《征缅纪闻》记述，乾隆三十四年(1769)四月，傅恒率军入缅，“过太平街，有居民十数家，间市米肉。询之云，江西抚州府人侨此”[④]。这些中国商民当在缅甸已居住多年。

第三，从事采矿业和种植业者。一方面，滇缅边境有诸多银铜矿山，吸引内地民人前往开采。乾隆十一年(1746)云南总督张允随办理葫芦酋长输纳茂隆厂课一案时曾指出：“滇南田少山多，民鲜恒产，又舟车不通，末利罕有，唯地产五金，不但本省民人多赖开矿谋生，即江西、湖广、川、陕、贵州各省民人，亦俱来滇开采；至外夷地方，亦皆产有矿硐，夷人不谙架罩煎练〔炼〕，唯能烧炭及种植菜蔬、豢养牲畜，乐与厂民交易，以享其利。其打槽开矿者，多系汉人，凡外域有一旺盛之厂，立即闻风云集，大抵滇、黔及各省居其二三，湖广、江西居其七八。”另一方面，清朝虽然禁止内地民人潜出开矿，但并不禁止边境贸易，“人民往来夷方，络绎不绝，其贸易获利者，皆即还故土，或遇赀本耗折，欲归无计，即觅矿厂谋生”。这样的结果就是，仅在茂隆银厂“打矿、开槽及走厂贸易之人……约有二三万人，俱系内地各省人民”。张允随提出：“厂民出外，亦皆带有货物，与商贾无异……若欲禁止开矿，势必并商贾一概禁绝而后可。然亿万人民生计攸关，未便惩噎废食。”所以，应

---

① (明)自非逸史编《也是录》，见于浩辑《明清史料丛书八种》第1册，第433～434页。

② (明)刘湘客：《行在阳秋》，见于浩辑《明清史料丛书八种》第1册，第325页。

③ 《张允随奏稿》乾隆十一年五月初九日奏折，见《云南史料丛刊》第8卷，第684页。

④ (清)王昶：《征缅纪闻》，第3页。

准葫芦酋长按年输纳茂隆银厂课银。[①] 六月，乾隆帝准奏，是为准许内地民人前往境外矿厂采矿。此后茂隆银厂“慕膻而集者，较前倍众”[②]，规模达于极致。除茂隆银厂外，这一时期的大山波竜矿厂，亦吸引大批华人前往开采。据王昶《征缅纪略》载：“波竜 山者产银，是以江西、湖广及云南大理、永昌人出边商贩者甚众，且屯聚波竜 ，以开银矿为生，常不下千万人。”[③]赵翼《簷曝杂记》载，滇边外有缅属之大山厂，银矿极旺，“而彼地人不习烹炼法，故听中国人往采，彼特设关收税而已。大山厂多江西、湖广人”。清缅战争期间，明瑞率军过大山厂，“老厂、新厂两处民居遗址，各长数里，皆旧时江、楚人所居。采银者，岁常有四万人。人岁获利三、四十金，则岁常有一百余万赍回内地”。[④] 如第二章所述，这一时期的边境矿民集团，为边疆地区的开发与经济社会发展做出了重要贡献，成为影响中缅关系与西南边疆的重要群体。另外，这一时期也有内地民人到缅甸从事种植业。如乾隆十一年张允随曾奏报说：“棉花为民用所必需，而滇地素不产棉，迤东则取给于川省，迤西则取给于木邦，木邦土性宜棉，而地广人少，皆系沿边内地民人受雇前往，代为种植，至收成时，客商贩回内地售卖，岁以为常。”[⑤]可见这一时期有很多中国人到缅甸从事棉花种植业和相关商业。

这一时期的入缅华侨华人中，有些与缅人通婚，有些为缅人雇用，也有人跻身于缅甸社会管理阶层。如清缅战争爆发后，清军拿获为缅人探听消息之施尚贤，系云南大理府人，于乾隆二十九年(1764)前往孟艮贸易，后被缅人捕虏，整欠首领素领散撰招其为婿，令为缅军探听清军消息[⑥]。乾隆三十一年(1766)十一月，清军又拿获从缅地逃回之腾越州民王小乔，据称在缅甸“有汉奸吴满大，做领兵头人；又有尹士宾，在缅地如宰相一般”，经杨应琚派人调查，吴满大本名吴芳伯，原住腾越州大山脚下，尹士宾原住腾越州和

---

① 《张允随奏稿》乾隆十一年五月初九日奏折，见《云南史料丛刊》第8卷，第683～684页。

② 《张允随奏稿》乾隆十五年正月二十四日奏折，见《云南史料丛刊》第8卷，第766～767页。

③ (清)王昶：《征缅纪略》，第1页。

④ (清)赵翼：《簷曝杂记》卷四《缅甸安南出银》，李解民点校，北京：中华书局1982年版，第73页。

⑤ 《张允随奏稿》乾隆十一年五月初九日奏折，见《云南史料丛刊》第8卷，第683页。

⑥ 《云贵总督刘藻奏报拿获莽奸细并催兵进发剿莽匪折》(乾隆三十年十二月十九日)，见《宫中档乾隆朝奏折》第27辑，第63～64页；《清高宗实录》卷七五三，乾隆三十一年正月壬辰，卷七五五，乾隆三十一年二月壬戌，第18册，第288、315～316页。

顺乡,“皆出门十余年,从无音信,在于缅地为匪属实”。[①] 乾隆三十二年(1767),清军又抓获为缅人探听消息者四人,其中一人名谢思道,系湖南宝庆府武冈州人,于乾隆十九年(1754)入缅。[②] 清缅战争结束后,缅人送出被拘之苏尔相,据苏尔相供称,在缅甸时曾听闻有尹士宾、李万全两人,“俱是腾越人,李万全在缅子做过头目,是管买卖的,他死了就是得鲁蕴接管这些买卖的事。尹士宾算是小头目,也甚得时,乾隆三十八九年间也死了……此外有一个叫李志,也是腾越人,有四十多岁,现在缅甸留了头发当通事……他说他的父母没了,弟兄也都为他问罪死了,又没有妻子,只好在这里做老缅子了”[③]。吴满大在缅甸为军官,尹士宾、李万全在缅甸为管理贸易官员,李志则为通事,说明有中国商民已进入缅甸社会管理层。

除陆路外,这一时期也有商民从海路来到缅甸。据缅甸学者陈孺性研究,1755 年 5 月雍籍牙王朝军队将孟族人赶出大光,改名仰光时,中国船户聚居于唐人坡一带已相当多,且已自建了一个码头于江岸。在英国人的记载中,它被称为“中国码头”,这是因建筑在华人区的江岸而得名。当时的华人区是在仰光城的西部,至 1852 年英人占领仰光时,仍是如此。停泊在江岸的帆船都是来往闽广与缅甸及南洋各国之间者。[④]

第二节　乾隆中后期的缅甸华侨华人

乾隆三十年(1765)十一月,清缅战争爆发。战争期间,清朝立法禁止滇缅边境贸易。乾隆三十四年(1769)十一月,清缅战争结束,但清缅关系并未迅速改善,而是经历了近 20 年的“冷战”。到乾隆五十三年(1788),缅王孟陨遣使入贡,清缅关系得以改善。乾隆五十五年(1790),缅甸再次遣使入贡,乾隆帝下令开放边境贸易。自乾隆三十年(1765)至五十五年(1790),是为中缅关系的“非正常化”时期,也是入缅华侨华人大量减少时期。

首先,这一时期入缅从事商贸活动的华人大量减少。由于清缅发生战争以及清朝厉行关禁,规定商民“贩货出口,拿获即行正法。隘口兵丁审系

① 《云贵总督彰宝奏报审办陇川私贩案犯与逆匪尹世宝无沟通事》(乾隆三十九年三月初七日),见《宫中档乾隆朝奏折》第 35 辑,第 227 页。

② 《清高宗实录》卷七九九,乾隆三十二年十一月丁未,第 18 册,第 775～776 页。

③ 《乾隆朝上谕档》第 8 册,第 1831 条,第 702～703 页。

④ 〔缅〕陈孺性:《缅甸华侨史略》,见《德宏史志资料》第 3 集,第 94 页。

得财卖放者，一并正法。失察之文武官弁，查明参革。如能拿获者，即将货物给赏”[①]，所以这一时期冒险出关贸易居留者数量大减。“新街、蛮暮一带，经兵火后，已成废墟，近亦无人到彼。”[②]至于阿瓦，则仍有少量华人。据乾隆三十三年(1768)九月随许尔功进关的清兵杨清称，在阿瓦时曾见到“街上多系腾越州人贸易”[③]。十二月，自缅甸回来之贵州兵袁坤称：“在汉人街上看见从前彼处做买卖挖厂的人，如今多系艰窘，在那里替人雇工舂米打柴过活，都是穷苦的。”[④]这些华人当为战争爆发以前就已在阿瓦城内居住，由于战争期间滇缅商业和采矿业受到沉重打击，他们不得不靠出卖劳力谋生。值得注意的是，在乾隆三十八年(1773)，阿瓦华人在汉人街修建了观音寺，建寺捐款人达5000余，这是华侨在缅甸的最早纪念建筑。[⑤]

其次，这一时期入缅从事采矿业和种植业的华人也大量减少。清朝厉行关禁、禁止商民出关的政策也给边境采矿业带来很大冲击。如大山波竜银厂，“自与缅甸交兵后，厂丁已散，无复往采者”，“计当日厂丁不下数万，已俱为贼冲散尽”。[⑥] 乾隆三十五年(1770)正月，清廷下令关闭大山境内波竜老厂、新厂等处，永行禁止潜往开挖滋事，犯者从重治罪。至于茂隆银厂，虽准许继续存在，但强调对厂众严格造册管理，并禁厂民偷渡出境。茂隆银厂虽然获允继续存在，但因“开采年久，硐老山空，矿砂无出”[⑦]，逐渐衰败。至嘉庆五年(1800)，嘉庆帝下谕将茂隆银厂永行关闭。

相对而言，这一时期入缅华人最主要的群体是清缅战争中流落缅甸的士兵。清缅战争期间，杨应琚、明瑞、傅恒曾分别率军入缅作战，在战争中大量士兵流落缅甸。据统计，清军大的溃退主要有三次。第一次是杨应琚统兵时期，提督杨宁率兵驻守木邦，因缅军阻劫清军粮道，杨宁下令撤兵，清军溃退。第二次是明瑞统兵时期，率军深入缅境，后在猛域兵败溃退。与此同时，珠鲁讷领兵4000余名驻扎木邦，因缅军攻破木邦，驻守清军溃散。第三

① 《清高宗实录》卷八一三，乾隆三十三年六月是月，第18册，第994页。

② 《清高宗实录》卷八〇八，乾隆三十三年四月丁卯，第18册，第920页。

③ 《故宫博物院典藏专案档暨方略丛编：缅档》，第887页。

④ 《故宫博物院典藏专案档暨方略丛编：缅档》，第980页。

⑤ 参见尹文和《阿瓦云南观音寺——缅甸华侨最古老的纪念建筑》，见腾冲县政协文史资料编辑委员会编《腾冲文史资料选辑》第3辑，腾冲县政协文史资料编辑委员会，1991年，第253～254页。

⑥ (清)赵翼：《簷曝杂记》卷四《缅甸安南出银》，第73页；(清)赵翼：《皇朝武功纪盛》卷三《平定缅甸述略》，第108页。

⑦ 宫中朱批奏折：《云贵总督书麟奏为滇省茂隆银厂矿砂衰竭无课抽收封闭事》(嘉庆五年五月二十四日)，档号：04-01-36-0095-008。

次是傅恒统兵时期，率军进剿缅甸，出兵时有“各营兵三万名，满兵一千名”，停战前“仅存一万三千余名”[①]。除战争伤亡者外，大量士兵是被俘或逃离战场的。这些士兵除部分陆续逃回国内外，相当一部分流寓缅甸。乾隆三十三年(1768)，缅人遣被俘清兵许尔功等呈送缅王书信请求议和，书信中称：“我们拿回来有素大老爷(按：应指苏尔相)及开化姚安领兵的程副爷(应指程辙)……前后共一千余人，到阿瓦并未杀害，每日给与养赡。”[②]另据随同许尔功进关送信的清兵杨清称，在阿瓦时曾见到被掳清兵“约有五六百人，俱系分起看守，彼此不许说话”[③]。乾隆三十四年(1769)二月，自阿瓦逃回之楚雄民人何士顺称：“缅子连年虏我们的人约有千余，都住在新修的月牙城内。”[④]英国学者哈威记述：“中国战俘凡二千五百名，仍羁缅京，或事种植，或事工艺，娶缅妇为妻。”[⑤]此为被俘士兵数量，实际上流寓缅甸的清兵数量应当更多。

从清朝方面讲，这一时期对自缅甸脱回士兵实行“即行正法”的政策，客观上也造成流寓缅甸之士兵不敢逃回。乾隆三十二年(1767)五月，杨宁奏列木邦兵败后滇省逃兵240余名，乾隆帝下令明瑞、鄂宁逐一查明，严行缉获，将其中“实系率先倡导，鼓煽众人，其罪万难宽贷者”，“详讯明确，将为首一二人正刑章”[⑥]，是为要求对带头逃跑者进行严惩。乾隆三十三年(1768)正月，鄂宁奏，各营陆续具报逃兵共330余名，已获正法者20余名，乾隆帝以“非严拿务获，按律正法，无以整饬军纪”，下谕鄂宁和署贵州巡抚良卿将逃兵“即行奏明正法”[⑦]，是为要求将拿获逃兵全部处死。此后不断有逃回士兵被抓获处死。至乾隆三十九年(1774)四月，乾隆帝谕军机大臣等：“滇省脱逃兵丁，迄今已阅数年，屡经饬谕该督实力缉捕，务须按名就获，无任稽诛，虽据该督陆续奏报获犯，而所得仍觉无多，着传谕彰宝，将征剿缅匪案内滇省逃兵共若干名，陆续拿获者若干名，已经正法者若干名，通计约有十分之几，即速查明，开列清单具奏。至现在未获各逃兵，仍严饬所属员弁上紧

① 《清高宗实录》卷八四七，乾隆三十四年十一月丙申，第19册，第338页。

② 军机处满文录副奏折：《副将军阿里衮奏将缅甸乞降文书译为满汉文恭呈御览折》(乾隆三十三年四月十三日)，档号：03-0183-2298-036。

③ 《故宫博物院典藏专案档暨方略丛编：缅档》，第882页。

④ 《故宫博物院典藏专案档暨方略丛编：缅档》，第1087页。

⑤ 〔英〕戈·埃·哈威：《缅甸史》，第453～454页。

⑥ 《故宫博物院典藏专案档暨方略丛编：缅档》，第223～224、309～310页。

⑦ 《故宫博物院典藏专案档暨方略丛编：缅档》，第513、519页。

查拿，以期全数弋获，毋致日久漏网。”不久彰宝奏：“滇省逃兵共三百七十名，已获者二百四十五名，其余现仍实力缉捕。”①而实际上，包括云南在内的各省逃兵数量当为更多。乾隆四十二年（1777）七月，缅人已送出拘絷多年的苏尔相，乾隆帝就木邦兵溃一案下谕：“杨宁溃兵一案，距今已阅十年，而逃兵就获者计已十分之七。其未经就获之犯，或于逃后病故，亦未可知。且缅匪已知悔罪，送还苏尔相，恳请纳贡投诚。从此边境辑宁，更无用兵之事。所有杨宁案内未获逃兵，其接缉督缉之文武各员，嗣后均着免其定限议处。如有续行缉获者，仍照前将该犯即行正法。其缉获之员并著该督抚奏闻，量予议叙，以示奖励。至该逃兵逗遛藏匿之该地方官失察之咎，实所难辞，一经讯明，即查明职名送部议处。”②可见这时仍然要求对脱回士兵“即行正法”。在这样的政策下，许多战场溃兵不敢回国而流寓缅甸是必然的，被俘和逃亡士兵成为这一时期入缅华人的主要部分。

另外，这一时期由于缅甸与暹罗正进行战争，有部分往暹罗贸易的中国商民被抓往缅甸。如乾隆五十年（1785）十二月，有福建民人蔡元妈、方贤前往暹罗贸易，结果被缅人裹往阿瓦。至乾隆五十五年，清缅关系缓和后，缅王孟陨派人将蔡元妈、方贤2人各给路费，咨送进关。③ 乾隆五十一年，云南陆续盘获自缅地脱回之广东民人林阿新等18名。经查，林阿新等系搭坐商船前往暹罗贸易，后被缅人裹往缅甸。④

第三节　乾隆末年至光绪初年的缅甸华侨华人

自乾隆五十五年（1790）缅王孟陨遣使访华，乾隆帝下令开放滇缅边境贸易，至光绪十一年十一月二十七日（1886年1月1日）英国宣布缅甸为其殖民地，随着中缅政治关系走向正轨和双边贸易迅速繁荣，入缅华侨华人数量大量增加。

首先，在上缅甸的阿瓦、阿摩罗补罗、八莫（新街）、蛮暮、猛拱等主要城

① 《清高宗实录》卷九五七，乾隆三十九年四月辛亥，第20册，第978页；军机处录副奏折：《奏呈滇省征剿缅甸案内已未获逃兵清单》（乾隆三十九年），档号：03-1415-029。

② 《明清史料》庚编第七本，第688页。

③ 《清高宗实录》卷一三八二，乾隆五十六年七月甲申，第26册，第544页。

④ 《清高宗实录》卷一二七一，乾隆五十一年十二月庚申，第24册，第1137页；《云贵总督富纲等奏报续获缅地脱回之广东人民事》（乾隆五十二年正月初九日），见《宫中档乾隆朝奏折》第62辑，第845～846页。

市和矿区，聚居了为数众多的华侨。彭崧毓《缅述》记载："阿瓦……中有木城，周六里，为门四，商民居之，有街有市。内地之商于彼者，自成聚落，曰汉人街……蛮幕（蛮暮）、漾贡（仰光）为南北两大都会。蛮幕滨江，多滇商，漾贡滨海，多粤商，皆设官，榷其税。"[①]1871 年经缅甸前往英国的王芝在《海客日谭》中记录："新街有汉人街，屋制略如中国，瓦屋亦间有之。滇人居此者约千余，腾越人居其九，以关汉寿行台为会馆。楼台廊阁壮丽，如中国制。"在谙拉菩那城（即阿摩罗补罗），"滇人居此者四千余家，闽、广人百余家，川人才五家"。[②] 1879 年考察缅甸的黄楙材在《西輶日记》中也记录了新街和阿摩罗补罗华人情况：在新街，"汉人街颇有瓦屋，滇人居此者四五十家，而往来商旅常有数百人，建关神庙为会馆。回廊戏台，规模宏敞……汉人居此者，多纳缅妇为室"；在安拉普纳城（即阿摩罗补罗），"滇人居此者三千余家"，亦有汉人街和客长。[③] 在西方人记述方面，英国人西姆斯在其《1795 年受印度总督派遣出使阿瓦王国记事》中，提及在其从仰光往阿瓦的旅程中，经过两处"德由谬"（Tirroup-miou，Tirroup-mew），即"中国镇"（Chinese town）或"中国城"（Chinese city）。[④] 美国传教士马尔科姆·霍华德（Malcom Howard）记述，在 1823 年，阿瓦以北七里的乌母拉普拉（即阿摩罗补罗）发生大火灾，该城几乎全毁。在此城内住有很多中国人，他们以每年来往一次的商队与其祖国进行贸易。马尔科姆·霍华德还提到，距离阿瓦数里的地方，有中国人的甘蔗园，并制造大量极好的红糖，价钱每磅约四便士。在实皆（Sagaing）住的中国人，能以中国话诵读短文和《圣经》。马尔科姆·霍华德还记载了他于 1836 年 3 月在摩尔门所见沿海中国人祭祀的情形。[⑤] 1826 年出使缅甸的克劳福德记载，定居缅都的华人有近 3200 人，即阿摩罗补罗有 3000 人，阿瓦和实皆有 200 人；在缅甸其他城镇，也有一些华人从事贸易或采银工作。在缅华人多数来自中国云南，大都从事商业。居住在阿瓦的云南人几乎没有一个是日佣工或工匠，在缅都则能发现一些粤籍

① （清）彭崧毓：《缅述》，第 1～2 页。

② （清）王芝：《海客日谭》卷一，第 20 页；卷二，第 2 页。

③ （清）黄楙材：《西輶日记》，见《小方壶斋舆地丛钞》第 10 帙，第 987～989 页。

④ Michael Symes, *An Account of an Embassy to the Kingdom of Ava, Sent by the Governor-General of India, in the Year 1795*, London: W. Bulmer and Co. Cleveland-Row, St. James's, pp. 234、274.

⑤ 〔英〕布赛尔《东南亚的中国人》卷二《在缅甸的中国人》，《南洋问题资料译丛》1958 年第 1 期。

华人,他们经由仰光而来,多为能工巧匠。① 1835年曾在上缅甸考察的英国汉内上尉记载,八莫有房屋约1500座,若将邻近的若干村落计算在一起,则至少有2000座,其中有200座是中国人居住的。这里除永久居住的缅甸人外,经常有大量外来人口——中国人、掸人和克钦人,他们或来买货物,或来做佣工。八莫城内有好几座棉花楼房为中国人所有,经常住在该城的中国人有500名,再加上从缅甸其他地方来的华商,使该城有了浓厚的商业氛围。这里有一座中国人修建的庙宇,干净整洁,主人用茶水招待宾客。汉内还说,八莫之华人,虽与缅甸沿海华商语言相貌不同,但对整洁与舒适的看法基本一致,行为举止和生活方式也如出一辙。② 1855年考察上缅甸的亨利·尤尔记述,当时在缅都阿摩罗补罗,中国区占据了郊区主要街道的大部分区域,在那里每一个店铺和人家都有绝对不会被认错的面貌与长辫子。中国人居住的区域,大部分住宅是用砖砌造的。在缅都及附近村庄中,华侨近2000家。他们有自己的庙宇,庙宇的独有特征,连英国小孩也能辨别出来。亨利·尤尔还提到他与使团几位官员到该庙游玩,一些华商热情招待他们。华商们都在庙里消磨晚上的空暇时间,因此庙宇不仅是信徒拜佛之地,也是居民聚集之所。③ 这些中西方记载说明,华侨华人已遍布上缅甸主要城市和地区。

值得提及的是,乾隆三十八年(1773)修建的阿瓦观音寺这一时期先后三次(1810、1829、1837年)遭遇火灾,现存者是道光十八年(1838)在旧基原址上重建的。寺内所存《重修观音庙》碑文,是有关缅甸华侨史和中缅关系史的重要资料。碑文称:“两国修睦,丝绵往来……商人鱼贯而人。”碑末刻捐款人630余个、著名商侨16家,有的人名还冠以“汉人王爷”、“稿蕴们”(税务官)、“德禄蕴们”(中国事务官)等职衔,说明华侨中有不少人在缅甸政

① John Crawfurd, *Journal of an Embassy from the Governor General of India to the Court of Ava, in the Year 1827*, London: Henry Colburn, 1829, pp. 471-472.

② R. Boileau Pemberton, "Abstract of the Journal of a Route Traveled by Capt. S. F. Hannay, of the 40th Regiment Native Infantry, from the Capital of Ava to the Amber Mines of the Húkong Valley on the South-east Frontier of Assam", in *The Journal of the Asiatic Socitey of Bengal*, 1837, vol. 64, pp. 257-259.

③ Henry Yule, *A Narrative of the Mission Sent by the Governor-General of India to the Court of Ava in 1855, with Notices of the Country, Government, and People*, London: Smith, Elder, and Co., 1858, pp. 142-143, 145.

府任职。[①]

另外,19 世纪后期,进入上缅甸的华侨华人结构也有所变化。1856～1873 年,云南爆发回民起义,其间滇缅陆路贸易和交通受到一定影响,但由于杜文秀政权奖励通商的政策,使大批回民商人前往缅甸。1873 年回民起义失败,清政府对云南回民进行屠杀,又使大量回民逃亡缅甸。光绪十一年(1885)云贵总督岑毓英曾上奏称:往年杜文秀"余党逃窜缅境者不下千人,至今生聚实繁"[②]。回民大量入缅成为这一时期上缅甸华侨华人的重要特点。

其次,在下缅甸的仰光、白古、土瓦,亦有大量华人侨居。成书于乾隆末年的《滇系·缅考》记载:"西洋货物聚于漾贡(仰光),闽广皆通……其地有汉人街,则择汉人为街长。"[③]就是说在仰光有华侨聚集之地,且可推选中国人自我管理,享有一定的自治权利。成书于嘉庆年间的《滇南杂志》载:"近时滇人贾缅,有至其地者,则颇多村居,见滇客则惊喜,曰吾老家人也,延至其家,饮食之。村中闻有老家人至,各相招具馔,黄发垂发,争以得见老家人为乐。问其何以至此,则曰传之故老,皆曰吾辈数千人从桂家至此,见地旷无居人,分散居之。"[④]由此可知,白古有大批华人结群居住。彭崧毓《缅述》载,仰光为缅甸南部大都会,多粤商,有专设之官征税。[⑤] 谢清高《海录》记载:乌土国"水路顺风约二日到佗歪(土瓦),为乌土属邑,广州人有客于此者……备姑(白古)乡中有孔明城,周围皆女墙,三五错综,莫知其数,相传为武侯南征时所筑,入者往往迷路,不知所出,云北境与云南、缅甸接壤,云南人多在此贸易"[⑥]。这说明在缅甸南部的土瓦已有广州人居住于此,白古也有很多云南人。1824 年英国人所绘仰光地图中有"华人坟场"和"中国码头"标示,可为仰光华侨人数众多之佐证。

1852 年,第二次英缅战争后,英国占领下缅甸,仰光开始成为下缅甸的经济中心。特别是英国实行吸引移民政策,吸引了大批华人前来下缅甸。

① 参见尹文和《阿瓦云南观音寺——缅甸华侨最古老的纪念建筑》,见《腾冲文史资料选辑》第 3 辑,第 253～254 页。

② (清)岑毓英:《岑襄勤公(毓英)遗集》卷二五,第 38 页。

③ (清)师范纂《滇系》第 12 册《典故四》,第 49～50 页。

④ (清)曹春林编《滇南杂志》卷一七《殊方上·白古》,嘉庆十五年(1810)刊本,台北:华文书局 1969 年影印本,第 14 页。

⑤ (清)彭崧毓:《缅述》,第 1～2 页。

⑥ (清)谢清高口述,杨炳南笔录《海录》,丛书集成初编本,上海:商务印书馆 1936 年版,第 9 页。

在仰光的华侨人数，据统计1872年有3181人，占全市人口的3.4%；1881年有3752人，占全市人口的2.7%。[①] 王芝在游记《海客日谭》中记载仰光华侨的情况说："广东、福建通商者数万人，浙江、云南商人亦间有之"；"稻岁亦数获，闽、粤米商最多，番舶总总集于步头，繁庶不亚沙市、汉口"。[②] 王芝还记述，在缅甸有华人效缅人装束的情况："赫赫中华人，亦竟有被其发，文其身，衣海纪，围搠叟，履起脸，甘混同于缅人者，是又夷之弗若矣。"[③]黄懋材在其《西輶日记》中记录仰光华侨华人情况："闽、粤两省商于此者不下万人，滇人仅有十余家。然未见中土女人，皆纳缅妇为室也。"[④]可见仰光的华侨华人主要来自闽、粤两省，主要从事稻米贸易，且多娶缅甸女子为妻。除仰光外，在下缅甸其他主要城市，也有华侨华人。如克里斯托弗·温特(Christopher T. Winter)记载，1855～1856年，在土瓦有华人1024名，在墨吉有955人，在毛淡棉有539人[⑤]，三地合计2518人。

总之，这一时期无论是在上缅甸，还是在下缅甸，各主要城市和地区都聚居了为数众多的华侨。有些聚居人数较多的城市和地区还有"汉人街""中国街"，街长由华侨推选。缅甸华侨华人为了生存发展，在缅甸各地建立起许多以血缘、地缘、业缘为基础的会馆或组织。这些社团组织大致可以分为四类：(1)庙宇，如1773年建成的阿瓦观音寺、1806年建成的八莫关帝庙、1838年建成的丹老天后宫、1824年建成的广东观音古庙、1864年建成的仰光闽侨庆福宫等。(2)宗祠，如颍川公司(1854)、陈家馆(1861)、李家馆(1862)、溯源堂(1891)、伍氏家塾(1893)、梅氏书室(1894)等。(3)同乡会馆，如五邑会馆(1864)、宁阳会馆(1865)、建德堂(1868)、龙山堂(1878)、新会公所(1885)、肇庆会馆等。(4)帮会、商会会馆，如1909年成立的中华商务总会等。据统计，从19世纪40年代到20世纪初的半个世纪中，缅华社会先后成立了上百个宗亲会、同乡会和业缘团体，它们构成了缅华社团的基本格局。[⑥] 可以说，缅甸华侨华人社团组织的大量出现，标志着缅甸华侨社会

① 〔缅〕陈孺性：《缅甸华侨史略》，见《德宏史志资料》第3集，第95页。

② (清)王芝：《海客日谭》卷三，第5～6页。

③ (清)王芝：《海客日谭》卷二，第10页。

④ (清)黄懋材：《西輶日记》，见《小方壶斋舆地丛钞》第10帙，第992～993页。

⑤ Christopher Tatchell Winter, *Six Months in British Burmah: or, India beyond the Ganges in 1857*, London: Richard Bentley, 1858, p.37.

⑥ 参见冯立军《20世纪初以前华侨移民缅甸述略——兼论缅甸华侨社会的形成》，《南洋问题研究》2008年第4期；范宏伟：《战后缅华社会政治地位变迁研究》，厦门大学2004年博士学位论文。

的形成。

随着缅甸华侨华人的增多，华人与缅人通婚、交涉冲突及华人在缅违法犯罪等频频出现，缅政府也因此制定出相关的法律政策。如《缅述》记载，许多缅甸华侨华人都娶当地女子结婚，“汉人娶缅妻，不同归。归之日，妇弃其夫去。生男归父，女归母”①。也就是说，在华侨归国时，只携子归，妻子和女儿则留在缅甸。华人与缅人构讼时，“必与客长共听之。汉人直，则治夷人以罪；夷人直，则罚汉人以银。罚有不从，则解送内地治罪，无敢擅刑”②。也就是说，如果在缅华人与缅人发生诉讼，须有华人客长参与审判，如系缅人犯罪，则治缅人之罪；如系华人犯罪，则罚银以代刑；如果不能交出罚银，则解回国内治罪。王芝的《海客日谭》记述了华人在缅违反烟酒销售禁例的处置措施：缅甸“禁洋烟与酒亦甚厉，中国人在其国者不禁，但禁不得私售与缅人。苟犯之，则絷以归于腾越之有司，不敢擅加刑于中国人也。而缅人有犯烟酒禁者，则刑之至死。其絷中国犯禁人归腾越也，每于中道私释之。缅王知之，亦不究也”③。也就是说，华人违反禁例私售烟酒给缅人，一般押回腾越处罚。可见华人在缅享有一定的优待。

第四节　清末英属缅甸的华侨华人

第三次英缅战争后，英国控制了全缅甸。为维持在缅甸的殖民统治并掠夺缅甸资源财富，英政府大举修筑道路，开采矿山，也大批招募中国劳工来缅甸采矿、修路及建设土木工程等，这些在一定程度上促进了缅甸华侨华人数量的增多。

对于英属缅甸之华侨华人，最为关注的是薛福成。薛福成先是被委任为出使英、法、义、比四国大臣，后来又受命与英外交部进行滇缅界务商务谈判，所以他对于缅甸国情包括缅甸华侨华人情况较为关注。他在《薛福成日记》中，多次提到其所了解的缅甸华侨华人情况，相关记载如下：

① （清）彭崧毓：《缅述》，第 7 页。

② （清）彭崧毓：《缅述》，第 7 页。

③ （清）王芝：《海客日谭》卷一，第 21 页。

(光绪十六年六月二十三日记:)华人在此(仰光)者三万余。英、德两商最大,华商次之……华商华工在仰光者三万余人,闽商居三分之一,生意较大;粤人虽多而生意次之。此埠距腾越厅最近,由仰光坐浅水轮船溯流而上,六七日可到华城,又陆行三四日可到新街,又逾野人山不过三四日,可抵腾越。现英人袭据华城,收饷设戍,直驻新街矣。仰光粤商以新宁人为最多,建有宁阳会馆。此外建立合省公司名目,举董收费,以备延请状师及保护同乡等事。①

(光绪十七年五月初二日记:)缅甸海口之埠凡三处,而仰光扼其要;沿江之埠二十二处,小者二十九处,而阿瓦与新街扼其要。海口商务,闽商主之;沿江商务,滇商主之。粤商生意之大不如闽,人数之多不如滇,等诸自郐以下而已。②

(光绪十八年二月十一日记:)缅甸海口有三埠,曰暮尔缅(即马尔达般),曰德瓦(一名土瓦),曰丹老(本暹罗滨海西境),以漾贡握其总。核计海口华商,约二万四五千人,巨商则闽多于粤。至沿江各埠,生涯全属滇人。计轮船停泊、装卸货客之大埠二十三,小埠二十九。而滇商之众,首数阿瓦,约万二千人;次则新街、猛珙(拱),不下五千;其余各数十百人。至行商货驼,年常二三万,秋出春归。③

(光绪十八年十一月初五日记:)凡缅甸境内商埠,海口三处,沿江大者二十二处,小者二十九处,其腹地深山之中,商埠亦不下数十处;闽商粤商多在海口,约有万人;滇商散布于沿江及山中各埠,几与缅商相埒,约在十万人左右,此缅甸之情形也。④

(光绪十九年正月二十二日记:)(仰光)江口轮艘如织,贸易极盛。闽粤大商不下万人,滇商亦十余家。⑤

① 《薛福成日记》,第559页。
② 《薛福成日记》,第637页。
③ 《薛福成日记》,第702页。
④ 《薛福成日记》,第769页。
⑤ 《薛福成日记》,第787页。

薛福成的这些记述多数来自使馆文员姚文栋经由缅甸回国时的所见所记，可信度较高。

在姚文栋的《集思广益编》中，还辑录了广东试用县丞陈还的《缕陈缅甸近年情形》一文，其中详细记述了英据缅甸后的华侨分布情况：在下缅甸，"核计海口三埠之华商约二万四五千人，生意之大首闽而次粤。闽之人数亦较多，粤之商号无几，大半手艺工作之流，滇商仅有数家而已。海口通商已久，闽粤之人能识英语言政令，故得彼此相安，非若上缅之滇帮商旅，罕与西人交接，动辄得咎也"。在上缅甸，"各江埠生涯，全属滇人，闽粤仅阿瓦各十数家而已……滇商之众，首数阿瓦，约万有二千人。次则新街、猛拱，不下五千。其余各埠，多则三四百，少亦五六十。山村水驿，几于无处无之。然皆坐贾，久居兼有房屋者也。至行商货驮，年常二三万"。"阿瓦有汉人街二条，每长五六里，间有土民在内，而散居各街之商号亦多……至新街，滨江街市袤长不足十里，滇商居于中要，地产皆经百年。"[①]据此记述，下缅甸的仰光等地以闽粤籍华侨为主，上缅甸的阿瓦等地则以滇籍华侨居多。

总的来看，清末赴缅华侨华人数量一直呈上升态势。宣统元年(1909)，调查西藏开埠事宜委员陶思曾路经缅甸回国，其记载华侨在仰光者约10万，以闽、粤人居多数；在上缅甸阿瓦等地，滇人不下10余万，以腾越人居多。[②]据缅甸学者陈孺性研究，1891年仰光有华侨7576人，占全市人口的4.3%，到1911年仰光华侨人数达到16055人，占全市人口比例达到5.5%[③]。据1891年缅甸人口调查报告，当时缅甸华人超过4万。[④] 另据英国人布赛尔记录，1891年缅甸共有3.7万中国人，其中半数以上是从海道来的；到1911年，缅甸中国人达12.2万人，其中1200人为云南籍回族。[⑤]

随着华侨华人越来越多，他们为了在侨居地更好地生活、工作和发展，

---

① (清)陈还：《缕陈缅甸近年情形》，见(清)姚文栋《集思广益编》卷一，第2～3、14页，近代中国史料丛刊第18辑第179册。

② (清)陶思曾：《藏辅随记》，见《永昌府文征》卷二一，第23～24页。

③ 〔缅〕陈孺性：《缅甸华侨史略》，见《德宏史志资料》第3集，第95页。

④ 参见姚枬《中南半岛华侨史纲要》，第26页。

⑤ 〔英〕布赛尔：《东南亚的中国人》卷二《在缅甸的中国人》，《南洋问题资料译丛》1958年第1期，第3、16页。

逐渐掀起兴学办报的热潮。20世纪初华侨在仰光建立的新式学堂有中华义学(中华学堂)、益商夜校、林振宗中西学校、福建女子学校(福建女师)、育德学校等。创办的华文报刊则有7种,分别为《仰江日报》(1906年创刊,1941年停刊)、《光华日报》(1908年创刊,1909年被查封)、《经济评论》(1906年创刊,只发行两期)、《商报》(1909年创刊)、《互惠报》(1909年11月创刊,当年停刊)、《进化报》(1910年创刊,发行8个月停刊)、《缅甸公报》(1910年创刊,1913年停刊)。[①] 华侨兴学办报热潮的出现,标志着缅甸华侨社会的成熟和发达。

① 〔缅〕戚基耶基纽:《四个时期的中缅关系》,第16~20页。

结　语

总的来说，清代中缅关系可分为四个历史发展阶段。第一阶段为乾隆三十年(1765)以前，两国交往总体不多，除清初入缅追剿南明永历朝廷和乾隆十六年(1751)缅甸东吁王朝遣使入贡外，两国未有大的交涉，甚至有一段时间没有两国交往的历史记载。第二阶段为乾隆三十年至五十三年(1765～1788)，是为两国关系紧张时期。乾隆三十年(1765)十一月，清朝与缅甸雍籍牙王朝之间爆发了历时 4 年的战争。至乾隆三十四年(1769)十一月，两国在缅甸老官屯签订《老官屯协议》，双方停战退兵，战争宣告结束。但由于对《老官屯协议》内容的不同描述和理解，两国关系并未迅速改善，而是经历了近 20 年的"冷战"。其间两国虽有数次交涉，但由于意见分歧、沟通不畅等原因，交涉迄无效果。从清缅战争爆发到乾隆五十三年(1788)缅甸遣使朝贡，成为清缅关系的非正常化时期。第三阶段为乾隆五十三年至光绪十一年(1788～1885)，这一阶段清朝与雍籍牙王朝关系达到了友好的顶峰。虽然边境地区仍有冲突交涉发生，但并未影响两国中央政府的友好往来。第四阶段为光绪十一年(1885)以后，这一时期的中缅关系更多地表现为中英两国围绕缅甸存祀续贡、滇缅界务商务等问题的交涉。清代中缅关系发展的历史阶段性，是与中缅两国国内外形势变化分不开的，到 19 世纪中期以后更受到英、法等国在东方扩张的影响，这种影响使中缅关系由简单的双边关系发展为复杂的国际关系。

乾隆三十年至三十四年(1765～1769)，清朝与缅甸雍籍牙王朝曾发生历时 4 年的战争。关于这场战争爆发的原因，中外学者观点不一。缅甸和英国学者多认为，清缅战争是中缅边境一系列冲突事件未及时解决引起的，中国学者则多认为是雍籍牙王朝频繁向云南边境土司索取贡物造成的。实际上，雍籍牙王朝兴起后,对外实行军事扩张政策,缅人多次入扰云南,这是清缅战争爆发的主要原因;但缅人入扰云南的情况比较复杂,除向云南边境土司索取贡物外,还包括反雍籍牙势力逃入云南、边境土司因内部权力斗争而勾结缅兵进入云南等情形,后者中典型的召散勾结缅兵进入云南是战争爆发的直接原因。

乾隆三十四年(1769)十一月,清缅双方将领在缅甸老官屯签订停战协议,使这场历时四年的战争宣告结束。但是,《老官屯协议》并不像之前清朝与俄国签订的一系列条约,它没有明确统一的文本,双方将领向各自君主汇报的协议内容也不一致。综合中外文献记载以及战后双方交涉重点,协议的具体内容应当包括三项:一是两国每十年互派使节。缅方描述为两国政府互派使节,清朝方面则描述为缅人奉表纳贡。这是清朝方面最看重的条款。二是两国边境恢复战前状态。缅方理解为清朝要恢复战前土司存在状态和边境贸易开放状态,即清朝要归还木邦等三土司,并立即重新开放边境贸易;清朝方面则理解为缅人永远不犯边境。至于木邦等三土司,因当时不在军营,会在几个月后归还,边境贸易也会在缅人奉表纳贡后开放。三是双方交换战俘。缅方认为是双方互相交换战俘,清朝方面则认为是缅人送还拘絷兵民。正是由于协议没有明确统一的文本,以及两国语言语境的差异,造成了中缅双方对《老官屯协议》的不同理解和描述。另外,由于双方代表谈判仓促,边境距离国都又较远,最后签订的协议是未经两国君主同意的。乾隆帝接到傅恒关于前线议和的报告,距离《老官屯协议》签订已过去了13 天。对傅恒报告的协议内容,乾隆帝基本是满意的。与此相对,缅王接到谈判情况报告也在数日之后,他对协议内容非常不满。缅王不满意协议内容,也成为战后缅人未履行协议的重要原因。

关于清缅战争的结局,缅甸和英国人都认为是缅甸获得了胜利;清朝人则认为是清朝获得了胜利,乾隆帝还将征缅之役列入"十全武功"来称颂。实际上,清朝与缅甸都为这场战争付出了沉重代价。清军在驱逐入境缅军后,三次入缅作战,但因瘴疠盛行、不熟悉地形、不适应山地丛林作战、悬军深入后继无援、滇省绿营兵战斗力弱等,付出了巨额的人力物力财力代价。清缅战争的影响,并不在于它给时人带来的荣辱,而主要在于它对西南边疆稳定所做的贡献。清缅战争对于清朝消弭边患、稳定边疆有着深远的影响,它阻滞了雍籍牙王朝对中国边境的军事扩张,稳定了西南边疆局势。在清缅战争之前,中缅边境模糊不清,有诸多瓯脱之地。通过这场战争,中缅边境大部分以实际控制的形式确定下来,这成为清末中英滇缅界务交涉及边界勘划的基础。另外，由于这一时期缅甸正与暹罗进行战争，清缅战争在客观上也援助了暹罗吞武里王朝的抗缅复国战争。

关于清朝与亚洲周边国家关系的性质，学界多有分歧。有学者认为是朝贡关系，有学者认为是宗藩关系，也有学者认为是平等的政治关系。应当说，宗藩关系是一个政治意蕴更强的概念，而朝贡关系则是一个历史意蕴更强的话语。比较而言，"朝贡"要比"宗藩"的适用范围更为广泛，也更符合清朝与亚洲周边国家的政治关系实际。然而，"朝贡"这个词语从字面上只强调了朝贡国的单方朝贡行为。结合清朝对朝贡国朝贡时的封赐而言，清朝与朝贡国的关系称为"朝贡—封赐"关系或简称为"封贡关系"更为合适。进一步分析，封贡关系本身具有很强的层次性。乾隆《大清会典》记述："凡敕封国王，朝贡诸国遇有嗣位者，先遣使请命于朝廷，朝鲜、安南、琉球钦命正副使奉敕往封，其他诸国以敕授来使赍回，乃遣使纳贡谢恩。"[①]由此，清朝在制度上是把世界上其他国家分为三种层次：一是朝鲜、安(越)南、琉球，须"钦命正副使奉敕往封"；二是暹罗、缅甸、南掌等国，可"以敕授来使赍回"；三是欧美各国，来华非为朝贡，只为通商。这就是清朝人的天下观，也是清朝人的"世界秩序"。针对这一秩序中不同层次的国家，清朝实行不同的政策加以对待，由此造成清朝与朝贡国封贡关系的国别地区差异性：清朝与朝鲜、琉球、越南等汉字文化圈朝贡国的封贡关系更接近于现代意义上的宗藩关系，与暹罗、缅甸、苏禄等非汉字文化圈朝贡国的封贡关系则更接近于一般意义上的封贡关系。至于清朝与西方国家的关系，虽然在历史文本中也称为"贡"和"赐"，但这只是文本上的称谓，并无实际实施，应归为封贡关系以外的一般政治关系。

就清代中缅关系而言，清朝初年与缅甸东吁王朝政治交往不多，虽然东吁王朝曾于乾隆十六年(1751)遣使清朝，但次年即被南部孟族军队攻灭，清朝与东吁王朝并未形成封贡关系。此后中缅政治交往一度中断，到乾隆中后期，清朝与缅甸雍籍牙王朝经历了 4 年的战争和近 20 年的"冷战"，也未形成封贡关系。自乾隆末年至光绪初年，清朝与缅甸雍籍牙王朝建立并保持了近百年的封贡关系。一方面，除"贡物无定额"外，清朝在制度上对于缅甸贡期、贡道、使团规模、朝贡礼仪、赐予等做出一系列规定，并在实践中努力维护和保证这些规定付诸实施，在缅甸请封时也予以敕封。另一方面，雍

① (乾隆)《大清会典》卷五六《礼部·主客清吏司》，文渊阁四库全书第 619 册，第 499 页。

籍牙王朝基本遵循了十年一贡的规定，每十年向清朝派出例贡使团，使团也遵循清朝安排的朝贡礼仪和各项制度规定。清朝与雍籍牙王朝对朝贡制度和朝贡礼仪的遵循是两国封贡关系存在的根本标志。当然，这种封贡关系并未得到缅甸官方的承认，根据缅方史料记载，每次缅甸遣使清朝，都是清朝先派使节到缅甸，缅甸再遣使随同访华，而且两国互派使节是根据《老官屯协议》有关十年派使互访的约定。

有清一代，缅甸共有 15 次遣使访华，云南地方政府也 11 次向缅甸派出代表团。其中一个比较重要的问题是：雍籍牙王朝按期朝贡的原动力在哪里？如果说朝鲜、琉球、越南等汉字文化圈国家对清朝的朝贡有更多的文化归属和思想认同的话，与清朝语言文字、宗教文化都有巨大差异的缅甸为何能够基本遵循十年一贡的规定？原因应当有二：一是《老官屯协议》有两国每十年派使互访的约定；二是朝贡可以带来丰厚的经济利益回报。为保证雍籍牙王朝能够“十年一贡”，云南地方政府几乎每届贡期都要先向缅甸派出代表团。对于频繁来访的代表团，缅甸王廷应当很快就会察觉不是清朝皇帝派出而是云贵总督或云南巡抚甚或更低层次地方官员派出的。既然如此，缅王为何还乐此不疲地派使访华？很重要的原因是清朝方面“厚往薄来”的招徕与优待。清政府不仅承担了缅甸使团在华期间各项费用，而且给予缅王和使团成员丰厚的赏赐，除例赏外，加赐、特赐物品不断增加，这是缅王频繁遣使朝贡的经济动因。而从清朝方面讲，与缅甸保持和平友好的“封贡关系”，不仅可以满足“万邦来朝”的政治和文化优越感，而且可以因此保持西南边疆的和平与稳定——这是清朝统治者建立并维护朝贡制度的政治、文化和国家安全用意所在，而由此建立的封贡关系也在一定程度上具有了维护边疆安全稳定的功能和意义。

19 世纪，英国先后发动三次侵缅战争(1824～1826 年，1852 年，1885 年)，相继吞并下缅甸和上缅甸。随着英国占领上缅甸并宣布缅甸为其殖民地，驻英公使曾纪泽和总理衙门与英外交部及英驻华公使就英占缅甸问题进行了为期半年多的谈判交涉，至光绪十二年六月二十三日（1886 年 7 月 24 日)，中英签订《缅甸条款》。条款规定清朝承认英国在缅甸的政权，标志着清朝承认英国对缅甸的占领；规定缅甸每十年向清朝“派员呈进方物”，而不是“遣使朝贡”，标志着清朝与缅甸存续近百年的封贡关系告以终结。《缅甸条款》还规定，中、缅边界应由中、英两国派员会同勘定，其边界通商事宜亦应另立专章。光绪十七年(1891)前后，英兵数次越界进入云南境内，导致沿边土司民众惊疑不安。为此，清廷于光绪十八年六月专派薛福成与英外交部商办滇缅界务、商务诸问题。经过近两年的谈判交涉，光绪二十年正月二十四日（1894 年 3 月 1 日），中英签订《续议滇缅界、商务条款》。该条款第五条规定中国必不将孟连与江洪之全地或片土让与别国，然而时隔不久，由于清政府将江洪（即车里）所属之猛乌、乌得让与法属越南，英政府以清政府违背条约为由，要求清政府修约做出补偿，从而导致了光绪二十三年正月初三日（1897 年 2 月 4 日）中英《续议缅甸条约附款》的签订。

《续议滇缅界、商务条款》和《续议缅甸条约附款》对滇缅界务、商务诸问题做出明确规定。根据这两个条约，中英两国就滇缅问题特别是界务划分进行了长期的交涉与勘界。查中缅边界，自北而南可分五段：第一段，尖高山以北；第二段，自尖高山至太平江与南奔江汇流处；第三段，自太平江与南奔江汇流处至南帕河与南定河汇流处；第四段，自南帕河与南定河汇流处至南马河与南卡江汇流处；第五段，自南马河与南卡江汇流处至南阿河与湄江（湄公河）汇流处。至清朝灭亡时，中缅大部分边界勘划完毕。唯有尖高山以北边界未经划定，称为“北段未定界”；自南帕河与南定河汇流处至南马河与南卡江汇流处边界亦未划定，称为“南段未定界”；另外还有中段的猛卯三角地为中国“永租”给英国管理。清末中英滇缅问题交涉，特别是界务谈判与勘划，奠定了今天中缅两国边界、民族等关系的基础。

从中缅贸易往来看，按照清朝对缅贸易政策和中缅贸易状况，清代中缅贸易可分四个阶段。第一阶段为乾隆三十年（1765）以前，为准许双边贸易和两国贸易平稳发展阶段。这一阶段一直开放滇缅边境贸易，准许商民自由往来，滇缅陆路贸易的规模要超过海路贸易。第二阶段为乾隆三十年至五十五年（1765～1790）。这一时期由于清缅战争爆发以及清朝立法禁止滇缅边境贸易，中缅贸易一落千丈。清缅战争结束后，由于缅甸一直没有履行《老官屯协议》关于进贡还人的规定，清政府一直没有开放滇缅边境贸易。乾隆五十三年（1788），缅甸终于遣使入贡，清缅关系实现正常化。乾隆五十五年（1790），缅甸再次入贡，并请开腾越关禁以通市易，乾隆帝下谕重开滇缅边境通商。第三阶段为乾隆五十五年至光绪十一年（1790～1885），是为两国贸易恢复发展时期。滇缅边境重新开放以后，原来中断的陆路贸易迅速恢复，而这一时期中缅两国的海上贸易亦有很大发展。特别是第二次英缅战争后，英国占领下缅甸，积极发展同中国东南沿海的海路贸易，使这一时期的中缅海路贸易迅速繁荣并超过陆路贸易。第四阶段为光绪十一年（1885）以后，英国吞并上缅甸，宣布整个缅甸为其殖民地，并积极发展英属缅甸与中国的贸易往来。光绪末年，云南先后开蒙自、思茅、腾越为通商口岸，清朝与英属缅甸的贸易逐渐融入世界贸易体系。清代中缅贸易发展的历史阶段性，是与中缅政治关系发展的历史阶段性相适应的。当中缅政治关系紧张时，两国贸易受到影响而衰落；当中缅政治关系友好时，两国贸易不断发展而繁荣。

清代中缅两国不仅有着频繁的政治交往和贸易往来，也有着密切的文化交流。清朝初年，大批中国士兵、矿工和农业劳动力入缅，促进了缅甸农业、手工业技术的发展。清缅战争的爆发，使熟悉缅语者成为清朝急需人才，清廷开始用人在京教习缅文。乾隆末年以后，随着两国关系正常化，更多的华人入缅并长期居住，他们将汉字和汉文化传入缅甸，并在缅甸兴办华文教育，是为中缅文化交流的主渠道。而两国频繁互访，互致礼物，也成为中缅文化交流的新途径。这一时期缅甸乐也随着缅甸朝贡使团继唐代骠国乐传入中国后再次传入中国，成为清代宫廷宴乐之一。另外，缅甸是南传佛教兴盛的国家，缅甸的上座部佛教对中国尤其是云南地区有重大影响。另外，乾隆末年以后，缅王多次遣使访华，清朝统治者也回赠大量珍品，其中很多与佛教有关，中国的大乘佛教文化也因此传入缅甸，促进了两国的佛教文化交流。清代中缅两国的文化交流，不仅丰富了中缅两国人民的文化生活，也促进了中缅两国人民的深厚情谊。

与中缅政治、贸易关系的发展变化相适应，缅甸华侨华人也表现出历史发展的阶段性。乾隆中期以前，入缅华侨华人主要有南明残余势力、贸易商民、从事种植业和采矿业者三大群体。乾隆中后期，华人入缅遭到禁止，只有部分士兵流寓缅甸。乾隆末年至光绪初年，随着中缅两国关系的正常化，入缅华侨华人持续增长，贸易商民成为入缅华侨华人主力。英国占领下缅甸和上缅甸后，实行吸引外来移民政策，使得入缅华侨华人持续增长。清朝末年，缅甸华侨社会已经非常发达和成熟。从地域上看，上缅甸地区主要是由陆路来的滇籍华侨，下缅甸地区则主要是海路来的闽、粤籍华侨，“华人商贩缅地，实繁有徒，迤北陆路，则滇人居多；迤南海滨，则闽、粤尤众”[①]。从时间上看，19 世纪 20 年代英国侵占下缅甸之前，陆路滇籍华侨是入缅华侨华人主力，之后福建、广东人沿海路入缅越来越多，缅甸华侨社会逐渐形成滇、闽、粤“三籍鼎立”的格局。从从业状况看，陆路滇籍华侨多从事商贸和玉石

---

① (清)黄懋材：《西輶日记》，见《小方壶斋舆地丛钞》第 10 帙，第 994 页。

相关行业，海路闽、粤籍华侨则多从事商贸和手工业。从性别来看，入缅华侨华人多为男性，其中很多娶缅籍女子为妻，使得留居缅甸华侨与当地女子通婚率较高。从历史地位看，清代入缅华侨华人不仅是中缅两国经济文化交流的使者和主渠道，也为缅甸经济社会发展做出了重要贡献。

清代中缅关系对于中国西南边疆以及东南亚地区产生了深远的影响。从政治上看，清朝与缅甸雍籍牙王朝的友好往来，奠定了今天中缅两国睦邻友好的基础。清末中英会勘滇缅边界，使中缅两国的边界大部分得以确定。从民族上看，滇缅边境各民族长期互相通婚往来，清末中英会勘滇缅边界，形成了多个跨境少数民族，典型的如佤族、傣族等。这些跨境少数民族，有着共同的族源，属于同一文化群体，虽然由于边界划分而具有了不同的政治身份，但仍有着较强的民族文化身份认同。从经济上看，中缅两国频繁的贸易往来，促进了中国西南地区以及缅甸的经济社会发展与边疆开发。随着英国不断侵入缅甸，中缅贸易逐渐卷入东南亚和南亚经济贸易圈，中缅贸易也成为世界经济贸易体系的重要组成部分。从文化上看，中缅两国的文化交流，促进了两国文化生活的丰富和发展，也促进了两国的"胞波"情谊和友好往来。从两国人员往来看，清代有大量华人入缅，他们是现代缅甸华侨社会的奠基者，也是中缅和平的使者与友谊的桥梁。1957 年 12 月 14 日，陈毅副总理在陪同周恩来总理访问缅甸时挥毫赋诗《赠缅甸友人》，赞颂中缅两国间的"胞波"友谊。诗文如下：

我住江之头，君住江之尾。彼此情无限，共饮一江水。
我吸川上流，君喝川下水。川流永不息，彼此共甘美。
彼此为近邻，友谊长积累。不老如青山，不断似流水。
彼此地相连，依山复靠水。反帝得自由，和平同一轨。
彼此是胞波，语言多同汇。团结而互助，和平力量伟。
临水叹浩淼，登山歌石磊。山山皆北向，条条南流水。[①]

今天，面对世界百年未有之大变局，我们在携手推进"一带一路"建设，加强与缅甸等东南亚国家的多种合作与共同发展进程中，追溯两国人民源远流长的历史交往，回顾两国人民的"胞波"情谊，进一步增强了解和达成共识，无疑会进一步激发两国人民为增进新的友谊而共同努力。

① 《陈毅诗词集》，北京：中央文献出版社 2011 年版，第 373 页。

附录一　缅甸王朝世系表

表1　东吁王朝　(1531～1752年)世系

姓名	英文译名	世系关系	在位时间
明基纽(又译明吉瑜)	Minkyinyo		1485～1530
德彬瑞梯(又译莽瑞体)	Tabinshwehti	前者之子	1531～1550
勃印囊(又译莽应龙)	Bayinnaung	前者妻弟	1551～1581
南达勃因(又译莽应里)	Nandabayin	前者之子	1581～1598
良渊王	Nyaungyan	前者之弟	1598～1605
阿瑙白龙(又译阿那毕隆)	Anaukpetlun	勃印囊之孙	1605～1628
明耶岱巴(又译弥利提波)	Minredeippa	前者之子	1628～1629
达龙(又译他隆)	Thalun	阿瑙白龙之弟	1629～1648
彬德莱(又译平达格力)	Pindale	前者之子	1648～1661
卑明(又译莽白)	Pye	前者之弟	1661～1672
那腊瓦亚(又译那罗伐罗)	Narawara	前者之子	1672～1673
明耶觉廷(又译弥丽秉提)	Minrekyawdin	卑明之侄	1673～1698
色内(又译娑尼)	Sane	前者之子	1698～1714
德宁格内(又译达宁格内)	Taninganwe	前者之子	1714～1733
摩诃达马亚扎迪勃底(又译摩诃陀摩耶沙底波帝)	Mahadammayaza-Dipati	前者之子	1733～1752

资料来源:《琉璃宫史》,第1130～1140页;〔英〕D.G.E.霍尔:《东南亚史》,第1027～1033页。

表 2　后白古王朝(1740～1757 年)世系

姓名	英文译名	世系关系	在位时间
斯弥陶佛陀吉帝	Smim Haw Buddhaketi		1740～1747
频耶达拉	Binnya Dala	前者之岳父	1747～1757

资料来源:《琉璃宫史》,第 1130～1140 页;〔英〕D. G. E. 霍尔:《东南亚史》,第 1027～1033 页。

表 3　阿拉干王朝(1433～1785 年)世系

姓名	英文译名	世系关系	在位时间
那罗弥迦罗	Narameikhla	罗阇图王之子	1404～1434
阿里汗	Ali Khan	前者之弟	1434～1459
婆修骠	Basawpyu	前者之子	1459～1482
陶尔耶	Dawlya	前者之子	1482～1492
婆修奴	Basawnyo	前者之叔	1492～1494
耶曩	Yanaung	陶尔耶之子	1494
沙林伽都	Salingathu	前者之舅父	1494～1501
弥耶婆	Minyaza	前者之子	1501～1523
迦沙婆提	Kasabadi	前者之子	1523～1525
弥修乌	Minsaw O	沙林伽都之弟	1525
他多沙	Thatasa	陶尔耶之子	1525～1531
明平	Minbin	弥耶婆之子	1531～1553
提迦	Dikha	前者之子	1553～1555
修罗	Sawhla	前者之子	1555～1564
弥悉多耶	Minsetya	前者之弟	1564～1571
弥波隆	Minpalaung	明平之子	1571～1593
明耶婆只	Minyazagyi	前者之子	1593～1612

续表

姓名	英文译名	世系关系	在位时间
明迦莽	Minhkamaung	前者之子	1612～1622
梯利都昙摩	Thirithudamma	前者之子	1622～1638
明娑尼	Minsani	前者之子	1638
那罗波帝只	Narapatigyi	他多沙之曾孙	1638～1645
他拖	Thado	前者之侄	1645～1652
僧陀都昙摩	Sandathudamma	前者之子	1652～1684
梯利都利耶	Thirithuriya	前者之子	1684～1685
伐罗陀摩罗娑	Waradhammaraza	前者之弟	1685～1692
牟尼都昙摩罗娑	Munithudhammaraza	前者之弟	1692～1694
僧陀都利耶昙摩	Sandathuriyadhamma	前者之弟	1694～1696
那罗多修	Nawrahtazaw	前者之子	1696
摩逾毕耶	Mayokpiya	篡位者	1696～1697
迦罗满陀	Kalamandat	篡位者	1697～1698
那罗提波帝	Naradipati	僧陀都利耶昙摩之子	1698～1700
僧陀毗摩罗	Sandawimala	他拖之孙	1700～1706
僧陀都利耶	Sandathuriya	僧陀都昙摩之孙	1706～1710
僧陀毗沙耶	Sandawizaya	篡位者	1710～1731
僧陀都利耶	Sandathuriya	前者女婿	1731～1734
那罗提波帝	Naradipati	前者之子	1734～1735
那罗波伐罗	Narapawara	篡位者	1735～1737
僧陀毗沙耶	Sandawizaya	前者堂弟	1737
迦多耶	katya	篡位者	1737
摩陀利	Madarit	僧陀毗沙耶之弟	1737～1742
那罗阿波耶	Nara-apaya	前者叔父	1742～1761

续表

姓名	英文译名	世系关系	在位时间
梯利都	Thirithu	前者之子	1761
僧陀波耶摩	Sandapavama	前者之弟	1761～1764
阿波耶	Apaya	前者内弟	1764～1773
僧陀都摩那	Sandathumana	前者内弟	1773～1777
僧陀毗摩罗	Sandawimala	篡位者	1777
僧陀他提他	Sandathaditha		1777～1782
他摩陀	Thamada		1782～1785

资料来源:《琉璃宫史》,第1130～1140页;〔英〕D. G. E. 霍尔:《东南亚史》,第1027～1033页。

表4　雍籍牙王朝(1752～1885年)世系

姓名	英文译名	世系关系	在位时间(年)
雍籍牙(又译阿朗帕耶)	Alaungpaya		1752～1760
莽纪觉(又译孟络)	Naungdawgyi	前者之子	1760～1763
孟驳(又译辛骠信)	Hsinbyushin	前者之弟	1763～1776
赘角牙	Singu	前者之子	1776～1782
孟鲁(又译邦角牙)	Maung Maung	莽纪觉之子	在位七天
孟陨(又译孟云)	Bodawpaya	雍籍牙之子	1782～1819
孟既(又译巴基道)	Bagyidaw	前者之孙	1819～1837
孟坑(又译沙亚瓦底)	Tharrawaddy	前者之弟	1837～1846
蒲甘曼	Pagan Min	前者之子	1846～1853
曼同(又译敏同、孟顿)	Mindon Min	前者之弟	1853～18787
锡袍	Thibaw	前者之子	1878～1885

注:

雍籍牙王朝1752年定都贡榜,1765年迁都阿瓦,1783年迁都阿摩罗补罗,1823年国都又迁回阿瓦,1837年又以阿摩罗补罗为国都,1857年又在曼德勒建新都。

附录二 《烟台条约》(1876年9月13日)*

大清钦差便宜行事大臣文华殿大学士直隶总督一等肃毅伯李；大英钦差驻华便宜行事大臣勋赐二等宝星威；为会议条款事，现在本大臣等会商一切，因本年春间，威大臣接准总理各国事务丞相伯爵德，上年十二月初五日来咨，嘱将各节若何办理，共有三端：一则以滇案妥为昭雪；二则上年所定中外大臣往来相待一节妥为办理，以昭信守；三则上年八月议定整顿通商事务，一律照办各等因。现威大臣会同商办，总以力守此件咨文为主，所有以上三节，威大臣前与总理衙门往返商议各件，无须赘述。今与李大臣议定办法，分条开列于后：

第一端　昭雪滇案

一、威大臣另有拟作为滇案奏稿大概底本，先与李大臣商定，或由总理衙门或由李大臣具奏均可。惟于出奏之前，须将折稿交威大臣阅看，会商妥当。

一、奏明奉旨发抄后，由总理衙门将折稿、谕旨恭录知照，并由总理衙门通行各省，将此次折件、谕旨详细列入告示，一并照会威大臣查照。威大臣即照复声明，限两年为期，由英国驻京大臣随时派员分往各省，查看张贴告示情形。将来或由英国驻京大臣行文，或札行各口领事官转为照会，即由地方大吏派委妥员，会同前往各处查看。

---

* 许同莘、汪毅、张承棨编《光绪条约》卷一，1914年版，近代中国史料丛刊续编第8辑第78册，第10～16页。又见《中外旧约章汇编》第1册，第346～350页。按：本条约又称《中英滇案条款及专条》，于光绪十二年四月初三日(1886年5月6日)在伦敦交换批准。

一、所有滇省边界与缅甸地方来往通商一节，应如何明定章程，于滇案议结折内，一并请旨饬下云南督、抚，俟英国所派官员赴滇后，即选派妥干大员，会同妥为商订。

一、自英历来年正月初一日，即光绪二年十一月十七日起，定以五年为限，由英国选派官员在于滇省大理府或他处相宜地方一区驻寓，察看通商情形，俾商定章程得有把握；并于关系英国官民一切事宜，由此项官员与该省官员随时商办。或五年之内或俟期满之时，由英国斟酌订期，开办通商。至去年所议由印度派员赴滇，曾经发给护照，应仍由印度节度大臣随时定夺，派员妥办。

一、所有在滇被害人员家属，应给恤款，以及缘滇案用过经费，并因各处官员于光绪二年以前办理未协有应偿还英商之款，威大臣现定为担代，共关平银贰拾万两，由威大臣随时兑取。

一、俟此案结时，奉有中国朝廷惋惜滇案玺书，应即由钦派出使大臣克期起程，前往英国。所有钦派大臣衔名及随带人员，均应先行知照威大臣，以便咨报本国。其所赍国书底稿，亦应由总理衙门先送威大臣阅看。

第二端　优待往来各节。

此端即指驻京大臣等及各口领事官等与中国官员彼此往来之礼以及两国审办案件各官交涉事宜。

一、案查光绪元年九月十一日总理衙门奏折有云，预储熟悉洋务人才，原不仅为办理中外交涉事务起见，而出使往来各节均寓其中等因。现因两国官员往来会晤以及文移往返一切事例，京外尚有未协之处，自宜明定章程，免启争论，兹议应由总理衙门照会各国驻京大臣，请其会同商订礼节条款，总期中国官员看待驻居中国各口等处外国官员之意与泰西各与国交际情形无异，且与各国看待在外之中国官员相同。缘中国现有派员出使之举，此项章程亟应定明，方昭妥协。

一、咸丰八年所定英国条约第十六款所载："英国民人有犯事者，皆由英国惩办。中国人欺凌扰害英民，皆由中国地方官自行惩办。两国交涉事件彼此均须会同公平审断，以昭允当"等语。查原约内英文所载系"英国民人有犯事者，由英国领事官或他项奉派干员惩办"等字样，汉文以英国两字包括。前经英国议有详细章程，并添派按察司等员在上海设立承审公堂，以便遵照和约条款办理；目下英国适将前定章程酌量修正，以归尽善。中国亦在上海设有会审衙门，办理中外交涉案件，惟所派委员审断案件，或因事权不一，或因怕招嫌怨，往往未能认真审追。兹议由总理衙门照会各国驻京大臣，应将通商口岸应如何会同总署议定承审章程妥为商办，以昭公允。

一、凡遇内地各省地方或通商口岸有关系英人命盗案件，议由英国大臣派员前往该处观审。此事应先声叙明白，庶免日后彼此另有异辞，威大臣即将前情备文照会，请由总理衙门照复，以将来照办缘由声明备案。至中国各口审断交涉案件，两国法律既有不同，只能视被告者为何国之人，即赴何国官员处控告；原告为何国之人，其本国官员只可赴承审官员处观审。倘观审之员以为办理未妥，可以逐细〔辨〕论，庶保各无向隅，各按本国法律审断。此即条约第十六款所载会同两字本意，以上各情两国官员均当遵守。

第三端　通商事务

一、所有现在通商各口岸，按前定各条约，有不应抽收洋货厘金之界，兹由威大臣议请本国，准以各口租界作为免收洋货厘金之处，俾免漫无限制；随由中国议准在于湖北宜昌、安徽芜湖、浙江温州、广东北海四处添开通商口岸，作为领事官驻扎处所。又四川重庆府可由英国派员驻寓，查看川省英商事宜。轮船未抵重庆以前，英国商民不得在彼居住，开设行栈。俟轮船能上驶后，再行议办。至沿江安徽之大通、安庆，江西之湖口，湖广之武穴、陆溪口、沙市等处均系内地处所，并非通商口岸，按长江统共章程，应不准洋商私自起下货物，今议通融办法，轮船准暂停泊，上下客商货物，皆用民船起卸，仍照内地定章办理。除洋货半税单照章查验免厘，其有报单之土货，只准上船，不准卸卖外，其余应完税厘，由地方官自行一律妥办。外国商民不准在该处居住，开设行栈。

一、新旧各口岸，除已定有各国租界，应无庸议，其租界未定各处，应由英国领事官会商各国领事官，与地方官商议，将洋人居住处所画定界址。

一、洋药一宗，威大臣议请本国，准为另定办法，与他项洋货有别。令英商于贩运洋药入口时，由新关派人稽查，封存栈房或趸船，候售卖时洋商照则完税；并令买客一并在新关输纳厘税，以免偷漏。其应抽收厘税若干，由各省察勘情形酌办。

一、洋货运入内地请领半税单照，各国条约内原已订明，自当遵办。嗣后各关发给单照，应由总理衙门核定画一款式，不分华、洋商人均可请领，并无参差。洋商将土货由内地运往口岸上船，条约内亦有定章，英商完纳子口半税，请领单照，即可运往海口，若非英商自置土货，该货若非实在运往海关出口，不得援照办理。所有应定章程，免致滋生弊端之处，威大臣即愿会同总理衙门设法商办。至通商善后章程第七款载明洋货运入内地及内地置买土货等语,系指沿海、沿江、沿河及陆路各处不通商口岸,皆属内地,应由中国自行设法防弊。

一、咸丰八年所定条约第四十五款内载英商若将已经完纳税项洋货复运外国,禀明海关监督,发给存票,他日均可持作已纳税饷之据等语,原约并未定有年限,今订明三年为期,限满不得将此项存票持作完纳税项之据。

一、香港洋面,粤海关向设巡船,稽查收税事宜,屡由香港官宪声称,此项巡船有扰累华民商船情事。现在议定,即由英国选派领事官一员,由中国选派平等官一员,由香港选派英官一员,会同查明核议、定章遵办。总期于中国课饷有益,于香港地方事宜无损。

一、以上议准添开通商口岸及沿江六处准起卸货物一节,应由李大臣奏奉旨准,于半年期限开办。各口租界免洋货厘金及洋药在新关并纳厘税两节,俟英国会商各国,再行定期开办。

另议专条

现因英国酌议,约在明年派员,由中国京师启行,前往遍历甘肃、青海一带地方,或由内地四川等处入藏,以抵印度,为探访路程之意,所有应发护照,并知会各处地方大吏暨驻藏大臣公文,届时当由总理衙门察酌情形,妥当办给。倘若所派之员不由此路行走,另由印度与西藏交界地方派员前往,俟中国接准英国大臣知会后,即行文驻藏大臣,查度情形,派员妥为照料,并由总理衙门发给护照,以免阻碍。

光绪二年七月二十六日,降生一千八百七十六年九月十三日在山东烟台缮就华、英文各四份,盖印画押。

大清钦差便宜行事大臣李押

大英钦差驻华便宜行事大臣威押

附录三 《缅甸条款》(1886年7月24日)[*]

大清国大皇帝、大英国大君主五印度大后帝，因欲固存两国友睦，历久不渝，并广开振兴彼此人民通商交涉事宜，兹由大清国特派管理总理各国事务衙门多罗庆亲王，总理各国事务衙门大臣工部左侍郎孙；大英国特派赏佩二等迈吉利宝星前署驻华大臣今美京头等参赞大臣欧；将所议条款开列于左(下)：

一、因缅甸每届十年，向有派员呈进方物成例，英国允由缅甸最大之大臣，每届十年派员循例举行，其所派之人应选缅甸国人。

一、中国允英国在缅甸现时所秉一切政权，均听其便。

一、中、缅边界应由中、英两国派员会同勘定，其边界通商事宜亦应另立专章，彼此保护振兴。

一、烟台条约另议专条派员入藏一事，现因中国察看情形，诸多窒碍，英国允即停止。至英国欲在藏、印边界议办通商，应由中国体察情形，设法劝导。振兴商务如果可行，再行妥议章程；倘多窒碍难行，英国亦不催问。

一、本约立定由两国特派大臣在中国京城，将约文汉、英文各三份先行画押，盖用印章，恭候两国御笔批准，在于英国京城速行互换，以昭信守。

光绪十二年六月二十三日

西历一千八百八十六年七月二十四日

---

* 《光绪条约》卷十八，第6～7页。又见《中外旧约章汇编》第1册，第485～486页。按：本条款于光绪十三年七月初七日(1887年8月25日)在伦敦交换批准。

附录四 《续议滇缅界、商务条款》(1894年3月1日)*

大清国大皇帝、大英国大君主五印度大后帝，现因两国如此和好，极愿固结邻交，益加亲睦，订立条约，俾光绪十二年六月二十三日北京所定缅约第三款之事得以办妥，大清国大皇帝特派钦差驻扎英京大臣二品顶戴都察院左副都御史薛；大英国大君主五印度大后帝特派钦差管理外部事务大臣勋赐极尊铧带宝星世袭伯爵劳；各将钦奉全权文凭互相校阅，均属妥协，议定条款如左：

第一条 一、今议定，两国边界自北纬二十五度三十五分起，由格林尼址东经九十八度十四分，即北京西经十八度十六分之尖高山起，随山脊而行，向西南过高苍坪及瓦苍山尖，由此过华昌村与高苍村之中间，以华昌村归缅甸，高苍村归中国，直至萨伯坪。

自萨伯坪起，其线向西而行，稍向南，过式脱苍坪，到纳门格坪；由此仍向西南，随山脊而行，至大萨尔河，自此河源至此河与南太白江相会处，分尤克村在东，列捧村在西。

自大萨尔河与南太白江相会处起，界线溯南太白江而行，至此江与雷格拉江相会处，循雷格拉江上至其源，在尼克兰相近；自雷格拉江发源处，分尼克兰、古庚、昇格拉在西，昔马及美利在东；其线自来色江之西源起，至此江与美利江相会处，复溯美利江上至其源，在赫畚辣希冈相近；再向西南，顺列

---

* 《光绪条约》卷二八，第21～31页。又见《中外旧约章汇编》第1册，第575～581页。按：本条款于光绪二十年七月二十三日(1894年8月23日)在伦敦互换批准。

塞江而行，自列塞江源至该江流入穆雷江处，在克同相近；分克同村在西，列塞村在东。界线即循穆雷江向东南而行，至与既阳江相会处，然后溯既阳江上至其源，在爱路坪。然后由南奔江（即红蚌河）西支源起，顺南奔江而行，至流入太平江（即大盈江，一名槟榔江）之处。

以上系首段之边界线。

第二条　一、第二段之边界，由库弄河（一译作葛龙江）与太平江相会处起，循库弄河，经过其西边一条之支江，至其根源；自此向南而行，与洗帕河（即下南太白江）相会，适在汉董之西南，以麻汤归英国，垒弄格东、铁壁关、汉董归中国；至此溯洗帕河之支江而上，此江有根源最近孟定格江之根源；即循山脊而行，向东南方，至南碗河边靠南之克沱，以克沱归中国，配仑归英国。循南碗河向西南方而行，下至该河转向东南处，约在北纬二十三度五十五分，其线由此往南，稍向西，至南莫江以南，盖归英国。循南莫江而行，至南莫江分开处，约在北纬二十三度四十七分，溯南边一条之支江而行，至蛮秀南边高岭之脊，约在北纬二十三度四十五分；即循此岭脊而行，此岭脊系向东行，稍向北，至瑞丽江（即龙川江）与南莫江相会处，以蛮秀地方及天马关、欣隆、拱卯各村归中国；此数处在以上高岭之北首。即溯瑞丽江而上，至此江分流处，再溯南边一条之支江而上，以江中大洲归中国，至此江与孟卯相对东边合流相近之处，如第三条所开。

中国答允，由八募至南坎各路中之最捷一条大路，经南碗河之南中国一小段地内，除中国商民与土人仍旧任意行走外，亦可听英国办事官员及商民游历之人行走，并不阻止。英国如欲修理此路，或设法改筑，可臻平稳，告知中国官后，便可动工办理；又有须保护商贾或防偷漏等事，英国亦可筹备办理。又议定，英国之兵可以随便经过此路，但如兵数过二百名者，若未经中国官答允，即不准过此路，所有带军器之兵，如在二十名以上，即须预先行文知照中国。

第三条　一、第三段之边界，自瑞丽江与孟卯相对东边合流相近之处起，照天然界限及本地情形，东南向麻栗坝而行，约到格林尼址东经九十八度零七分，北京西经十八度二十三分，北纬二十三度五十二分地方，有一大山岭。自此循岭脊而行，过来邦及来本陇，至萨尔温江（即潞江），约在北纬二十三度四十一分。此段由瑞丽江至萨尔温江之边界，应照第六条所开，由勘界官划定，所有归与中国之地，极少须与孟卯至麻栗坝作一直线，为边界所包括之地相等。倘查得合式可为边界之处，尚须加添少许之地归中国，则中国应将别处边界之地给还少许与英国,此事俟日后酌办可也。

自北纬二十三度四十一分起,边界线循萨尔温江至工隆北首之边界。即循此工隆边界向东,留出工隆全地及工隆渡归英国,科干归中国。由此循英国所属之琐麦与中国所属之孟定分界处之江而行,仍随此两地土人所熟识之界线,至界线离此江登山处,以萨尔温江及湄江(即澜沧江)之支江水分流处为界线,约自格林尼址东经九十九度,北京西经十七度三十分,北纬二十三度二十分,约至格林尼址东经九十九度四十分,北京西经十六度五十分,北纬二十三度,将耿马、猛董、猛角归中国。在格林尼址东经九十九度四十分,北京西经十六度五十分,北纬二十三度处,边界线即上一高山岭,此山名公明山,循山岭向南而行,约至格林尼址东经九十九度三十分,北京西经十七度,北纬二十二度三十分,以镇边厅地方归中国。然后其线由山之西斜坡而下,至南卡江,即顺南卡江而行,约过纬度十分之路,以孟连归中国,孟仑归英国。然后循孟连与康东之界线,此界线亦皆土人所熟悉,至北纬二十二度稍北处,即离开南卡江向东略南,循山脊而行至南垒江,约在北纬二十一度四十五分,格林尼址东经一百度,北京西经十六度三十分。由此循康东及江洪之界线,此界线大半系顺南垒江而行,惟除属江洪一小带之地系在南垒江之西北纬二十一度四十五分稍南。界线行至江场边界后,约在北纬二十一度二十七分,格林尼址东经一百度十二分,北京西经十六度十八分,即循江场与江洪之界线而至湄江。

第四条 一、今议定北纬二十五度三十五分之北一段边界,俟将来查明该处情形稍详,两国再定界线。

第五条 一、现因中国不再索问永昌、腾越边界外之隙地,英国大君主于北丹尼(即木邦)地及科干,照以上所划边界,让与中国之外,又允将从前属中国兼属缅甸之孟连、江洪所有缅甸上邦之权,均归中国大皇帝永远管理。英国大君后于该地所有权利,一切退让,惟订明一事,若未经大皇帝与大君后预先议定,中国必不将孟连与江洪之全地或片土让与别国。

第六条 一、约内所开边界各线,及所附之地图绘明详细,应由两国所派勘界官比较划定,以免地方官民争论;如查得无论何处有未甚妥协者,应行更正,两国勘界官应于交换批准条约之后十二个月之内,在两国届时所定之地相会。勘界官自首次相会之日起,应限定不出三年之外,将两国界线一律勘定。倘两国勘界官查出所定界线必须改易,其互易之地不应仅视其地面之大小,须论其地土之肥瘠及紧要与否。倘勘界官不能商妥,应速将未妥情形各报明本国国家核办。

勘界官又须设法查勘中国旧边界名为汉龙关者。倘查得在英国境内，英国当审量可否归还中国。如查系在麻栗坝直孟卯东南，即系在孟卯至线之北边，则已归中国矣。

第七条　一、划界之事经两国勘界官勘定后，两国如有越界之兵寨等，于八个月之内一概退出；彼国兵退，此国立即派兵接驻，两国应将退兵、驻兵日期预相知照。自驻兵之日起，应各担保界内所居之各种野人安静无事。

除保护边界各地安静必应有之兵寨外，两国答允，各不在边界十英里之内建修新旧炮台、营寨，英里量法系从最近之边界作一直线量之。

第八条　一、英国极欲振兴中、缅陆路商务，答允自条约批准之日起，以六年为期，中国所出之货及制造之物，由旱道运入缅甸，除盐之外，概不收税；英国制造之物及缅甸土产，运出缅甸，由旱道赴中国，除米之外，概不收税；其余悉照第十条第十一条办理。

以上盐米之税，不得多于出入海口所收之税。

第九条　一、凡货由缅甸入中国，或由中国赴缅甸，过边界之处，准其由蛮允、盏西两路行走，俟将来贸易兴旺可以设立别处边关时，再当酌量添设。中国欲令中、缅商务兴旺，答允自批准条约后，以六年为期，凡货经以上所开之路运入中国者，完税照海关税则减十分之三，若货由中国过此路运往缅甸者，完税照海关税则减十分之四。凡有陆路出入货物，应给发三联单(即子口税单)，照通商口岸章程一律办理。

运货经过中国地段，如在此约所准之路之外，及有偷漏等弊，倘中国官愿行查办，即可将该货充公。

第十条　一、凡以下所开军器，非经国家准购，不得由缅甸运入中国，亦不得由中国运往缅甸，此等货物仅准售与奉国家明谕购办之人，不得售与他人，如：各种枪炮及实心弹，开花弹，大小弹子，各种军械，军火，硝磺火药，炸药，棉花火药及别种轰发之药。

第十一条　一、食盐不准由缅甸运入中国。中国铜钱、米、豆、五谷不准运往缅甸。鸦片及酒不准由两国边界贩运出人，惟行路之人准其酌带若干，以备自用。每人准带之数，应照关章定夺。

若犯此条及前一条，即将所有之货充公。

第十二条　一、英国欲令两国边界商务兴旺，并使云南及约内中国新得各地之矿务一律兴旺，答允中国运货及运矿产之船只，由中国来，或往中国去，任意在厄勒瓦谛江（即大金沙江）行走；英国待中国之船，如税钞及一切事例，均与待英国船一律。

第十三条　一、中国大皇帝可派领事官一员，驻扎缅甸仰光；英国大君主可派领事官一员驻扎蛮允；中国领事官在缅甸，英国领事官在中国，彼此各享权利，应与相待最优之国领事官所享权利相同。如将来中、缅商务兴旺，两国尚须添设领事官，应由两国互相商准派设，其领事官驻扎滇缅之地，须视贸易为定。

中、英两国领事官在所驻之地，与其地方大员往来，均系平行。

第十四条　一、英国商民等欲由缅甸赴中国，应向合宜之英员，请中国派驻仰光之领事官，或边界上之中国官，给发护照，方能前往；其护照式样，一边英文，一边华文，与通商口岸所给护照无异。华民欲由中国赴缅甸，如愿领护照者，可向华官，请英国驻扎蛮允之领事官，给发护照，倘遇中国别地有一英国领事官，亦可就近请给护照。

第十五条　一、英国之民有犯罪逃至中国地界者，或中国之民有犯罪逃至英国地界者，一经行文请交逃犯，两国即应设法搜拿，查有可信其为罪犯之据，交与索犯之官。

行文请交逃犯之意，系言无论两国何官，只要有官印，便可行文请交；此种请交逃犯之文书，亦可行于罪犯逃往之地最近之边界官。

第十六条　一、今欲令两国交涉与贸易日臻蕃盛，并欲中国派驻仰光之领事官与中国大宪往来通电，两国答允，俟可设法通电之时，应将两国电线接连；此线创办之始，专寄滇、缅官商等往来电报。

第十七条　一、两国人民，无论英民在中国地界，或华民在英国地界，凡有一切应享权利，现在所有或日后所添，均与相待最优之国一律，不得有异。

第十八条　一、约内所开通商各节，俱非寻常款例，此由两国察看地方情形及中、缅陆路通商应办之事，互相允让而立，所有互给权利，两国之民除有同样情形外，不得在别处接壤之地照样索问，即使有同样情形，亦必须有同样之允让方可。

第十九条　一、以上通商章程系暂行试办，俟两国察看得详细情形，如何去碍获益，可于交换批准条约六年后，或中国愿行修改，或英国愿行修改，均可商议；倘两国俱愿略早修改亦可。

第二十条　一、此约由大清国大皇帝、大英国大君主五印度大后帝批准，自画押之日起，准六个月在伦敦互换，或能略早亦可。此条约应于交换后，立即开办，现在大清、大英国各大臣先盖用关防，以昭信守。

此约共四分，华文二分，英文二分。

光绪二十年正月二十四日

西历一千八百九十四年三月初一日

在伦敦立

约后附载

今因照办光绪十二年六月二十三日、西历一千八百八十六年七月二十四日北京所定缅甸条约第三款之事，中、英两国现定条约今日签名。于签名之前，两国签名大臣俱认，现订条约既系专办约内首段所言之事而立，约内各款仅可用于条约所指两国所属之地，不能用于别处。

附录五 《云南缅甸边界陆路电线相接约款》(1894年9月6日)*

第一款 大清国、大英国彼此愿将电报便于传递，拟中国在云南边界、英国在缅甸边界，两线相接。

第二款 两线在英国电局周冈并中国电局腾越之中间大道最相宜之边界地方相接；应在何处，赶紧择定，并在侃墀地方设一分局。

第三款 两线应赶紧接连，除非意外之事阻止，务在西历一千八百九十五年三月三十一号之前设妥。

第四款 中、印两电局所应办之边界相连接线及保护、修理电线，并设局管理。

以上各项，两国彼此在本界限各自出资办理，约明均不侵越边界尺寸地步。第二款内所定两局即由此线传递电报。

第五款 所有电报由第二款内相接之线上收发传递者，均照万国公例所定欧洲以外电报章程办理。至于中国并香港与缅甸、印度、锡兰来往电报算字一节，照万国公例所定欧洲以内章程办理。寄报之人如不注明由何路传递而此条线路与别条线路一样迟速，彼此议定，如果价目较别路便宜，此等电报全归第二款内相接之线上传递；如果价目与别路一律，一半须归相接之线上传递。

第六款 所有电报经过两局之电线者，以两国界限为止，各自定价收资；惟约明一千八百九十七年正月以前，照此条款第七款内注明之价，不得

* 《光绪条约》卷七六，第11～14页。又见《中外旧约章汇编》第1册，第595～597页。按：本条款又称《原订滇缅电线约款》。

再有增加。如须裁汰，各随其便。

第七款　照第二款议定接线之后，传递电报价目，每字取费若干，开列于后：

甲、印度电局应收本线费：

一、缅甸各局至中国边界，每字五十七生丁五。

二、印度各局至中国边界，每字八十二生丁五。

三、锡兰各局至中国边界，每字九十四生丁。

乙、印度电局应收过线费：

一、中国边界由周冈至暹罗边界由莫尔各传递者，每字三十五生丁。

二、中国边界由周冈至其余边界传递者，每字一法郎克五十生丁。

甲、中国电局应收本线费：

一、云南各局与缅甸、印度、锡兰各局来往各报，每字七十五生丁。

二、在长江以及长江以南各局与缅甸、印度、锡兰各局来往各报，每字一法郎克二十五生丁。

三、长江以北各局，除朝鲜，每字二法郎克二十生丁。

四、中国在朝鲜各局，每字二法郎克五十生丁。

乙、

一、中国各局并香港与欧洲并欧洲过去各国，每字五法郎克五十生丁。丙、

一、云南各局与他国来往各报，每字一法郎克。

二、长江以及长江以南各局来往各报，每字一法郎克五十生丁。

三、长江以北各局，除朝鲜，每字二法郎克二十五生丁。

四、中国在朝鲜各局，每字二法郎克五十生丁。

丁、中国电局应收过线费：

一、欧洲并欧洲过去各国与他国来往电报，由缅甸边界并别边界绕腾越传递者，每字五法郎克五十生丁。

戊、

一、缅甸边界与沪、福、厦、港四水线公司绕腾越传递者，每字一法郎克二十生丁。

二、其余各边界，每字二法郎克五十生丁。

此等报费专指中国与缅甸、印度、锡兰来往而论。

中欧来往各报不得由半路分局或经手人私为接转，以杜取巧。

第八款　第二款内载明之边界两局每日须将来往之字数对清，所有帐

目须于每月月底结算清楚。帐目数尾，应归印度、锡兰局者，即汇付恰尔克得(印度省城)之印度电局；应归中国电局者，即汇付上海之中国电局，不得过每月结帐后一月之外，一律付清。所有付帐、算帐电报，均作二等公报。月分、日期，均照西历，仍声明中历某月日结算。

第九款　照第七款内各价算付帐目，每法郎克作罗比六角、洋银二角六分。至付中国并印度过去各电局找款，中、英两局可将数目互相关照，收费并结算时，彼此可以随时作价，以免吃亏。

第十款　此条款于画押之日起以十年为限，期满后如欲将此条款停止以及更改，彼此约于六个月前关照，否则仍行照前办理。

第十一款　今拟议定妥章后，即将两国电线接通，俾两国和好益加亲密。中国驻来贡领事官亦可与云南各大宪互相通电。电线接通之初，只准传递官报并缅甸与滇省互相往来各电报之用。

光绪二十年八月初七日

一千八百九十四年九月六日

附录六 《续议缅甸条约附款》
(1897年2月4日)*

大清国、大英国国家为续议附款事：今因英国不再索问中国于光绪二十一年五月二十八日与法国订立条约所让江洪界内之地，致与二十年正月二十四日与英国订立之中缅条约相违，彼此和商，于原订条约，或增或改，拟立附款如左：

第一条 今议定，两国边界自北纬二十五度三十五分起：由格林尼址东经九十八度十四分，即北京西经十八度十六分之尖高山起，随山脊而行，向西南至瓦咨山尖(即高良)，由此接至萨伯坪。自萨伯坪起，其线顺分水山，向西而行，稍向南，过式脱苍坪，到纳门格坪。其线由此分西衣、冈木萨两处而画，直至大巴江，然须俟就近考查后再定；自大巴江至南太白江；自南太白江至巴克乃江；自此顺巴克乃江到该江源头大郎坪相近处；由此顺大郎坪岭至畚辣希冈。自畚辣希冈，线顺西南而行，至列塞江；顺列塞江至穆雷江，分克同村及列塞村于两处，线自中画；自此顺穆雷江至该江与既阳江相会处；再顺既阳江至爱路坪；顺南奔江(即红蚌河)至太平江。

第二条 自太平江及南奔江相会处，此线顺太平江到瓦兰岭相近处；由此顺瓦兰岭及瓦兰江，至南碗河；顺南碗河至该河与瑞丽江(即龙川江)相会处。南碗河之南，那木喀相近，有三角地一段，西濒南莫江之支河及蛮秀岭之垒周尖高山，从此尖高山，遵岭东北，至瑞丽江，此段地英国认为中国之

* 《光绪条约》卷四三，第6～11页。又见《中外旧约章汇编》第1册，第686～690页。按：本条款又称《中缅条约附款》，于光绪二十三年五月初六日(1897年6月5日)在北京互换批准。

地。惟是地乃中国永租与英国管辖，其地之权咸归英国，中国不用过问，其每年租价若干，嗣后再议。

第三条 自南碗河、瑞丽江相会处，线顺今之新威部落北界，至萨尔温江（即潞江），将瑞丽江合流之处及万定、孟戈、孟戛等处将及全地，划归中国。

自瑞丽江于南算相近转北之处（即瑞丽江与南阳江相会处），线顺南阳江上行，至该江源头孟哥山，约在北纬二十四度七分、东经九十八度十五分，自此顺丛树山岭至潞江与南迈江相会处。由此顺潞江上行，直到科干西北界，顺接科干东界，直抵工隆界上，将工隆全地划归英国。由此循英国所属之琐麦与中国所属之孟定分界处之江而行；仍随此两地土人所熟识之界线，至界线离此江登山处；以萨尔温江及湄江（即澜沧江）之支江水分流处为界线，约自格林尼址东经九十九度（北京西经十七度三十分）、北纬二十三度二十分，约至格林尼址东经九十九度四十分（北京西经十六度五十分）、北纬二十三度，将耿马、猛董、猛角归中国。在格林尼址东经九十九度四十分（北京西经十六度五十分）、北纬二十三度处，边界线即上一高山岭，此山名公明山，循山岭向南而行，约至格林尼址东经九十九度三十分（北京西经十七度）、北纬二十二度三十分，以镇边厅地方归中国。然后其线由山之西斜坡而下，至南卡江，即顺南卡江而行，约过纬度十分之路，以孟连归中国，孟仑归英国。然后循孟连与康东之界线，此界线亦皆土人所熟悉。由南卡江分开至北纬二十二度稍北处，即离开南卡江，向东略南，循山脊而行，至南垒江，约在北纬二十一度四十五分、格林尼址东经一百度（北京西经十六度三十分）。由此循康东及江洪之界线，此界线大半系顺南垒江而行，惟除属江洪一小带之地系在南垒江之西北纬二十一度四十五分稍南。界线行至江场边界后，约在北纬二十一度二十七分、格林尼址东经一百度十二分（北京西经十六度十八分），即循江场与江洪之界线而至湄江。

第四条 与原约无所增改。

第五条 今彼此言明，日后中国未经先与英国议定，不能将现在仍归中国在湄江左岸之江洪土地，以及孟连与所有在湄江右岸之江洪土地，或全地或片土，让与他国。

第六条 今彼此议定，将原约第六条拟改如左：现在所定边界各线，应由两国所派勘界官比较划定，以免地方官民争论，如查得无论何处有未甚妥协者，应行更正；两国勘界官应于此附款画押后十二个月之内，在两国届时所定之地相会，勘界官自首次相会之日起，应限定不出三年之外，将两国界线一律勘定。如确守附款所定界线，必有骑线之乡村、部落地段，勘界官员可量为迁改互易。倘勘界官有不能商妥之处，应速将未妥情形，各报明本国国家核办。

第七条　与原约无所增改。

第八条　与原约无所增改。

第九条　凡货由缅甸入中国、或由中国赴缅甸过边界之处，按照原约，准其由蛮允、盏西南路行走。兹彼此言定，如将来两国勘界官员查明，另辟他路与贸迁有益，所有查明之路，皆准照原约所载，一律开通行走。

第十条　与原约无所增改。

第十一条　与原约无所增改。

第十二条　英国欲令两国边界商务兴旺，并使云南及约内中国新得各地之矿务一律兴旺，答允中国运货及运矿产之船只，由中国来或往中国去，任意在厄勒瓦谛江（即大金沙江）行走，英国待中国之船，如税钞及一切事例，均与待英国船一律。中国答允，将来审量在云南修建铁路与贸易有无裨益，如果修建，即允与缅甸铁路相接。

第十三条　按照原约，中国可派领事官一员驻扎缅甸仰光，英国可派领事官一员驻扎蛮允，中国领事官在缅甸、英国领事官在中国，彼此各享权利，应与相待最优之国领事官所享权利相同，如将来中、缅商务兴旺，两国尚须添设领事官，应由两国互相商准派设，其领事官驻扎滇缅之地须视贸易为定。今言明，准将驻扎蛮允之领事官改驻，或腾越或顺宁府，一任英国之便，择定一处，并准在思茅设立英国领事官驻扎。所有英国人民及英国所保护之人民，准在以上各处居住、贸易，与在中国通商各口无异。英国领事官在以上各处驻扎，与中国官员会晤、文移及来往酬应，亦与通商各口领事官无异。

第十四条　原约内载，华民欲赴缅甸，可向华官请英国驻扎蛮允之领事官给发护照云云；今既言明，将驻扎蛮允之领事官改驻或腾越或顺宁，自应将此条内“驻扎蛮允之领事官”字样，改为“驻扎或腾越或顺宁领事官”。

第十五条　与原约无所增改。

第十六条　与原约无所增改。

第十七条　与原约无所增改。

第十八条　与原约无所增改。

第十九条　原约后加增:通商章程如未能议妥如何修改,则仍应遵守原约所载之章。

专　条

光绪二十一年十二月初六日,经总理衙门照会大英署理钦差大臣,以光绪二十一年十一月十五日本衙门具奏西江口岸通商一折,奉旨知道了,钦此,相应恭录谕旨,照会查照等因。今彼此言明,将广西梧州府、广东三水县城江根墟开为通商口岸,作为领事官驻扎处所,轮船由香港至三水、梧州,由广州至三水、梧州往来,由海关各酌定一路,先期示知,并将江门、甘竹滩、肇庆府及德庆州城外四处,同日开为停泊上下客商货物之口,按照长江停泊口岸章程一律办理。

现在议定,以上所定中、缅条约附款及专条各节,应于画押后四个月之内开办施行,其批准文据应在中国京城速行互换。为此,两国大臣将此附款、专条画押盖印,以昭信守。

此附款、专条,在中国京城缮立汉文三分、英文三分,共六分。

光绪二十三年正月初三日

西历一千八百九十七年二月初四日

附录七 《续订滇缅电线约款》(1905年5月23日)*

第一款 大清、大英国彼此愿将电报便于传递，拟将前订中国在云南边界、英国在缅甸边界两线相接各约款重为酌改，以期畅达。

第二款 中国电局腾越、英国电局周冈原为两接线之局，蛮允为中间之局，均仍照旧。

第三款 中英两电局彼此应将相接之线时时认真修理保护，即用第二款内所指之两局或以后另定之两局传递各报。两国在本境内所需此项各费应各自出资，其两国之边界尤须慎守，以清界限。

第四款 所有电报在第二款内所指接线两局传递者，均照万国电报公会所定章程办理。寄报之人如不注明由何路传递，而此条线路与别条线路迟速无异，彼此议定，如果价目较别路便宜，此等电报须全数归第二款内相接线上传递，若价目一律，应分半归相接线上传递。

第五款 两国至本国边界为止，各自定价，收取报费。

第六款 第二款内所指接线上传递各报报费开列于后：

甲、印度电局应收本线费：

一、缅甸各局至中国边界各报，每字十生丁。

二、印度各局至中国边界各报，每字三十五生丁。

三、锡兰各局至中国边界各报，每字四十五生丁。

---

* 《光绪条约》卷七六，第5～8页。又见《中外旧约章汇编》第2册，第299～301页。按：本约款又称《滇缅电线续约》。

乙、印度电局应收过线费：

一、中缅边界及其余各边界各报，每字三十五生丁。

甲、中国电局应收本线费：

一、中国与欧洲并欧洲过去诸国(美国不在内)来往各报，每字三法郎克三十六生丁。

二、中国与美国来往各报，每字四法郎克八十六生丁。

三、长江或长江以南各局与其余各国来往各报，每字一法郎克。

四、长江以北各局与其余各国来往各报，每字一法郎克五十生丁。

五、一、缅甸、印度、锡兰与云南来往各报，每字五十生丁。

二、缅甸、印度、锡兰与云南来往中、英两国官报，每字二十五生丁。

乙、中国电局应收过线费：

一、欧洲并欧洲过去诸国(美国不在内)与中国过去诸国来往各报，每字三法郎克三十六生丁。

二、美国与中国过去诸国来往各报，每字四法郎克八十六生丁。

三、一、中缅边界与上海或长江以南各边界之局来往各报，每字一法郎克二十五生丁。

二、其余各边界之局来往各报，每字一法郎克五十生丁。

此等报费专指中国与缅甸、印度、锡兰两邻国来往电报，其中国与欧洲、美国来往电报，不得由中间分局或经手人照此价目私为接转，以杜取巧。此约款期内，倘中国电局或他电线公司在中国设有电线，将中国(香港在内)与欧洲并欧洲过去诸国来往各报报费减去若干，其经过缅滇接线处各报之本线并过线费，中国亦允同时一律减去若干。

第七款　第二款内指明之接线两局，每日须将来往各报字数以电核对。所有帐目须于每月月底结算清楚，帐目找款应归印度者即汇恰尔克得之印度电局，归中国者即汇上海之中国电局，不得过每月结算后，一个月之外，一律找清。月分照西历。算帐各报均作二等，不收报费。

第八款　中国电报各局照此约款第六款内所定之法金法郎克收取报费，其报费及两局结帐找款须用英洋，每英洋合法郎克若干，应照实在市价核算。此价应由两国之两电局，每年分四季，每季需在一个月之前，照上季酌中之价，彼此知照定夺。至付代收中印过去诸电局报费，中印两局可将数目互相知照，收费并结算时，彼此可以随时作价，免致吃亏。

第九款　此约款应于光绪三十一年四月二十九日，即西历一千九百五年六月一号起，以十年为限，期满后，如欲将此约款停止以及更改，彼此约于十二月前知照，否则仍照前办理。此约款缮就中、英两国文字各三分、校对相符，于光绪三十一年四月二十日，即西历一千九百五年五月二十三号，在北京签押。

附录八 《变通滇缅续约第六款文》(1907年3月26日)*

查滇缅接线约款系于一千九百五年五月二十三号，即光绪三十一年四月二十日订于北京，所有英界内本线费系由印度电局订定，凡自缅甸至中国边界，每字法金十生丁，自印度三十五生丁，自锡兰四十五生丁。当时中国所定者，非仅本国境内之本线费，且将过线费亦已改定极廉，专为报务改道由印度至中国境外，如日本，路过中国陆线至上海转达而定。中国政府自该约订立之后，因欲整顿过线报务，以期迅速传达，曾费巨资，修理上海、泸州、云南府、周冈等处陆线，目前派往洋工程司四员带同员司、工役人等，正在修造此路电线之际，适值英政府拟增路过中国陆线之印度本线费价目，中国此处情境，殊觉为难，现在既因印度本线费所定价目与各国电报公会章程不符，中国只得允从所拟价目办理，该约之第六款该改订如下：

一、缅甸各局至中国边界各报，每字法金十生丁；

二、印度各局至中国边界各报，每字法金三十五生丁；

三、锡兰各局至中国边界各报，每字法金四十五生丁；

四、缅甸各报路过中国者，至中国边界，每字法金五十七生丁半；

五、印度各报路过中国者，至中国边界，每字法金八十二生丁半；

六、锡兰各报路过中国者，至中国边界，每字法金九十四生丁。

以上所订价目于一千九百七年六月一号，即光绪三十三年四月二十一日起，开办施行。

---

* 《光绪条约》卷七六，第9～10页。又见《中外旧约章汇编》第2册，第375～376页。

附录九　清代历任云贵总督表

任届	总督	任职年限
1	洪承畴	顺治十年五月二十五日至十六年十月二十三日
2	赵廷臣	顺治十六年正月二十一日至十八年九月十一日
3	卞三元	顺治十八年九月十一日至康熙七年十二月初二日
4	甘文焜	康熙七年十二月十五日至十二年十二月初八日
5	鄂善	康熙十二年九月初五日至十六年七月二十一日
6	周有德	康熙十八年二月十六日至十九年二月
7	赵良栋	康熙十九年正月二十八日至二十一年正月
8	蔡毓荣	康熙二十一年正月十八日至二十五年闰四月十八日
9	范承勋	康熙二十五年闰四月十八日至三十三年三月二十七日
10	丁思孔	康熙三十三年四月十一日至十月二十九日
11	王继文	康熙三十三年九月十八日至三十七年十二月十四日
12	巴锡	康熙三十七年十二月十九日至四十四年五月十一日
13	贝和诺	康熙四十四年五月十八日至四十九年九月三十日
14	郭瑮	康熙四十九年十月十五日至五十五年十月十二日
15	蒋陈锡	康熙五十五年九月十四日至五十九年九月十四日
16	张文焕	康熙五十九年九月十四日至六十一年二月十五日
17	高其倬	康熙六十一年二月十五日至雍正三年十月初四日

续表

任届	总督	任职年限
18	伊都立	雍正三年十月初四日至十月二十六日
19	杨名时	雍正三年十月二十六日至四年七月二十一日
20	鄂尔泰	雍正四年十月二十六日至九年七月初六日
21	高其倬	雍正九年七月初六日至十一年正月初十日
22	尹继善	雍正十一年正月初十日至乾隆二年四月二十一日
23	庆复	乾隆二年闰九月十二日至六年四月十四日
24	张允随	乾隆六年四月十四日至十五年正月初三日
25	硕色	乾隆十五年正月初三日至二十年六月十一日
26	爱必达	乾隆二十年六月十一日至二十一年二月二十四日
27	恒文	乾隆二十一年二月二十四日至二十二年六月初一日
28	爱必达	乾隆二十二年六月初三日至二十六年四月二十三日
29	吴达善	乾隆二十六年四月二十三日至二十九年六月二十四日
30	刘藻	乾隆二十九年六月二十四日至三十一年正月十六日
31	杨应琚	乾隆三十一年正月十六日至三十二年三月初一日
32	明瑞	乾隆三十二年三月初一日至三十三年二月二十八日
33	鄂宁	乾隆三十三年二月二十八日至六月二十六日
34	阿桂	乾隆三十三年六月二十六日至三十四年正月初六日
35	明德	乾隆三十四年正月初七日至三月二十三日
36	阿思哈	乾隆三十四年三月二十九日至十月初七日
37	彰宝	乾隆三十四年十月初七日至三十六年正月十七日
38	德福	乾隆三十六年正月十七日至五月二十二日
39	彰宝	乾隆三十六年五月二十二日至三十九年五月十四日
40	图思德	乾隆三十九年五月十四日至四十二年正月十八日

续表

任届	总督	任职年限
41	李侍尧	乾隆四十二年正月十八日至四十五年二月初四日
42	舒常	乾隆四十五年二月初四日至六月初八日
43	福康安	乾隆四十五年三月十八日至四十六年八月十二日
44	富纲	乾隆四十六年八月十二日至五十一年六月二十九日
45	特成额	乾隆五十一年六月二十九日至十月初一日
46	富纲	乾隆五十一年十月初一日至五十九年七月十九日
47	福康安	乾隆五十九年七月十九日至六十年五月初七日
48	勒保	乾隆六十年五月初七日至嘉庆二年九月二十一日
49	鄂辉	嘉庆二年九月二十一日至三年六月二十二日
50	富纲	嘉庆三年六月二十二日至四年八月初七日
51	长麟	嘉庆四年八月初七日至十月初三日
52	书麟	嘉庆四年十月初三日至五年十月十九日
53	琅玕	嘉庆五年十月十九日至九年七月十三日
54	伯麟	嘉庆九年七月十三日至二十五年四月二十三日
55	庆保	嘉庆二十五年四月二十三日至十二月初五日
56	史致光	嘉庆二十五年十二月初五日至道光二年八月初六日
57	明山	道光二年八月初六日至四年十二月二十一日
58	长龄	道光四年十二月二十一日至五年九月初一日
59	赵慎畛	道光五年九月初一日至六年五月十七日
60	阮元	道光六年五月十七日至十五年二月初十日
61	伊里布	道光十五年二月初十日至十九年十二月十七日
62	邓廷桢(未任)	道光十九年十二月十七日至二十二日
63	桂良	道光十九年十二月二十二日至二十五年四月十三日

续表

任届	总督	任职年限
64	贺长龄	道光二十五年四月十三日至二十六年八月二十三日
65	李星沅	道光二十六年八月二十三日至二十七年三月十六日
66	林则徐	道光二十七年三月十六日至二十九年七月二十四日
67	程矞采	道光二十九年七月二十四日至三十年十一月十八日
68	吴文镕	道光三十年十一月十八日至咸丰二年十月十五日
69	罗绕典	咸丰二年十月十五日至四年十一月二十三日
70	恒春	咸丰四年十一月二十三日至七年六月二十六日
71	吴振棫	咸丰七年六月二十六日至八年十一月二十八日
72	张亮基	咸丰八年十一月二十八日至十年十月初二日
73	刘源灏	咸丰十年十月初二日至十一年七月二十日
74	福济	咸丰十一年七月二十日至十一月十八日
75	潘铎	咸丰十一年十一月十八日至同治二年三月初九日
76	劳崇光	同治二年四月二十一日至六年二月二十八日
77	张凯嵩	同治六年二月二十八日至七年三月初五日
78	刘岳昭	同治七年三月初五日至光绪元年十一月初五日
79	刘长佑	光绪元年十一月初五日至九年四月二十四日
80	岑毓英	光绪九年四月二十四日至十五年六月初二日
81	王文韶	光绪十五年六月初三日至二十年九月初五日
82	崧蕃	光绪二十一年七月十一日至二十六年十月十四日
83	魏光焘	光绪二十六年十月十四日至二十八年十一月初六日
84	丁振铎	光绪二十八年十一月初六日至三十二年七月二十三日
85	岑春煊	光绪三十二年七月二十三日至三十三年正月十九日
86	锡良	光绪三十三年正月十九日至宣统元年正月十九日

续表

任届	总督	任职年限
87	李经羲	宣统元年正月十九日至三年九月初十日

注:清代云贵总督重要变化情况:顺治十年五月二十五日设总督湖广、两广、云贵军务,十六年正月二十一日设云贵总督,同年十月二十三日裁总督湖广、两广、云贵军务,十八年八月十三日分设云南、贵州总督,康熙四年五月二十二日裁并云南、贵州总督为云贵总督,十二年八月十八日设云南总督(撤藩后专设,旋因吴三桂反清,迄未实现),雍正五年二月二十九日以云贵总督兼辖广西(云广总督),十二年十二月十二日云广总督免辖广西(仍为云贵总督),乾隆元年六月初十日云贵总督分设云南、贵州总督,十二年三月十一日贵州总督仍并入云南总督(云贵总督)。

资料来源:钱实甫编《清代职官年表》第2册《总督年表》,北京:中华书局1980年版,第1341～1505页。

附录十　清代历任云南巡抚表

任届	巡抚	任职年限
1	林天擎	顺治十六年正月十一日至十七年正月二十八日
2	袁懋功	顺治十七年三月十九日至康熙六年十一月二十三日
3	李天浴	康熙七年正月初九日至十年四月二十八日
4	朱国治	康熙十年五月二十一日至十二年十一月二十一日
5	李天浴	康熙十八年二月十六日至十九年三月初六日
6	伊辟	康熙十九年三月初六日至二十年六月
7	王继文	康熙二十年六月十一日至二十五年十月二十九日
8	石琳	康熙二十五年十一月十七日至二十八年七月初五日
9	王继文	康熙二十八年七月二十四日至三十三年九月十八日
10	石文晟	康熙三十三年九月十八日至四十三年三月十一日
11	佟毓秀	康熙四十三年三月二十九日至四十五年三月十二日
12	郭瑮	康熙四十五年四月初六日至四十九年十月十五日
13	吴存礼	康熙四十九年十月十五日至五十三年十二月初一日
14	施世纶	康熙五十三年十二月初七日至五十四年二月初二日
15	甘国璧	康熙五十四年二月初二日至五十九年九月十四日
16	杨名时	康熙五十九年九月十四日至雍正三年十月二十六日
17	鄂尔泰	雍正三年十月二十六日至四年十月二十六日

续表

任届	巡抚	任职年限
18	朱纲	雍正五年二月十八日至六年正月十一日
19	常赉	雍正六年正月十一日至六月十四日
20	沈廷正	雍正六年六月十四日至八年八月三十日
21	张允随	雍正八年八月三十日至乾隆十二年三月十一日
22	图尔炳阿	乾隆十二年三月十一日至十四年十二月二十一日
23	岳濬	乾隆十四年十二月二十一日至十五年七月初六日
24	图尔炳阿	乾隆十五年七月初六日至十月十五日
25	爱必达	乾隆十五年十月十五日至二十年六月十一日
26	郭一裕	乾隆二十年六月十一日至二十二年七月初一日
27	刘藻	乾隆二十二年七月初二日至二十九年六月二十四日
28	常钧	乾隆二十九年六月二十六日至三十一年二月初二日
29	汤聘	乾隆三十一年二月初二日至三十二年二月十五日
30	鄂宁	乾隆三十二年二月十五日至三十三年二月二十八日
31	明德	乾隆三十三年二月十七日至三十四年正月初七日
32	喀宁阿	乾隆三十四年正月初七日至三月二十九日
33	彰宝	乾隆三十四年三月二十九日至十月初七日
34	明德	乾隆三十四年十月初七日至三十五年七月二十八日
35	诺穆亲	乾隆三十五年七月二十八日至三十七年正月初九日
36	李湖	乾隆三十七年正月初九日至四十年二月十五日
37	李翰(未任)	乾隆四十年二月十五日至五月十六日
38	裴宗锡	乾隆四十年五月十六日至十月二十二日
39	图思德	乾隆四十年十月二十二日至四十二年正月十八日
40	裴宗锡	乾隆四十二年正月十八日至四十四年七月初八日
41	孙士毅	乾隆四十四年七月初八日至四十五年三月十八日
42	颜希深	乾隆四十五年三月十八日至四月十三日
43	刘秉恬	乾隆四十五年四月十三日至五十一年闰七月初九日

续表

任届	巡抚	任职年限
44	谭尚忠	乾隆五十一年闰七月初九日至五十八年三月二十二日
45	冯光熊	乾隆五十八年三月二十二日至六十年闰二月初十日
46	姚棻(未任)	乾隆六十年闰二月初十日至四月十九日
47	江兰	乾隆六十年四月十九日至嘉庆四年五月十三日
48	初彭龄	嘉庆四年五月十三日至六年三月初七日
49	伊桑阿	嘉庆六年三月初七日至七月初九日
50	孙曰秉	嘉庆六年七月初九日至七年十月二十六日
51	永保	嘉庆七年十一月二十三日至十三年十月十二日
52	章煦	嘉庆十三年十月十二日至十四年八月二十二日
53	同兴	嘉庆十四年八月二十二日至十五年二月十二日
54	孙玉庭	嘉庆十五年二月十二日二十年十二月初二日
55	陈若霖	嘉庆二十年十二月初二日至二十二年三月初一日
56	李尧栋	嘉庆二十二年三月初一日至九月二十四日
57	李銮宣	嘉庆二十二年九月二十四日至十月十一日
58	李尧栋	嘉庆二十二年十月十一日至二十四年五月初八日
59	史致光	嘉庆二十四年五月初八日至二十五年十二月初五日
60	韩克均	嘉庆二十五年十二月初五日至道光五年九月初一日
61	伊里布	道光五年九月初一日至十五年二月初十日
62	何煊	道光十五年二月初十日至十七年四月十七日
63	颜伯焘	道光十七年四月十七日至二十年九月初四日
64	张澧中	道光二十年九月初四日至二十三年闰七月二十四日
65	吴其濬	道光二十三年闰七月二十四日至二十五年四月十四日
66	惠吉(未任)	道光二十五年四月十四日至二十二日
67	郑祖琛	道光二十五年四月二十二日至八月十二日
68	梁萼涵	道光二十五年八月十二日至二十六年正月二十六日
69	陆建瀛	道光二十六年正月二十六日至八月二十三日

续表

任届	巡抚	任职年限
70	张日晸	道光二十六年八月二十三日至九月二十五日
71	徐广缙	道光二十六年九月二十五日至十二月初二日
72	程矞采	道光二十六年十二月初二日至二十九年七月二十四日
73	张日晸	道光二十九年七月二十四日至三十年八月初四日
74	张亮基	道光三十年八月初四日至咸丰二年五月初四日
75	黄宗汉(未任)	咸丰二年五月初四日至初七日
76	吴振棫	咸丰二年五月初七日至四年十一月二十三日
77	舒兴阿	咸丰四年十一月二十三日至七年六月初三日
78	桑春荣	咸丰七年六月初三日至八年六月初九日
79	张亮基	咸丰八年六月初九日至十一月二十八日
80	徐之铭	咸丰八年十一月二十八日至同治二年三月初九日
81	贾洪诏	同治二年三月初九日至三年八月二十四日
82	林鸿年	同治三年八月二十四日至五年正月二十三日
83	刘岳昭	同治五年正月二十三日至七年三月初五日
84	岑毓英	同治七年三月初五日至光绪二年三月二十八日
85	文格(未任)	光绪二年三月二十八日至九月十一日
86	潘鼎新	光绪二年三月二十八日至三年八月三十日
87	杜瑞联	光绪三年八月三十日至九年六月二十二日
88	唐炯	光绪九年六月二十二日至十年三月十七日
89	张凯嵩	光绪十年三月十七日至十二年十一月初十日
90	谭钧培	光绪十二年十一月初十日至二十年十一月
91	崧蕃	光绪二十年十一月二十六日至二十一年七月十一日
92	魏光焘	光绪二十一年七月十一日至八月十九日
93	黄槐森	光绪二十一年八月十九日至二十三年十月初二日
94	裕祥	光绪二十三年十月初二日至二十四年七月十七日
95	丁振铎	光绪二十四年九月初八日至二十七年四月初四日

续表

任届	巡抚	任职年限
96	李经羲	光绪二十七年四月初四日至二十八年四月初八日
97	林绍年	光绪二十八年四月初八日至三十年十一月初六日

注:清代云南巡抚重要变化情况:顺治十六年正月十一日设云南巡抚,光绪二十四年七月十四日裁云南巡抚,同年九月十八日仍设云南巡抚,光绪三十年十一月初六日裁云南巡抚。

资料来源:钱实甫编《清代职官年表》第2册《巡抚年表》,第1515～1751页。

参考文献

一、档案史料、古籍文献

内阁题本，中国第一历史档案馆藏，未刊。

军机处录副奏折，中国第一历史档案馆藏，未刊。

宫中朱批奏折，中国第一历史档案馆藏，未刊。

内务府奏案，中国第一历史档案馆藏，未刊。

寄信档，中国第一历史档案馆藏，未刊。

电报档，中国第一历史档案馆藏，未刊。

总理各国事务衙门档案，台北"中研院"近代史所档案馆藏，未刊。

外务部档案，台北"中研院"近代史所档案馆藏，未刊。

英国外交部档案，英国公共档案馆藏，未刊。

故宫博物院文献馆编《史料旬刊》，北京：故宫博物院文献馆，1930～1931 年。

故宫博物院文献馆编《文献丛编》，北京：故宫博物院文献馆，1930～1931 年。

故宫博物院编《清代外交史料》（嘉庆朝），北京：故宫博物院，1932 年。

故宫博物院编《清代外交史料》（道光朝），北京：故宫博物院，1932 年。

中国第一历史档案馆编《乾隆朝上谕档》，北京：档案出版社 1991 年版。

中国第一历史档案馆编《嘉庆道光两朝上谕档》，桂林：广西师范大学出版社 2000 年版。

中国第一历史档案馆编《咸丰同治两朝上谕档》，桂林：广西师范大学出版社 1998 年版。

中国第一历史档案馆编《光绪宣统两朝上谕档》,桂林:广西师范大学出版社 1996 年版。

中国第一历史档案馆编《光绪朝硃批奏折》,北京:中华书局 1995～1996 年版。

中国第一历史档案馆编《乾隆朝满文寄信档译编》,长沙:岳麓书社2011 年版。

“中研院”史语所编《明清史料》丙编,上海:商务印书馆 1936 年版。

“中研院”史语所编《明清史料》庚编,北京:中华书局 1987 年影印本。

“中研院”近代史所编,郭廷以、王聿均主编《中法越南交涉档》,台北“中研院”近代史所 1962 年版。

台北故宫博物院编《宫中档乾隆朝奏折》,台北故宫博物院,1982～1987 年。

台北故宫博物院编《宫中档光绪朝奏折》,台北故宫博物院,1973～1975 年。

王彦威纂辑,王亮编《清季外交史料》,北京:书目文献出版社1987 年版。

冯明珠主编《故宫博物院典藏专案档暨方略丛编:缅档》,台北:沉香亭企业社 2007 年版。

(汉)司马迁:《史记》,北京:中华书局 1959 年标点本。

(汉)班固:《汉书》,北京:中华书局 1962 年标点本。

(南朝宋)范晔:《后汉书》,北京:中华书局 1965 年标点本。

(北魏)郦道元:《水经注》,陈桥驿注释,杭州:浙江古籍出版社 2001 年版。

(晋)常璩:《华阳国志》,刘琳校注,成都:巴蜀书社 1984 年版。

(唐)姚思廉:《梁书》,北京:中华书局 1973 年标点本。

(唐)魏征、令狐德棻:《隋书》,北京:中华书局 1973 年标点本。

(唐)樊绰:《蛮书》,向达校注,北京:中华书局 1962 年版。

(后晋)刘昫等:《旧唐书》,北京:中华书局 1975 年标点本。

(宋)欧阳修、宋祁:《新唐书》,北京:中华书局 1975 年标点本。

(宋)王溥:《唐会要》,北京:中华书局 1955 年影印本。

(宋)李昉等:《太平御览》,北京:中华书局 1960 年影印本。

(宋)王钦若等编《册府元龟》,北京:中华书局 1989 年影印本。

(宋)周去非:《岭外代答》,杨武泉校注,北京:中华书局 1999 年版。

(宋)赵汝适:《诸蕃志》,杨博文校释,北京:中华书局 1996 年版。

(元)脱脱等:《宋史》,北京:中华书局 1977 年标点本。

(清)徐松辑《宋会要辑稿》,北京:中华书局 1957 年影印本。

(元)佚名:《皇元征缅录》,丛书集成初编本,上海:商务印书馆 1936 年版。

(明) 宋濂等:《元史》,北京:中华书局 1976 年标点本。

(清) 张廷玉等:《明史》,北京:中华书局 1974 年标点本。

《明实录》,台北"中研院"史语所校勘,1962 年影印本。

《郑和航海图》,向达整理,北京:中华书局 1961 年版。

(明)杨慎:《南诏野史》,乾隆四十年(1775)石印本,中国方志丛书第 150 号,台北:成文出版社 1968 年影印本。

(明)刘茝等:《狩缅纪事(外三种)》,丁红校点,杭州:浙江古籍出版社 1986 年版。

《清实录》,北京:中华书局 1985～1987 年影印本。

《世祖章皇帝圣训》,文渊阁四库全书第 411 册。

《圣祖仁皇帝圣训》,文渊阁四库全书第 411 册。

《世宗宪皇帝朱批谕旨》,文渊阁四库全书第 416～425 册。

(康熙)《大清会典》,近代中国史料丛刊三编第 72～73 辑第 711～730 册。

(雍正)《大清会典》,近代中国史料丛刊三编第 77～79 辑第 761～790 册。

(乾隆)《大清会典》,文渊阁四库全书第 619 册。

(乾隆)《大清会典则例》,文渊阁四库全书第 620～625 册。

(嘉庆)《大清会典》,近代中国史料丛刊三编第 64 辑第 631～640 册。

(嘉庆)《大清会典事例》,近代中国史料丛刊三编第 65～70 辑第 641～700 册。

(嘉庆)《大清会典图》,近代中国史料丛刊三编第 71 辑第 701～710 册。

(光绪)《大清会典》,续修四库全书第 794 册。

(光绪)《大清会典事例》,续修四库全书第 798～814 册。

(光绪)《大清会典图》,续修四库全书第 795～797 册。

(清)沈之奇:《大清律辑注》,怀效锋、李俊点校,北京:法律出版社 2000 年版。

《大清律例》,田涛、郑秦点校,北京:法律出版社 1999 年版。

(清)乾隆官修《清朝文献通考》,杭州:浙江古籍出版社 2000 年影印本。

(清)萨迎阿总纂《钦定礼部则例》,嘉庆二十五年(1820) 江宁藩司刊本。

(清)徐鼒:《小腆纪年附考》,续修四库全书第 367～368 册。

(清) 刘健:《庭闻录》,近代中国史料丛刊三编第 26 辑第 251 册。

(清)杨陆荣:《三藩纪事本末》,吴翊如点校,北京:中华书局 1985 年版。

(清)佚名:《绥缅纪事》,见国家图书馆编《清代边疆史料抄稿本汇编》第 36 册,北京:线装书局 2003 年版。

(清)王昶:《征缅纪闻》,国学扶轮社校辑,古今说部丛书四集,中国图书公司和记,1915 年。

(清)王昶:《征缅纪略》,国学扶轮社校辑,古今说部丛书五集,中国图书公司和记,1915 年。

(清)周裕:《从征缅甸日记》,借月山房汇钞第七集,嘉庆戊辰(1808) 张海鹏校梓本。

(清)赵翼:《皇朝武功纪盛》,近代中国史料丛刊第 14 辑第 133 册。

(清)赵翼:《簷曝杂记》,李解民点校,北京:中华书局 1982 年版。

(清)昭梿:《啸亭杂录》,何英芳点校,北京:中华书局 1980 年版。

(清)魏源:《圣武记》,韩锡铎、孙文良点校,北京:中华书局 1984 年版。

(清)姚元之:《竹叶亭杂记》,李解民点校,北京:中华书局 1982 年版。

(清)檀萃辑《滇海虞衡志》,丛书集成初编本,上海:商务印书馆 1936 年版。

(清)曹春林编《滇南杂志》,嘉庆十五年(1810)刊本,台北:华文书局 1969 年影印本。

(清)谢清高口述,杨炳南笔录《海录》,丛书集成初编本,上海:商务印书馆 1936 年版。

(清)徐继畬:《瀛环志略》,道光戊申年(1848) 刊本,续修四库全书第 743 册。

(清)彭崧毓:《缅述》,丛书集成初编本,上海:商务印书馆 1937 年版。

(清)刘昆:《南中杂说》,丛书集成初编本,上海:商务印书馆 1936 年版。

(清)阙名:《缅藩新纪》,见王锡祺辑《小方壶斋舆地丛钞》第 10 帙,上海著易堂光绪十七年(1891) 铅印本。

(清)黄懋材:《西輶日记》,见王锡祺辑《小方壶斋舆地丛钞》第 10 帙,上海著易堂光绪十七年 (1891)铅印本。

(清)王芝:《海客日谭》,光绪丙子(1876)石城刊本,近代中国史料丛刊第 32 辑第 318 册。

(清)师范纂《滇系》,光绪十三年(1887)重刊本,中国方志丛书第139 号,台北:成文出版社 1968 年影印本。

(清)屠述濂纂修(乾隆)《腾越州志》,光绪二十三年(1897)重刊本,中国方志丛书第 41 号,台北:成文出版社 1967 年影印本。

(清)陈宗海修,赵端礼纂(光绪)《腾越厅志》,光绪十三年(1887)刊本,中国方志丛书第 42 号,台北:成文出版社 1967 年影印本。

(清)寸开泰:《腾越乡土志》,见国家图书馆编《乡土志抄稿本选编》(八),北京:线装书局 2002 年版。

(清)王文韶等修,唐炯等纂《续云南通志稿》,光绪二十四年(1898)四川岳池县刻本,台北:文海出版社 1966 年影印本。

(清)岑毓英:《岑襄勤公(毓英)遗集》,光绪二十三年(1897)武昌督粮官署刻本,近代中国史料丛刊续编第 38 辑第 371～376 册。

(清)曾纪泽:《曾纪泽集》,喻岳衡点校,长沙:岳麓书社 2008 年版。

(清)曾纪泽:《曾纪泽日记》,刘志惠点校辑注,长沙:岳麓书社 1998 年版。

(清)薛福成:《薛福成日记》,蔡少卿整理,长春:吉林文史出版社 2004 年版。

(清)薛福成:《出使公牍》,光绪二十四年(1898)刊本,台北:华文书局 1968 年影印本。

(清)薛福成:《庸盦海外文编》,光绪二十一年(1895)刊本,续修四库全书第 1562 册。

(清)薛福成:《庸盦文别集》,施宣圆、郭志坤标点,上海:上海古籍出版社 1985 年版。

(清)薛福成辑《滇缅划界图说》,光绪二十八年(1902)无锡传经楼刊本,中国方志丛书第 249 号,台北:成文出版社 1974 年影印本。

(清)李鸿章:《李鸿章全集》,合肥:安徽教育出版社 2008 年版。

(清)姚文栋编《云南勘界筹边记》,光绪间刊本,中国方志丛书第 148 号,台北:成文出版社 1967 年影印本。

(清)姚文栋:《集思广益编》,近代中国史料丛刊第 18 辑第 179 册。

(清)黄诚沅辑《滇南界务陈牍》,见方国瑜主编《云南史料丛刊》第10 卷,昆明:云南大学出版社 2001 年版。

(清)陈灿:《宦滇存稿》,见方国瑜主编《云南史料丛刊》第 10 卷,昆明:云南大学出版社 2001 年版。

(清)张凯嵩:《抚滇奏议》,光绪十九年(1893)年刊本,近代中国史料丛刊第 15 辑第 147 册。

苑书义等主编《张之洞全集》,石家庄:河北人民出版社 1998 年版。

中国科学院历史研究所第三所编《锡良遗稿·奏稿》,北京:中华书局 1959 年版。

许同莘、汪毅、张承棨编《光绪条约》,1914 年,近代中国史料丛刊续编第 8 辑第 78 册。

夏东元编《郑观应集》,上海:上海人民出版社 1982 年版。

赵尔巽等:《清史稿》,北京:中华书局 1977 年标点本。

刘锦藻:《清朝续文献通考》,杭州:浙江古籍出版社 2000 年影印本。

李根源辑《永昌府文征》,昆明:云南美术出版社 2002 年版。

云南省历史研究所编《中国和缅甸友好关系史资料汇编》,昆明:云南省历史研究所,1954～1955 年。

中国近代经济史资料丛刊编辑委员会编《帝国主义与中国海关》第五编《中国海关与缅藏问题》,北京:科学出版社 1958 年版。

宓汝成编《近代中国铁路史资料》,北京:中华书局 1963 年版。

中国史学会主编《中国近代史资料丛刊·洋务运动》,上海:上海人民出版社 1973 年版。

张星烺编注《中西交通史料汇编》,北京:中华书局 1977 年版。

中国人民大学历史系、中国第一历史档案馆合编《清代农民战争史资料选编》,北京:中国人民大学出版社 1984 年版。

陈荆和编校《大越史记全书》,东京:东京大学东洋文化研究所,1984～1986 年。

云南省历史研究所编《〈清实录〉越南缅甸泰国老挝史料摘抄》,昆明:云南人民出版社 1986 年版。

中国人民政治协商会议云南省昆明市委员会文史资料研究委员会编《昆明文史资料选辑》第 10 辑《法英帝国主义对云南侵略史料》,内部发行,1987 年。

《知新报》,澳门基金会、上海社会科学院出版社 1996 年联合影印出版。

方国瑜主编《云南史料丛刊》(共 13 卷),昆明:云南大学出版社 1998～2001 年版。

中国第二历史档案馆、海关总署办公厅编《中国旧海关史料》,北京:京华出版社 2001 年版。

余定邦、黄重言编《中国古籍中有关缅甸资料汇编》,北京:中华书局

2002 年版。

于浩辑《明清史料丛书八种》,北京:北京图书馆出版社 2005 年版。

二、中文著述

谢彬:《云南游记》,上海:中华书局 1926 年版。

李长傅:《南洋华侨史》,上海:商务印书馆 1929 年版。

温雄飞:《南洋华侨通史》,上海:东方印书馆 1929 年版。

华企云编著《云南问题》,上海:大东书局 1931 年版。

杨端六、侯厚培等:《六十五年来中国国际贸易统计》,北京:国立中央研究院社会科学研究所专刊第 4 号,1931 年。

尹明德:《滇缅北段界务调查报告》,1931 年腾冲版,见李根源辑《永昌府文征》纪载卷三十。

尹明德:《中英滇缅界务交涉史》,见云南省立昆华民众教育馆编《云南边地问题研究》上卷,昆明:云南省立昆华民众教育馆,1933 年。

尹明德编《云南北界勘察记》,近代中国史料丛刊第 51 辑第 510 册。

束世澂:《中英外交史》,上海:商务印书馆 1933 年版。

葛绥成:《中国近代边疆沿革考》,上海:中华书局 1934 年版。

周光倬编《滇缅南段未定界调查报告》,1935 年铅印本,中国方志丛书第 149 号,台北:成文出版社 1967 影印本。

张凤岐:《云南外交问题》,上海:商务印书馆 1937 年版。

张诚孙:《中英滇缅疆界问题》,北京:哈佛燕京学社 1937 年版。

思慕:《中国边疆问题讲话》,上海:生活书店 1937 年版。

顾颉刚、史念海:《中国疆域沿革史》,长沙:商务印书馆 1938 年版。

王婆楞:《中缅关系史》,长沙:商务印书馆 1941 年版。

万湘澂:《云南对外贸易概观》,昆明:新云南丛书社 1946 年版。

姚枬:《中南半岛华侨史纲要》,上海:商务印书馆 1946 年版。

刘伯奎编著《中缅界务问题》,南京:正中书局 1946 年版,新加坡南洋学会 1982 年版。

李拂一编译《泐史》,昆明:国立云南大学西南文化研究所,1947 年。

夏光南编著《中印缅道交通史》,上海:中华书局 1948 年版。

龙云、卢汉修,周钟岳纂《新纂云南通志》,牛鸿斌等点校,昆明:云南人民出版社 2007 年版。

外交部条约委员会编《中缅边界交涉文件》，北京：外交部条约委员会，1957年。

王铁崖编《中外旧约章汇编》第1册，北京：三联书店1957年版。

北京大学法律系国际法教研室编《中外旧约章汇编》第2册，北京：三联书店1959年版。

中国科学院历史研究所第三所编《云南杂志选辑》，北京：科学出版社1958年版。

姚贤镐编《中国近代对外贸易史资料（1840～1865）》，北京：中华书局1962年版。

钱实甫编《清代职官年表》，北京：中华书局1980年版。

庄吉发：《清高宗十全武功研究》，台湾故宫丛刊甲种之廿六，台北故宫博物院，1982年，北京：中华书局1987年影印本。

中外关系史学会编《中外关系史译丛》第1辑，上海：上海译文出版社1984年版。

中外关系史学会编《中外关系史译丛》第3辑，上海：上海译文出版社1986年版。

方国瑜：《云南史料目录概说》，北京：中华书局1984年版。

方国瑜：《中国西南历史地理考释》，北京：中华书局1987年版。

尤中：《中国西南边疆变迁史》，昆明：云南教育出版社1987年版。

尤中：《云南地方沿革史》，昆明：云南人民出版社1990年版。

刀述仁等译，刀永明集解《车里宣慰使世系集解》，昆明：云南民族出版社1989年版。

腾冲县政协文史资料编辑委员会编《腾冲文史资料选辑》第3辑，腾冲县政协文史资料编辑委员会，1991年。

贺圣达：《缅甸史》，北京：人民出版社1992年版。

陈炎：《海上丝绸之路与中外文化交流》，北京：北京大学出版社1996年版。

吕昭义：《英属印度与中国西南边疆：1774～1911年》，北京：中国社会科学出版社1996年版。

王介南、王全珍：《中缅友好两千年》，芒市：德宏民族出版社1996年版。

王介南：《中国与东南亚文化交流志》，上海：上海人民出版社1998年版。

顾城：《南明史》，北京：中国青年出版社1997年版。

高鸿志：《英国与中国边疆危机1637～1912》，哈尔滨：黑龙江教育出版社 1998 年版。

余定邦等:《近代中国与东南亚关系史》,广州:中山大学出版社 1999 年版。

余定邦:《中缅关系史》,北京:光明日报出版社 2000 年版。

黄祖文:《中缅边境之役,1766～1769》,新加坡:新加坡南洋学会,2000 年。

林锡星:《中缅友好关系研究》,广州:暨南大学出版社 2001 年版。

王海涛:《云南佛教史》,昆明:云南美术出版社 2001 年版。

宋成有:《东北亚传统国际体系的变迁——传统中国与周边国家及民族的互动关系论述》,台北"中研院"东北亚区域研究演讲之六,2002 年。

吴兴南:《云南对外贸易史》,昆明:云南大学出版社 2002 年版。

李云泉:《朝贡制度史论——中国古代对外关系体制研究》,北京:新华出版社 2004 年版。

罗群:《近代云南商人与商人资本》,昆明:云南大学出版社 2004 年版。

吕一燃主编《中国近代边界史》,成都:四川人民出版社 2007 年版。

朱昭华:《中缅边界问题研究》,哈尔滨:黑龙江教育出版社 2007 年版。

李谋、李晨阳、钟智翔主编《缅甸历史论集——兼评〈琉璃宫史〉》,北京:社会科学文献出版社 2009 年版。

何新华:《最后的天朝:清代朝贡制度研究》,北京:人民出版社 2012 年版。

三、译著、外文资料

《琉璃宫史》,李谋等译注,北京:商务印书馆 2007 年版。

〔缅〕吴貌貌丁:《贡榜王朝史》(缅文本),曼德勒:曼德勒新闻社 1905 年版。

〔缅〕佚名:《华人莅缅各地记》,李谋译,载《南洋资料译丛》2008 年第 3 期。

〔缅〕波巴信:《缅甸史》,陈炎译,北京:商务印书馆 1965 年版。

〔缅〕貌丁昂:《缅甸史》,贺圣达译,昆明:云南省东南亚研究所,1983 年。

〔缅〕戚基耶基纽:《四个时期的中缅关系》,李谋等译,芒市:德宏民族出版社 1995 年版。

〔缅〕陈孺性:《缅甸华侨史略》,新加坡《南洋文摘》1965 年 5 卷 2 期,节录本见德宏州志编委会办公室编《德宏史志资料》第 3 集,1985 年。

〔英〕D.G.E.霍尔:《东南亚史》,中山大学东南亚历史研究所译,北京:商务印书馆 1982 年版。

〔英〕伯尔考维茨:《中国通与英国外交部》,江载华、陈衍译,北京:商务印书馆 1959 年版。

〔英〕布赛尔:《东南亚的中国人》卷二《在缅甸的中国人》,载《南洋问题资料译丛》1958 年第 1 期。

〔英〕戈·埃·哈威:《缅甸史》,姚梓良译,北京:商务印书馆 1973 年版。

〔英〕季南:《英国对华外交》,许步曾译,北京:商务印书馆 1984 年版。

〔英〕杨国伦:《英国对华政策(1895～1902)》,刘存宽、张俊义译,北京:中国社会科学出版社 1991 年版。

〔美〕马士:《中华帝国对外关系史》,张汇文等译,上海:上海书店 2000 年版。

〔日〕藤田丰八:《中国南海古代交通丛考》,何健民译,上海:商务印书馆 1936 年版。

〔日〕滨下武志:《近代中国的国际契机——朝贡贸易体系与近代亚洲经济圈》,朱荫贵、欧阳菲译,北京:中国社会科学出版社 1999 年版。

〔苏〕B.Φ.瓦西里耶夫:《缅甸史纲(1885～1947)》,中山大学历史系东南亚历史研究室、外语系编译组合译,北京:商务印书馆 1975 年版。

〔新〕尼古拉斯·塔林主编《剑桥东南亚史》,贺圣达等译,昆明:云南人民出版社 2003 年版。

Archibald R. Colquhoun, *Across Chrysê: Being the Narrative of a Journey of Exploration through the South China Border Lands from Canton to Mandalay*, London: Sampson Low, 1883.

Arthur Purves Phayre, *History of Burma, Including Burma Proper, Pegu, Taungu, Tenasserim, and Arakan, from the Earliest Times to the End of the First War with British India*, London: Trübner &Co., 1883.

Clement Williams, *Through Burmah to Western China, Being Notes of a Journey in 1863 to Establish the Practicability of a Trade-Route between the Irawaddi and the Yang-Tse-Kiang*, Edinburgh and London: William Blackwood and Sons, 1868.

Christopher Tatchell Winter, *Six Months in British Burmah: Or, India beyond the Ganges in 1857*, London: Richard Bentley, 1858.

Edwin Arnold, *The Marquis of Dalhousie's Administration of British India, vol. II*, London: Saunders, Otley, and Co.,1865.

Edward Harper Parker, *Burma: With Special Reference to Her Relations with China*, Rangoon: Rangoon Gazette Press, 1893.

Henry Burney, "Some Account of the Wars between Burmah and China, Together with the Journals and Routes of Three Different Embassies Sent to Pekin by the King of Ava; Taken from Burmese Documents", in *The Journal of the Asiatic Society of Bengal*, 1837, vol.62, pp. 121-149; vol.66, pp. 405-451; vol. 67, pp.542-559.

Henry Yule, *A Narrative of the Mission Sent by the Governor-General of India to the Court of Ava in 1855, with Notices of the Country, Government, and People*, London: Smith, Elder, and Co., 1858.

Horace Hayman Wilson, *Narrative of the Burmeses War, in 1824-26, as Originally Complied from Official Documents*, London: WM. H. Allen, and Co., 1852,

John Anderson, *A Report on the Expedition to Western Yunnan via Bhamo*, Calcutta: Office of the Superintendent of Government Printing, 1871.

John Anderson, *Mandalay to Momien: A Narrative of the Two Expeditions to Western China of 1868 and 1875 under Colonel Edward B. Sladen and Colonel Horace Browne*, London: Macmillan and Co., 1876.

John Crawfurd, *Journal of an Embassy from the Governor General of India to the Court of Ava, in the Year 1827*, London: Henry Colburn, 1829.

John Nisbet, *Burma under British Rule-And Before*, Westminster: Archibald Constable & Co. Ltd. , 1901.

Michael Symes, *An Account of an Embassy to the Kingdom of Ava, Sent by the Governor-General of India, in the Year 1795*, London: W. Bulmer and Co. Cleveland-Row, St. James's, 1800.

R. Boileau Pemberton, "Abstract of the Journal of a Route Traveled by Capt. S. F. Hannay, of the 40th Regiment Native Infantry, from the Capital of Ava to the Amber Mines of the Húkong Valley on the South-east Frontier of Assam", in *The Journal of the Asiatic Socitey of Bengal*, 1837, vol. 64, pp. 245-278.

Richard Cobden, *How Wars are Got up in India*: *The Origin of the Burmese War*, London: William & Frederick G. Cash, 1853.

Vctor Lieberman, *Strange Parallels*, *Southeast Asia in Global Context*, *c.800-1830*, New York: Cambridge University Press, 2003.

William Francklin, *Tracts*, *Political*, *Geographical*, *and Commercial*; *on the Dominions of Ava*, *and the North Western Parts of Hindostaun*, London: J. M'creery, Black-Horse-Court, 1811.

William Tandy D. D., *A Description of the Burmese Empire*, *Complied Chiefly from Native Documents by the Rev. Father Sangermano*, *and Translated from His Ms.*, Rome: Joseph Salviucci and Son, 1833.

后　记

这部著作的源起，是我跟随我的导师陈尚胜先生做的《清史·邦交志(上卷)》项目。2005 年，我正在山东大学历史文化学院攻读中外关系史专业博士学位，先生希望我参加他主持的国家清史编纂委员会典志类项目《清史·邦交志(上卷)》，并确定由我撰写缅甸篇和东南亚其他国家篇的初稿。这项工作对我来说，是一个巨大的挑战。但机遇总是与挑战并存，在山东大学源远流长的中外关系史研究传统熏陶下，在先生组织的中外关系史研究团队协作下，我对清朝对外关系史的档案资料和研究状况有了较深入的了解，不仅成功写出了缅甸篇和东南亚其他国家篇的初稿，而且积累了大量有关清朝与周边国家关系的原始档案资料，这成为我深入研究清代中缅关系的基础。

2010 年，我完成了关于清朝前期涉外法律的国家社科基金项目之后，即开始投入到清代中缅关系的专门研究。经过两年多的努力，书稿《清代中缅关系与西南边疆》基本完成。2012 年年底，我以此书稿申报国家社科基金后期资助项目，幸得立项。为提高项目研究质量，2013 年夏，我前往云南求教专家，并沿中缅边境进行了为期半个月的实地考察，这使我对此项研究有了更深的感悟和认识。经过认真修改，2014 年 1 月，我的国家社科基金后期资助项目“清代中缅关系与西南边疆”顺利通过结项。随之，我以《清代中缅关系》为题，申报 2014 年度《国家哲学社会科学成果文库》，幸而入选。此即本著作的由来。

这部著作能够完成，还有很多学界师长曾给予指导帮助。山东大学历史文化学院方辉教授、王育济教授、赵兴胜教授、胡新生教授，中国人民大学原校长李文海教授(已故)，安徽师范大学原副校长王世华教授，北京大学历史系房德邻教授，中国人民大学历史学院徐兆仁教授，中国社会科学院边疆史地研究中心孙宏年研究员，南开大学历史学院曹中屏教授、孙卫国教授，云南省社会科学院贺圣达研究员，云南大学国际关系学院李晨阳教授、祝湘辉教授，中山大学历史系余定邦教授，暨南大学国际关系学院高伟浓教授，福建师范大学历史系谢必震教授，山东省委党校副校长孙占元教授，山东师范大学历史文化与社会发展学院张定河教授、李云泉教授，还有该成果申报国家社科基金后期资助项目及《国家哲学社会科学成果文库》时的多位匿名评审专家，都曾对我的研究提供帮助，在此表示衷心感谢。

另外，还要感谢山东省委党校的同事和朋友们，感谢我的父母和妻女，他们的支持是我进行学术研究的不竭动力。社会科学文献出版社人文分社总编辑张晓莉博士和孙以年老师为本书审阅编校付出甚多，在此一并致谢！

同时，我也深感此项研究还有很多不足。由于我不懂缅文，本书对缅文档案资料及研究成果的了解、使用不多，与缅甸学者的学术对话也很不够。书中不妥之处，敬请各位专家学者批评指正！

王巨新

2015年1月16日于济南

再版后记

时间过得真快，拙著《清代中缅关系》自2015年在社会科学文献出版社出版，已经8年了。此时校(院)根据与山东大学签署的战略合作协议，希望将该著收入《中共山东省委党校(山东行政学院)精品文库》，由山东大学出版社再版。我非常高兴该著能得到青睐而入选。本次再版，除个别文字、图表等技术处理，个别注释更新及删除索引外，其他未作改动。

《清代中缅关系》一书，是我参与完成国家清史纂修工程主体类项目《清史·邦交志(上卷)》后的重要产品。该书出版后，我将学术研究重点转向相关领域，先后完成了国家社科基金后期资助项目《清代中泰关系》(中华书局2018年出版)和国家社科基金一般项目《清朝前期海洋法律研究》(待出版)，2019年12月又立项国家社科基金重大项目《清代中国与东南亚国家关系研究暨数据库建设》。可以说，后续这些研究都受益于《清代中缅关系》一书所积累的历史研究方法与信念。

值本书再版之际，再次感谢我的恩师山东大学历史文化学院陈尚胜教授，感谢曾经给予我指导帮助的安徽师范大学历史学院王世华教授、山东大学历史文化学院院长方辉教授等各位学界师友，感谢中共山东省委党校(山东行政学院)的领导和同事们，也感谢山东大学出版社刘彤老师为本书编校再版做出的努力。

王巨新

2023年8月18日